Grenzüberschreitende Verhandlungen

Arbeit – Interessen – Partizipation

Herausgegeben von Ludger Pries und Rainer Trinczek

Band 11

Veronika Dehnen promovierte an der Fakultät für Sozialwissenschaft der Ruhr-Universität Bochum.

Veronika Dehnen

Grenzüberschreitende Verhandlungen

Wie Akteursdynamiken und institutionelle Umwelten Internationale Rahmenvereinbarungen beeinflussen

Campus Verlag
Frankfurt/New York

Gedruckt mit freundlicher Unterstützung der Hans-Böckler-Stiftung.

Zugl.: Bochum, Ruhr-Universität, Dissertation, 2013

Bibliografische Information der Deutschen Nationalbibliothek:
Die Deutsche Nationalbibliothek verzeichnet diese Publikation in der Deutschen Nationalbibliografie.
Detaillierte bibliografische Daten sind im Internet unter http://dnb.d-nb.de abrufbar.
ISBN 978-3-593-50060-7

Umschlaggestaltung: Campus Verlag GmbH, Frankfurt am Main
Satz: Campus Verlag GmbH, Frankfurt am Main
Druck und Bindung: CPI buchbücher.de, Birkach
Gedruckt auf Papier aus zertifizierten Rohstoffen (FSC/PEFC).
Printed in Germany

Dieses Buch ist auch als E-Book erschienen.
www.campus.de

Inhalt

1. Einleitung

1.1 Ausgangslage und Problemstellung

In den letzten Jahrzehnten haben im Zuge der wirtschaftlichen Globalisierung verstärkt Internationalisierungsprozesse von Unternehmen stattgefunden, die eine Neuausrichtung der Wertschöpfungsketten mit sich brachten. Im Gegensatz zur Internationalisierung der Unternehmen ist der Bereich der Arbeit viel stärker lokal und national verankert geblieben (Bair/Gereffi 2000). Erst nachdem die Entwicklung von globalen Wertschöpfungsketten und die Entstehung von multinationalen Konzernen (MNKs) auch negative Auswirkungen auf die Arbeits-, Beschäftigungs- und Partizipationsbedingungen mit sich brachten, wurde auf Seiten von Regierungen, Nicht-Regierungsorganisationen (= Non-Governmental-Organisation, NGOs) und auch gewerkschaftlichen Akteuren die Regulierung der Arbeits-, Beschäftigungs- und Partizipationsbedingungen innerhalb der MNKs vorangetrieben (siehe auch Brandl 2006: 139ff.). Auf internationaler Ebene waren vor allem die *OECD-Guidelines for multinational companies* und die Übertragung der Kernarbeitsnormen der Internationalen Arbeitsorganisation (IAO) auf Unternehmen die politisch weit reichendsten Initiativen, die Ende der 1990er Jahre entwickelt wurden. Daneben ist innerhalb der MNKs selbst, auf Grundlage der politischen Initiativen, der Bereich Corporate Social Responsibility (CSR) entstanden, der sich an unterschiedlichen Sozialstandards ausrichtet und vor allem auf freiwillige Selbstverpflichtungen (= Codes of Conduct, CoCs) der Unternehmen setzt.

Von den Gewerkschaften ist das Thema der grenzüberschreitenden Erwerbsregulierung in multinationalen Konzernen seit Beginn des 21. Jahrhunderts wieder verstärkt bearbeitet worden, nachdem bereits in den 1970er Jahren erste Initiativen zur Regulierung von Arbeits-, Beschäftigungs- und Partizipationsbedingungen in MNKs über gewerkschaftliche Netzwerke gestartet worden waren (siehe auch Müller u.a. 2004; Pries 2010: 189ff.).

Als gewerkschaftliches Instrument wurden sogenannte Internationale Rahmenvereinbarungen (IRVs) geschaffen, die als gemeinsame Vereinbarung zwischen Unternehmen und Globalen Gewerkschaftsverbänden (= Global Union Federations, GUFs) verbindliche Mindestarbeitsstandards für die Unternehmen definieren sollten.

Parallel zu den Entwicklungen auf der internationalen politischen und gewerkschaftlichen Ebene hat sich in Europa durch die Europäische Union, vor allem seit den 1980er Jahren, die supranationale Ebene der Erwerbsregulierung etabliert. So wurde etwa mit der Richtlinie über Europäische Betriebsräte (EBRs) ein supranationales Vertretungsorgan für Beschäftigte der europäischen Standorte eines Unternehmens geschaffen. Daneben wurden eine Reihe weiterer Richtlinien zu den Partizipationsbedingungen von Beschäftigten verabschiedet (zum Beispiel die Informations- und Konsultationsrichtlinien oder die Richtlinie zur Europäischen Aktiengesellschaft) und Initiativen zum Sozialdialog auf europäischer Ebene in Gang gesetzt. Besonders die EBRs als supranationale Informations- und Konsultationsgremien waren dabei auch Bestandteil vieler wissenschaftlicher Studien. Diese haben gezeigt, dass sich neben EBRs, die bis heute reine Informationsgremien darstellen, in der Praxis auch EBRs finden, die ihre Informations- und Konsultationsrechte nutzen, und solche, die sich die Rolle von Verhandlungspartnern erarbeitet haben (zum Beispiel Gilson/Weiler 2008; Hauser-Ditz u.a. 2010; Kotthoff 2006). So wurden im Verlauf der letzten 15 Jahre in einigen Unternehmen auch Europäische Rahmenabkommen (= European Framework Agreements, EFAs) zu unterschiedlichen Themen vereinbart, an denen auch EBRs, neben oder anstelle der Europäischen Gewerkschaftsverbände (= European Industry Federations, EIFs), beteiligt waren. Einige dieser EBRs konnten sich nicht nur hinsichtlich ihrer eigenen Handlungsfähigkeit weiterentwickeln, sondern haben auch den europäischen Rahmen als Handlungsfeld verlassen. Einen globalen Bereich, in dem auch einige Europäische Betriebsräte mitarbeiten, stellen die oben genannten IRVs dar. Außerdem haben EBRs und auch andere Gremien der Beschäftigtenvertretung eigene Abkommen mit Unternehmen vereinbart, die sich mit internationalen Mindestarbeitsstandards befassen. Diese Abkommen werden im Folgenden als transnationale Rahmenabkommen bezeichnet. Es finden sich in der Praxis also unterschiedliche Formen von Vereinbarungen, die zum Ziel haben, die Arbeits-, Beschäftigungs- und Partizipationsbedingungen in MNKs zu regeln. Diese Vereinbarungen betreffen unterschiedliche Themen und sind durch unterschiedliche Akteursdynamiken gekennzeichnet. Einen Gegenstand dieser Vereinbarungen bilden internationale Mindestarbeitsstandards, die im Folgenden als Grenzüberschreitende Rahmenvereinbarungen (GRVs) bezeichnet werden.

Die Grenzüberschreitenden Rahmenvereinbarungen (IRVs und auch transnationale Rahmenabkommen)[1] weisen unterschiedliche räumliche Bezüge, Akteure und rechtliche oder normative Grundlagen auf (siehe auch Pries 2010). Es stellt sich daher die Frage, durch welche Initiativen die Arbeits-, Beschäftigungs- und Partizipationsbedingungen von Beschäftigten in MNKs tatsächlich reguliert werden können. Führen diese unterschiedlichen Handlungsfelder zu einer Fragmentierung der Erwerbsregulierung? Oder ermöglicht gerade das Zusammenspiel der unterschiedlichen Akteure, räumlichen Bezüge und rechtlichen oder normativen Grundlagen eine wirksame Umsetzung von wesentlichen Arbeits-, Beschäftigungs- und Partizipationsrechten für die Beschäftigten?

Diese Kernfragen finden sich auch in der Debatte um die Wirkung von IRVs wieder. Ursprünglich als Instrument der GUFs gedacht, haben sich Akteursdynamiken bei den IRV-Verhandlungen entwickelt, bei denen neben globalen und lokalen Gewerkschaften auch Europäische Betriebsräte und Weltbetriebsräte (WBRs) beteiligt worden sind. Wie solche unterschiedlichen Akteursdynamiken bei IRV-Verhandlungen entstehen und welchen Einfluss diese auf die Verhandlungen haben, bleibt empirisch in dieser Arbeit zu klären. IRVs sollen dazu dienen, Arbeits-, Beschäftigungs- und Partizipationsbedingungen von Beschäftigen in multinationalen Konzernen auf Grundlage von Mindestarbeitsstandards zu regulieren. Durch die Beteiligung von EBRs – als supranationale Gremien der Beschäftigtenvertretung – an Internationalen Rahmenvereinbarungen werden zwei Regulierungsarenen mit unterschiedlichen Traditionen miteinander verbunden, die in der folgenden Arbeit weiter beleuchtet werden sollen. Während Europäische Betriebsräte mittels einer europäischen Richtlinie rechtlich verankert sind, kommen die Initiativen zu IRVs aus der angelsächsisch geprägten Tradition, freiwillige Verhaltenskodizes von Unternehmen mit gewerkschaftlichen Strategien zu verbinden. Inhaltlich konzentrieren sich IRVs auf Mindestarbeitsstandards,

1 Unter dem Begriff der Grenzüberschreitenden Rahmenvereinbarungen (GRVs) werden in der eigenen Arbeit, sowohl Internationale Rahmenvereinbarungen (IRV) – als Abkommen, die von mindestens einer GUF unterzeichnet wurden – als auch transnationale Rahmenabkommen – als Abkommen, die von anderen Gremien der Beschäftigtenvertretung unterzeichnet wurden – gefasst. Die formale Unterscheidung dieser zwei Formen von Abkommen wird in Kapitel 2 weitergehend erläutert.

die zu einem Großteil für den europäischen Raum nicht unmittelbar relevant sind und darüber hinaus keine rechtliche Grundlage besitzen. Trotzdem zeigen sich zum einen empirisch unterschiedliche Akteurskonstellationen bei den Verhandlungen über IRVs, denen sich andererseits auch transnationale Rahmenabkommen hinzugesellen, die alleine durch Europäische Betriebsräte mit Unternehmen abgeschlossen wurden. Es stellt sich daher folgende forschungsleitende Frage für die eigene Untersuchung:

Welchen Einfluss haben die unterschiedlichen Akteurskonstellationen, die damit einhergehenden Strategien der kollektiven Akteure und die Einbettung der Akteure in institutionelle Umwelten auf die Aushandlungen von Grenzüberschreitenden Rahmenvereinbarungen?

Die forschungsleitende Frage bezieht sich somit auf zwei Aspekte der Aushandlungsprozesse. Zum einen geht es um die Frage nach der Verbindung und Kooperation der oben dargestellten Initiativen und Akteure und damit um die Akteursdynamiken bei den Verhandlungen. Warum kommt es in den Aushandlungsprozessen zu unterschiedlichen Akteurskonstellationen und wie beeinflussen diese den Verlauf und das Ergebnis der Verhandlungen? Da sich die unterschiedlichen Akteure, aber auch Regulierungen und Normen auf unterschiedliche räumliche Ebenen und Regulierungsarenen beziehen, muss zur Beantwortung der Frage nach der Ausgestaltung der Aushandlungsprozesse neben den Akteuren und den Aushandlungssituationen auch beleuchtet werden, wie die Aushandlungsprozesse in unterschiedliche institutionelle Umwelten eingebettet sind. So stellt sich auch die Frage, welche Rolle der Einfluss von Institutionen auf nationaler sowie europäischer und internationaler Ebene bei den Aushandlungsprozessen spielt.

Das Entstehen von unterschiedlichen Grenzüberschreitenden Rahmenvereinbarungen und ihre Einbettung in den größeren Rahmen der transnationalen Erwerbsregulierung kann somit nur durch die Analyse der Aushandlungsprozesse erklärt werden. Erst wenn die Strategien und Interessen der beteiligten Akteure sowie der Einfluss von unterschiedlichen Institutionen auf das Akteurshandeln analysiert worden sind, können die Ergebnisse der Aushandlungen in die nachgelagerte Debatte um die Wirkungsmacht dieser Instrumente eingeordnet werden. Entsprechend wird die eigene Untersuchung die Verhandlungen von IRVs und transnationalen Rahmenabkommen in den Mittelpunkt rücken und aus zwei Perspektiven betrachten. Einerseits wird die Beteiligung von unterschiedlichen Gremien der Beschäftigtenvertretung sowie deren Kooperation dargestellt. Der Schwerpunkt wird dabei besonders auf EBRs, neben den GUFs, gelegt, da diese in vielen Fällen an den IRV-Verhandlungen beteiligt waren und auch eigene transnationale Rahmenabkommen abgeschlossen haben. Um die forschungsleitende Frage nach der Ausgestaltung der Aushandlungsprozesse beantworten zu können, wird in der vorliegenden Untersuchung auf die Entstehung unterschiedlicher Akteursdynamiken – und damit auf die Akteurskonstellationen und die Strategien der kollektiven Akteure – eingegangen als auch der Blick auf die Institutionen und institutionellen Erwartungen gelenkt, die das Handeln der Akteure strukturieren und beeinflussen.

Mittels verschiedener Forschungsmethoden sollen in dieser Arbeit die Aushandlungsprozesse zum Abschluss von IRVs und transnationalen Rahmenabkommen auf formaler und faktischer Ebene analysiert werden. Damit sollen die theoretischen Annahmen überprüft werden, dass Aushandlungsprozesse von den Strategien unterschiedlicher Akteure definiert werden und dies innerhalb institutioneller Umwelten geschieht. Die Akteure agieren demnach nicht ausschließlich strategisch, sondern werden in spezifischen Akteurskonstellationen bei den Verhandlungen von unterschiedlichen institutionellen Eingebettetheiten und Normen beeinflusst. Dazu sollen über die Analyse der Aushandlungsprozesse selbst die Strategien und Interessen der beteiligten Akteure erfasst werden. Dazu wird ein zweischrittiges Analyseverfahren angewandt, das sowohl die formalen Rahmenbedingungen und Akteurskonstellationen als auch die tatsächlichen Aushandlungsprozesse und die dabei auftretenden Akteursdynamiken analysiert.

Neben der Verknüpfung unterschiedlicher Forschungsstränge zur grenzüberschreitenden Erwerbsregulierung mit der Forschung über Internationale Rahmenvereinbarungen ist es ein weiteres Ziel der Untersuchung, zwei theoretische Forschungstraditionen in einem theoretischen Modell miteinander zu verbinden. Wie in Kapitel 2 näher dargestellt wird, gibt es sowohl in der IRV-Forschung als auch in angrenzenden Forschungsbereichen theoretische Konzepte, die eine Verschränkung zwischen institutionellen Einflüssen und strategischen Entscheidungen von Akteuren herstellen. Diese Verbindung soll auch den theoretischen Rahmen der vorliegenden Untersuchung bilden, bei der davon ausgegangen wird, dass die Unterschiede zwischen den Akteursdynamiken nur dann vollständig erklärt werden können, wenn sowohl strategische Entscheidungen der kollektiven Akteure selbst als auch deren Einbettung in institutionelle Erwartungsstrukturen aus ihrer Umwelt betrachtet werden (nach Di Maggio/Powell 1983; Hoffman 1999). Die institutionellen Umgebungen werden als externe Einflüsse auf strategische Entscheidungen der Akteure in ein Aushandlungsmodell (nach Walton/

McKersie 1991; Walton u.a. 1994) integriert, um unterschiedliche Gründe für die Verabschiedung und Umsetzung, aber auch die Akteursdynamik bei Verhandlungen von IRVs und transnationalen Rahmenabkommen analysieren zu können.

Um die Ursachen für diese unterschiedlichen Akteurskonstellationen erfassen zu können, werden die Gremien der Beschäftigtenvertretung und die Unternehmen als kollektive Akteure untersucht. Da die Aushandlungsprozesse zwischen den Akteuren, vor allem innerhalb der Gremien der Beschäftigtenvertretung, von intraorganisationalen Abstimmungen geprägt werden, bietet es sich an, beide Dimensionen der Aushandlungen in die Analyse mit einzubeziehen.

1.2 Aufbau der Arbeit

Nach der Einleitung wird in Kapitel 2 zunächst wird auf die historische Entwicklung und die wissenschaftliche Diskussion über IRVs eingegangen. Dabei wird ein Überblick über IRVs und transnationale Rahmenabkommen gegeben und eine Erweiterung des Forschungsfeldes vorgeschlagen. Daneben werden Forschungsergebnisse zu anderen Bereichen der grenzüberschreitenden Erwerbsregulierung aufgezeigt (zum Beispiel aus der CSR-Forschung, der Forschung über gewerkschaftliche Netzwerke oder aus der EBR- und WBR-Forschung), welche die Zusammenhänge zwischen diesen Formen und den Verhandlungen über GRVs verdeutlichen sollen. Ferner dient das Kapitel dazu, die Verhandlungen über IRVs und transnationale Rahmenabkommen in das Modell transnationaler Erwerbsregulierung (Pries 2010) einzuordnen. Es soll dann auch die Auswertung der Inhalte der Abkommen sowie der Strukturdaten jener Unternehmen strukturieren helfen, die solche Abkommen abschließen.

In Kapitel 3 wird ein eigenes theoretisches Modell zur Beantwortung der eingangs formulierten Forschungsfrage vorgestellt. Dabei werden Anknüpfungspunkte zwischen der Aushandlungstheorie von Walton und McKersie (1991; Walton u.a. 1994) in Verbindung mit dem Aspekt der Machtbeziehungen (Bacharach/Lawler 1980) und dem Einfluss von Institutionen und institutionellen Erwartungen (Hoffman 1999) vorgestellt. Das eigene Theoriemodell sieht eine Rahmung der Aushandlungsprozesse, inklusive der damit verbundenen Strategien der beteiligten Akteure, durch unterschiedliche nationale, europäische und globale Institutionen vor.

In Kapitel 4 werden die Inhalte der Abkommen und Strukturdaten von Unternehmen und Gremien der Beschäftigtenvertretung auf formaler Ebene in Bezug auf die theoretischen Überlegungen analysiert. In diesem Kapitel liegt die Konzentration ausschließlich auf standardisierten Daten aller Unternehmen, die entweder eine IRV oder ein transnationales Rahmenabkommen mit ihrem Europäischen Betriebsrat abgeschlossen haben. In Abgrenzung zu anderen Arbeiten über Internationale Rahmenvereinbarungen, die sich lediglich mit Abkommen beschäftigen, an denen GUFs als Unterzeichner beteiligt waren, wird im Folgenden zwischen IRVs – als eben solche Vereinbarungen zwischen GUFs und Unternehmen – und transnationalen Rahmenabkommen – als Vereinbarungen ohne Beteiligung einer GUF – unterschieden, ebenso wie beide Vereinbarungsformen untersucht werden sollen. In einem ersten Schritt werden dazu die standardisierten Daten über die formalen Gemeinsamkeiten und Unterschiede zwischen den GRVs mit Hilfe einer statistischen Analyse der Vereinbarungstexte und der Strukturdaten von Unternehmen, GUFs und EBRs für alle Vereinbarungen bis Ende 2010 geprüft und ausgewertet.

In Kapitel 5 wird die Kategorisierung unterschiedlicher formaler Akteurskonstellationen aufseiten der Gremien der Beschäftigtenvertretung ebenfalls dazu genutzt, um die Unternehmensfallstudien einzuordnen. Um die tatsächlichen Akteursdynamiken bei den Aushandlungen als auch bei der Umsetzung und Kontrolle der Grenzüberschreitenden Rahmenvereinbarungen zu erfassen, wurden sieben Unternehmensfallstudien durchgeführt. Neben den Fallstudien werden in Kapitel 5 auch die Strategien der einzelnen GUFs in Bezug auf Internationale Rahmenvereinbarungen, aber auch in Bezug auf die Kooperation mit nicht-gewerkschaftlichen Gremien vorgestellt. In Erweiterung der bisherigen IRV-Forschung werden die Strategien unterschiedlicher Gremien der Beschäftigtenvertretung sowie die Kooperationen zwischen den Gremien analysiert. Das abschließende Kapitel 6 fasst die wichtigsten Ergebnisse der Untersuchung zusammen.

2. Verhandelte transnationale Erwerbsregulierung: Zum aktuellen Forschungsstand

Dieses Kapitel führt in den Untersuchungsgegenstand der vorliegenden Arbeit ein. Dabei werden im Teilkapitel 2.1 zunächst Grenzüberschreitende Rahmenvereinbarungen definiert und sowohl ihre heutige Verbreitung als auch ihre historische Entwicklung dargestellt. Daran schließt sich im Teilkapitel 2.2 ein Überblick über die Forschungsperspektiven hinsichtlich der unterschiedlichen Formen grenzüberschreitender Erwerbsregulierung an. Neben Studien, die sich aus unterschiedlichen theoretischen Perspektiven mit dem Forschungsgegenstand IRV beschäftigt haben, werden auch solche zu anderen Aspekten grenzüberschreitender Erwerbsregulierung diskutiert, die Anknüpfungspunkte zur Forschungsfrage der vorliegenden Untersuchung bieten. Zur Beantwortung der Frage, wie Aushandlungsprozesse von IRVs und transnationalen Rahmenabkommen zustande kommen und welche Faktoren diese Prozesse beeinflussen, kann auf zwei unterschiedliche empirische Untersuchungsfelder, neben der IRV-Forschung, zurückgegriffen werden. Dies ist erstens die sozialwissenschaftliche Diskussion über die Verbreitung von freiwilligen Selbstverpflichtungen in MNKs, die vor allem der Frage nachgeht, ob Unternehmen solche Verpflichtungen lediglich als öffentlichkeitswirksames Instrument verstehen, um sich als sozial verantwortlich Handelnde zu präsentieren, oder ob diese Verpflichtungen geeignet sind, Arbeits-, Beschäftigungs- und Partizipationsbedingungen zu regulieren. Indem auf die Ergebnisse dieser Studien zurückgegriffen wird, stellt sich auch für die Verhandlungen von GRVs die Frage nach den Interessen und Strategien, die multinationale Konzerne, aber auch Gremien der Beschäftigtenvertretung mit dem Abschluss solcher Vereinbarungen verfolgen. Zweitens existiert eine ganze Reihe von wissenschaftlichen Studien aus dem Forschungsfeld der industriellen Beziehungen, die sich mit anderen grenzüberschreitenden Gremien der Beschäftigtenvertretung und grenzüberschreitenden Aushandlungsprozessen beschäftigt. Diese Arbeiten bieten einerseits Anknüpfungspunkte, um Akteurskonstellationen für Verhandlungen über

IRVs zu untersuchen und diese mit transnationalen Rahmenabkommen zu vergleichen. Ebenso ermöglichen sie es, konkrete Aushandlungsprozesse zwischen Gremien der Beschäftigtenvertretung und Unternehmensleitungen, zum Beispiel bei Europäischen Rahmenvereinbarungen, theoretisch zu erfassen. Das Ziel dieses Kapitels lautet daher insgesamt, die eigene Forschungsfrage in die bereits bestehenden Forschungsstränge einzubetten. Darüber hinaus sollen wichtige Begriffe und Typologien erklärt werden, auf die sich die vorliegende Untersuchung stützen wird. Das Kapitel wird mit einer ersten theoriegeleiteten Einordnung der Verhandlungen von GRVs in das größere Set transnationaler Erwerbsregulierung (nach Pries 2010) abschließen. Wie die Diskussion des Forschungsstandes aufzeigen wird, erscheint es sinnvoll, GRVs und ihre Aushandlungen hinsichtlich unterschiedlicher Dimensionen, wie zum Beispiel ihrer Regelungsgegenstände, den beteiligten Akteuren oder der räumlichen Reichweite, einzuordnen (Teilkapitel 2.3). Dadurch soll auch eine analytische Trennung von handlungstheoretischen und institutionalistischen Erklärungsmodellen zu GRVs erreicht werden, um im weiteren Verlauf der eigenen empirischen Untersuchung die Akteursdynamiken und die institutionelle Einbettung der Aushandlungen präzise untersuchen zu können.

2.1 Grenzüberschreitende Rahmenvereinbarungen – Definition, Verbreitung und historische Entwicklung

2.1.1 Definition und Verbreitung von Grenzüberschreitenden Rahmenvereinbarungen

Die vorliegende Untersuchung rückt die Akteursdynamiken und den Einfluss von institutionellen Umwelten in den Mittelpunkt, um auf diese Weise die Aushandlungsprozesse von Grenzüberschreitenden Rahmenvereinbarungen zu analysieren. Wie bereits angesprochen, finden sich neben Internationalen Rahmenvereinbarungen, die von den GUFs entwickelt wurden, auch weitere transnationale Rahmenabkommen von anderen Gremien der Beschäftigtenvertretung, so dass das vorliegende Buch die Forschung zu IRVs mit der Analyse von inhaltlich-ähnlichen Vereinbarungen erweitert, die unter anderen Akteurskonstellationen verabschiedet wurden. Daher wurde für die Abkommen in der eigenen Untersuchung der Oberbegriff *Grenzüberschreitende*

Rahmenvereinbarungen (GRVs) gewählt. Dieser umfasst sowohl Internationale Rahmenvereinbarungen, die von anderen Autorinnen und Autoren anhand des Kriteriums der Unterschrift durch mindestens eine GUF definiert werden, als auch transnationale Rahmenabkommen, die sich inhaltlich an den IRVs orientieren, aber von anderen Gremien der Beschäftigtenvertretung unterzeichnet wurden. Grenzüberschreitende Rahmenvereinbarungen werden daher in der eigenen Untersuchung als grenzüberschreitende, formale Abkommen auf Unternehmensebene verstanden, die von Unternehmensleitungen und von mindestens einem Gremium der Beschäftigtenvertretung unterzeichnet wurden. Aushandlungspartner können gewerkschaftliche Gremien, wie GUFs, EIFs oder nationale Gewerkschaften, aber auch betriebliche Gremien (Europäische Betriebsräte oder Weltbetriebsräte) darstellen. In Abgrenzung zu anderen Formen der transnationalen Erwerbsregulierung, wie zum Beispiel einseitigen Selbstverpflichtungen, umfassen GRVs nur Texte, die auch von Gremien der Beschäftigtenvertretung unterzeichnet wurden. Darüber hinaus beziehen sich alle GRVs auf die IAO-Kernarbeitsnormen und sind grenzüberschreitend für mehrere oder auch sämtliche Standorte des jeweiligen Unternehmens gültig. Der inhaltliche Bezug auf die IAO-Kernarbeitsnormen kann entweder Hauptgegenstand der Vereinbarung sein oder nur einen Aspekt, neben anderen Regelungsobjekten der Erwerbsregulierung, darstellen.

Internationale Rahmenvereinbarungen, als eine Form von GRVs, werden, in Anlehnung an die Definition anderer Autorinnen und Autoren, als globale Vereinbarungen zwischen einer oder auch mehreren GUFs und dem Management von multinationalen Konzernen definiert (siehe auch Schömann 2012: 202–205). In ihren Inhalten schaffen sie einen internationalen Rahmen an Mindestarbeitsstandards, auf die sich das Unternehmen verpflichtet. Der Großteil der Internationalen Rahmenvereinbarungen orientiert sich inhaltlich an den Kernarbeitsnormen der IAO.[2] Daneben verweisen

2 Die Internationale Arbeitsorganisation hat 1998 einen Katalog von acht Kernarbeitsnormen entwickelt, die sie als Grundbestandteil von Menschenrechten und Arbeitsstandards ansieht (»Declaration of fundamental principles and rights at work«). Obwohl sich diese Normen an Nationalstaaten richten, verweisen heute auch Unternehmensrichtlinien und Standards auf diese Kernarbeitsnornen. So sind diese zum Beispiel auch Bestandteil der OECD Guidelines for multinational companies. Die acht Kernarbeitsnormen umfassen: Vereinigungsfreiheit und das Recht auf Kollektivverhandlungen (Konventionen 87 und 98); Ausschaltung sämtlicher Formen von Zwangsarbeit (Konventionen 29 und 105); Abschaffung von Kinderarbeit (Konventionen 138 und 182); Beseitigung von Diskriminierung am Arbeitsplatz (Konventionen 100 und 111).

die Inhalte der Internationalen Rahmenvereinbarungen vor allem auf *weiche* Aushandlungsthemen der Arbeitsorganisation, wie zum Beispiel Gesundheits- und Sicherheitsstandards oder Chancengleichheit (siehe zum Beispiel Hammer 2005; Sobczak 2007). Neben GUFs können auch andere Gremien der Beschäftigtenvertretung an der Aushandlung, Unterzeichnung, Umsetzung und Kontrolle von IRVs beteiligt sein (was im Teilkapitel 2.2.1 weiter ausgeführt werden wird). Da es sich bei IRVs nicht um definitorisch eindeutig normierte Abkommen handelt, orientieren sich auch die verschiedenen GUFs an ihren eigenen Definitionen von Internationalen Rahmenvereinbarungen. So akzeptiert zum Beispiel der Internationale Metallgewerkschaftsbund (IMB, heute IndustriALL) nur solche IRVs, die alle acht IAO-Kernarbeitsnormen beinhalten, während die globale Dienstleistungsgewerkschaft (= Union Network International bzw. Internationaler Zusammenschluss der Dienstleistungsgewerkschaften, UNI) IRVs als solche globalen Abkommen definiert, die sich mindestens auf die Kernarbeitsnormen zur Vereinigungsfreiheit und zu dem Recht auf Kollektivverhandlungen beziehen (siehe auch Platzer/Müller 2009). Anknüpfend an stärker theoretisch fundierte Überlegungen versteht Pries (2010) IRVs als eine Art weltweiter Basistarifvertrag:

»Internationale Rahmenabkommen können zunächst als eine Art weltweiter Basistarifvertrag zwischen der Leitung eines internationalen Unternehmens und einer internationalen Gewerkschaftsföderation (Global Union Federation, GUF) verstanden werden. Es handelt sich bei den IRVs aber aus zumindest drei Gründen nur ›um eine Art Tarifvertrag‹. Erstens sind auf der Arbeitnehmerseite sehr häufig sowohl die konzernbezogene Arbeitnehmervertretung [...] als auch die für das jeweilige Unternehmen zuständige GUF als Akteure und Unterzeichner in den Abschluss eines IRVs einbezogen. Dagegen werden Tarifverträge grundsätzlich zwischen Arbeitgeberverbänden und Gewerkschaften [...] abgeschlossen [...]. Die zweite Einschränkung bezieht sich auf die formalrechtliche Basis und die damit gegebenen Möglichkeiten einer juristischen Einklage der Bestimmungen von IRVs. Tarifverträge unterliegen jeweils nationalen Gesetzgebungen, in der EU auch europäischen Rechtsbestimmungen. Für die IRVs sind aber keine völkerrechtlichen oder grenzüberschreitenden Rechtsnormen vorhanden, auf die sich eine der vertragszeichnenden Seiten im Streitfall beziehen könnte. Drittens schließlich sind die Übergänge zwischen (1) einseitigen Unternehmenserklärungen [...], an deren Formulierung die entsprechenden Arbeitnehmervertretungen in irgendeiner Form (z.B. Anhörung) beteiligt waren, (2) unternehmensbezogenen Vereinbarungen zwischen Konzernleitung und Arbeitnehmervertretung [...] und (3) Rahmenvereinbarungen zwischen einer GUF und einer Konzernleitung weitgehend fließend.« (Pries 2010: 207f.)

Der Definition von Pries (2010: 207f.) folgend, handelt es sich bei transnationalen Rahmenabkommen um unternehmensbezogene Abkommen zwischen der Unternehmensleitung und der Arbeitnehmervertretung, dies also in einem weiteren Sinn, als dies bei IRVs der Fall ist. Diese existieren anstelle oder auch parallel zu IRVs und einseitigen Selbstverpflichtungen in den Unternehmen.

Da sich die Definitionen von Internationalen Rahmenvereinbarungen und ihre Abgrenzung zu anderen GRVs (wie oben angesprochen) sowohl auf institutioneller Seite als auch auf jener der Forschung unterscheiden, sind genaue Angaben über die quantitative Verbreitung von Internationalen Rahmenvereinbarungen leider nicht zu ermitteln. Als Anhaltspunkt für die Zahl der IRVs kann die offizielle Internetseite des Zusammenschlusses der GUFs (www.globalunions.org) genutzt werden, die alle ihr bekannten IRVs auflistet. Die Liste kann jedoch nicht als vollständig gelten, da keine Verpflichtung von Seiten der multinationalen Konzerne oder der GUFs besteht, ihre Internationalen Rahmenvereinbarungen dort aufzuführen. Die meisten Wissenschaftlerinnen und Wissenschaftler, die sich mit der Verbreitung von IRVs befassen, berufen sich jedoch u.a. auf diese Datengrundlage (siehe zum Beispiel Platzer/Müller 2009; Pries 2010; Schömann u.a. 2008a). Demnach wurden – nach eigenen Recherchen – 87 IRVs bis März 2012 abgeschlossen, die auf der Internetseite der GUFs gelistet werden (siehe auch Anhang). Jedoch hat beispielsweise auch UNI ein Abkommen mit mehreren Unternehmen der Zeitarbeitsbranche *CIETT* abgeschlossen, das in der eigenen Untersuchung als ein einziges Abkommen gewertet wird, während andere Autorinnen und Autoren dieses für eine Vielzahl von Abkommen halten, da mehrere Unternehmen unterzeichnet haben (nämlich Adecco, Kelly Services, Manpower, Olympia Group, Randstad und USG People).[3] Darüber hinaus gibt es einige Unternehmen, die mehr als eine IRV abgeschlossen haben (zum Beispiel Danone).

Neben der grundlegenden Feststellung, dass es sich bei IRVs um grenzüberschreitende Vereinbarungen zwischen GUFs und multinationalen Konzernen handelt, haben sich zahlreiche sozialwissenschaftliche Studien mit der Verbreitung und inhaltlichen Ausgestaltung der IRV-Texte beschäftigt. Diese begnügen sich jedoch vorwiegend damit, die unterschiedlichen inhaltlichen Schwerpunkte der Texte und deren Vorgaben bezüglich Umsetzung und

3 Siehe auch: http://place.uniglobalunion.org/LotusQuickr/pub/PageLibraryC1257824003A7C09.nsf/h_C584938BF113738FC12578AA004FD1D8/A729B326F717D9C6C12578AA004FF703/?OpenDocument (27.2.2012).

Kontrolle der Vereinbarungen darzustellen (zum Beispiel Hammer 2005; Platzer/Müller 2009; Schömann u.a. 2008a). Die Studien zur Verbreitung von IRVs zeigen ebenfalls wieder die Problematik der Abgrenzung von Internationalen Rahmenvereinbarungen zu anderen GRVs auf. Während die Abgrenzung zwischen ausgehandelten IRVs und einseitigen Codes of Conduct (CoCs) mittels der Analyse der Texte möglich ist (siehe Schömann u.a. 2008a), gestalten sich die definitorischen Abgrenzungen zwischen unterschiedlichen GRVs schwieriger. Sowohl der Bericht der EU-Kommission zur Verbreitung von transnationalen Texten (Commission of the European Communities 2008) als auch die Autorinnen und Autoren um Telljohann (2009b) schlagen eine Abgrenzung von IRVs zu anderen transnationalen Texten bezüglich ihrer räumlichen Reichweite vor und unterscheiden zwischen Internationalen Rahmenvereinbarungen und Europäischen Rahmenabkommen (EFAs). Bei einer Unterscheidung hinsichtlich der räumlichen Reichweite der Abkommen bleiben jedoch zwei Definitionsprobleme offen. Erstens gibt es eine Reihe von Unternehmen, die eine IRV abgeschlossen haben, in ihren Geschäftsbereichen aber lediglich in Europa tätig sind, während zweitens auch EFAs existieren, die sich in ihren Inhalten hauptsächlich an den IAO-Kernarbeitsnormen und damit am internationalen Rahmen orientieren (Carley 2002; Müller u.a. 2011). In der vorliegenden Untersuchung wird daher vorgeschlagen, nicht die Beteiligung von GUFs als formalen Unterzeichnern der Abkommen als einziges Merkmal zu definieren, sondern genereller zwischen verhandelten GRVs von Gremien der Beschäftigtenvertretung und Unternehmensleitungen und einseitigen Selbstverpflichtungen von multinationalen Konzernen zu unterscheiden. Auf diese Weise ist es möglich, die unterschiedlichen Akteursdynamiken und institutionellen Einbettungen sowohl von IRVs mit transnationalen Rahmenabkommen zu vergleichen, als auch Unterschiede innerhalb der Gruppen von IRVs und transnationalen Rahmenabkommen zu erfassen.

2.1.2 Historische Entwicklung von Formen grenzüberschreitender Erwerbsregulierung

Um die gegenwärtige wissenschaftliche und (gewerkschafts-)politische Diskussion über IRVs und transnationale Rahmenabkommen verstehen zu können, wird im Folgenden ein kurzer Überblick über die historische Entstehung dieser Abkommen gegeben. Diese sind in ihrer Akteursdynamik und hinsichtlich der institutionellen Einbettung der Aushandlungsprozesse nur nachzuvollziehen, wenn sie in den größeren Kontext unterschiedlicher, grenzüberschreitender Formen der Erwerbsregulierung eingeordnet werden. IRVs, als Instrument der GUFs, sind nur eine Form von gewerkschaftlichen Regulierungsstrategien in multinationalen Konzernen. Daneben haben sich auch andere Handlungsformen entwickelt, die sowohl auf unterschiedlichen räumlichen Ebenen wie auch auf verschiedenen normativen oder rechtlich-regulierten Bestimmungen fußen. Dazu zählen unter anderem die Entwicklungen auf europäischer Ebene mit dem Ausbau supranationaler Erwerbsregulierung durch EBRs oder auch die Europäische Aktiengesellschaft, ebenso wie die Entstehung globaler Formen der Beschäftigtenvertretung durch gewerkschaftliche Netzwerke oder Weltbetriebsräte. Schömann u.a. (2012) bezeichnen dieses Zusammenspiel unterschiedlicher Formen grenzüberschreitender, gewerkschaftlicher Aktivitäten als »transnational collective bargaining« (Boni 2012: 8). Darunter fassen sie sämtliche europäische Entwicklungen in Sachen Sozialdialog, Koordinierung der Tarifpolitik und Entwicklung europäischer Informations- und Konsultationsgremien sowie gerade auch den Bereich der transnationalen Unternehmensvereinbarungen. Platzer und Müller (2009: 18ff.) sprechen in diesem Zusammenhang von der Entwicklung einer globalen Mehrebenenstruktur, in die unterschiedliche kollektive Akteure eingebunden sind. Die Vernetzung der gewerkschaftlichen und auch betrieblichen Akteure kann dabei formaler Natur sein, indem sich beispielsweise europäische und globale gewerkschaftliche Dachorganisationen aus einzelnen nationalen Gewerkschaften gegründet haben; die Vernetzung kann aber auch in Form projekt- oder unternehmensbezogener Kooperation erfolgen. Unter die zweite Kategorie fallen die Verhandlungen über IRVs und transnationale Rahmenabkommen. Neben diesen räumlichen Ebenen bietet sich bei der Betrachtung grenzüberschreitender Akteure und Prozesse auch eine Zuordnung nach Regulierungsformen an, wie etwa den Aushandlungsarenen, dem Regulierungsmodus oder der Konfliktregulierung. Das Zusammenspiel dieser Dimensionen der transnationalen Erwerbsregulierung, wie sie Pries (2010: Kap. 3) vorschlägt, ermöglicht es, ein einzelnes Element der Erwerbsregulierung (wie zum Beispiel die Verhandlungen über GRV) kontrolliert in die Gesamtsystem transnationaler Erwerbsregulierung einzuordnen (siehe Teilkapitel 2.3).

Historisch betrachtet sind Internationale Rahmenvereinbarungen als Reaktion der GUFs auf eine zunehmende Internationalisierung multinationaler Konzerne seit den 1980er Jahren zu verstehen. Sie entstanden im

Zuge der Neupositionierung der globalen gewerkschaftlichen Dachverbände, die auch mit einer organisationalen Restrukturierung der ehemaligen internationalen Berufssekretariate einherging. Diese hielten die Rechte der Beschäftigten in MNKs durch freiwillige Initiativen der Unternehmen allein nicht ausreichend geschützt. Vielmehr war es der politische Wille der gewerkschaftlichen Gremien, für die Beschäftigten der Unternehmen weltweit Mindestarbeitsstandards zu sichern. Die Verhandlungen über solche Standards mit den Unternehmen selbst waren eine Reaktion auf die stockenden politischen Prozesse innerhalb der IAO und ergänzten damit parallele politische Initiativen, wie etwa die *OECD-Guidelines for multinational companies* oder die IAO-Kernarbeitsnormen (siehe auch Platzer/Müller 2009; Pries 2010). Darüber hinaus entstanden vor allem bei in der Textilbranche tätigen Unternehmen freiwillige Selbstverpflichtungen (Codes of Conduct), bei denen die Gewerkschaften nur als ein möglicher Akteur neben Nicht-Regierungs-Organisationen auftraten (siehe auch Miller 2008). In der wissenschaftlichen und auch der gewerkschaftspolitischen Diskussion gelten die Codes of Conduct jedoch nicht als sonderlich wirkungsvoll, da sie keine nennenswerten Verbesserungen der Arbeits-, Beschäftigungs- und Partizipationsbedingungen ergeben (zum Beispiel Miller 2008; Schömann u.a. 2008b). Vielmehr werden solche Initiativen häufig als reines PR-Instrument bewertet. In der sozialwissenschaftlichen Forschung findet sich eine Reihe von Studien, die auf den rein legitimatorischen Charakter von Codes of Conduct von Seiten der Unternehmen verweisen (zum Beispiel Hiß 2006; Preuss u.a. 2009). Entsprechend lautete die Motivation der GUFs, sich als Verhandlungspartner für Unternehmen zu etablieren und mittels gewerkschaftlicher Strukturen vor Ort die Umsetzung der Standards zu gewährleisten. Jedoch kann auch bei dieser Form der Regulierung die Frage gestellt werden, ob der Verhandlungscharakter der Vereinbarungen allein ausreicht, um von einem PR-Instrument der Unternehmen hin zu einer tatsächlichen Verbesserung von Arbeits-, Beschäftigung- und Partizipationsbedingungen zu gelangen. IRVs haben sich in den GUFs daher nicht als singuläres Instrument entwickelt, sondern sind verbunden mit der oben bereits erwähnten organisationalen Restrukturierung und dem Aufbau von anderen unternehmensbezogenen Strategien.

Die GUFs arbeiten heute unter dem Dach der internationalen Gewerkschaftskonföderation zusammen (ITUC), einem 2006 aus Vorgängerorganisationen hervorgegangenen Zusammenschluss. Die GUFs ersetzten im Jahr 2002 die bereits seit 1889 existierenden internationalen Berufssekretariate, deren Funktionen besonders durch die ersten Globalisierungswellen und die sich vertiefende EU-Integration in den 1960er Jahren an Bedeutung gewannen (siehe auch Platzer/Müller 2009: 90ff.). Während sich die internationalen Berufssekretariate anfangs entlang unterschiedlicher Berufsgruppen organisierten, richteten sie sich später mehr an Branchen und Sektoren aus. Diese Fokussierung hat der Großteil der GUFs übernommen, um auf die unterschiedlichen Problemlagen von Beschäftigten der verschiedenen Branchen und Sektoren reagieren zu können. Bis 2012 existierten unterschiedliche GUFs für die Branchen Metall und Maschinenbau (IMB), Chemie, Energie und Bergbau (Internationale Föderation der Chemie-, Energie-, Bergbau- und Fabrikarbeitergewerkschaft, ICEM) sowie für Textil und Bekleidung (Internationale Textil-, Bekleidungs- und Lederarbeitervereinigung, ITBLAV), bevor diese drei vormals eigenständigen GUFs im Juni 2012 zu einer gemeinsamen Dachorganisation (IndustriALL) auf globaler und europäischer Ebene fusionierten.

Neben der organisationalen Neuausrichtung der GUFs hat sich auch die gewerkschaftliche Politik neu organisiert. Hauptfunktionen der GUFs sind die Entwicklung von Strategien zur Unterstützung der nationalen und lokalen Gewerkschaften, Solidaritätsarbeit bei lokalen Konflikten sowie die internationale gewerkschaftliche Bildungsarbeit (siehe auch Croucher/Cotton 2009: 8ff.). In den Bereich der Unterstützung der nationalen und lokalen Gewerkschaften fallen auch die Verhandlungen über IRVs und die Gründung internationaler gewerkschaftlicher Netzwerke in multinationalen Konzernen.

Die Initiative zur Einrichtung von gewerkschaftlichen Netzwerken, die konzernbezogen agieren, ist in den 1960er Jahren von den internationalen Berufssekretariaten aufgenommen worden. Der Aufbau solcher Netzwerke hat sich im Zuge der Internationalisierung von Konzernen weiter verstärkt und ist deshalb auch heute noch ein wichtiger Bestandteil der Strategien der GUFs. Während die internationalen Berufssekretariate früher darauf setzten, die nationalen Gewerkschaften vor allem über Branchenausschüsse und -konferenzen zu vernetzen, betreiben die heutigen GUFs nun eher eine Vernetzung entlang der Wertschöpfungsketten einzelner multinationaler Konzerne oder eine regionale Zusammenarbeit. Die Kooperation zwischen nationalen Gewerkschaften in einem Unternehmen ist eine Weiterentwicklung der konzernbezogenen Netzwerke – sogenannter Weltkonzernräte und -ausschüsse –, die bereits in den 1960er und 1970er Jahren von den Vorgängerorganisationen von IMB, ICEM und der Internationalen Union der

GUF	Zuständigkeit	Anzahl angeschlossener nat. Gewerkschaften	Anzahl der vertretenen Beschäftigen
Internationaler Metallgewerkschaftsbund (IMB); seit 2012: IndustryALL	Zuständig für Unternehmen der Metallbranche	200	25 Mio.
Internationale Textil-, Bekleidungs- und Lederarbeitervereinigung (ITBLAV); seit 2012: IndustryALL	Zuständig für Unternehmen als dem Textilbereich	217	Keine Angabe
UNI Global Union (UNI)	Zuständig für unterschiedliche Dienstleistungsbranchen	900	20 Mio.
Internationale Union der Lebensmittel-, Landwirtschafts-, Cafe- und Genussmittelarbeiter-Gewerkschaft (IUL)	Zuständig für Unternehmen aus den Hotel, Gastronomie und Nahrungsmittel-Bereich	336	12 Mio.
Bau- und Holzarbeiter Internationale (BHI)	Zuständig für Unternehmen des Holz- und Baugewerbes	328	12 Mio.
Internationale Föderation der Chemie-, Energie-, Bergbau- und Fabrikarbeitergewerkschaft (ICEM); seit 2012: IndustryALL	Zuständig für Unternehmen aus dem Chemie- und Energiesektor sowie Bergbau	355	20 Mio.
Internationale Transportarbeiter-Föderation (ITF)	Zuständig für die Transportbereiche zu Land, Wasser und in der Luft	708	4,5 Mio.
Internationale der Öffentlichen Dienste (IÖD)	Zuständig für die Beschäftigten im öffentlichen Dienst	650	20 Mio.
Internationale Allianz für Kunst und Unterhaltung (IAEA)	Zuständig für die Bereiche Kunst und Unterhaltung	100	Keine Angaben
Bildungsinternationale (BI)	Zuständig für den Bereich Bildung und Lehrende	400	30 Mio.
Internationale Journalisten-Föderation (IJF)	Zuständig für Journalisten, Reporter und andere Medienberufe	150	600.000

Tab. 1: Organisationsstruktur der Globalen Gewerkschaftsverbände

Quelle: Eigene Zusammenstellung. Die Daten wurden von den Internetseiten der einzelnen GUFs übernommen.

Lebensmittel-, Landwirtschafts-, Hotel-, Restaurant-, Café- und Genussmittelarbeiter-Gewerkschaften (IUL) in Gang gesetzt worden war. Die Entwicklung dieser Räte und Ausschüsse verblieb jedoch auf der symbolischen Ebene der Solidarität zwischen einzelnen Standorten und hat nach der Einschätzung von Müller u.a. (2004) nur in wenigen Fällen zu einem koordinierten Vorgehen von Belegschaften verschiedener Länder geführt.

Aufgrund der Entwicklung supranationaler – wenn auch nicht zwangsläufig gewerkschaftlicher – Netzwerke von Beschäftigen auf europäischer Ebene durch EBRs, der zunehmenden Internationalisierung der Wertschöpfung in Unternehmen und der strategischen Ausrichtung der GUFs zur Verhandlung und Umsetzung von Internationalen Rahmenvereinbarungen, haben die gewerkschaftlichen Netzwerke einen neuen Schub erhalten. Wegen der Heterogenität der transnationalen unternehmerischen Wertschöpfungsketten müssen die gewerkschaftlichen Netzwerke auf unterschiedliche Institutionen und Strategien zurückgreifen (siehe auch Anner u.a. 2006; Riisgaard/Hammer 2011). In Bezug auf IRVs können die gewerkschaftlichen Netzwerke die Aufgaben der Umsetzung und Überwachung übernehmen. Angesichts der fehlenden Regulierung der Arbeitsbeziehungen auf globaler Ebene sind die gewerkschaftlichen Netzwerke jedoch weiterhin als »gewerkschaftliche Selbsthilfe« (Platzer/Müller 2009: 743) zu verstehen, denen kaum Ressourcen für ihre Arbeit zur Verfügung stehen (siehe auch Miller 2008). Dies führt auch dazu, dass die Zahl der funktions- und arbeitsfähigen Netzwerke begrenzt ist: Croucher und Cotton (2009: 69) gehen von maximal zehn Netzwerken bei den einzelnen GUFs aus, wohingegen Platzer und Müller (2009: 748) nach eigenen Recherchen etwas höhere Zahlen angeben. Sie gehen beim IMB von etwa 35 institutionalisierten Netzwerken aus, bei UNI von 15 globalen Netzwerken und ebenfalls 15 regionalen Netzwerken (vor allem in Lateinamerika) sowie bei ICEM von zehn Netzwerken und weniger als zehn Netzwerken bei den anderen GUFs. Sämtliche Netzwerke werden organisatorisch von den jeweiligen GUFs unterstützt und koordiniert, die tatsächliche Arbeit der Netzwerke obliegt jedoch den nationalen Vertreterinnen und Vertretern der Gewerkschaften, die in diese Netzwerke entsandt sind. Aufgrund der finanziellen Ressourcen der GUFs und wegen der arbeitspolitischen Entwicklungen besonders auf europäischer Ebene greifen die GUFs bei den Verhandlungen über bzw. bei der Umsetzung von IRVs auch auf andere Gremien der Beschäftigtenvertretung, wie zum Beispiel Europäische Betriebsräte, zurück. Daher ist das konkrete Vorgehen bei den IRV-Verhandlungen nur unter Berücksichtigung anderer Entwicklungen der grenzüberschreitenden Erwerbsregulierung zu verstehen. Neben der Entwicklung der GUFs selbst als auch der Schaffung und Revitalisierung gewerkschaftlicher Netzwerke hat besonders die Entwicklung von EBRs einen Einfluss auf die Verhandlungen über Internationale Rahmenvereinbarungen ausgeübt. In geringerem Maße ist auch die Entstehung von WBRs von Bedeutung, die jedoch in deutlicher kleinerer Zahl existieren.

Obwohl die erste IRV bereits 1988 – und damit parallel zur Entwicklung freiwilliger Selbstverpflichtungen von Unternehmen zur Einhaltung sozialer Mindeststandards (Codes of Conduct) – abgeschlossen wurde, begannen sich IRVs erst seit dem Jahr 2000 auch quantitativ vermehrt zu verbreiten. Während die internationale Solidarität und Kampagnenarbeit ein angestammtes Ziel der GUFs und ihrer Vorgängerorganisationen darstellt, kann die Entwicklung der IRV-Strategie eher als ein Instrument gelten, mit dem nationale und lokale Gewerkschaften in multinationalen Konzernen unterstützt und grundlegende Gewerkschaftsrechte entlang der Wertschöpfungsketten etabliert werden sollen. Internationale Rahmenvereinbarungen waren das gleichsam logische Ergebnis von internationalen Verhandlungen und den Entwicklungen auf unternehmerischer und politischer Ebene, aber nicht das eigentliche Ziel der GUFs.

Während IRVs nicht rechtlich reguliert, sondern vielmehr an internationalen Normen und Institutionen (wie etwa den IAO-Kernarbeitsnormen) ausgerichtet sind, haben sich auf europäischer Ebene rechtlich verfasste Akteure und Prozesse grenzüberschreitender Erwerbsregulierung entwickelt, wobei EBRs hierbei die bekanntesten Akteure sind.

In ihrer rechtlichen Ausgestaltung sind EBRs Informations- und Konsultationsgremien für länderübergreifende Angelegenheiten, jedoch beschränkt auf die Länder der Europäischen Union, in denen das jeweilige Unternehmen tätig ist. In der europäischen Richtlinie zu EBRs (Neufassung 2009–38-EG) gelten Angelegenheiten immer dann als länderübergreifend, wenn sie mindestens zwei Betriebe in zwei Mitgliedsstaaten betreffen.[4] Die rechtliche Grundlage umfasst ausschließlich Informations- und Konsultationsrechte; weitergehende Bestimmungen bezüglich eines Verhandlungsmandates von EBRs sieht die Richtlinie nicht vor.

In der Praxis zeigt sich, dass im September 2013 insgesamt 960 multinationale Konzerne einen EBR installiert hatten.[5] Damit verfügt ungefähr ein Drittel aller Unternehmen, die unter die EBR-Richtlinie fallen, über einen

4 Weitere Details zur EBR-Richtlinie finden sich unter http://eur-lex.europa.eu/LexUriServ/LexUriServ.do?uri=OJ:L:2009:122:0028:0044:DE:PDF (28.11.2011). Im Gegensatz zur ersten Fassung der Richtlinie von 1994 umfasst die überarbeitete Richtlinie von 2009 Spezifizierungen hinsichtlich der rechtzeitigen Information und Anhörung gegenüber dem EBR sowie neue Regelungen bei der Gründung von Europäischen Betriebsräten und der Neuverhandlung von EBR-Vereinbarungen bei strukturellen Veränderungen des Unternehmens.

5 Siehe http://www.ewcdb.eu/search_results_companies.php?listMode=1 (23.4.2012).

Europäischen Betriebsrat.[6] Darüber hinaus zeigt eine Aufstellung von sogenannten transnationalen Texten – verstanden als Vereinbarungen zwischen Gremien der Beschäftigtenvertretung und MNKs über unterschiedliche Themen –, dass 71 von 88 Texten mit europäischer Reichweite, die bis 2008 abgeschlossen wurden, formal – durch Unterschrift – von EBRs verhandelt wurden (Commission of the European Communities 2008). Damit gehen diese EBRs in ihrem tatsächlichen Handeln über den ihnen zugesprochenen Rechtsrahmen als Informations- und Konsultationsgremien hinaus. Die Gesamtheit der Vereinbarungen, die von der EU-Kommission als transnationale Texte bezeichnet werden, beinhaltet auch transnationale Rahmenabkommen, die einen Schwerpunkt der eigenen Arbeit bilden. Weiterhin haben sich in einigen wenigen Unternehmen neben rechtlich normierten EBRs auch freiwillig eingesetzte Weltbetriebsräte entwickelt, die mit insgesamt 13 Gremien jedoch eher als ein Randphänomen einzuschätzen sind (siehe auch Waddington 2011: 151ff.). Als Erweiterung eines Beschäftigtengremiums, das weltweit die Beschäftigten eines MNK vertritt, stellen Weltbetriebsräte jedoch eine konsequente Reaktion auf die Internationalisierung von multinationalen Konzernen dar.[7]

Auch EBRs sind als eine Reaktion zu verstehen, um neben der fortschreitenden Harmonisierung des EU-Binnenmarktes auch die Rechte der Beschäftigten zu harmonisieren und damit die EU von einer Wirtschafts- und Währungsunion zu einer wirtschaftlichen, politischen und sozialen Gemeinschaft fortentwickeln zu helfen. Deshalb ist im Jahr 1994 – nach zehnjähriger Diskussion zwischen Politik, Arbeitgeberverbänden und Gewerkschaften – die Richtlinie über Europäische Betriebsräte verabschiedet worden. Vo-

6 Obwohl eine rechtliche Verpflichtung besteht, einen EBR in Unternehmen zu gründen, die unter die Richtlinie fallen, verfügen nicht alle Unternehmen über einen EBR. Die Gründe für diesen Umstand können sowohl in dem fehlenden Wissen der Beschäftigten über ihre Rechte als auch in den Motiven der Unternehmensleitungen liegen. Für deutsche multinationale Konzerne, in denen kein EBR existiert, konnten die Autoren um Whittall u. a. (2009) ermitteln, dass sowohl mangelndes Wissen über die EBR-Richtlinie und die Unternehmensstruktur als auch die Einschätzung von deutschen Betriebsräten, dass ein EBR keinen Mehrwert zeitigen würde, der Gründung entgegen wirken (siehe auch Whittall u. a. 2008).

7 Eine Darstellung der historischen Entwicklung von WBRs und ihren Vorgängern – den sogenannten Weltkonzernräten – geben z. B. DaCosta und Rehfeldt (2008) sowie Pries (2010: 200ff.). Nach einer aktuellen Auflistung von Waddington (2011) und eigenen Recherchen existieren WBRs in den Unternehmen Cap Gemini Ernst & Young, Daimler, Falck, Mondi, Lego, Nordea, PSA Peugeot, Renault, Rolls-Royce, Skandia, SKF, Statoil und Volkswagen.

rausgegangen waren mehrere freiwillige Initiativen von Unternehmen, europäische Gremien zum Informationsaustausch zwischen Management und Vertreterinnen und Vertretern der Beschäftigten zu schaffen. Diese Praxis hat die Formulierung der Richtlinie stark mit beeinflusst (siehe auch Nagel 1999; Platzer/Müller 2009: 811ff.; Pries 2010: 180ff.; Rehfeldt 1998). Nach deren Überarbeitung im Jahr 2009 ist die neue EBR-Richtlinie bis Juni 2011 schließlich von den jeweiligen Regierungen der Nationalstaaten in die nationalen Rechtsvorschriften umgesetzt worden.

Obwohl viele EBRs – vor allem aus den Industriebranchen – gewerkschaftlich angebunden sind, sind sie laut Definition kein gewerkschaftliches Gremium. Dies kann in der Zusammenarbeit zwischen gewerkschaftlichen Gremien und Europäischen Betriebsräten zu Interessenkonflikten führen. So werden Europäische Betriebsräte in der Praxis stark in die IRV-Politik, besonders bei den GUFs der Industriebranchen, eingebunden, wobei die GUFs zugleich betonen, dass es sich bei solchen IRVs allein um ein gewerkschaftliches Instrument handelt (siehe auch Papadakis u.a. 2008). Entsprechend kann es zu unterschiedlichen Akteursdynamiken bei den Aushandlungsprozessen kommen, die von den Akteurskonstellationen und den Strategien der kollektiven Akteure beeinflusst sind. Neben der internationalen Ebene haben sich in den vergangenen zehn Jahren auf europäischer Ebene zusätzlich Europäische Rahmenvereinbarungen entwickelt, bei denen ebenfalls häufig EBRs beteiligt sind (Rüb u.a. 2011). So hat sich parallel eine neue Form der Vereinbarungspolitik zwischen gewerkschaftlichen Gremien, EBRs und multinationalen Konzernen auf europäischer und globaler Ebene etabliert, die in beiden Fällen in einem institutionell-normativen Rahmen stattfindet und nicht rechtlich geregelt ist.

Wie dieser kurze historische Überblick bereits zeigt, sind unterschiedliche Akteure an diesen Prozessen beteiligt, die ihrerseits auch in unterschiedlichen Dimensionen der Erwerbsregulierung verankert sind. Die Verhandlungen über IRVs und transnationalen Rahmenabkommen, die im Zentrum dieser Untersuchung stehen, stellen somit zwei Elemente transnationaler Erwerbsregulierung dar, die in einen größeren Kontext von Regulierungsformen eingebettet sind.

2.2 Forschungsperspektiven auf Grenzüberschreitende Rahmenvereinbarungen

Während IRVs durchaus im Mittelpunkt theoriegeleiteter, sozialwissenschaftlicher Forschung zu grenzüberschreitenden Rahmenvereinbarungen stehen, sind transnationale Rahmenabkommen, wie sie in dieser Untersuchung definiert wurden, lediglich in Studien über Europäische Betriebsräte und EFAs behandelt worden, bilden bisher aber kein eigenes Forschungsfeld.

In der IRV-Forschung lassen sich zwei theoretische Stränge ausmachen, die sich zum einen an akteurs- und handlungstheoretischen Ansätzen, andererseits an institutionalistischen Ansätzen zur Erklärung von Entstehung, Aushandlung und Umsetzung von IRVs orientieren. Erstens hat sich ein breiter Forschungsstrang aus dem Bereich der internationalen »Industrial Relations«-Forschung entwickelt. Diese Forschungsperspektive knüpft an politikwissenschaftliche und soziologische Erklärungsmodelle zu Aushandlungsprozessen, Macht, Interessen und Strategien von Akteuren bei der Verabschiedung und Umsetzung von IRVs an. Zweitens ist aus der Forschung über Corporate Social Responsibility und Codes of Conduct ein stärker organisationswissenschaftlich ausgerichteter Forschungsstrang zu IRVs hervorgegangen. Die Autoren dieser Richtung erklären Entstehung, Verbreitung und Umsetzung von IRVs mit Hilfe von institutionalistischen Ansätzen der Soziologie (siehe Teilkapitel 2.2.1). Daran anschließend finden sich einige empirische Befunde und theoretische Erklärungsmodelle aus angrenzenden Forschungsbereichen, die bei der Beantwortung der Forschungsfrage helfen können, wie sich die Aushandlungsprozesse von IRVs und transnationalen Rahmenabkommen ausgestalten und in welcher Weise Akteurskonstellationen, Strategien der kollektiven Akteure und institutionelle Umwelten die Aushandlungen beeinflussen (Teilkapitel 2.2.2).

2.2.1 Der Einfluss von Akteursdynamiken und institutionellen Umwelten auf Internationale Rahmenvereinbarungen

Im klassischen Modell von Aushandlungen zwischen gewerkschaftlichen Akteuren und Entscheidungsträgern von Unternehmen treffen diese beiden Verhandlungspartner mit unterschiedlichen Strategien aufeinander. Ein Ziel der vorliegenden Untersuchung ist es, die Strategien aller beteiligten Akteure, neben Gewerkschaft und Arbeitgeber, in ein Aushandlungsmodell zu integrieren, um dadurch die Akteursdynamik in den Aushandlungsprozessen zu erfassen. Andere Arbeiten aus dem Bereich der internationalen »Industrial Relations«-Forschung haben sich bereits mit strategischen Entscheidungsprozessen einzelner Akteure und ihren Interessenlagen beschäftigt, darunter eine Reihe von Studien, die die Strategien der GUFs als treibende Kraft und Initiatoren von IRV-Verhandlungen erklären. Daneben gibt es einige Studien, die der Frage nachgehen, wie Unternehmensleitungen die IRV-Verhandlungen, aber auch die festgeschriebenen Inhalte in ihrer Arbeit strategisch nutzen. Eine Analyse des Einflusses von unterschiedlichen Akteurskonstellationen auf die Aushandlungsprozesse, in Verbindung mit den Strategien der Akteure, findet sich in der Forschung bisher nicht.

Mit Blick auf die Strategien der GUFs orientieren sich einige Autorinnen und Autoren an den Anpassungsmechanismen der GUFs, um Internationale Rahmenvereinbarungen in unterschiedlichen unternehmerischen Kontexten entlang verschiedener Formen der Wertschöpfungsketten zu etablieren. Platzer und Müller (2009: 720ff.) folgern aus ihrer empirischen Untersuchung, dass GUFs ihre Strategien bezüglich Internationaler Rahmenvereinbarungen an die jeweiligen Wertschöpfungsketten anpassen. Sie orientieren sich dabei an dem Ansatz von Bair und Gereffi (2000) die produzentendominierte und konsumentendominierte Wertschöpfungsketten unterscheiden. Auch wenn Lobbying und sektorale Politik weiterhin eine herausragende Rolle für die GUFs spielen, haben die Internationalen Rahmenvereinbarungen eine wichtige strategische Bedeutung für sie, um über *soft laws* Arbeitnehmerrechte zu stärken und transnationale Netzwerke gewerkschaftlicher Interessenvertretung zu schaffen. Darüber hinaus sollen die Aushandlungen von IRVs soziale Mindestarbeitsstandards für die Beschäftigten im Unternehmen und bei den Zulieferern sichern und auf Grundlage der Internationalen Rahmenvereinbarungen kontinuierliche Dialogbeziehungen mit der Unternehmensleitung aufgebaut werden (siehe auch Schömann u.a. 2008b). Dabei können die IRV-Inhalte nach ihrer Aushandlung, aus der Sicht der GUFs, ausschließlich durch die Beschäftigten und Gewerkschaften vor Ort umgesetzt werden. Freilich mangelt es aber fast immer an Strukturen und Ressourcen, um dies auch wirksam zu kontrollieren (siehe auch Croucher/Cotton 2009). Daher konzentriert sich die Mehrzahl der GUFs darauf, an der Ausarbeitung des Überwachungsverfahrens durch das Unternehmen beteiligt zu sein und währenddessen kontinuierlich konsultiert und informiert zu werden. Die Analyse von Platzer und Müller (2009) zeigt, dass Internationale Rahmenvereinbarungen zwar nur ein begrenztes Wachstumspotenzial haben, diese aber für die GUFs sowohl aus der Perspektive der Einflusslogik als auch aus jener der Mitgliederlogik zu einer Aufwertung ihres Funktionsprofils beitragen (nach Schmitter/Streeck 1999).

Auch Hammer (2008) analysiert IRVs vor dem Hintergrund unterschiedlicher Formen der Umsetzung innerhalb eines Unternehmens und entlang der Wertschöpfungskette (siehe auch Riisgaard/Hammer 2011) und geht dabei auf die unterschiedlichen Rahmenbedingungen in den Branchen ein, sowohl bezogen auf die Gewerkschaftsstrukturen als auch die Arbeitgeberstrukturen. So ist Hammer (2008) der Ansicht, dass Unternehmen ihre Wertschöpfungsketten nach unterschiedlichen institutionellen Logiken gestalten. Entsprechend müssen die Strategien der GUFs bezogen auf die Inhalte der Internationalen Rahmenvereinbarungen und die Umsetzungsmechanismen, vor dem Hintergrund institutioneller Logiken der Unternehmen analysiert werden (siehe auch Anner u.a. 2006). Dazu legen die Studien von Miller (2004) und Riisgaard (2005) jene Strategien der GUFs offen, durch öffentliche Kampagnen Unternehmen dazu zu bewegen, solche Internationalen Rahmenvereinbarungen abzuschließen. Die Autoren bewerten die Möglichkeit, diesen öffentlichen Druck aufzubauen, als einen wesentlichen Bestandteil einer erfolgreichen IRV-Strategie der GUFs. Ihre Ergebnisse stützen sich auf Untersuchungen der Bekleidungsindustrie und der Bananenindustrie und beziehen sich daher auf die Strategien der beiden GUFs – also der ITBLAV und der IUL. Andere Autoren zeigen, dass andere GUFs davon abweichende Strategien nutzen und ihren Schwerpunkt nicht auf Kampagnen legen (siehe zum Beispiel Platzer/Müller 2009).

Während Hammer (2008) als auch Platzer und Müller (2009) die Strategien der Gewerkschaften zum Umgang mit IRVs als Anpassung an die Unternehmensstrukturen und die Wertschöpfungsketten verstehen, konzentrieren sich die Studien von Schömann u.a. (2008a), Papadakis u.a. (2008) und Telljohann u.a. (2009a) auf interne Prozesse und Strategien der GUFs zusammen mit anderen Gremien der Beschäftigtenvertretung. Daran knüpft auch die Arbeit von Bourque (2008) an. Er analysiert IRVs unter Berücksichtigung des Modells zur Entwicklung von internationalen Kollektivverhandlungen als Konsequenz aus der zunehmenden Internationalisierung von Unternehmen (nach Levinson 1972). Papadakis u.a. (2008) zeigen in ihrer Studie auf, dass die Strategien zu IRV-Verhandlungen zwar von den GUFs ausgehen, diese aber als Verhandlungspartner für Internationale Rahmenvereinbarungen die Beschäftigten des multinationalen Konzerns nicht ausreichend abbilden. Damit stellt sich auf Seiten der Beschäftigtenvertretung die

Frage nach der Legitimität der GUFs als Repräsentanten der Beschäftigten eines multinationalen Konzerns. Bezüglich des legitimatorischen Defizits der GUFs als übergeordnete Dachverbände verweisen alle vorgestellten Autorinnen und Autoren auf die Notwendigkeit, neben GUFs auch nationale Gewerkschaften, die in den einzelnen Betriebsstätten des Unternehmens von den Beschäftigten gewählt sind, in die Verhandlungen einzubeziehen. In der Praxis, so zeigen Schömann u.a. (2008a) und Telljohann u.a. (2009b), findet diese Einbindung jedoch nur selten statt. Anknüpfend an die bereits vorgestellten Studien von Hammer (2008) und Platzer und Müller (2009) weisen auch andere IRV-Studien auf unternehmensbezogene Effekte für die Verhandlungen über IRVs hin. Beim Blick auf die Konzernzentralen der Unternehmen erweist sich, dass die Mehrheit der IRVs in Unternehmen mit Stammsitz innerhalb Kontinentaleuropas abgeschlossen worden sind. Unterschiedliche Autoren gehen deshalb davon aus, dass es sich bei Internationalen Rahmenvereinbarungen um ein vor allem europäisches Phänomen handelt, und zwar deswegen, weil GUFs vor allem in Unternehmen, die von Sozialdialogstrukturen geprägt sind, solche Internationalen Rahmenvereinbarungen unterzeichnen (siehe zum Beispiel Kluge/Schömann 2008; Pries 2010; Ungericht/Hirt 2010).[8] So erbrachten die Studien das Ergebnis, dass es unterschiedliche Strategien der GUFs bei den IRV-Verhandlungen gibt. Andere Akteure werden in diese Analysen jedoch nicht mit einbezogen, was zur Folge hat, dass die Akteursdynamiken nicht vollständig erfasst werden. Die genannten Studien bieten jedoch Anknüpfungspunkte für die in der vorliegenden Studie angestrebte Untersuchung der Strategien der GUFs und ihrer Mechanismen der Anpassung an institutionell unterschiedlich verankerte multinationale Konzerne.

Damit stellt sich die Frage nach den nationalen und transnationalen Formen der Erwerbsregulierung und dem Einfluss der institutionellen Einbettung von Unternehmen und Gremien der Beschäftigtenvertretung auf die Verhandlungen über IRVs. Entsprechend schlägt Egels-Zanden (2009b) vor, zur Erklärung dieser Phänomene theoretische Anleihen bei der »Industrial Relations«-Forschung und der Unternehmensethik zu nehmen (so auch Pries 2010: 207ff.). Egels-Zanden (2009a) beschäftigt sich mit der Frage nach den Motiven von Unternehmen, IRVs mit Gewerkschaften abzuschlie-

8 Aktuelle Entwicklungen innerhalb der GUFs zeigen, dass die Schwerpunktsetzung auf Europa bei den IRV-Verhandlungen heute nicht mehr zutrifft. Seit 2010 sind vor allem durch UNI vermehrt IRV in multinationalen Konzernen mit Stammsitz außerhalb Europas abgeschlossen worden.

ßen. Anknüpfend an Ansätze des soziologischen Neo-Institutionalismus betrachtet er zunächst IRVs – wie auch Codes of Conduct – als einen Legitimationsaspekt des Unternehmens. In seiner Fallstudie wird jedoch deutlich, dass Unternehmen nicht auf Druck von außen mit IRVs reagieren, sondern aufgrund von *stakeholder-pressure* über die Gewerkschaften, die innerhalb des Unternehmens agieren. Diese tun dies nicht durch öffentliche Kampagnen, sondern bieten den Verhandlungsweg an, um interne Konflikte mit dem Management zu lösen. Die Motive des Unternehmens sind somit nicht ausschließlich legitimatorischer Natur, sondern auch Ausdruck des Systems industrieller Beziehungen im Unternehmen. In dieser Tradition der Verbindung von institutionalistischen Ansätzen mit akteurszentrierten Erklärungsmodellen aus der »Industrial Relations«-Forschung stehen auch die Arbeiten von Fichter u.a. (2011b; 2011a). Die Autoren beschäftigten sich mit den Motiven der Unternehmen, IRVs abzuschließen und stellen in ihren Arbeiten dar, dass Unternehmen Internationale Rahmenvereinbarungen als Bestandteil von Standardisierungsprozessen in der Wertschöpfungskette des Unternehmens auf strategische Weise nutzen. Dabei spielen GUFs als externe Akteure eine wichtige Rolle, diese Standardisierungsprozesse zu initiieren und zu kontrollieren. Auch die Studien von Gjolberg (2009), Hiß (2006) und Kluge und Schömann (2008) gehen auf die Motive der Unternehmen ein, sich auf Codes of Conduct und/oder IRVs zu verpflichten. Während Kluge und Schömann (2008) mit Verweis auf die europäischen Strukturen der IRVs abschließenden Unternehmen davon ausgehen, dass politische Prozesse auf EU-Ebene als auch in Kontinentaleuropa etablierte Formen der industriellen Beziehungen und des Sozialdialogs die Entscheidungen der Unternehmen beeinflussen, zeigt Hiß (2006) in ihrer Arbeit auf, dass Unternehmen CoCs verabschieden, um sich gegenüber ihrer Umwelt und damit gegenüber externen Erwartungen zu legitimieren (siehe auch Gjolberg 2009; Hiß 2009).[9]

9 In der wissenschaftlichen Debatte um CoCs spielen institutionalistische Erklärungsmodelle eine große Rolle. Zur Erklärung unternehmerischen Handelns, jenseits von Effizienzgründen, solche freiwilligen Selbstverpflichtungen abzuschließen, wird vor allem auf den legitimatorischen Aspekt von CoCs für Unternehmen hingewiesen, die als Anpassung an Erwartungen der Umwelt fungieren (z. B. Hiß 2009; Scheiber 2009) oder als Reaktion auf externen Druck durch unterschiedliche Akteure (z. B. Aguilera u. a. 2007). Margolis und Walsh (2003) sehen im CSR-Ansatz nicht ein reines Legitimationselement, sondern im Licht eines Stakeholder- anstelle eines reinen Shareholder-Ansatzes auch ein Element des effizienten Handelns von Unternehmen. Auch Scherer und Palazzo (2007) halten CSR-Initiativen von Unternehmen für einen Bestandteil neuer Regulierungsformen in Ergänzung zu bereits bestehenden.

Während sich in den Frühzeiten der IRV-Forschung die Arbeiten vor allem mit den Strategien der GUFs zu Internationalen Rahmenvereinbarungen auseinandergesetzt hatten, sind die Strategien der multinationalen Konzerne erst in den letzten Jahren in den Mittelpunkt der Analyse gerückt. Die Strategien der Unternehmen werden mit Hilfe des Instrumentariums der »Business Ethics«-Forschung untersucht, die Internationalen Rahmenvereinbarungen im Hinblick auf Legitimationsprozesse und Standardisierungsprozesse, aber auch als Teil von globalen Wertschöpfungsketten betrachtet. Während Fichter u.a. (2011b), aber auch Preuss u.a. (2009), Stevis (2010) und Niforou (2012) die Umsetzung von IRVs aus Unternehmenssicht mit institutionalistischen Ansätzen erklären, verweisen Andersen und Skjoett-Larsen (2009), Cumbers u.a. (2008) und auch Riisgaard und Hammer (2011) auf Erklärungsmodelle zu globalen Wertschöpfungsketten. Preuss u.a. (2009) zeigen in ihrer Studie, dass sich Unternehmen in Europa, die sich mit CSR beschäftigen, vordergründig angleichen, die nationalen Praktiken der Unternehmenssysteme jedoch erhalten bleiben. Auch Niforou (2012) verweist auf die Paradoxie des Umstandes, dass sich Unternehmen einerseits an internationalen Mindestarbeitsstandards orientieren, die lokale Umsetzung andererseits von nationalen Institutionen verhindert werden kann (siehe auch Davies u.a. 2011; Hessler 2012; Royle und Ortiz 2009). Es zeigt sich in den Studien zu IRV also, dass deren Entstehung und Umsetzung von Strategien der GUFs und der multinationalen Konzerne sowie von institutionellen Umwelten beeinflusst sind. Es ist deshalb zu vermuten, dass auch bei transnationalen Rahmenabkommen die Strategien der kollektiven Akteure und ihre Einbettung in institutionelle Umwelten den Aushandlungsprozess beeinflussen.

Neben den Strategien und Motiven von GUFs und multinationalen Konzernen bei IRV-Verhandlungen ist im Teilkapitel 2.1.1 bereits auf die Schwierigkeiten hingewiesen worden, IRVs und GRVs allgemein näher zu bestimmen. Auf Grundlage der definitorischen Überlegungen stellt sich zum einen die Frage nach der Abgrenzung zwischen IRVs, anderen Abkommen und CoCs hinsichtlich der Akteursdynamiken. Zum anderen bleibt zu klären, inwieweit sich die unterschiedlichen Abkommen und Texte in Bezug auf ihre Inhalte unterscheiden.

In der IRV-Forschung finden sich daher zunehmend auch Vergleichsstudien, indem IRVs anderen Vereinbarungen oder auch freiwilligen Selbstverpflichtungen gegenübergestellt werden. Da sich Codes of Conduct und Internationale Rahmenvereinbarungen in ihren Inhalten dahingehend ähneln, dass auf die IAO-Kernarbeitsnormen Bezug genommen wird, bieten sich hier Vergleiche hinsichtlich der unterschiedlichen Wirkungen von CoCs und IRVs in den Unternehmen durchaus an. Die Abgrenzung zwischen IRVs und CoCs erfolgt anhand des Kriteriums der Beteiligung von GUFs bei IRVs bzw. der einseitigen Verpflichtungserklärung von Unternehmen bei CoCs. So vergleichen Egels-Zanden und Hyllman (2007) in ihrer Studie die Gewährleistung von Arbeitnehmerrechten durch IRVs und CoCs und kommen zu dem Schluss, dass IRVs Arbeitnehmerrechte besser gewährleisten können als CoCs, weil zum einen Beschäftigtenvertretungen an den Abkommen beteiligt wurden. Andererseits werden bei IRVs häufig Verfahren festgelegt, auf welche Art und Weise sie umgesetzt und kontrolliert werden sollen. Außerdem zeigen die Autoren, dass sich der Abschluss von CoCs negativ auf den Abschluss von IRVs auswirken kann; zu einem ähnlichen Schluss kommt auch Bartley (2005) in seiner Studie.

Auch die Autorinnen und Autoren um Schömann u.a. (2008a; 2008b) vergleichen die Inhalte von IRVs und CoCs, wobei sie vor allem auf eine Inhaltsanalyse der Texte stützen. Vergleichskriterien sind der Bezug auf die IAO-Kernarbeitsnormen, die Akteurskonstellationen auf Beschäftigtenseite und die schriftlichen Darstellungen von Umsetzungs- und Kontrollmechanismen: Während CoCs freiwillige Standards sind, die kaum zu erzwingen oder bei Missachtung einzuklagen sind, werden Internationale Rahmenvereinbarungen besonders von GUFs favorisiert, weil damit schriftliche Vereinbarungen eingegangen werden. Generell können CoCs und IRVs dazu beitragen, die industriellen Beziehungen und die Arbeitsbedingungen innerhalb eines Unternehmens zu verbessern. Die Studie zeigt, dass sich die CoCs und Internationalen Rahmenvereinbarungen hinsichtlich ihrer Inhalte und Verbindlichkeit stark unterscheiden. Aufgrund der Untersuchungen zum Inhalt und zur Verbreitung von IRVs und CoCs kommen die Autorinnen und Autoren zu dem Schluss, dass IRVs den sozialen Dialog befördern können, wohingegen CoCs meistens für das *legal risk management* der Unternehmen genutzt werden.

Statistische Analysen der Unternehmen, die Codes of Conduct oder Internationale Rahmenvereinbarungen abschließen, zeigen sogenannte Stammlandeffekte für diese verschiedenen Formen von Texten auf. Jedoch wird in diesen Studien nicht zwischen unterschiedlichen Verhandlungsakteuren auf Seiten der Beschäftigtenvertretung differenziert. Edwards u.a. (2007) stellen in ihrer Analyse von 665 multinationalen Konzernen dar, dass größere Unternehmen mit einem Stammsitz in den USA eher einen CoC verfassen als Unternehmen aus anderen Ländern. Dieser Trend kehrt sich um, wenn man ausschließlich diejenigen Texte betrachtet, die verhandelt wurden, nämlich IRVs. Dort haben die Stammsitze in Europa einen signifikanten Einfluss auf ihre Existenz. Besonders Unternehmen mit Stammsitz in Deutschland oder in nordeuropäischen Ländern verfügen über IRVs. Dieser Bezug auf Europa zeigt sich auch in den deskriptiven Analysen zu IRVs (siehe auch Pries 2010; Schömann u.a. 2008a; Zimmer 2008). Auch Sotorrio und Sanchez (2008) befassen sich mit den Unterschieden bezüglich der CSR-Praktiken in europäischen und US-amerikanischen Unternehmen. Sie vergleichen die Motive für CSR-Handlungen der multinationalen Konzerne und gelangen durch deskriptive und multivariate Analysen zu dem Ergebnis, dass das soziale Verhalten von europäischen multinationalen Konzernen höher ist als jenes der US-amerikanischen MNKs. Indem sie sich auf die Annahmen des soziologischen Neo-Institutionalismus stützen, erklären die Autoren die höheren Anstrengungen der europäischen Unternehmen damit, dass sich die europäische Unternehmenskultur hinsichtlich CSR signifikant verändert hat, da verschiedene Institutionen innerhalb der EU als auch Medien und Finanzinvestoren einen stärkeren Schwerpunkt auf CSR gelegt haben (siehe auch Hammer 2005; Hiß 2006; Kluge/Schömann 2008; Ungericht/Hirt 2010). Ferner erklären sich die Autoren das relativ gleiche Vorgehen von europäischen Unternehmen damit, dass diese sich, um allen Stakeholder-Anforderungen gerecht zu werden, am europäischen Normenrahmen orientieren, der die Beteiligung von Akteuren der Beschäftigtenvertretung vorsieht (siehe auch Preuss u.a. 2006; Runhaar/Lafferty 2009). Eine weitere Differenzierung nach einzelnen Ländern innerhalb Europas nehmen die Autoren jedoch nicht vor. Dabei bleiben die Autoren in ihren Schlussfolgerungen die Antwort schuldig, warum – im Vergleich zu CoCs – relativ wenige multinationale Konzerne IRVs abschließen. Entsprechend greift ein ausschließlich institutionalistisches Argument, dass Unternehmen IRVs allein aus Legitimationsgründen abschließen, zu kurz (siehe auch Helfen/Sydow 2011; Stevis 2010). Vielmehr haben die vorgestellten Untersuchungen gezeigt, dass die Prozesse zu IRV-Verhandlungen in strategischer Absicht von den GUFs forciert werden und deshalb auch deren Strategien, neben dem Einfluss institutioneller Umwelten, in die Analyse einfließen müssen.

Den oben dargestellten Vergleichsstudien zu IRVs und CoCs ist gemeinsam, dass sie eine klare Abgrenzung zwischen diesen beiden transnationalen Formen von Texten vornehmen. Andere transnationale Rahmenabkommen zwischen anderen Gremien der Beschäftigtenvertretung und Unternehmen werden in die Analyse nicht mit einbezogen, worauf jedoch andere Autoren (Carley 2002; Commission of the European Communities 2008; Rüb u.a. 2011; Telljohann u.a. 2009b) verweisen. Diese orientieren sich neben den IRVs auch an EFAs, bei denen Europäische Betriebsräte in vielen Fällen eine tragende Rolle spielen. So bestärken die genannten Studien die Argumentation von Pries (2010) und Stevis (2010), dass IRVs und EFAs nicht als singuläre gewerkschaftliche Instrumente verstanden werden können, sondern diese vielmehr als Ausdruck eines Wechselspiels zwischen unterschiedlichen Dimensionen der Erwerbsregulierung analysiert werden müssen. Entsprechend finden sich dann auch, neben oder anstelle von Gewerkschaften, andere Gremien der Beschäftigtenvertretung, die an den Aushandlungsprozessen im Vorfeld dieser Abkommen beteiligt sind.

2.2.2 Erklärungsmodelle aus anderen Forschungsbereichen transnationaler Erwerbsregulierung

Der empirische Tatbestand, dass EBRs Vereinbarungen mit Unternehmensleitungen abschließen, ist in einigen quantitativen Darstellungen zur Verbreitung solcher Texte beachtet worden. Dabei stehen Europäische Betriebsräte stets als ein möglicher Verhandlungspartner zur Diskussion, und zwar neben nationalen Gewerkschaften, betrieblichen Gremien der Beschäftigtenvertretung, EIFs oder GUFs. Eine Auflistung der EU-Kommission zur Verbreitung transnationaler Texte unterscheidet zwischen Texten mit europäischer Reichweite, Texten mit globaler Reichweite, die sich auf internationale Mindeststandards beziehen, und so genannten *mixed texts*, die global gültig sind, jedoch Themen behandeln, die auch für europäische Standorte von Bedeutung sind (Commission of the European Communities 2008). Die Studie kommt auf eine Gesamtzahl von 147 transnationalen Texten, von denen 76 Texte europäische Vereinbarungen sind, 59 globale Vereinbarungen darstellen und zwölf Vereinbarungen der Kategorie *mixed texts* zugeordnet werden. Zur Einbindung unterschiedlicher Gremien der Beschäftigtenvertretung stellen die Autorinnen und Autoren fest, dass EBRs in einem Großteil der europäischen und *mixed texts* als Unterzeichner der Vereinbarungen beteiligt waren, während der Anteil der EBRs bei globalen Abkommen geringer ist. Außerdem weisen die Autorinnen und Autoren darauf hin, dass EBRs auch an 17 der 147 Texte beteiligt waren, bei denen sie nicht als Unterzeichner auftauchen.

Carley (2002) zeigt in seiner Analyse von EBRs als Verhandlungspartnern auf, dass lediglich zwei Prozent der EBR-Gründungsvereinbarungen (gegründet nach Artikel 13 der EBR-Richtlinie) und fünf Prozent der EBR-Gründungsvereinbarungen (nach Artikel 6 der EBR-Richtlinie) dem EBR das Recht auf Verhandlungen zugestehen. Von diesen insgesamt elf EBRs haben bis 2001 lediglich drei dieses Verhandlungsmandat genutzt. Demgegenüber haben aber, wie auch die entsprechende EU-Studie (Commission of the European Communities 2008) zeigt, eine Reihe von EBRs, die kein schriftlich fixiertes Recht auf Verhandlungen besitzen, faktisch verhandelt (siehe auch Hauser-Ditz u.a. 2010; Kotthoff 2006; Lecher u.a. 2001). Besonders im Automobilbereich sind in den letzten 15 Jahren zahlreiche Abkommen zwischen EBRs und Unternehmensleitungen abgeschlossen worden.[10] Dies hat auch zu einer rechtswissenschaftlichen Diskussion über ein Verhandlungsmandat von EBRs geführt. Jagodzinksi (2012: 189–193) kommt in seiner Untersuchung zu dem Ergebnis, dass alle bisherigen transnationalen Vereinbarungen, die von EBRs unterzeichnet wurden, ohne rechtlichen Rahmen abgeschlossen wurden, was zwei Konsequenzen zur Folge hat. Erstens bleibt der rechtliche Status der abgeschlossenen Abkommen ungeklärt, und zweitens ist das EBR-Mandat nur unklar definiert, da EBRs weiterhin Vereinbarungen abschließen, die zwar nicht gegen geltendes Recht verstoßen, aber auch nicht vollständig mit derzeitig bindenden Vorgaben übereinstimmen. Neben der rechtlichen Komponente führt Jagodzinski (2012: 189–193) an, dass es auch eine legitimatorische Komponente bei einem Verhandlungsmandat für EBRs gibt. Die Frage nach der Legitimation von EBRs als Verhandlungspartner stellt sich allerdings nicht, wenn eine EBR-Gründungsvereinbarung mittels eines besonderen Verhandlungsgremiums ausgehandelt wird. Für Jagodzinski (2012: 189–193) beschränkt sich das Verhandlungsmandat aus legitimatorischer Sicht jedoch auf diesen Aspekt und umfasst nicht die Aushandlung von *transnationalen Unternehmensvereinbarungen* (nach Rüb u.a. 2011).

10 Generell sind die EBRs der Automobilindustrie Schwerpunkt einer Reihe von wissenschaftlichen Studien gewesen. Das liegt zum einen daran, dass sich in der Automobilindustrie sehr frühzeitig EBRs gegründet haben und zum anderen daran, dass es dort im Laufe der letzten 20 Jahre durch viele branchenbedingte Krisen häufig zu Konflikten und Situationen gekommen ist, in denen die EBRs auf unterschiedliche Weise tätig geworden sind. Eine jüngere Darstellung zum Stand der Forschung über EBRs in der Automobilindustrie findet sich etwa bei Hertwig u. a. (2009: 20ff.; Hertwig u. a. 2011).

Die quantitative, aber auch qualitative Entwicklung von europäischen Vereinbarungen, die von EBRs allein oder in Zusammenarbeit zwischen Europäischen Betriebsräten und EIFs verabschiedet wurden, macht deutlich, dass auch auf Seiten der EIFs ein gesteigertes Interesse daran besteht, die Verhandlungspraxis der EBRs stärker zu koordinieren und sie an die Vorhaben und Strategien der EIFs anzubinden. Federführend hat der Europäische Metallgewerkschaftsbund (EMB) 2006 ein Verhandlungsverfahren verabschiedet, das die Koordinierung von EMB, EBR und nationalen Gewerkschaften sicherstellen soll. An diesem Verhandlungsverfahren orientieren sich mittlerweile auch andere EIFs, wie EMCEF oder UNI-Europa Finanz. Rüb u.a. (2011) zeigen in ihrer Analyse des EMB-Verhandlungsverfahrens, dass dieses einen Einfluss auf die Verhandlungen über europäische Vereinbarungen ausübte. Das Verfahren führt jedoch nicht zwangsläufig dazu, dass EMB und nationale Gewerkschaften eingebunden werden.[11]

Auch andere Studien verweisen auf verschiedene Rollen des EBR bei den Verhandlungen und der Überwachung von Internationalen Rahmenvereinbarungen. Einerseits können EBRs von den jeweiligen GUFs strategisch genutzt werden, um Zugang zur Unternehmensleitung zu erhalten und damit IRV-Verhandlungen vorzuschlagen (siehe zum Beispiel Fichter u.a. 2011b; Schömann u.a. 2008b; Telljohann u.a. 2009b). Zum anderen sind GUFs bei der Umsetzung und Kontrolle auf andere Gremien der Beschäftigtenvertretung angewiesen. Diese Rolle können EBRs als auch nationale Gewerkschaften an den jeweiligen Standorten der Unternehmen übernehmen (zum Beispiel Daugareilh 2008; Sobczak 2007; Zimmer 2008). Jedoch bleibt dabei die Frage nach der Legitimation der EBRs offen: Als europäische Gremien der Beschäftigtenvertretung werden Beschäftigte anderer Regionen im Unternehmen von einer Beteiligung ausgeschlossen (Papadakis u.a. 2008). Obwohl zahlreiche Autorinnen und Autoren darauf verweisen, dass EBRs eine Rolle bei Internationalen Rahmenvereinbarungen spielen, verbleibt die

11 Gerade im Metallbereich findet sich eine Vielzahl an europäischen Vereinbarungen, an denen auch EBRs beteiligt waren, die auch schon Gegenstand verschiedener Fallstudien waren. Da sich der eigene Forschungsgegenstand auf die globalen Vereinbarungen bezieht, sei an dieser Stelle nur kurz auf einige Studien verwiesen, die sich ausführlich mit Verhandlungen von Europäischen Rahmenvereinbarungen durch EBRs beschäftigt haben: Hauser-Ditz u. a. 2010; Rüb u. a. 2011; Weiler 2004. Besonders gut erforscht sind die Verhandlungen in den beiden Automobilunternehmen General Motors und Ford, in denen die EBRs eine Reihe von Europäischen Rahmenvereinbarungen zur Standort- und Beschäftigungssicherung abgeschlossen haben (etwa Bartmann/Dehnen 2009; Fetzer 2008; Hauser-Ditz u. a. 2010; Mählmeyer 2010).

Analyse, auf welche Art und Weise dies geschieht, an der Oberfläche (zum Beispiel Hammer 2005; Platzer/Müller 2009; Schömann u.a. 2008a; Telljohann u.a. 2009b; Zimmer 2008). Formen des Interessenausgleichs zwischen GUFs und Europäischen Betriebsräten oder die Frage nach den Motiven der Unternehmen, sich auf bestimmte Verhandlungspartner einzulassen, werden nicht weiter erläutert (siehe auch Fichter u.a. 2011b). Damit bleibt der Charakter der Akteursdynamiken bei den Aushandlungen in diesen Studien unterbelichtet, und die Rolle der Europäischen Betriebsräte wird damit auf ein *Hilfsaufgaben* für die GUFs erledigendes Organ beschränkt. Ob und inwieweit Europäische Betriebsräte eigene Strategien und Ziele damit verfolgen, IRVs oder auch eigene transnationale Rahmenabkommen abzuschließen, wird nicht erörtert. Dabei weisen Studien aus der EBR-Forschung darauf hin, dass sich EBRs zu eigenständigen Gremien in Unternehmen entwickeln können, deren Interessen – auch wenn es sich um gewerkschaftlich organisierte EBR-Mitglieder handelt – von den Interessen und Strategien der gewerkschaftlichen Dachverbände abweichen können.[12]

Damit bieten die Studien zur Entwicklung von Europäischen Betriebsräten auch Anknüpfungspunkte für die Analyse der Verhandlungen über GRVs. Unabhängig von der tatsächlichen Akteurskonstellation bei den Verhandlungen sind immer Gremien der Beschäftigtenvertretung beteiligt, die als Organisationen oder kollektive Akteure intern mit unterschiedlichen Interessen konfrontiert sind. Sowohl EIFs als auch GUFs setzen sich aus nationalen Mitgliedsgewerkschaften zusammen, die nicht nur unterschiedliche Interessen verfolgen, sondern auch in ihrer ideologischen Ausrichtung von verschiedenen nationalen Institutionen der Erwerbsarbeit und der industriellen Beziehungen geprägt sind. Damit kann es im konkreten Aushandlungsfall von Internationalen Rahmenvereinbarungen und transnationalen Rahmenabkommen nicht nur für unternehmensbezogene Gremien, wie EBRs oder WBRs, sondern auch für die gewerkschaftlichen Gremien zu internen Konflikten über die Verhandlungsstrategie kommen, die für einen Ausgleich zwischen den unterschiedlichen Interessen zu sorgen hat.

Zusammenfassend zeigt der aktuelle Forschungsstand zu Europäischen Betriebsräten, dass EBRs ein wichtiges institutionelles Element zur Euro-

12 Auch wenn allen Europäischen Betriebsräten durch die EBR-Richtlinie formal die gleichen Rechte zugestanden werden, zeigen sich in der Praxis gravierende Unterschiede in der realen Ausstattung und Handlungsfähigkeit der EBRs, was bereits mehrere Studien nachweisen konnten (unter anderem Hauser-Ditz u. a. 2010; Lecher u. a. 1999; Kotthoff 2006; Waddington 2006).

päisierung der Erwerbsregulierung und besonders der industriellen Beziehungen darstellen. Obwohl nur sehr wenige quantitative Studien existieren, die auf die Grundgesamtheit aller EBRs Rückschlüsse erlauben, zeigt doch die Fülle an Fallstudien zu EBRs, dass diese – jenseits der Debatte um EBRs als Verhandlungspartner – eine wichtige Funktion erfüllen, indem sie den Informationsaustausch und Interessenausgleich zwischen den Beschäftigten unterschiedlicher Standorte eines Unternehmens ermöglichen (siehe auch Jagodzinski 2011; Köhler/Gonzales Begega 2010; Rüb u.a. 2011). Dieser Aspekt kann sich dann auch in den Verhandlungen von IRVs und transnationalen Rahmenabkommen niederschlagen, indem Europäische Betriebsräte die Koordinations- und Informationsfunktion für die Beschäftigten in Europa wahrnehmen.

Daneben haben sich neben der europäischen Ebene auch einige internationale gewerkschaftliche Netzwerke in multinationalen Konzernen gegründet, die ebenfalls eine koordinierende Funktion für IRV-Verhandlungen und deren Umsetzung übernehmen können. Auf die historische Entwicklung der gewerkschaftlichen Netzwerke wurde bereits im Teilkapitel 2.1.2 hingewiesen. Im Gegensatz zu EBRs sind gewerkschaftliche Netzwerke nicht innerhalb des Unternehmens verankert und besitzen keine verbrieften Rechte, an Informationen von der Unternehmensleitung zu gelangen bzw. in einen entsprechenden Austausch mit ihr treten zu können. Sie erfüllen vielmehr eine koordinierende Funktion für gewerkschaftliche Vertreterinnen und Vertreter, die innerhalb des Unternehmens agieren (Platzer/Müller 2009: 741ff.). Außerdem haben sich in einigen Unternehmen neben EBRs auch Weltbetriebsräte gegründet, diese ebenso wie EBRs als unternehmensinterne Gremien zu verstehen sind. Mitglieder des WBR sind Beschäftigte unterschiedlicher Standorte, die zumeist auch auf lokaler oder nationaler Ebene in den Gremien der Beschäftigtenvertretung tätig sind. Aufgrund der geringen Zahl an Weltbetriebsräten spielen sie jedoch eher eine untergeordnete Rolle. In ihrer Ausgestaltung und hinsichtlich ihrer praktischen Arbeit sind die WBRs sehr unterschiedlicher Natur – was vor allem daran liegt, dass diese aufgrund bilateraler Vereinbarungen zwischen Unternehmensleitung und gewerkschaftlichen Gremien zustande gekommen sind und jegliche Standards oder Vorgaben fehlen (Da Costa/Rehfeldt 2008; Müller u.a. 2004: 248f.; Pries 2010: 199ff.). Ähnliches gilt auch für IRVs, die ebenfalls nicht regulierte bilaterale Vereinbarungen darstellen. Im Gegensatz zu Weltbetriebsräten haben sich die GUFs im Laufe der Entwicklung von Internationalen Rahmenvereinbarungen jedoch auf interne Mindeststandards über die Inhalte der IRVs verständigt. Mit Blick auf IRVs könnten Weltbetriebsräte allerdings von einer gewissen Bedeutung sein, da sie, wie auch die Europäischen Betriebsräte, bei ihrer Gründung zumindest mit Informationsrechten ausgestattet worden sind. Als globale Gremien könnten diese für die Umsetzung und Überwachung der Internationalen Rahmenvereinbarungen zuständig werden; im Fall der Unternehmen ENI und Statoil ist ein WBR-Gremium explizit als IRV-Dialogstruktur gegründet worden (Müller u.a. 2004: 249).

2.3 Zwischenfazit: Grenzüberschreitende Rahmenvereinbarungen als Instrumente transnationaler Erwerbsregulierung

Bei der Analyse der wissenschaftlichen Studien zu IRVs zeigt sich die Schwierigkeit, eine allgemeine Definition für diese Abkommen zu formulieren. Ähnliches gilt auch für den gewerkschaftspolitischen Bereich und das Vorgehen der unterschiedlichen GUFs, die verschiedene Anforderungen an ihre Internationalen Rahmenvereinbarungen stellen. Einigkeit besteht lediglich darin, dass es sich um globale Abkommen handeln muss, die von GUFs unterzeichnet worden sind und sich auf einige oder gar sämtliche IAO-Kernarbeitsnormen beziehen. Die eigene Untersuchung schlägt daher vor, die Akteursdynamiken und die institutionellen Einbettungen weiter zu fassen und neben den IRVs auch transnationale Rahmenabkommen in den Blick zu nehmen. Bezüglich der strategischen Ausrichtung von IRVs als auch ihrer Wirkung konzentrieren sich die einschlägigen Studien auf unterschiedliche Aspekte. Folgt man der Mehrheit der Autorinnen und Autoren, so bezieht sich die Wirkung von IRVs darauf, dass Beschäftigte an der internationalen Sicherung ihrer Arbeitnehmerrechte durch den Abschluss von IRVs beteiligt werden (siehe zum Beispiel Papadakis u.a. 2008; Zimmer 2008). Damit ist auch die oben skizzierte Diskussion um die Beteiligung von anderen Akteuren der Beschäftigtenvertretung wie auch von NGOs[13] bei der Aushandlung

13 Während NGOs bei CSR-Initiativen (wie *Codes of Conduct*), eine große Rolle spielen können, kommt ihnen in der Praxis der IRV-Verhandlungen und bei der Umsetzung nur geringe Bedeutung zu. Lediglich in Form von öffentlichen Kampagnen, die Druck auf Unternehmen erzeugen sollen, finden Kooperationen zwischen GUFs und NGOs statt (Miller 2008; Riisgaard 2005).

und Umsetzung der IRVs verbunden. In der Definition nach Pries (2010: 207f.) wären IRVs damit das Resultat des Zusammenspiels unterschiedlicher Gremien der Beschäftigtenvertretung und bezögen sich auf unterschiedliche Regelungsgegenstände; diese Definition würde auch für transnationale Rahmenabkommen gelten.

In der bisherigen Forschung werden die Verhandlungen über Internationale Rahmenvereinbarungen als bilaterale Verhandlungen zwischen Unternehmensleitung und GUFs definiert. Andere Akteure der Beschäftigtenvertretung werden unter die Strategien und Verhandlungen der GUFs subsumiert. Die Ergebnisse der EBR-Forschung zeigen jedoch, dass Europäische Betriebsräte als eigenständige Akteure der Beschäftigtenvertretung agieren und eigene Strategien zum Abschluss transnationaler Rahmenabkommen und anderer Vereinbarungen verfolgen, die nicht mit den Zielen der gewerkschaftlichen Akteure übereinstimmen müssen. Angesichts des derzeitigen Stands der Forschung zu IRVs als auch zu EFAs und zur Rolle von EBRs besteht damit eine Forschungslücke bezüglich der Akteursdynamiken sowie der Frage, wie sich unterschiedliche Akteure der Beschäftigtenvertretung in die Verhandlungen zu IRVs und transnationalen Rahmenabkommen sowie deren Umsetzung einordnen. Obwohl in der bisherigen Forschung auf die wichtigen Funktionen von Europäischen Betriebsräten bei den Verhandlungen und bei der Umsetzung von IRVs, aber auch von EFA hingewiesen wird, sind diese Gremien bisher nicht als eigenständige Akteure in die Analyse von Internationalen Rahmenvereinbarungen einbezogen worden. Auch wurde dargestellt, dass eine genaue Abgrenzung zwischen den unterschiedlichen verhandelten Abkommen in Bezug auf ihre räumliche Reichweite schwierig ist. Um die tatsächliche räumliche Reichweite der Vereinbarungen erfassen zu können, ist es daher nicht nur von Bedeutung, welche regionalen (zum Beispiel EBRs oder EIFs) und/oder globalen Gremien (zum Beispiel WBRs oder GUFs) auf Seiten der Beschäftigtenvertretung beteiligt waren, sondern auch inwieweit das Unternehmen regional oder international vertreten ist. In einigen Studien ist bereits darauf verwiesen worden, dass IRVs hauptsächlich in Unternehmen verhandelt werden, deren Stammsitz in Kontinentaleuropa liegt. Eine detaillierte und systematische Analyse der Geschäftsbereiche und der regionalen Ausrichtung der Unternehmen ist bisher jedoch nicht erfolgt. Es stellt sich daher die Frage, wie sich unterschiedliche Muster von Akteurskonstellationen zwischen gewerkschaftlichen Gremien und EBRs/WBRs bei der Aushandlung und Umsetzung von Internationalen Rahmenvereinbarungen und transnationalen Rahmenabkommen erklären lassen.

Dazu ist der Frage nachzugehen, warum sich Unternehmensleitungen generell auf Verhandlungen von GRVs einlassen und in welcher Weise sowohl die Akteursdynamiken als auch die institutionellen Umwelten die Aushandlungen beeinflussen.

Mit Blick auf die möglichen unterschiedlichen Akteursdynamiken und institutionellen Einbettungen der Verhandlungen bietet es sich daher an, zur analytischen Einordnung von IRVs und transnationalen Rahmenabkommen auf Konzepte zurückzugreifen, die uns in die Lage versetzen, die vielfältigen Dimensionen der Erwerbsregulierung miteinander zu vergleichen. Ein solches Analyseschema bietet Pries (2010: 52) mit seinen Dimensionen der Erwerbsregulierung an (siehe auch Hessler 2012). Als grenzüberschreitendes Element zur Regulierung von Partizipations- und Arbeitsbedingungen für Beschäftigte eines Unternehmens stellen IRVs und transnationale Rahmenabkommen, neben einseitigen Selbstverpflichtungen und internationalen Mindestarbeitsstandards, ein weiteres transnationales Phänomen der Erwerbsregulierung dar. Pries verweist darauf, dass die verschiedenen Formen von Erwerbsregulierung von Institutionen der Erwerbsarbeit strukturiert werden, die vor allem national geprägt sind. Er definiert die Institutionen der Erwerbsarbeit als ein Gebilde von Routinen, Regeln, Normen und wechselseitigen Erwartungen, die in nationalen Gesellschaften durch soziale Netzwerke, Märkte, Berufe, Organisationen und das öffentliche Regime strukturiert werden (Pries 2010: 31ff.). Damit schließen seine Überlegungen an frühere Ansätze der »Industrial Relations«-Forschung an, und auch die Arbeiten von Müller-Jentsch (1997; 2007) und Hyman (1975; 1994) oder auch diejenige von Hall und Soskice (2001a) gehen davon aus, dass die industriellen Beziehungen in politische und ökonomische Strukturen und Verhältnisse eingebettet sind. Pries erweitert diese Argumentation jedoch in dreierlei Hinsicht. Erstens definiert er mit dem Begriff der Erwerbsregulierung einen umfassenderen Terminus, der neben den Arbeits- und Beschäftigungsbedingungen auch die sich in den Partizipationsbedingungen widerspiegelnden industriellen Beziehungen als institutionell verankert begreift. Zweitens erweitert er die Erwerbsregulierung in räumlicher Weise um die europäische und globale Ebene und bezieht drittens auch andere Akteure und institutionelle Rahmungen – neben den *klassischen* Akteuren von Gewerkschaften und Arbeitgebern – in die Analyse mit ein. Eine Erweiterung der räumlichen Ebene, verbunden mit der Einbeziehung von supra- und transnationalen Formen der Erwerbsregulierung, nehmen auch die Arbeiten von Müller u.a. (2004; Rüb u.a. 2011) sowie von Müller-Jentsch (2007) (der dabei sein Arenenkonzept überarbeitete) vor. Für dieses Zusammenspiel unterschiedlicher Akteure und räumlicher Ebenen verwendet Pries den Ausdruck einer transnationalen Netzwerktextur (Pries 2010: 15). Im Gegensatz zu den oben genannten Ansätzen beschreibt Pries einen Analyserahmen, der über die supranationale Ebene der Erwerbsregulierungen durch die EU hinausgeht, indem er auch nicht rechtlich verankerte Spielarten von normativem Druck oder institutionellen Einflüssen einbezieht. Damit können auch rechtlich nicht bindende Formen der Regulierung, wie die GRVs, analysiert werden. Allerdings handelt es sich beim Konzept transnationaler Erwerbsregulierung von Pries nicht um ein in sich geschlossenes Theoriemodell, sondern stellt vielmehr ein analytisches Raster dar, welches sich auf institutionalistische und auf Aushandlungsansätze bezieht. Entsprechend bietet der Analyserahmen von Pries die Möglichkeit, transnationale Formen der Erwerbsregulierung zu kategorisieren, zu beschreiben und zu vergleichen und dabei dieses Modell mit anderen theoretischen Ansätzen zu verknüpfen.

In seinem Modell zur transnationalen Erwerbsregulierung unterscheidet Pries neun Dimensionen, die in der Lage sind, unterschiedliche Formen der Erwerbsregulierung zu begreifen (siehe auch Pries 2010: Tab. 3.2, S. 52). Die erste Dimension definiert unterschiedliche *Regelungsgegenstände*. Insgesamt können sämtliche Aspekte von Beschäftigungsbedingungen (Lohn und Gehalt, Arbeitszeit, externe Mobilität), Arbeitsbedingungen (Qualifikation und Qualifizierung, interne Mobilität oder Arbeitskontrolle) und Partizipationsbedingungen (Beteiligung und Mitbestimmung) Bestandteil der Regulierung sein. Wie die Gegenstände der Erwerbsregulierung im Einzelnen ausgestaltet werden, unterscheidet sich hinsichtlich der jeweiligen Branchenstrukturen und Länder sowie in zeitlicher Perspektive. IRVs und transnationale Rahmenabkommen, als zwei Formen transnationaler Erwerbsregulierung, beziehen ihre Regelungsgegenstände in ihren Inhalten auf den Bereich der Arbeits- und Beschäftigungsbedingungen (siehe auch Pries 2010: 207ff.). Die zweite Dimension formuliert unterschiedliche *Regulierungsarenen*, in denen die Regulierungsgegenstände verhandelt werden, so etwa die Frage, ob Regelungen in individuellen Verträgen, in Tarifverträgen, durch Gesetze oder mittels diverser Formen der diskursiven Legitimation vereinbart werden. Da IRVs zwischen Arbeitgebern und internationalen gewerkschaftlichen Dachorganisationen – aber auch anderen Gremien der Beschäftigtenvertretung – abgeschlossen werden, können sie sowohl Formen eines transnationalen Rahmen-Tarifvertrages annehmen, als auch als betriebliche Vereinbarungen bewertet werden (siehe Pries 2010: 207f.). Transnationale

Rahmenabkommen sind dagegen als betriebliche Vereinbarungen anzusehen, da sie von EBRs abgeschlossen wurden. Als weltweit gültige Vereinbarungen haben IRVs eine transnationale *räumliche Reichweite* (3. Dimension nach Pries) und unterscheiden sich damit von EFAs oder nationalen Tarifverträgen. Transnationale Rahmenabkommen können sowohl europaweit als auch weltweit Gültigkeit besitzen. Die vierte Dimension der Erwerbsregulierung bezieht sich auf den jeweiligen *Regulierungsmodus*. Regulierung kann sich auf materiale (Festschreibung der Arbeits-, Beschäftigungs- und Partizipationsbedingungen) oder prozedurale Aspekte (Regelung der Verfahren zur Sicherung der Arbeits-, Beschäftigungs- und Partizipationsbedingungen) beziehen und in ihrer Form sowohl formale (explizite Statements und Regeln) als auch informelle Aspekte (zum Beispiel eingespielte *custom-and-practice*) aufweisen. IRVs und transnationale Rahmenabkommen stellen formalisierte Regulierungsformen dar. In ihren Inhalten schreiben sowohl IRVs als auch transnationale Rahmenabkommen stärker prozedurale Aspekte der Regulierung fest, da diese aufgrund ihres europäischen oder globalen Charakters in jeweils nationale oder standortbezogene Vereinbarungen übertragen werden sollen, die sich dann an den jeweiligen Rechten und Normen orientieren. Neben dem Modus der Regulierung spielt auch die *Form der Konfliktregulierung* eine entscheidende Rolle bei der Analyse unterschiedlicher Formen der Erwerbsregulierung. In dieser fünften Dimension unterscheidet Pries die Konfliktregulierung durch eine unabhängige Justiz von Formen betrieblicher und überbetrieblicher, bipartistischer Konfliktregulierung bis zu Formen kollektiven Arbeitskampfes. Konfliktregulierung findet dann statt, wenn ein Akteur den Versuch unternimmt, bestehende Normen zu verändern. Die Formen der Konfliktregulierung unterscheiden sich in den unterschiedlichen Ländern erheblich, was einen kritischen Punkt für die Konfliktregulierung von IRVs (siehe auch Hessler 2012) und transnationalen Rahmenabkommen darstellt, da in diesem Fall Akteure mit unterschiedlichen institutionellen Verortungen gemeinsame Lösungen finden müssen. Dabei muss die grenzüberschreitend Konfliktregulierung sowohl zwischen verschiedenen Gremien der Beschäftigtenvertretung als auch zwischen Beschäftigtenvertretung und Arbeitgeberseite stattfinden. Die Form der Konfliktregulierung als auch die generelle Ausgestaltung der Erwerbsregulierung sind abhängig von den jeweils *dominanten Akteuren*, die an der Aushandlung und Konfliktlösung beteiligt sind (die sechste Dimension der Erwerbsregulierung nach Pries). Individuelle wie kollektive Akteure können hieran beteiligt sein, wobei Pries darauf hinweist, dass auch informelle, rechtlich nicht normierte Akteure einen Einfluss ausüben können. Besonders bei den Verhandlungen um die globalen Standards der Erwerbsregulierung spielen neben Arbeitgebern, Gremien der Beschäftigtenvertretung und dem Staat auch NGOs oder Bürgerinitiativen eine große Rolle. In Bezug auf IRVs sind, laut Definition, Arbeitgeber und GUFs die dominanten Akteure der Erwerbsregulierung. Jedoch können auch andere Akteure erheblichen Einfluss auf das Zustandekommen und die Umsetzung solcher Abkommen haben. Bei transnationalen Rahmenabkommen stellen andere Gremien, jenseits der GUFs, zusammen mit der Arbeitgeberseite die dominanten Akteure dar. Neben den dominanten Akteuren kommt auch der Form und Verteilung von Macht eine entscheidende Rolle zu, um die unterschiedlichen Formen der Erwerbsregulierung zu erklären. Die *dominanten Machtressourcen* definieren Quellen von Macht, die von unterschiedlichen Akteuren aktiviert werden können. Sich anlehnend an sein Konzept der erwerbsstrukturierenden Institutionen, definiert Pries fünf dominante Machtressourcen: nämlich soziales, kulturelles, ökonomisches, organisationales und politisches Kapital. Während die dominanten Machtressourcen in den individuell-vertraglichen Regulierungsarenen soziales und kulturelles Kapital darstellen, beeinflussen Akteure die Ausgestaltung von IRVs und transnationalen Rahmenabkommen vor allem durch das ihnen zur Verfügung stehende ökonomische (zum Beispiel durch Finanzressourcen), organisationale (etwa durch die Mobilisierung von Mitgliedern) oder politische Kapital (zum Beispiel durch öffentlichen Druck). Die achte Dimension der Erwerbsregulierung stellt die *Akteurskonstellation* dar. Pries geht davon aus, dass Akteurshandeln nicht individuell entsteht, sondern Erwerbsregulierung als Prozess das Handeln mehrerer Akteure einschließt. Die Beziehungen der Akteure zueinander strukturieren die Formen der Erwerbsregulierung, wobei die Beziehungsstrukturen mit Machtbeziehungen einhergehen, die in unterschiedlichen Akteurskonstellationen verortet sind – von liberal-individualistischen Akteurskonstellationen (neoliberalistische Annahme eines Machtgleichgewichtes zwischen dem einzelnen Arbeitnehmer und dem Arbeitgeber) über Konstellationen von »collective bargaining« (mehr oder weniger gleichgewichtige Akteurskonstellation, in der Regeln nach eingespielten Normen ausgehandelt werden) bis hin zu einseitigen Anweisungen. Die letzte Dimension definiert die *gemeinsame Ideologie der Akteure*. Damit definiert Pries die gemeinsamen Glaubensvorstellungen und Werteorientierungen, die innerhalb der jeweiligen Gesellschaft existieren und von allen Akteuren gleichermaßen geteilt werden. Das Spektrum möglicher Ideologien, die die Erwerbsregulierung strukturieren, reicht von antagonistischen Vorstellungen (mit der Aushandlung zwischen Kapital und Arbeit als Nullsummenspiel) bis hin zu sozialpartnerschaftlichen Ideologien (mit der Aushandlung zwischen Kapital und Arbeit als Positivsummenspiel).

Die dargestellten Dimensionen ermöglichen es, unterschiedliche Formen der Erwerbsregulierung zu untersuchen und zu kategorisieren. Dieser Analyserahmen soll im Folgenden für die Einordnung der eigenen empirischen Arbeiten zu IRVs und transnationalen Rahmenabkommen genutzt werden, um unterschiedliche Reichweiten, Inhalte, Akteurskonstellationen und Regulierungsmechanismen zu rubrizieren (siehe Kapitel 4) und in ihrer Wirkungsweise zu analysieren (siehe Kapitel 5). Wie bereits oben dargestellt, handelt es sich bei dem Konzept zur Transnationalisierung der Erwerbsregulierung um ein theoriegeleitetes Konzept, das sich an den Annahmen soziologischer Handlungstheorien und Institutionen orientiert. Dementsprechend erscheint es sinnvoll, die eigene Fragestellung ebenfalls in dieses Spannungsfeld theoretisch einzuordnen.

3. Theoretische Einordnung des Forschungsgegenstandes und methodisches Vorgehen der Untersuchung

Um die zentrale Forschungsfrage der vorliegenden Untersuchung zu beantworten, werden einerseits die Akteursdynamiken und damit die Strategien von Organisationen und kollektiven Akteuren im Aushandlungsprozess von GRVs analysiert. Zum anderen wird der Einfluss von Normen und Institutionen auf diese Aushandlungsprozesse und die Akteurskonstellationen untersucht. Damit nimmt die Analyse des empirischen Forschungsfeldes sowohl handlungszentrierte Ansätze aus der »Industrial Relations«-Forschung als auch institutionalistische Ansätze auf. Die »Industrial Relations«-Forschung ist ein Forschungsgebiet, das sich vor allem mit Aushandlungsprozessen innerhalb von Gremien der Beschäftigtenvertretung sowie mit Konflikten zwischen *Kapital und Arbeit* und den Strategien der unterschiedlichen Akteure befasst (Müller-Jentsch 1993; Müller-Jentsch 1997). Sie verbleibt damit auf der Handlungsebene. Neuere Arbeiten nehmen mittlerweile auch die grenzüberschreitenden Prozesse in ihre Untersuchungen mit auf (siehe auch Fichter u.a. 2011b; Pries 2008). Durch die Verbindung mit institutionalistischen Annahmen soll in der vorliegenden Arbeit das Untersuchungsfeld dahingehend erweitert werden, nicht nur die Strategien der beteiligten Akteure im Aushandlungsprozess, sondern auch die Umwelteinflüsse und die Rolle von Institutionen bei den Verhandlungen in die Analyse mit aufzunehmen.

Das Thema der internationalen Mindestarbeitsstandards auf Unternehmensebene wurde bisher vor allem aus der Perspektive von Unternehmen und ihren Motiven für die Einführung von Sozialstandards sowie mit Blick auf deren Bedeutung für die Unternehmen betrachtet (siehe unter anderem Doh/Guay 2006; Höllerer u.a. 2009; Rimac/Mair 2009). Die Perspektive der Gremien der Beschäftigtenvertretung, mit Unternehmen solche Standards zu verhandeln und abzuschließen, wurde jedoch bisher nicht systematisch erfasst. Wie bereits dargestellt wurde, konzentriert sich die IRV-Forschung auf die Aushandlungen zwischen Management und GUF, während andere Gremien der Beschäftigtenvertretung nicht als eigenständige Akteure wahrgenommen werden (siehe auch das Teilkapitel 2.2.1). Die vorliegende Untersuchung möchte den Blick daher stärker auf die konkreten Aushandlungsprozesse, die beteiligten Akteure und ihre Strategien sowie die Orientierung der Akteure an nationalen, europäischen und globalen Institutionen richten. Im weiteren Verlauf wird deshalb, in Anlehnung an die in der Forschung bislang entwickelten Erklärungsmodelle, ein eigenes theoretisches Modell entwickelt, das sich an zwei Hauptannahmen orientiert.

Erstens handelt es sich bei IRVs und transnationalen Rahmenabkommen um verhandelte Arrangements zur Strukturierung transnationaler Erwerbsregulierung. GRVs werden demnach im Modus einer Verhandlung zwischen der Arbeitgeberseite – in der Regel handelt es sich dabei um die Unternehmensleitung eines multinationalen Konzerns – und der Beschäftigtenseite (in der Regel vertreten durch nationale, europäische oder globale Gremien der Beschäftigtenvertretung) abgeschlossen.[14] Entsprechend wird im Folgenden auf solche Verhandlungsansätze zurückgegriffen, die erklären können, warum Verhandlungen stattfinden und wie die Strategien der Akteure, die Aushandlungsprozesse und die Rahmenbedingungen zu unterschiedlichen Akteurskonstellationen bei den Verhandlungen sowie unterschiedlichen Aushandlungsergebnissen führen. Aus dem Bereich der »Industrial Relations«-Forschung wird der Ansatz von Walton und McKersie zu inter- und intraorganisationalen Aushandlungsprozessen (Walton/McKersie 1965) vorgestellt (vgl. Teilkapitel 3.1). Dieser erscheint sowohl in Bezug auf den Stand der Forschung als auch hinsichtlich der eigenen Forschungsfrage sinnvoll. Bei der Aushandlung von IRVs und transnationalen Rahmenabkommen spielen mehrere Akteure auf Seiten der Beschäftigtenvertretung eine Rolle. Entsprechend werden nicht nur die Aushandlungen zwischen Managementseite und Beschäftigtenvertretung, sondern auch die internen Verhandlungen zwischen unterschiedlichen Gremien der Beschäftigtenvertretung beleuchtet. Der Ansatz von Walton und McKersie wird deshalb durch einige Grundannahmen zu Machtbeziehungen zwischen den Gremien der Beschäftigtenvertretung sowie zwischen Unternehmensleitung

14 Bei der überwiegenden Mehrzahl der Internationalen Rahmenvereinbarungen, als eine Form von GRV, handelt es sich um Unternehmensvereinbarungen zwischen GUF und einem multinationalen Konzern. Es gibt jedoch einige Fälle, in denen eine GUF ein Abkommen zusammen mit mehreren multinationalen Konzernen einer Branche abgeschlossen hat – so beispielsweise im Fall von UNI, die ein Abkommen mit mehreren Unternehmen der Zeit- und Leiharbeitsbranche abgeschlossen hat (CIETT, siehe Anhang).

und Beschäftigtenvertretung ergänzt. Verhandlungen finden nicht nur unter unterschiedlichen Aushandlungsbedingungen statt, sondern werden von den Beziehungsstrukturen der Akteure zueinander beeinflusst. Dementsprechend wird der Ansatz zu intra- und interorganisationalen Aushandlungsprozessen um die Machtbeziehungen ergänzt, wie es Bacharach und Lawler (1980; 1981) in ihren Untersuchungen vorgeschlagen haben. Eine Verbindung dieser beiden Ansätze bietet sich an, da sich Bacharach und Lawler explizit auf die Arbeiten von Walton und McKersie beziehen.

Zweitens haben sowohl Forschungen zu freiwilligen Selbstverpflichtungen von Unternehmen als auch einige Studien zu IRVs zeigen können, dass aus der Umwelt der multinationalen Konzerne stammende institutionelle Erwartungen Einfluss auf den Abschluss solcher Verpflichtungen oder Vereinbarungen haben. Auch die EBR-Forschung und die Arbeiten zur internationalen Erwerbsregulierung verweisen auf die Rolle von nationalen und sektorspezifischen Institutionen, die die Handlungsfähigkeit von Gremien der Beschäftigtenvertretung – und damit auch die Möglichkeit von Verhandlungen – beeinflussen. Entsprechend werden neben den Verhandlungsansätzen, die stärker die Akteursdynamiken beleuchten, auch die institutionellen Umwelten und deren Einflüsse skizziert. Dazu werden einige institutionalistische Ansätze im Teilkapitel 3.2 vorgestellt und der Einfluss von Institutionen auf das Akteurshandeln aus dem Blickwinkel des »Rational Choice«-Institutionalismus (definiert nach Hall/Taylor 1996) und des soziologischen Neo-Institutionalismus diskutiert. Darüber hinaus wird das aus dem soziologischen Neo-Institutionalismus hervorgegangene Konzept organisationaler Felder (Di Maggio/Powell 1983; Hoffman 1999) genutzt, um den spezifischen Einfluss verschiedener national, europäisch und global verankerter Institutionen analytisch für die empirische Untersuchung zu trennen.

Das Ziel dieses Kapitels lautet daher, ein Erklärungsmodell zu entwickeln, welches in der Lage ist, unterschiedliche Akteurskonstellationen bei den Verhandlungen von IRVs und transnationalen Rahmenabkommen zu erklären und Faktoren zu benennen, die die Verhandlungen und die Umsetzung der Abkommen beeinflussen. Abschließend wird das methodische Vorgehen zur Überprüfung der theoretischen Überlegung durch die empirische Untersuchung dargestellt (Teilkapitel 3.3).

3.1 Akteursstrategien und Aushandlungsprozesse

Bei den Verhandlungen über GRVs handelt es sich inhaltlich um einen Aushandlungsbereich, bei dem es nicht um die Verteilung knapper Ressourcen geht, sondern stärker – so die hier vertretene Annahme – um die Aushandlung von Kooperationsbeziehungen und die Ausgestaltung des Sozialdialogs. Daher bietet sich ein Aushandlungsansatz an, der Erklärungsmöglichkeiten liefert, auch integrative Formen der Aushandlungen zu analysieren, und gleichzeitig offen dafür ist, neben strategischen Entscheidungen auch den Einfluss von Institutionen zu integrieren. Es wird deshalb nun der Ansatz von Walton und McKersie (1965; 1991) vorgestellt, da dieser es gestattet, Verhandlungen über GRVs als integrative, aber auch als distributive Aushandlungen zu fassen. Gleichzeitig nimmt der Ansatz von Walton und McKersie auch jene Komponente auf, dass die *soziale Ordnung*, also die Ausgestaltung des Sozialdialogs innerhalb des Unternehmens, die Aushandlungen beeinflusst.

Walton und McKersie (1965; 1991) beziehen sich bei der Formulierung ihrer eigenen Theorie auf die Arbeiten von Dunlop (1958; 1993)[15] und entwickeln die vorherrschende Tradition des historischen Institutionalismus bei der Analyse von industriellen Beziehungen weiter. Im Gegensatz zu vorherigen Ansätzen räumen die Autoren den *mixed motives* (siehe auch Walton/McKersie 1991: xi) eine besondere Bedeutung bei den Verhandlungen ein. Sie gehen davon aus, dass Verhandlungen nicht allein von rationalen Effizienzkalkülen der beteiligten Akteure geprägt werden, sondern Einstellungen und Beziehungsstrukturen zwischen den Verhandlungsparteien sowie strukturelle und institutionelle Einflüsse dazu beitragen, die Verhandlungen zu ordnen. Damit wenden sich Walton und McKersie in ihrem Analyserahmen von rein effizienzbasierten, spieltheoretischen Ansätzen ab und öffnen ihn für Sozialbeziehungen und den Einfluss von Institutionen. Dadurch lassen sich Aushandlungen nicht ausschließlich als distributives Aushandeln in Form eines Nullsummenspiels begreifen, sondern auch andere Verhandlungsgegenstän-

15 Dunlop (1958) bezieht sich in seiner Theorie der industriellen Beziehungen auf das funktionalistische Paradigma von Talcott Parsons (1951). Dunlop geht davon aus, dass industrielle Beziehungen ein eigenes gesellschaftliches Subsystem darstellen, die eine entscheidende Funktion bei der Stabilisierung des gesellschaftlichen Systems haben. Das Subsystem der industriellen Beziehungen basiert auf den gleichen Elementen wie das Wirtschaftssystem: auf Akteuren, Kontexten, Ideologien und Regeln. Eine besondere Rolle kommt der Entstehung und Aushandlung von prozeduralen und materiellen Regeln zu.

de und Strategien können als Verhandlungen zur gemeinsamen Lösung von Problemen einbezogen werden. Damit bietet dieser Ansatz die Möglichkeit, eine Verbindung zwischen Akteursdynamiken und institutionellen Umwelten zu schaffen, auch wenn dieser Aspekt der *Umweltzwänge* von Walton und McKersie nicht weiter beleuchtet wird. In einer Erweiterung ihres Ansatzes zu inter- und intraorganisationalen Aushandlungen eröffnen Walton u.a. (1994) außerdem die Gelegenheit, neben Verhandlungen über Gegenstände (wie Löhne, Arbeitszeiten, Flexibilisierungsmaßnahmen) auch die Verhandlungen über die Beziehungen der Akteure zueinander mit aufzunehmen. Sie sprechen in diesem Zusammenhang von der Aushandlung sozialer Verträge, die Normen, Erwartungen und Beziehungsstrukturen definieren. Dieser Aspekt scheint besonders für die Verhandlung von IRVs und transnationalen Rahmenabkommen von Bedeutung zu sein, da dort neben den Inhalten auch Beziehungsstrukturen zwischen Management und Gewerkschaften, bzw. anderen Akteuren der Beschäftigtenvertretung, zur Debatte stehen (siehe auch Coleman 2010; Stevis 2010). IRV-Verhandlungen bieten GUFs insgesamt die Möglichkeit, sich als Verhandlungspartner gegenüber dem Management zu etablieren und gleichzeitig eine Grundlage, um Formen des Sozialdialogs auf der lokalen Ebene des Unternehmens zu schaffen.

Der Ansatz von Walton und McKersie wurde für die Analyse von Kollektivverhandlungen zwischen Arbeitgebern und Gewerkschaften entwickelt: Er ist in seinen Grundzügen also für den nationalen Rahmen sowie für Aushandlungen mit eindeutig identifizierbaren Akteuren geschaffen worden. Im Zuge der wissenschaftlichen Diskussion über dessen Kernannahmen hat sich der Ansatz aber auch als fruchtbar für andere Aushandlungsprozesse und ebenso für grenzüberschreitende Phänomene erwiesen (siehe zum Beispiel den Sammelband von Greenhalgh/Lewicki 2003; sowie Walton u.a. 1994). Für den in der vorliegenden Arbeit gewählten Untersuchungsgegenstand werden einige Anleihen bei den Grundgedanken von Walton und McKersie genommen, um so die Formen von Kollektivverhandlungen zu analysieren. Entgegen dem ursprünglichen Ansatz finden IRV-Verhandlungen und Verhandlungen über transnationale Rahmenabkommen jenseits der nationalen Ebene statt. Die Zuordnung der beteiligten Akteure und ihrer untereinander herrschenden Machtbeziehungen ist in diesem Feld nicht eindeutig, sondern von der jeweiligen Aushandlungssituation geprägt. Bei ihrer Erweiterung des Ansatzes öffnen Walton u.a. (1994: 53) den Analyserahmen für Verhandlungssituationen, an denen mehr als zwei Akteure beteiligt sind. Sie gehen davon aus, dass auch andere Gremien der Beschäftigtenvertretung oder andere Stakeholder (wie etwa NGOs) direkt an den Aushandlungen beteiligt sind oder diese beeinflussen. Die Beteiligung dritter Akteure beeinflusst sowohl die Strategien der Verhandlungsakteure als auch die Machtverhältnisse der Parteien zueinander:

»The transformation of the structure from bilateral to multilateral can also have varied implications for the availability of forcing and fostering tactics. The addition of neutral third parties may facilitate integrative bargaining and mutual trust. On the other hand, some third parties are brought in as a coalition partner by either labor or management to bolster its own bargaining power at the expense of the other party.« (Walton u.a. 1994: 53)

Wie bereits dargestellt wurde, spielt die Beteiligung Dritter bei den Verhandlungen über IRVs und transnationale Rahmenabkommen eine bedeutende Rolle. Entsprechend wird dieser, von Walton u.a. (1994) nur am Rande erwähnte, Aspekt für die eigene Analyse von Verhandlungen stärker in den Blickpunkt gerückt und systematisch in die interorganisationalen Aushandlungsprozesse integriert werden (siehe Teilkapitel 3.1.1).

Als sie ihr theoretisches Modell der Aushandlungsprozesse formulierten, gingen Walton und McKersie (1991) von einer Trennung der beiden Aushandlungsformen – distributive und integrative – aus. Diese strikte Trennung ist in einer späteren Arbeit von ihnen dahingehend aufgelöst worden, dass diese beiden Prozesse auch gemeinsam in einer Verhandlungssituation ablaufen können, je nachdem, ob das Ziel der Verhandlungen sich stärker an substanziellen Veränderungen (zum Beispiel neue Lohn- oder Arbeitszeitmodelle) oder an Veränderungen in den Beziehungen zwischen den Verhandlungsparteien (zum Beispiel eine gewandelte Rolle der Gewerkschaften im Unternehmen; soziale Verträge) orientiert. Während substanzielle Veränderungen bei Walton u.a. (1994) eher mit distributiven Aushandlungen einhergehen, bringen Veränderungen der sozialen Verträge eher integrative Aushandlungen mit sich.

Distributive Aushandlungen beschreiben den Prozess einer gemeinsamen Entscheidungsfindung zur Konfliktlösung. Distributive Aushandlungsprozesse finden immer dann statt, wenn eine Seite im Ergebnis gewinnt, was die andere verliert (Nullsummenspiel). Zu distributiven Aushandlungen kommt es, wenn es unterschiedliche Wertvorstellungen und Einstellungen zwischen den Verhandlungspartnern gibt. Die Konflikte können ökonomischer Natur sein (mehr Lohn versus mehr Gewinn), im Bereich von Rechten und Verantwortungen liegen (Arbeitnehmerrechte und Gewerkschaftsprivilegien versus Flexibilisierungsmaßnahmen) oder unterschiedliche Beziehungsmuster aufweisen (kooperative versus konfliktive Beziehung zueinander). Neben den objektiven Gewinnen für die Verhandlungspartner ist auch der subjektive Nutzen von Bedeutung, den das Erreichen eines bestimmten Ziels mit sich bringt.

Integrative Aushandlungen beschäftigen sich dagegen mit Problemen, für die gemeinsame Lösungen gefunden werden müssen. Als Probleme werden bei Walton und McKersie (1991: 126ff.) solche Themen definiert, die keinen festen Wert haben, sondern deren Wert sich ändern kann, je nachdem wie beide Seiten miteinander verhandeln. Auch wenn bei integrativen Aushandlungen die Interessen der Verhandlungsparteien identisch sind, müssen die Zuwächse der beiden Seiten im Ergebnis nicht die gleichen sein. Es gibt zwei verschiedene Typen von Verhandlungsthemen, die durch integrative Aushandlungen behandelt werden können: Situationen, in denen beide Seiten nach erfolgreichen Verhandlungen besser dastehen als zum Zeitpunkt vor den Verhandlungen (beide haben einen Gewinn oder Zuwachs), und Situationen, in denen keine der möglichen Lösungen eine Verbesserung des Status quo erlauben. Situationen mit hohem integrativen Potenzial sind selten Verhandlungen um ökonomische Werte, sondern vielmehr um Gegenstände, die die Rechte und Pflichten der beiden Parteien berühren und nicht in Geldeinheiten messbar sind (zum Beispiel Verhandlungen über Arbeitsplatzsicherheit, Auslagerung). Ein anderer Bereich, der durch integrative Aushandlungen behandelt werden kann, sind Verhandlungen im Spannungsfeld zwischen Mehrwert für die Beschäftigten und Beschränkung der Kosten auf Managementseite. Angesichts der inhaltlichen Thematik von IRVs kommt diesen ein stärker integratives Potenzial zu als ein distributives. Einen Sonderfall stellt möglicherweise der Fall dar, bei dem Kampagnenarbeit der GUF zu monetären Einbußen durch Konsumentenboykott beim Unternehmen führt oder das Beachten der Inhalte des IRVs zu indirekten Kosten (etwa durch die Gründung neuer Gewerkschaften in Unternehmensteilen) führen kann.

Bezüglich des taktischen Vorgehens sind bei den Verhandlungen über IRVs und transnationale Rahmenabkommen zwei Aspekte aus dem Analyserahmen von Walton und McKersie (1991: 145–160) besonders relevant. Zum einen können Aushandlungen auch in Form inoffizieller Verhandlungen und Gespräche stattfinden. Es muss also keine konkrete Verhandlungssituation vorliegen, wie dies zum Beispiel bei Tarifverhandlungen der Fall ist, wo Dauer und Inhalte festgelegt werden. Andererseits müssen bei integrativen Aushandlungen die jeweiligen Präferenzen dargelegt werden und Kompromisse zugelassen werden. Solche Kompromisse können bei Verhandlungen über IRVs und transnationale Rahmenabkommen zum Beispiel in den konkreten Inhalten als auch bei der Wahl der zugelassenen Verhandlungspartner – also bei Verhandlungen mit offiziellen Vertreterinnen und Vertretern der GUFs oder mit Mitgliedern nationaler oder europäischer Gremien der Beschäftigtenvertretung – gefunden werden.

Walton und McKersie definieren unterschiedliche Strategien und Taktiken, die die Verhandlungsführer nutzen können, um die Verhandlungen in ihrem Sinne zu beeinflussen. Trotz ihrer Kritik an den Prämissen der Spieltheorie greifen die Autoren an dieser Stelle auf den spieltheoretischen Rahmen zurück, um die distributiven Aushandlungsprozesse darstellen zu können. Die Autoren erweitern den Rahmen der Spieltheorie durch die Möglichkeit des *Commitments* der Verhandlungspartner. In den Verhandlungen kann ein Verhandlungspartner deutlich machen, welche Strategie er bevorzugt, wodurch die Verhandlungspartner die Möglichkeit haben, ihre Strategien aufeinander abzustimmen. Genau hier knüpfen Walton und McKersie an die Annahme an, dass es neben objektiven Zielen auch subjektive Ziele und Erwartungshaltungen gibt, die die Verhandlungen beeinflussen. So können bei Verhandlungen über GRVs sowohl Unternehmen als auch Gremien der Beschäftigtenvertretung signalisieren, dass sie an einer einvernehmlichen Lösung ohne Einbeziehung der Öffentlichkeit – zum Beispiel durch Kampagnen – interessiert sind oder aber genau diese Öffentlichkeit nutzen werden, um ein Ergebnis herbeizuführen (siehe auch Walton/McKersie 1991: 11–46; Walton u.a. 1994). Bezogen auf das strategische Vorgehen der Verhandlungspartner, rücken Walton u.a. (1994: 1–21) das Ziel der Verhandlungen in den Vordergrund. Die Aushandlungen können sich an substanziellen Zielen oder an jenem orientieren, die eine Neudefinition der sozialen Verträge im Sinn haben. Die Autoren beziehen auf institutioneller Ebene außerdem nicht nur Kollektivverhandlungen mit ein, sondern auch Absprachen, die in Arbeitsgruppen und gemeinsamen Gremien getroffen werden und zur Regulierung der Beziehungen zwischen Unternehmen, Gewerkschaften und anderen Akteuren führen. Auf individueller Ebene können die Aushandlungen zwischen den Beschäftigten und ihren Vorgesetzten stattfinden und regulieren das Commitment, den Arbeitseinsatz und die Qualität.[16] Auf institutioneller Ebene unterscheiden die Autoren drei

16 Die vorliegende Arbeit befasst sich mit sozialen und substanziellen Verträgen, die auf institutioneller Ebene zwischen Gremien der Beschäftigtenvertretung und dem Management ausgehandelt werden. Entsprechend wird der Bereich der individuellen sozialen Verträge

Formen von Aushandlungen: (1) *Arm's length accomodation* beschreibt die klassische Form der Aushandlung zwischen Management und Gewerkschaften, bei dem das bestehende Arrangement auf institutioneller Ebene nicht in Frage gestellt wird und die substanziellen Inhalte der Verträge im Vordergrund der Verhandlungen stehen; (2) *Containment or Avoidance* beschreibt die Strategie des Managements, Formen von kollektiver Vertretung aus dem Unternehmen zu verdrängen oder diese zu schwächen. Gleichzeitig geht eine solche Strategie häufig damit einher, die Zusammenarbeit mit den Beschäftigten und ihre Verbundenheit gegenüber dem Unternehmen zu stärken; (3) *Cooperation* beschreibt die Zusammenarbeit zwischen Management und Gewerkschaften in partnerschaftlicher Form. Damit verbunden ist die Strategie des Managements, Veränderungen im Unternehmen durch die Beteiligung von kollektiven Akteuren der Beschäftigtenvertretung als auch der Beschäftigten selbst wirksamer umsetzen zu können.

Bei den Verhandlungen über IRVs und transnationale Rahmenabkommen müssen entsprechend des Analyserahmens zwei Kernaspekte betrachtet werden. Erstens sollte die empirische Untersuchung klären, ob es sich bei den Verhandlungen um substanzielle oder soziale Verträge gehandelt hat. Zweitens hat die bisherige Forschung zu IRVs und anderen transnationalen Vereinbarungen belegen können, dass die Initiative und damit die strategische Entscheidung für Verhandlungen von Seiten der Beschäftigtenvertretungen ausgegangen ist. Entsprechend müssen die von der Beschäftigtenvertretung verfolgten Strategien betrachtet werden und nicht, wie im oben dargestellten Modell, jene des Managements. Damit verbunden ist auch der Umstand, dass Walton u.a. (1994) in ihrem Modell davon ausgehen, dass Strategien nicht erst im Verhandlungsprozess entwickelt werden, sondern die Akteure bestimmte Strategien nur verfolgen, um überhaupt Verhandlungen zu erreichen. Außerdem haben die bisherigen Untersuchungen gezeigt, dass GUFs unterschiedliche Strategien verfolgen, welche Unternehmen ausgesucht werden, um IRV-Verhandlungen anzustreben und möglichst erfolgreich abzuschließen (u.a. Miller 2008; Stevis 2010).

---

nur an jenen Stellen mit aufgenommen, an denen dieser auch zur Erklärung der institutionellen Ebene dient. Auf individueller Ebene kann die Beziehung zwischen Management und Beschäftigten auf »Compliance« (Einhaltung festgelegter Arbeitsweisen) oder »Commitment« (Bekenntnis des Beschäftigten zu seiner Arbeit und Einbeziehung des Wohlbefindens des Beschäftigten durch das Management) beruhen. Beide Arten der Beziehungen können als soziale Verträge definiert werden. Aushandlungen finden dann statt, wenn die Einstellungen oder Ziele einer der beiden Akteursseiten eine Revision des sozialen Vertrages im Sinn haben (Walton u. a. 1994: 1–21).

Die dargestellten unterschiedlichen Aushandlungsstrategien verweisen bereits auf ein Hauptargument von Walton's und McKersie's (1991: 184–221) ursprünglichem Aushandlungsmodell. Sie betrachten Aushandlungen nicht nur als strategische Entscheidungen der Akteure über bestimmte Inhalte, sondern heben die sozialen Beziehungen als zentrales Element für Verhandlungsverlauf und Verhandlungsergebnis hervor. In ihrem ursprünglichen Modell wurde dieser Aspekt als *attitudinal structuring* beschrieben. Dabei ist nicht nur entscheidend, welche Art von Beziehung die Verhandlungsparteien miteinander haben, sondern auch, wie die jeweiligen Verhandlungsparteien Einstellungen des Gegenübers beeinflussen und nutzen können (Walton/McKersie 1991: 191–200).

Strategien der beteiligten Akteure und ihre Einstellungen zueinander sind in der Verhandlungssituation geprägt von Einstellungen der Mitglieder, die die Verhandlungspartner in der jeweiligen Situation vertreten. Walton und McKersie (1991) verweisen damit in ihrem Modell auf den Aspekt, dass die individuellen Akteure in der Verhandlungssituation nicht ausschließlich ihre eigene Meinung und Einstellung zum Ausdruck bringen, sondern stellvertretend die Ziele der eigenen Organisation bzw. der eigenen Mitglieder vertreten. Die Autoren gehen davon aus, dass innerhalb einer Organisation kein gleichsam automatischer Konsens über die Verhandlungsziele besteht, sondern dass diese während der interorganisationalen Verhandlungen auch innerhalb der Organisationen ausgehandelt werden müssen. Die Autoren beschreiben diesen Prozess als intraorganisationale Aushandlung.

Unabhängig davon, ob interorganisationale Aushandlungen über IRVs oder transnationale Rahmenabkommen als substanzielle oder soziale Verträge verstanden werden, müssen alle beteiligten Akteure der institutionellen Ebene ihre Vorgehensweise mit den jeweiligen Mitgliedern intern abstimmen. Da es sich dabei um Verhandlungen mit einem Unternehmen handelt, ist die Annahme plausibel, dass innerhalb des Unternehmens intraorganisationale Verhandlungen infolge einer hierarchischen Weisung stattfinden, sofern die Leitung des Unternehmens zugleich der Verhandlungspartner ist. GUFs stellen einen Dachverband unterschiedlicher nationaler Gewerkschaften dar. Entsprechend müssen dort intraorganisationale Aushandlungen zwischen dem Dachverband und den einzelnen Mitgliedsgewerkschaften über die generelle Strategie bei IRV-Verhandlungen und spezifische Vorgehensweisen bei den jeweiligen Unternehmen stattfinden. Darüber hinaus können auch andere Gremien der Beschäftigtenvertretung, wie etwa nationale Gewerkschaften oder EBRs, Verhandlungspartner sein. Auch diese Akteure haben eine Mitgliederbasis, mit der – laut der Annahme von Walton und McKersie – jeweils ein Abstimmungsprozess in Gang zu setzen ist.

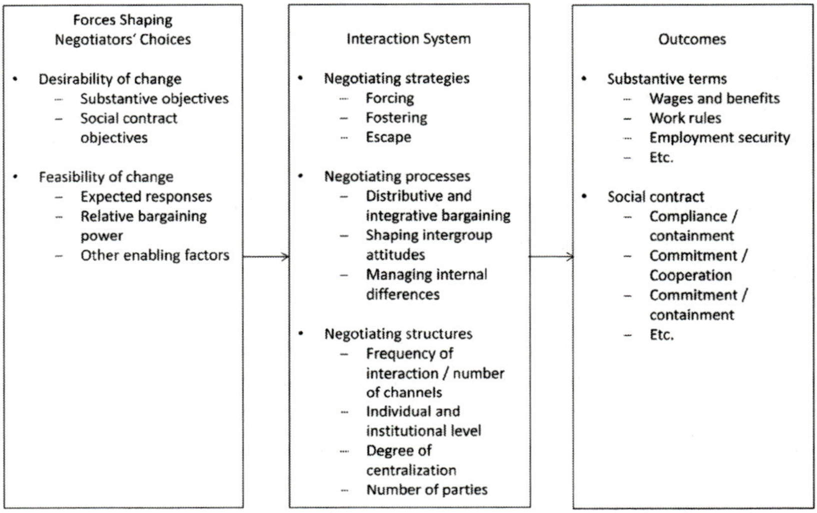

Abb. 1: Theoretisches Modell von strategischen Verhandlungen
Quelle: Analyserahmen von strategischen Verhandlungen aus Walton u.a. 1994: 58.

Die vorgeschlagene Theorie zur Analyse von Verhandlungsprozessen besteht damit aus drei Kernelementen: den Ergebnissen der Verhandlungen, den Interaktionssystemen, die die Ergebnisse ermöglichen, und den Zwängen, die die Strategien und das Handeln der beteiligten Akteure beeinflussen. Dieses Modell der strategischen Verhandlungen ist somit eine Erweiterung und Spezifizierung des Modells inter- und intraorganisationaler Aushandlungsprozesse:

Erstens wurde der Output der Verhandlungen durch die Unterscheidung von substanziellen und sozialen Verträgen spezifiziert. Bezogen auf den eigenen Untersuchungsgegenstand von Verhandlungen über GRVs lassen sich diese stärker als Aushandlungen über die industriellen Beziehungen und damit als soziale Verträge charakterisieren, die verschiedene Ausgestaltungen von Strategien und Ergebnissen mit sich bringen, als allein die substanziellen Veränderungen zu betrachten. Zweitens gibt es auf diese Weise nicht nur unterschiedliche Taktiken und Strategien während der Verhandlungen, sondern die Akteure legen vor den Verhandlungen erste Strategien fest. Für IRV-Verhandlungen ist dies von Bedeutung, wenn die Strategien der einzelnen GUFs bezüglich IRVs und *target companies* berücksichtigt werden. Da der Prozess – entgegen dem Konzept von Walton u.a. (1994) – nicht vom Management ausgeht, sondern von den GUFs oder anderen Gremien der Beschäftigtenvertretung, legen diese die grundlegenden Strategien fest. Drittens haben Walton und McKersie einen formalisierten Rahmen für die Verhandlungsstruktur festgelegt, der in dieser Form in ihren früheren Arbeiten nicht vorkam, was vor allem die Unterscheidung von individuellen und institutionellen Verhandlungen betrifft. Viertens gehen sie stärker auf strukturelle Rahmenbedingungen ein, die die Strategien und Entscheidungen der Verhandlungsführer beeinflussen. Bei Verhandlungen über GRVs bietet dieser Aspekt den Anknüpfungspunkt, an dem strukturelle Gegebenheiten ebenso wie die institutionelle Einbettung der Formen von Erwerbsregulierung die Ausgestaltung und die Akteure der Verhandlungen beeinflussen. Fünftens wurden die beiden Formen von integrativem und distributivem Aushandeln in drei Aushandlungsprozessen neu definiert: Intraorganisationalen Aushandlungen und »attitudinal structuring« wird nun eine stärkere Rolle zugeschrieben, wobei diese beiden Elemente in ihren Grundzügen jedoch erhalten bleiben.

3.1.1 Machtbeziehungen und Interessen im Aushandlungsprozess

In ihrem Modell der strategischen Verhandlungen gehen Walton u.a. (1994) davon aus, dass es strukturelle Gegebenheiten und Zwänge gibt, die die Aushandlungsinteraktionen und die Wahl der Aushandlungsstrategien beeinflussen. Ein Aspekt der strukturellen Einflüsse bezieht sich auf die relative Macht, die die jeweiligen Akteure in den Verhandlungen besitzen. Dabei orientieren sich Walton u.a. (1994) mit ihrem Machtbegriff vor allem an der Möglichkeit zur Nutzung ökonomischer und organisationaler Ressourcen – etwa die Möglichkeit von Unternehmen, Produktionsstätten zu verlagern, oder die Möglichkeit von Gewerkschaften, Streikaktionen zu organisieren und zu finanzieren (siehe auch das Teilkapitel 2.3). Neben den tatsächlich vorhandenen Machtressourcen spielen auch die Vorstellungen über die eigene Macht und die Macht des Gegenübers eine Rolle. Eine solche Definition von Macht versteht diese vor allem als ermöglichenden Faktor, die eigene Strategie umzusetzen. In der vorgesehenen Analyse der Aushandlungsprozesse von IRVs und transnationalen Rahmenabkommen zeigt sich nun, dass unterschiedliche Akteurskonstellationen auftreten, in denen diese Abkommen verhandelt und unterzeichnet werden. Entsprechend handelt es sich um multilaterale Verhandlungen, bei denen zwei oder mehrere Akteure auf Seiten der Beschäftigtenvertretung den Anspruch erheben, die Vorstellungen und Ziele der Belegschaft zu repräsentieren. In diesem Fall erscheint es sinnvoll, eine Erweiterung des Machtbegriffs vorzunehmen, der Macht als Resultat von Beziehungen zwischen Akteuren begreift. Dazu wird der Machtbegriff von Bacharach und Lawler (1980; 1981) genutzt: Er bietet sich an, da sich Bacharach und Lawler (1980) in ihren Überlegungen explizit auf den Aushandlungsrahmen von Walton und McKersie (1965) beziehen und Macht zugleich als Beziehung begreifen.

Bacharach und Lawler (1980) beschäftigen sich vor allem mit Machtverhältnissen in Organisationen. Sie beschreiben zwei Formen von Macht, die bei Aushandlungen in einer Organisation als auch zwischen Organisationen von Bedeutung sind: Autorität und Einfluss. Autorität wird als stabile, formale und normativ zugestandene Macht verstanden, während Einfluss als fluide, informelle und dynamische Macht gilt. Macht findet immer in Beziehungen statt, sie kann sich aber hinsichtlich ihrer Form und Inhalte unterscheiden. Die Unterscheidung zwischen Autorität und Einfluss wird von den Autoren genutzt, um auf diese Weise zu zeigen, dass es Formen von Macht gibt, die ein Akteur entweder besitzt oder nicht (Autorität). Es gibt aber auch Formen von Macht, die unterschiedlich stark ausgeprägt sein können (Einfluss).

»It should be noted that neither Peabody nor Lawrence and Lorsch treat power generally; rather they focus on either authority or influence and maintain that these two aspects of power are essential in an organizational analysis. Furthermore, these authors all tap the same dimension in their analyses: the basis of power. This suggests that an integration of their perspectives could be brought about by simply relabeling their terms – what Peabody calls *functional authority* and Lawrence and Lorsch call *knowledge influence* we would call *influence*; what Peabody has called *formal authority* and what Lawrence and Lorsch have called *position influence* we would call *authority*.« (Bacharach/Lawler 1980: 28)

Bacharach und Lawler (1980) gehen davon aus, dass Macht aus drei Dimensionen besteht: Erstens hat Macht einen Beziehungsaspekt – Macht ist dabei etwas, was Akteure in Beziehungen und Interaktionen zugeschrieben bekommen können. Zweitens wird Macht anhand von Abhängigkeitsverhältnisse definiert (nach Blau 1964; Emerson 1962), wobei davon ausgegangen wird, dass erst die wechselseitige Abhängigkeit von Akteuren dazu führt, dass sie in einen Austausch miteinander eintreten. Macht ist in diesem Sinne also eine Funktion von Abhängigkeit. Je größer die Abhängigkeit von Akteur A zu Akteur B ist, desto größer ist die Macht von Akteur B gegenüber Akteur A. Als dritte Dimension von Macht gilt Bacharach und Lawler (1980: 10–26) der Umstand, dass Macht mit der Möglichkeit einhergeht, Sanktionen zu verhängen. Macht in dieser Spielart zeigt sich in Interaktionen daran, ob ein Akteur die Möglichkeit hat, die Ergebnisse im Austausch zu verändern. Sanktionen in Machtverhältnissen sind von zwei Wahrscheinlichkeiten abhängig: zum einen von der Wahrscheinlichkeit, dass ein Akteur sanktioniert wird, und andererseits von der Wahrscheinlichkeit, dass die Sanktionen auch den beabsichtigten Effekt nach sich ziehen.

Bacharach und Lawler (1980) haben ihre Definition von Machtbeziehungen auch auf Aushandlungsprozesse übertragen, lehnen sich dabei an das Modell von intraorganisationalen Aushandlungsprozessen von Walton und McKersie (1965) an und gehen insgesamt davon aus, dass Machtbeziehungen als Koalitionen zwischen unterschiedlichen Akteursgruppen innerhalb einer Organisation auftreten. Ihre grundlegenden Überlegungen zu Machtbeziehungen lassen sich aber auch auf interorganisationale Aushandlungsprozesse beziehen.

Was Walton und McKersie (1965) als intraorganisationale Aushandlung beschreiben, ist bei Bacharach und Lawler (1980) die Gründung einer Koalition aufgrund gemeinsamer Interessen. Darüber hinaus gibt es Situationen, in denen unterschiedliche Koalitionen miteinander kooperieren oder miteinander in Aushandlungsprozesse treten. Die Autoren gehen davon aus, dass es sich dabei in den meisten Fällen nicht um ausschließlich distributive oder integrative Aushandlungen handelt, sondern um Situationen, in denen beide Elemente zum Tragen kommen (siehe auch Walton/McKersie 1991). In diesen Aushandlungssituationen gibt es sowohl Argumente für eine Kooperation als auch gegen eine solche. Die Überlegungen von Bacharach und Lawler zu Inter- und Intrakoalitionsbildungen eignen sich deswegen, um dieses Element auch auf interne, interorganisationale Verhandlungen – verstanden als Aushandlungen zwischen unterschiedlichen Gremien der Beschäftigtenvertretung – anzuwenden. Obendrein handelt es sich bei dem hier gewählten Forschungsfeld um Aushandlungssituationen, in denen das Management entscheiden kann, ob und unter welchen Bedingungen es sich auf Verhandlungen einlässt. Die Unterscheidung von Macht durch Autorität und Macht durch Einfluss kann dazu genutzt werden, um empirisch zu prüfen, warum unterschiedliche Akteurskonstellationen bei den Verhandlungen auftreten und ob diese von Machtbeziehungen beeinflusst werden (siehe das Teilkapitel 3.3).

3.1.2 Theoriegeleitete Annahmen zu den Aushandlungsprozessen

Da es sich bei Grenzüberschreitenden Rahmenvereinbarungen um Ergebnisse von Verhandlungen handelt, stehen diese Aushandlungsprozesse im Mittelpunkt der Analyse – dabei der Annahme folgend, dass nicht Institutionen und institutionelle Erwartungen die Reaktionen der Organisationen bestimmen, sondern der Prozess der Verhandlung selbst das Zustandekommen dieser Abkommen als auch die Beteiligung unterschiedlicher Akteure erklären kann. Auch in dieser Sichtweise spielen institutionelle Rahmungen als Orientierung der Akteure eine Rolle. Jedoch ist der Abschluss von Abkommen nicht allein als Legitimationsprozess nach außen zu verstehen, sondern als Verhandlung zwischen Management und Gremien der Beschäftigtenvertretung, die damit unterschiedliche Ziele und Strategien verfolgen. Entsprechend werden die Akteursdynamiken, im Sinne von Akteurskonstellationen und Aushandlungsprozessen, und die institutionelle Einbettung der beteiligten Akteure untersucht.

Der Einfluss der Akteursdynamiken auf die Prozesse der Aushandlung von IRVs und transnationalen Rahmenabkommen spiegelt sich in den Strategien der beteiligten Akteure und den Akteurskonstellationen wider. Die Strategien und Akteurskonstellationen werden innerhalb der kollektiven Akteure als auch zwischen den unterschiedlichen kollektiven Akteuren ausgehandelt. Es finden also, in der Terminologie von Walton und McKersie (1991) sowohl intraorganisationale als auch interorganisationale Aushandlungsprozesse statt. Wird das Aushandlungsmodell von Walton u.a. (1994) wie skizziert erweitert, kommt es bei den Verhandlungen über IRVs und transnationale Rahmenabkommen nicht nur zu interorganisationalen Aushandlungen zwischen einem Gremium der Beschäftigtenvertretung und dem Management. Vielmehr finden auch interne Aushandlungsprozesse zwischen unterschiedlichen Gremien der Beschäftigtenvertretung statt, die sich in unterschiedlichen Akteurskonstellationen niederschlagen. Die GUFs als diejenigen Akteure, die eine Aushandlung von Internationalen Rahmenvereinbarungen forcieren, können unterschiedliche Strategien im Aushandlungsprozess verfolgen, die organisationsintern mittels intraorganisationaler Aushandlungsprozesse abzustimmen sind. Gleiches gilt für andere Gremien der Beschäftigtenvertretung, und zwar sowohl für die Aushandlung von IRVs als auch für die Aushandlung von transnationalen Rahmenabkommen. Inwieweit eine solche intraorganisationale Abstimmung tatsächlich stattfindet und dann auch Einfluss auf die interorganisationalen Aushandlungen hat, bleibt empirisch zu klären. Damit werden neben GUFs, die hauptverantwortlich für IRV-Verhandlungen sind, auch andere Gremien der Beschäftigtenvertretung als eigenständige Akteure begriffen. Auch nationale Gewerkschaften, lokale Gremien der Beschäftigtenvertretung, Europäische Betriebsräte oder Weltbetriebsräte können Aushandlungspartner für IRVs als auch für transnationale Rahmenabkommen werden. Dadurch werden neue Aushandlungsdynamiken und andere Dimensionen der Erwerbsregulierung berührt, die auf interne Aushandlungsprozesse und Machtbeziehungen zurückgeführt werden können. Außerdem variieren die Aushandlungsmodi je nach Akteurskonstellation und Strategien der Akteure. Die interorganisationalen Aushandlungen finden als zweistufiger Prozess sowohl zwischen Management und Gremien der Beschäftigtenvertretung als auch zwischen verschiedenen Gremien der Beschäftigtenvertretung statt, wobei letztere von ihren untereinander herrschenden Machtbeziehungen geprägt sind. Unterschiedliche Akteurskonstellationen und Aushandlungsmodi führen zu unterschiedlichen Ergebnissen in den Verhandlungen. Die Ergebnisse spiegeln sich einerseits in den Texten der Abkommen wider und zum anderen bei deren Umsetzung und Kontrolle.

In Bezug auf die Akteursdynamiken bei den Aushandlungen von GRVs wird die vorliegende Untersuchung damit von der folgenden theoretischen Überlegung geleitet: Bei der Aushandlung von Internationalen Rahmenvereinbarungen und transnationalen Rahmenabkommen spielen die Strategien von unterschiedlichen kollektiven Akteuren sowie deren untereinander herrschende Machtbeziehungen eine Rolle. Diese werden sowohl in interorganisationalen – also zwischen unterschiedlichen Gremien der Beschäftigtenvertretung sowie zwischen diesen Gremien und der Unternehmensleitung – wie auch in intraorganisationalen Aushandlungen koordiniert.

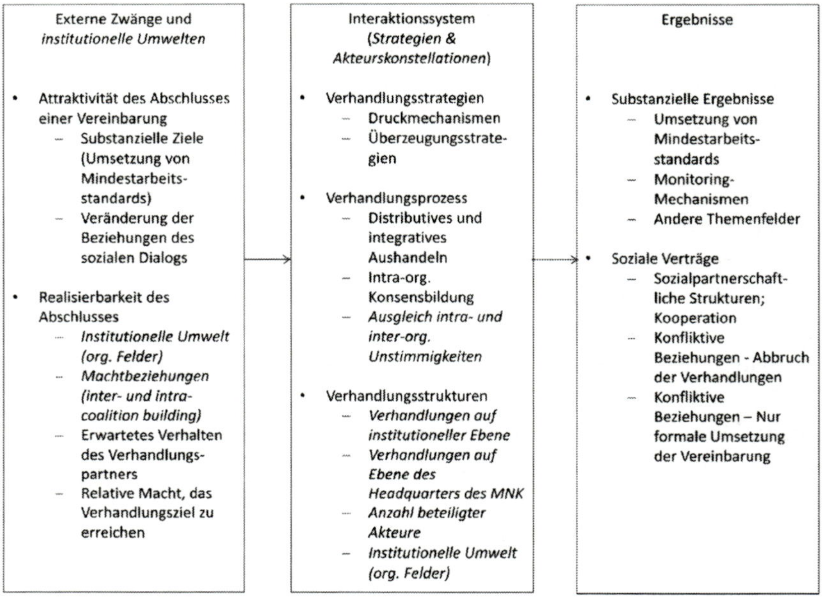

Abb. 2: Überlegungen zur Ausgestaltung der Aushandlungsprozesse von grenzüberschreitenden Rahmenvereinbarungen

Quelle: Eigene Überlegung und Darstellung; Modell anlehnend an (Walton u.a. 1994); kursiv = Ergänzungen aufgrund eigener theoretischer Überlegungen.

Wie bereits oben beschrieben wurde, geht das eigene Analysemodell davon aus, dass interorganisationale Aushandlungsprozesse in zwei Schritten stattfinden, die sich gegenseitig beeinflussen. Zwischen den verschiedenen Gremien der Beschäftigtenvertretung muss ein Konsens darüber hergestellt werden, welche Akteure an den Verhandlungen mit dem Management beteiligt werden. Dieser Prozess findet unter Berücksichtigung der jeweiligen Strategien und Interessen der Gremien als auch unter der Einbeziehung nationaler, europäischer und internationaler institutioneller Erwartungen statt. Die Aushandlungen zwischen den Gremien der Beschäftigtenvertretung und dem Management sind ebenfalls institutionell wie strategisch und interessengeleitet beeinflusst. Übertragen auf das Analysemodell von Walton u.a. (1994) finden die Aushandlungsprozesse über IRVs und transnationale Rahmenabkommen eingebettet in unterschiedliche institutionelle Umwelten statt. Diese wirken zum einen als begrenzende Faktoren auf das Akteurshandeln generell und somit auf die Realisierbarkeit des Abschlusses einer

GRV, andererseits auf die konkreten Akteurskonstellationen und Strategien der beteiligten Akteure in den Verhandlungsstrukturen.

Das Interaktionssystem der Aushandlungen ist von den Strategien der kollektiven Akteure, dem Verhandlungsprozess und seinen Strukturen geprägt. Sich anlehnend an das Modell von Walton u.a. (1994) geht auch die vorliegende Untersuchung davon aus, dass die Gremien der Beschäftigtenvertretung unterschiedliche Strategien bei den Verhandlungen verfolgen können, die sich auf die Ziele der Verhandlungen beziehen. So können substanzielle Ziele, wie die Umsetzung der IAO-Kernarbeitsnormen im multinationalen Konzern oder die Veränderung der Beziehungen zur Unternehmensleitung, letzteres im Sinne einer Neuverhandlung der sozialen Verträge, im Vordergrund stehen. Dabei können die Gremien der Beschäftigtenvertretung sowohl Überzeugungsstrategien als auch Druckmechanismen gegenüber der Unternehmensleitung anwenden. Der Verhandlungsprozess umfasst die Aushandlungsformen zwischen Gremien der Beschäftigtenvertretung und der Unternehmensleitung sowie den Abgleich von Interessen und Zielen bei einer Zusammenarbeit von mehreren Gremien der Beschäftigtenvertretung. Hier spielt besonders die Machtbeziehung zwischen den kollektiven Akteuren eine Rolle für die Strategien und Akteurskonstellationen der Aushandlungen.

Während das Modell von Walton u.a. (1994) lediglich den Einfluss von Ressourcen als bestimmenden Faktor für den Aushandlungsprozess beschreibt, geht die vorliegende Untersuchung von einer Einbettung der Aushandlungsprozesse in institutionelle Umwelten aus. Dementsprechend finden die Aushandlungsprozesse nicht aufgrund rein strategisch und interessenbasierter Entscheidungen der Akteure statt. Vielmehr orientieren sich sowohl die Unternehmen als auch die Gremien der Beschäftigtenvertretung an institutionellen Erwartungen und Institutionen ihrer Umwelt. Die Akteursdynamiken und die Aushandlungen sind damit in institutionelle Umwelten eingebettet.

3.2 Institutionelle Einflüsse auf die Verhandlungen und die Entscheidungen der Akteure

In der sozialwissenschaftlichen Forschung existieren zahlreiche unterschiedliche Theorien und methodische Ansätze, die die Entstehung und den Einfluss von Institutionen analysieren (siehe zum Beispiel Kieser 2002; Münch 2004). Im Zentrum der vorliegenden Untersuchung steht allerdings nicht der Einfluss von Institutionen auf individuelle Akteure, sondern auf kollektive Akteure (wie EBRs) und Organisationen (Unternehmen oder Gewerkschaften). Während die Entscheidungen von Unternehmen für CSR-Praktiken häufig anhand von Modelle des soziologischen Neo-Institutionalismus (Di Maggio/Powell 1983; Meyer/Rowan 1977; Scott 1995) erklärt werden, werden beim Vergleich von Systemen der industriellen Beziehungen auch andere theoretische Modelle herangezogen, wie der »Varieties of Capitalism«-Ansatz[17] (Hall/Soskice 2001a) oder auch der akteurszentrierte Institutionalismus (Mayntz/Scharpf 1995; Scharpf 2000).[18] Letzterer orientiert sich an

17 Der Ansatz der »Varieties of Capitalism« ist entwickelt worden, um unterschiedliche nationale Systeme der industriellen Beziehungen zu vergleichen. Ursprünglich richteten Hall und Soskice (2001b) damit den Vergleich auf die nationalstaatliche Ebene aus. In der Diskussion und Weiterentwicklung des Ansatzes wird dieser heute jedoch auf im Hinblick auf Unterschiede in sektorspezifischen Arrangements zwischen Nationalstaaten verwendet (z. B. Rampeltshammer 2008). Der Ansatz stammt aus der Teildisziplin der politischen Ökonomie und vergleicht strategische Interaktionen von Unternehmen in Relation zu anderen Akteuren. Die Interaktionen der Unternehmen zielen darauf ab, Koordinierungsprobleme der Unternehmen zu mindern. Der Ansatz eignet sich für die Analyse von Anpassungsprozessen von Unternehmen an nationale Formen der marktwirtschaftlichen Regulierung. Gleichwohl konzentriert er sich stark auf die marktliche Regulierung, während andere soziale Institutionen kaum beleuchtet werden (siehe auch die Kritik von Rampeltshammer 2008: 81). Die bisherige Forschung zu Internationalen Rahmenvereinbarungen hat jedoch gezeigt, dass deren Aushandlung nicht allein über die marktliche Regulierung erklärt werden kann, da IRVs kein regulatives Element im Sinne einer nationalen Regel oder eines Gesetzes darstellen. Außerdem werden die industriellen Beziehungen im »Varieties of Capitalism«-Ansatz als Idealtypen national verankert und erlauben keine differenzierte Betrachtung unterschiedlicher Arrangements der Erwerbsregulierung. Da sich IRVs und andere transnationale Texte, die Gegenstand der eigenen Untersuchung sind, jedoch an internationalen Normen in Form der IAO-Kernarbeitsnormen orientieren, bietet es sich an, andere institutionalistische Ansätze für die Erklärung heranzuziehen, die eine Öffnung für europäische und internationale Normen und Institutionen gestatten.

18 In der historischen Entwicklung stammen die institutionalistischen Ansätze zur Erklärung von organisierten Arbeitsbeziehungen aus der neo-marxistischen Tradition, die sich an einer systemischen Perspektive orientiert (siehe auch Dörre 2010; Rampeltshammer 2008). Sie versteht die Regelung von Arbeitsbeziehungen als Wechselspiel institutionell geprägter, ausgehandelter Anpassungsprozesse. Vorreiter dieser Perspektive war Dunlop (1958). Zur Erklärung unterschiedlicher Formen und Ausprägungen von überbetrieblichen Arbeitsbeziehungen können unterschiedliche Theorieschulen verwendet werden, z. B. der Neo-Korporatismus, der Neo-Institutionalismus oder die Regulationstheorie. Aus einer institutionalistischen Perspektive finden keine Anpassungen der Arbeitsbeziehungen an ein Kapitalismus-Modell statt, sondern die vermeintliche homogenisierende Wirkung

den Prämissen des »Rational Choice«-Institutionalismus, der sich parallel zum soziologischen Neo-Institutionalismus in der politikwissenschaftlichen Forschung entwickelt hat. Neben diesen beiden theoretischen Schulen des Institutionalismus gibt es noch eine dritte Theorieschule, den historischen Institutionalismus. Dieser interessiert sich vor allem für die historische Entwicklung von Institutionen und verbindet seine Überlegungen zu Machtasymmetrien zwischen Organisationen bei der Entstehung von Institutionen mit Annahmen zur Pfadabhängigkeit (Beyer 2005). Da die eigene Untersuchung nicht die Entstehung von Institutionen behandelt, wird dieser Ansatz nicht weiter diskutiert werden.[19]

3.2.1 Institutionen und Akteure im soziologischen Neo-Institutionalismus und im »Rational Choice«-Institutionalismus

Der Begriff der Institution bzw. der institutionalisierten Erwartungen ist einer der Kernbegriffe im Neo-Institutionalismus. In Anlehnung an die Wissenssoziologie nach Berger und Luckmann wird der Prozess der Institutionalisierung dadurch definiert, dass »[...] habitualisierte Handlungen durch Typen von Handelnden reziprok typisiert werden« (Berger/Luckmann 1969: 58). Habitualisierte Handlungen werden über ihre Anwendung durch Akteure verstärkt und bilden damit Institutionen. Mit dem Institutionenbegriff sind soziale Regeln gemeint, die dauerhaft, verbindlich und das Handeln der Akteure bzw. der Organisationen beeinflussend sind. Im Neo-Institutionalismus ist der Begriff der Institution in unterschiedlichen Bereiche

globaler Märkte wird durch institutionelle Filter klein gehalten (siehe z. B. zu »Varieties of Capitalism« Hall/Soskice 2001b; Ruigrok/van Tulder 1995; Altvater/Mahnkopf 1996; zu sozialen Feldern Fligstein 2001; Polanyi 1977; zu Organisationsmacht und Sozialstaat Esping-Andersen 1985; Esping-Andersen 1996).

19 In der vorliegenden Arbeit sollen möglichst vollständig die Aushandlungsprozesse und die Motive für unterschiedliche Formen der Aushandlungen erfasst werden. Da diese, so die Annahme, in der Umwelt als auch in den Organisationen und kollektiven Akteuren selber liegen können, bietet sich eine umweltoffene Betrachtung an. Damit können zahlreiche organisationssoziologischen Theorien und Ansätze nicht für die Analyse benutzt werden, da sie eine geschlossene Perspektive auf die Organisation vertreten. Zu den Ansätzen zählen zum einen Ansätze von geschlossen-rationalen Systemen – die Bürokratietheorie nach Weber, der Taylorismus oder die institutionenökonomischen Ansätze –, andererseits jene von geschlossen-natürlichen Systemen, wozu die »Human Relations«-Forschung und die verhaltenswissenschaftliche Entscheidungstheorie (Unterscheidung nach Scott 2003) zählen.

verwendet worden, wozu kognitive Rahmungen und regelhafte Handlungsmuster ebenso zählen wie Normen, Rollen, aber auch formale Aspekte von Organisationen. In der funktionalistischen Betrachtungsweise des soziologischen Neo-Institutionalismus sind Institutionen Ausdruck gemeinsamer Regeln und Typisierungen, die dazu führen, dass in bestimmten Situationen von Akteuren erwartet wird, dass sie definierte Handlungsskripte ausführen. Bezogen auf Organisationen werden diese im Neo-Institutionalismus als korporative Akteure verstanden, die sich entsprechend der Umwelterwartungen und der in ihrer Umwelt vorhandenen Institutionen verhalten. Institutionen werden dabei selten als globale Institutionen gefasst, die für alle Organisationen in gleichem Maße von Bedeutung sind.[20] Institutionen werden im Neo-Institutionalismus meistens als Institutionen für bestimmte Bezugsgruppen verstanden, zum Beispiel für eine Population von Organisationen, nationalen Gesellschaften oder organisationalen Feldern (siehe auch Hertwig 2008: 90). Während Institutionen, die auf regulativen (zum Beispiel North 1990; Weber 1968) oder normativen Vorstellungen (zum Beispiel March/Olsen 1989; Stinchcombe 1997) beruhen, auch in anderen soziologischen Theorien definiert werden, hat Scott (1995) mit der kulturell-kognitiven Verankerung von Institutionen eine weitere Dimension von Institutionen in die Debatte eingeführt. Sie grenzt den Neo-Institutionalismus von anderen soziologischen und politikwissenschaftlichen Theoriesträngen ab. Im Gegensatz zu der Annahme des »Rational Choice«-Institutionalismus steht die Legitimation einer Organisation gegenüber ihrer Umwelt und nicht die ökonomische Effizienz einer Organisation im Vordergrund des theoretischen Modells. Nach Auffassung des Neo-Institutionalismus überleben Organisationen und sichern ihren Erfolg, wenn diese durch ihre Umwelt als legitimiert angesehen werden (Meyer/Rowan 1977; Walgenbach/Meyer 2008: 64). In Erweiterung dieser Überlegung finden sich im soziologischen Neo-Institutionalismus auch Ansätze, die Organisationen als handelnde Akteure mit einbeziehen (zum Beispiel Suchman 1995). Organisationen können demnach nicht aus dem allgemeinen Vorstellungssystem austreten. Sie können aber innerhalb einer gewissen Bandbreite und über Initiativen einen Einfluss auf das Ausmaß ausüben, in dem Institutionen als wünschenswert, angemessen und sinnvoll innerhalb eines kulturellen Kontextes erscheinen

20 Eine Ausnahme bildet ein Forschungszweig des Neo-Institutionalismus, der sich mit globalen Organisationen beschäftigt und damit auch von allgemeingültigen Institutionen ausgeht. Der Ansatz ist unter dem Begriff der »world polity«-Forschung (siehe auch Krücken 2006) bekannt geworden.

(Oliver 1991; Thornton 2002), und auf diese Weise auch einen Wandel von Institutionen anstoßen (Lawrence u.a. 2011).

Dagegen postuliert der »Rational Choice«-Institutionalismus, dass Individuen Institutionen als Regelwerke wahrnehmen und einsetzen, um ihre Präferenzen zu verfolgen. In dieser Sichtweise sind Individuen in der Lage, Institutionen und institutionelle Erwartungen zu erfassen und strategisch für das eigene Handeln zu nutzen. Entsprechend wird dem Individuum ein deutlich größerer Handlungsspielraum eingeräumt, als dies beim soziologischen Neo-Institutionalismus der Fall ist. In den Grundmodellen des »Rational Choice«-Institutionalismus bleibt die Konzentration auf rationale Entscheidungsprozesse von Individuen bestehen (siehe auch Hall/Taylor 1996). Neuere Ansätze aus diesem Feld des politikwissenschaftlich geprägten Institutionalismus, wie der akteurszentrierte Institutionalismus (Mayntz/Scharpf 1995; Scharpf 2000), nehmen diese Grundannahme auf und ergänzen diese durch Prämissen zu Institutionen aus dem soziologischen Neo-Institutionalismus. Die Kernannahme des akteurszentrierten Institutionalismus lautet, dass sich Akteure durch spezifische Handlungsorientierungen auszeichnen. Akteure wollen Ergebnisse erzielen und verfügen über die Möglichkeit, Ziele und Mittel auszuwählen. Anders als in der ökonomischen Theorie geht der Ansatz jedoch davon aus, dass die Motive der Akteure »begrenzt rational und sozial konstruiert« sind (Scharpf 2000: 74). Der Ansatz betont den Einfluss von Institutionen auf die Wahrnehmungen, Präferenzen und Fähigkeiten individueller und korporativer Akteure sowie auf ihre Interaktionsformen. Mayntz und Scharpf (1995) definieren den Begriff der Institution als Regelsystem, das die Handlungsverläufe von Akteuren strukturiert. Das Regelsystem umfasst dabei nicht nur die Rechte, sondern auch soziale Normen. Damit nehmen sie Bezug auf jene Definition von Institutionen, die auf kulturell-kognitiver Ebene verankert sind und von den handelnden Akteuren als *taken-for-granted* wahrgenommen werden (siehe auch Hiß 2006: 121). Institutionen bewirken nicht nur eine Beschränkung der Menge an Entscheidungen von Akteuren, sondern sie legen auch weitgehend die Qualität fest, wie die Ergebnisse der Entscheidungen von den beteiligten Akteuren bewertet werden (Scharpf 2000: 79). Darüber hinaus berücksichtigt der Ansatz den Umstand, dass nicht nur Interessen das Handeln von Akteuren leiten, sondern auch die Identitäten der individuellen Akteure selbst.

Der Argumentation des akteurszentrierten Institutionalismus folgend würden dann die Akteure der Verhandlungen von GRVs ihre Strategien an den vorhandenen Institutionen orientieren, um Ungewissheitszonen zu überwinden. Die Institutionen und institutionellen Erwartungen aus der Umwelt wären somit als Regelsysteme zu verstehen, die von den Akteuren gedeutet und für ihr eigenes Handeln genutzt werden (Hall/Taylor 1996). In dieser Sichtweise leiten Institutionen das strategische Handeln der Akteure an, indem sie mehr oder weniger Sicherheit über die Folgen ihres Handelns geben. Mit Blick auf die theoretischen Überlegungen des soziologischen Neo-Institutionalismus zur Beziehung zwischen Institutionen und Akteurshandeln werden Institutionen nicht als handlungsanleitendes Regelwerk verstanden, die von Akteuren genutzt werden können, sondern als kulturell-kognitiv verankerte Normen- und Sinnsysteme definiert. Demnach würde das Verhalten der Akteure durch institutionelle Erwartungen aus ihrer Umwelt beeinflusst, gegenüber der sich die betreffenden Akteure legitimieren wollen. Bei den Verhandlungen über Grenzüberschreitende Rahmenvereinbarungen könnte dann der in den Studien zu CSR-Initiativen praktizierten Argumentation gefolgt werden, dass solche Verhandlungen von den Unternehmen akzeptiert werden, um sich gegenüber der externen Erwartung zu legitimieren, sich sozial verantwortlich zu verhalten (zum Beispiel Edwards u.a. 2007; Hiß 2006).

Der starke Gegensatz zwischen Institutionen als Regelwerk für strategisch handelnde Akteure einerseits und kulturell verankerten Institutionen, die Handlungen von Individuen vollständig bestimmen, andererseits, der beide institutionalistischen Ansätze anfangs ausgezeichnet hatte, ist im Laufe der Zeit allerdings modifiziert worden (zum Beispiel Mayntz/Scharpf 1995 in der Tradition des »Rational Choice«-Institutionalismus oder Beckert 1999; Di Maggio 1988; Oliver 1991 in der Tradition des Neo-Institutionalismus).[21]

Ob die Akteure bei Verhandlungen von GRVs ihr Handeln an Institutionen anpassen – im Sinne des soziologischen Neo-Institutionalismus – oder diese strategisch nutzen – im Sinne des »Rational Choice«-Institutionalismus – ist in der vorliegenden Untersuchung noch empirisch zu klären.

Für die Analyse institutioneller Einflüsse auf die Aushandlungen von IRVs und transnationalen Rahmenabkommen scheinen besonders solche

21 Die Erweiterungen des soziologischen Neo-Institutionalismus, die Akteurshandeln in die Analyse mit einbeziehen, beziehen sich auf Akteure, die ihr Handeln an den bestehenden Institutionen ausrichten, um diese entweder zu stärken oder zu verändern (z. B. Beckert 1999; Di Maggio 1988; Galaskiewicz 1985; Meyer/Jepperson 2000; Walgenbach/Meyer 2008). Ebenso wie das Akteursmodell des akteurszentrierten Institutionalismus (nach Rehder 2011) steht damit die Erklärung von Institutionenwandel im Zentrum dieser Ansätze.

Institutionen von Bedeutung zu sein, die auf normativer und kognitiv-kultureller Ebene (nach Scott 1995) verortet sind. Bei den Vereinbarungen handelt es sich um freiwillige Abkommen, die sich nicht auf national verankerte Rechte und Gesetze beziehen. Vielmehr orientieren sich die Texte in ihren Inhalten an den IAO-Kernarbeitsnormen oder den OECD-Richtlinien für multinationale Unternehmen, die einen stärker normativen Charakter entfalten (siehe auch Pries 2010: 153–164). Bei den MNKs werden freiwillige Selbstverpflichtungen als selbstverständliche Elemente moderner Organisationen angesehen und sind somit auf der kulturell-kognitiven Ebene institutionalisiert (siehe auch Hiß 2006; Preuss u.a. 2009). Gleiches ist für den Fall der verhandelten Vereinbarungen empirisch bislang nicht untersucht worden. Die geringe Zahl an solchen verhandelten Vereinbarungen lässt die Vermutung zu, dass diese von den Unternehmen auf eine andere Art und Weise etabliert werden als freiwillige CSR-Initiativen (Edwards u.a. 2007; Sotorrio/Sanchez 2008). Entweder sind diese Grenzüberschreitenden Rahmenvereinbarungen in einem anderen organisationalen Feld angesiedelt als freiwillige Selbstverpflichtungen, was dann dazu führt, dass Unternehmen solche Vereinbarungen abschließen, um sich gegenüber anderen institutionellen Erwartungen zu legitimieren (siehe auch Ungericht/Hirt 2010). Oder institutionelle Erwartungen aus der Umwelt strukturieren das Handeln der Unternehmen dahingehend, dass diese in das strategische Handeln aufgenommen werden. Die erste Annahme würde darauf hindeuten, dass Institutionen im Sinne des soziologischen Neo-Institutionalismus das Verhalten der Akteure beeinflussen, während die zweite Annahme eine stärker akteurszentrierte Sichtweise zur Rolle von Institutionen nahe legen würde, wie dies von Mayntz und Scharpf (1995) vorgeschlagen worden ist.

3.2.2 Die Rolle von Institutionen auf unterschiedlichen räumlichen Ebenen

In Anlehnung an das Modell transnationaler Erwerbsregulierung nach Pries (2010) orientieren sich die Akteure bei den Verhandlungen von GRVs an institutionellen Erwartungen, die auf unterschiedlichen räumlichen Ebenen angesiedelt sind. Dies kann sich in der Beteiligung unterschiedlicher nationaler, europäischer und globaler Akteure widerspiegeln, die ihrerseits ihr Handeln an den unterschiedlichen Institutionen und institutionellen Erwartungen ausrichten. Wie bereits erwähnt wurde, nimmt der soziologische

Neo-Institutionalismus diesen Aspekt dahingehend auf, dass Institutionen und institutionelle Erwartungen in organisationalen Feldern wirken, die sich aus verschiedenen korporativen Akteuren und Organisationen zusammensetzen. Daher bietet sich das aus der Schule des soziologischen Neo-Institutionalismus stammende Konzept der organisationalen Felder für die analytische Trennung unterschiedlicher Institutionen und institutioneller Erwartungen an, unabhängig davon, ob Institutionen als kulturell-kognitiv verankerte Normen oder als strategisch nutzbares Regelwerk fungieren. Hessler (2012: 84) schlägt für die Darstellung des Einflusses von Institutionen auf verschiedenen räumlichen Ebenen eine Neudefinition von organisationalen Feldern in dem Sinne vor, dass es nationale wie internationale organisationale Felder gibt, in denen unterschiedliche institutionelle Erwartungen formuliert werden.

Organisationale Felder sind eine Analyseeinheit, um die Wirkung von Institutionen auf Organisationen zu untersuchen, die besonders von Di Maggio und Powell (1983) entwickelt wurde und seitdem zu einer der zentralen Analyseebenen der die Organisation strukturierenden, institutionellen Umwelt im Neo-Institutionalismus gehört.

»The process of institutional definition, or structuration, consists of four parts: an increase in the extend of interaction among organizations in the field; the emergence of sharply defined interorganizational structures of domination and patterns of coalition; an increase in the information load with which organizations in a field must contend; and the development of a mutual awareness among participants in a set of organizations that they are involved in a common enterprise.« (Di Maggio/Powell 1983: 148)

Das organisationale Feld umfasst diejenigen Organisationen, die in ein gemeinsames Sinnsystem eingebunden sind und sich miteinander in regelmäßigen Interaktionsprozessen befinden (nach Scott 1994). Die Konzeption von organisationalen Feldern lehnt sich an die »Ressource-Dependence«-Ansätze und die Transaktionskostentheorie an. Wie auch in jenen Ansätzen wird hier davon ausgegangen, dass die Organisationen in einem Feld in direkter Verbindung zueinander stehen und dadurch die Grenzen eines Feldes markieren. Das Modell organisationaler Felder im Neo-Institutionalismus geht obendrein davon aus, dass es nicht nur direkte Beziehungen zwischen den Organisationen gibt, sondern auch indirekte. In Anlehnung an populationsökologische Modelle nimmt der Neo-Institutionalismus funktional ähnliche Organisationen in einem Feld an, die miteinander im Wettbewerb stehen. Darüber hinaus werden auch regulierende Organisationen in das

Feld mit aufgenommen, zum Beispiel staatliche Organisationen, die Wettbewerbsbedingungen vorschreiben. Außerdem werden unterstützende Beziehungen zwischen Organisationen, horizontale Beziehungen (Netzwerk- und Austauschbeziehungen) und schließlich vertikale Beziehungen (hierarchische Beziehungen) zur Abgrenzung organisationaler Felder betrachtet (siehe auch Becker-Ritterspach/Becker-Ritterspach 2006).

Eine von Hoffman (1999) geleistete Weiterentwicklung des Konzeptes von organisationalen Feldern definiert diese als soziale Räume, die sich nicht über gemeinsame Märkte oder Technologien definieren, sondern über Themen (*issues*), die innerhalb des Feldes debattiert werden und in dem über die Interpretation der Themen verhandelt wird. Die Abgrenzung organisationaler Felder anhand von Themen hat den Vorteil,

> »[…] dass die für den Wandel der institutionellen Struktur relevante Zusammensetzung der Organisationen in einem organisationalen Feld für Veränderungen geöffnet und so die Zugehörigkeit einzelner Akteure, Organisationen oder einzelner Gruppen von Organisationen zu einem organisationalen Feld […] [für einen begrenzten Zeitraum, V.D.] erfasst wird« (Walgenbach/Meyer 2008: 75).

Die Struktur und Akteure des organisationalen Feldes erfasst Hoffman (1999) durch die Analyse der Interaktionsbeziehungen der Akteure zueinander. Die Definition organisationaler Felder anhand von Themen ermöglicht es einerseits, konkurrierende Institutionen innerhalb eines organisationalen Feldes zu erfassen, und zum anderen, den Wandel von Institutionen zu analysieren.[22] Hoffman (1999) geht davon aus, dass es neben den Institutionen des organisationalen Feldes auch Institutionen in Populationen bzw. Akteursgruppen gibt, die sich bei der Verhandlung von Themen zu unterschiedlichen Positionen ausdifferenzieren können. Durch die Verhandlungen zwischen den Akteursgruppen wird das organisationale Feld neu strukturiert, so dass es zu einem Wandel von Institutionen bzw. der Entstehung neuer Institutionen kommen kann (siehe auch die Überlegungen von Fligstein 2001). Die im organisationalen Feld entstehenden Institutionen wie Regeln, Werte und Normen strukturieren das organisationale Feld und die im Feld agierenden Organisationen in ihren Entscheidungen. Die Struktur

22 Es gibt eine Reihe von theoretischen und empirischen Arbeiten zum Wandel von Institutionen, die sich auf den soziologischen Neo-Institutionalismus beziehen. Da der Wandel von Institutionen nicht im Zentrum der eigenen Forschung steht, sei an dieser Stelle nur auf einige einschlägige Arbeiten verwiesen: etwa die Sonderausgabe des Academy of Management Journal 2002 (Nr. 1); Dacin u. a. 2002; Lounsbury 2002; Oliver 1992; Thornton 2002; Walgenbach/Meyer 2008; Zucker 1988.

eines organisationalen Feldes erschließt sich (1) über eine Steigerung der Interaktionsdichte zwischen Organisationen, (2) anhand eines Wachstums im Austausch von Informationen und (3) anhand der Entwicklung eines wechselseitigen Verständnisses dafür, dass man an einer gemeinsamen Debatte beteiligt ist (nach Di Maggio/Powell 1983: 148).

»I suggest that a field is formed around the issues that become important to the interests and objectives of a specific collective of organizations. Issues define what the field is, making links that may not have previously been present. Organizations can make claims about being or not being part of the field, but their membership is defined through social interaction patterns.« (Hoffman 1999: 352)

Durch die Definition von organisationalen Feldern anhand von Themen werden diese zu Arenen von Machtbeziehungen, in denen unterschiedliche Akteure um die Definition von Themen und die Ausgestaltung von Institutionen kämpfen, die das Verhalten der Organisationen lenken werden. Während Di Maggio und Powell (1983) das Feldkonzept vor allem dafür verwenden, um Homogenisierungsprozesse von Organisationen im Feld zu beschreiben, werden organisationale Felder in der vorliegenden Untersuchung genutzt, um verschiedene Ausgestaltungen der Interaktionen von Organisationen und kollektiven Akteuren anhand der Verhandlungen über GRVs zu analysieren.

Die eigene Untersuchung orientiert sich daher an der Definition von organisationalen Feldern nach Hoffman (1999). Die Abgrenzung der Felder anhand von Themen scheint für die hier gestellte Forschungsfrage sinnvoll zu sein, da sie sich mit einem bestimmten Thema – nämlich der Aushandlung von Grenzüberschreitenden Rahmenvereinbarungen – befasst. Entsprechend werden sämtliche Organisationen und Akteure Bestandteil des Feldes, die sich mit der Aushandlung dieser Vereinbarungen und der Regulierung von internationalen Mindestarbeitsstandards beschäftigen (siehe Abbildung 3).

Gestützt auf die Überlegung von Hessler (2012: 84) können diese Themen in nationalen, europäischen oder internationalen organisationalen Feldern verankert sein. Unternehmen, aber auch GUFs oder andere Gremien der Beschäftigtenvertretung agieren in unterschiedlichen Feldern, die von nationalen, europäischen und internationalen Normen und institutionellen Erwartungen geprägt sind. Die Organisationen und kollektiven Akteure können sich demnach in ihrem Verhalten an unterschiedlichen institutionellen Erwartungen orientieren. Das Verhalten der Organisationen und kollektiven Akteure führt in der Praxis – bezogen auf den eigenen Untersuchungsgegenstand – zu unterschiedlichen Aushandlungsprozessen und Aus-

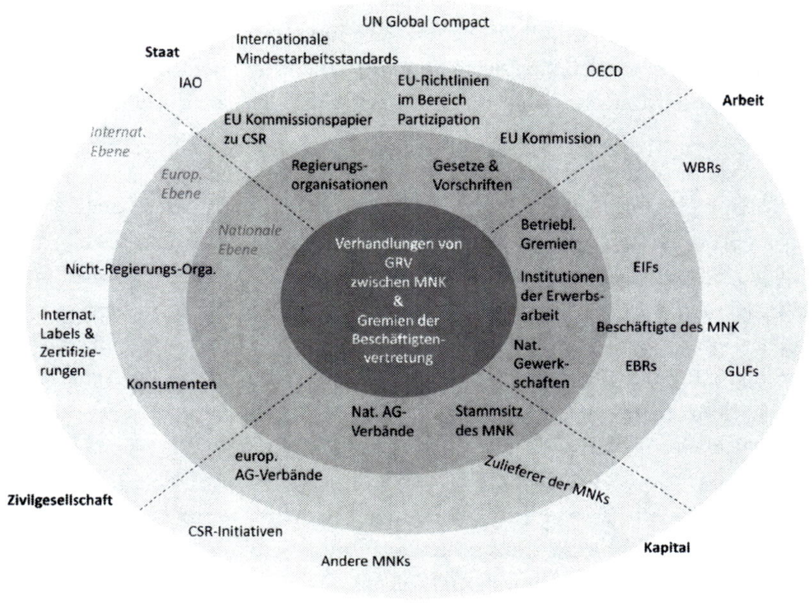

Abb. 3: Mögliche kollektive Akteure, Organisationen und Institutionen im organisationalen Feld

Quelle: Eigene Überlegungen; Darstellung in Anlehnung an Hessler (2012: 84)

handlungsergebnissen. Auf eine ähnliche Art argumentieren auch Kostova und Zaheer (1999) mit neo-institutionalistischen Annahmen, nämlich dass Unternehmenstöchter interne institutionelle Erwartungen der Mutterunternehmen und institutionelle Erwartungen aus dem jeweiligen nationalen Kontext bedienen und ausgleichen müssen (siehe auch Kostova/Roth 2002; Preuss u.a. 2009). Entgegen den Überlegungen von Hessler (2012) oder auch von Kostova und Zaheer (1999) geht die vorliegende Untersuchung jedoch davon aus, dass solche unterschiedlichen institutionellen Erwartungen nicht nur Einfluss auf Entscheidungen der Unternehmen haben, sondern auch das Verhalten der Gremien der Beschäftigtenvertretung beeinflussen. Damit knüpft die eigene Untersuchung an die skizzierten Studien zum Einfluss von Institutionen auf IRVs an (z.B. Hammer 2005; Kluge/Schömann 2008; Preuss u.a. 2006; Sotorrio und Sanchez 2008). Internationale Rahmenvereinbarungen finden sich demnach vor allem in MNKs mit Stammsitz in Europa, die sich an ähnlichen institutionellen Erwartungen orientieren, soziale Mindestarbeitsstandards gemeinsam mit Gremien der Beschäftigtenvertretung zu beschließen. Die eigene Untersuchung rückt dabei die Frage in den Vordergrund, ob der Einfluss unterschiedlicher Institutionen im Feld die diversen Akteurskonstellationen und Ergebnisse der Aushandlungsprozesse erklären kann.

Entsprechend der grundlegenden Definitionen von organisationalen Feldern sind diese keine Einheiten, die ex ante festgelegt werden können (Di Maggio/Powell 1983). Vielmehr müssen die Akteure, Organisationen und Institutionen des Feldes durch die empirische Forschung erfasst werden. Ein solches Vorgehen bietet sich auch für die eigene Untersuchung an, da neben den Akteuren im Feld auch der Einfluss nationaler, europäischer und internationaler institutioneller Erwartungen zu analysieren ist. Das organisationale Feld ordnet sich um den Begriff der Verhandlungen über Grenzüberschreitende Rahmenvereinbarungen. Hauptakteure des Feldes sind diejenigen Organisationen und kollektiven Akteure, die sich mit der Aushandlung von IRVs und transnationalen Rahmenabkommen beschäftigen. Aus der bisherigen Forschung zu Internationalen Rahmenvereinbarungen ist bekannt, dass vor allem die GUFs, die entsprechenden multinationalen Konzerne, die sich auf Verhandlungen einlassen, und andere Gremien der Beschäftigtenvertretung (betriebliche, nationale, europäische oder globale) Akteure des Feldes darstellen. Daneben können aber auch andere Organisationen, wie politisch-staatliche Institutionen, NGOs oder auch Konsumenten, wichtige Akteure im Feld sein und etwa öffentlichen Druck auf die Unternehmen ausüben, sich an internationalen Mindestarbeitsstandards zu orientieren. Ob sich auch im Falle der Verhandlungen von GRVs, so wie in der wissenschaftlichen Debatte um Corporate Social Responsibility, die Unternehmen an diesen kollektiven Akteuren im Feld ausrichten, bleibt empirisch zu überprüfen.

Einige Organisationen und kollektive Akteure lassen sich einer bestimmten räumlichen Ebene zuordnen, wie zum Beispiel nationale Gewerkschaften, die auf der nationalen Ebene agieren. Andere Organisationen und kollektive Akteure (etwa NGOs oder Zulieferer) können national, europäisch oder global verortet sein. Der Bezugspunkt des organisationalen Feldes ist jeweils der Stammsitz des entsprechenden Unternehmens, an dem die Verhandlungen über die IRV oder das transnationale Rahmenabkommen stattfinden. Die nationale Ebene des organisationalen Feldes beschreibt demnach die nationalen Einflüsse am Stammsitz des Unternehmens. Entsprechend der Orientierung der Unternehmen als auch der Gremien der Beschäftigtenvertretung an unterschiedlichen Ebenen des organisationalen Feldes können die Verhandlungen unter unterschiedlichen Akteurskonstellationen und mit unterschiedlichen Ergebnissen stattfinden. Für die GUFs scheint es einleuchtend zu sein, dass sie sich aufgrund ihrer internationalen Verortung und ihrer Initiative, IRVs auszuhandeln, vor allem an der internationalen Ebene ausrichten und die IAO-Kernarbeitsnormen als normativen Orientierungspunkt wählen.[23] Demgegenüber können MNKs wie auch andere Gremien der Beschäftigtenvertretung über andere institutionelle Anknüpfungspunkte verfügen (siehe Abbildung 3). Während zum Beispiel auf internationaler Ebene Zertifizierungen und Konsumentenverhalten Legitimationsquellen für MNKs darstellen können (etwa Hiß 2006), sind diese Bereiche als handlungsleitende Einflüsse für die Gremien der Beschäftigtenvertretung wenig relevant. Dafür spielt die Legitimation gegenüber den Beschäftigten des multinationalen Konzerns eine größere Rolle für gewählte Gremien (wie EBR); Gleiches gilt für die Legitimation gegenüber den Mitgliedern bei nationalen oder globalen Gewerkschaften.

3.2.3 Theoriegeleitete Annahme zum Einfluss von Institutionen

Aushandlungsprozesse sind demnach beeinflusst von Institutionen, die das Handeln der Akteure anleiten oder ihr Verhalten legitimieren können. Sie bilden damit den Handlungsrahmen, innerhalb dessen die Akteure Entscheidungen über die Ausgestaltung der Aushandlungen treffen. Internationale Mindestarbeitsstandards stellen ein institutionalisiertes Element in einem organisationalen Feld dar. Auch wenn diese nicht dem Anspruch einer dauerhaften, gesamtgesellschaftlichen Institution genügen, spielen Mindestarbeitsstandards innerhalb organisationaler Felder, die sich thematisch mit Arbeits-, Beschäftigungs- und Partizipationsbedingungen beschäftigen, eine Rolle und spiegeln Erwartungen, Normen und Regeln wider (siehe auch Hertwig 2008: 135–138; Hessler 2012: 77f.). Das Thema wird von Unternehmen als auch den Gremien der Beschäftigtenvertretung unterschiedlich bewertet und besetzt. Ob und in welcher Weise internationale Mindestar-

23 Die strategischen Ziele und Positionen der einzelnen GUFs unterscheiden sich im Detail, wie noch in der eigenen empirischen Untersuchung zu zeigen sein wird. An dieser Stelle sei nur darauf verwiesen, dass generell für alle GUFs die IAO-Kernarbeitsnormen Ausgangspunkt für die Entwicklung ihrer IRV-Strategien waren.

beitsstandards in Form von IRVs oder transnationalen Rahmenabkommen verhandelt werden, ist davon abhängig, ob sich die Organisationen und kollektiven Akteure an einem nationalen, europäischen oder internationalen Feld ausrichten. So können sowohl Unternehmen als auch unterschiedliche Gremien der Beschäftigtenvertretung in ihrem Handeln von unterschiedlichen institutionellen Bezugspunkten geleitet werden, die sich in unterschiedlichen Dimensionen der Erwerbsregulierung abbilden. Während sich etwa multinationale Konzerne in ihrer Firmenpolitik sowohl an nationalen Regeln und Normen als auch an internationalen Normen und Standards orientieren können, richten GUFs ihre Strategien eher an globalen Standards, nationale Gewerkschaften hingegen stärker am nationalen System der Erwerbsregulierung aus. Die unterschiedlichen institutionellen Bezugspunkte beeinflussen demnach die Beteiligung von unterschiedlichen Akteuren, die Struktur der Aushandlungen und die Inhalte der Abkommen (siehe Abbildung 3). Die beteiligten Organisationen und kollektiven Akteure sind damit in unterschiedliche institutionelle Umwelten eingebunden, wobei ihr Verhalten gegenüber grenzüberschreitenden Rahmenvereinbarungen die kulturellen, historischen und politischen Traditionen und Prägungen ihres jeweiligen Landes widerspiegelt (siehe Sotorrio/Sanchez 2008: 380; Doh und Guay 2006). Dazu wurde bereits dargestellt, dass ein Großteil der IRV, aber auch der transnationalen Rahmenabkommen in multinationalen Konzernen mit einem Stammsitz in Europa abgeschlossen wurde. Dies könnte auf gemeinsame europäische Normen und Institutionen zurückgeführt werden (siehe auch Edwards u.a. 2007; Sotorrio/Sanchez 2008). Trotzdem finden sich unterschiedliche inhaltliche Schwerpunkte und Akteure bei der Beschäftigtenvertretung, die darauf schließen lassen, dass auch nationale Arrangements der Erwerbsregulierung die konkreten Aushandlungen beeinflussen. Dies zeigt sich auch in dem Umstand, dass neben IRVs auch transnationale Rahmenabkommen abgeschlossen werden.

Daher wird bezüglich des Einflusses der institutionellen Umwelten auf die Aushandlungen von GRVs folgende theoretische Überlegung verfolgt: Die Struktur der Aushandlungsprozesse ist abhängig von den institutionellen Verankerungen im organisationalen Feld.

3.3 Untersuchungskonzept und methodisches Vorgehen der Untersuchung

Die Beantwortung der Forschungsfrage, welchen Einfluss Akteurskonstellationen, Strategien und institutionelle Umwelten auf die Aushandlungen von GRVs haben, orientiert sich demnach an den Handlungen kollektiver Akteure und der institutionellen Einbettung der Aushandlungen. Die im Blickpunkt der eigenen empirischen Untersuchung stehenden Aushandlungsprozesse umfassen die tatsächlichen Aushandlungen zwischen unterschiedlichen kollektiven Akteuren, deren formale Ergebnisse und die Einbettung der Aushandlungen in institutionelle Umwelten.

In der empirischen Untersuchung werden sowohl der Einfluss von Institutionen und institutionellen Erwartungen auf die Aushandlungsprozesse als auch die Akteursdynamiken der Prozesse selbst erfasst. Dabei werden zwei Ebenen betrachtet. Zum einen werden auf formaler Ebene die Akteurskonstellationen und die Inhalte der GRVs analysiert. Damit wird der Überlegung Rechnung getragen, dass sich unterschiedliche Akteurskonstellationen über institutionelle und strukturelle Faktoren erklären lassen. Außerdem können sich in den diversen Akteurskonstellationen auch verschiedene inhaltliche Schwerpunkte der Abkommen manifestieren. So können die GRVs in unterschiedlichen Dimensionen der Erwerbsregulierung verankert sein. Die von Pries (2010) formulierten Dimensionen der Erwerbsregulierung werden daher genutzt, um die Verhandlungen über IRVs und transnationale Rahmenabkommen zu strukturieren und die Unterschiede in den einzelnen Dimensionen zu analysieren. Die von Pries benannten Institutionen der Erwerbsarbeit, die diese Dimensionen der Erwerbsregulierung beeinflussen, werden im organisationalen Feld um das Thema *Aushandlung von Grenzüberschreitenden Rahmenvereinbarungen* verortet.

Ferner werden die tatsächlichen, zum Abschluss einer IRV oder eines transnationalen Rahmenabkommens führenden Aushandlungsprozesse erfasst, wodurch der Aushandlungsprozess sowie der Einfluss von Strategien, Machtbeziehungen und institutionellen Umwelten dargestellt werden soll. Damit wird an die theoretische Überlegung angeknüpft, dass die Aushandlungen und ihre Ergebnisse durch unterschiedliche Formen von inter- und intraorganisationalen Aushandlungsprozessen beeinflusst werden.

Auf die besondere Rolle von Europäischen Betriebsräten bei der Aushandlung von transnationalen Texten allgemein, aber gerade auch bei IRVs ist bereits eingegangen worden (siehe Teilkapitel 2.2.1). Angesichts des besonderen Akteursarrangements von gewerkschaftlichen Gremien (durch nationale Gewerkschaften und GUFs) und formal unabhängig von einer Gewerkschaft operierenden betrieblichen Gremien (EBRs und WBRs) bei IRV-Verhandlungen sowie aufgrund der quantitativen Verbreitung der EBR-Beteiligung bei den Verhandlungen und der Unterzeichnung von Internationalen Rahmenvereinbarungen (siehe auch Schömann u.a. 2008a; Telljohann u.a. 2009b) wird sich die empirische Analyse der IRVs und der transnationalen Rahmenabkommen auf dieses Arrangement konzentrieren. Zwar werden andere beteiligte Akteure ebenfalls in die Analyse mit einbezogen, doch werden im Zentrum solche Vereinbarungen stehen, die in Unternehmen abgeschlossen wurden, die einen EBR installiert haben. Damit unterscheidet sich das eigene Untersuchungssample von anderen IRV-Studien.

Anknüpfend an das in den Teilkapiteln 3.1.2 und 3.2.3 vorgestellte theoretische Modell werden in den folgenden Kapiteln die Akteursdynamiken und institutionellen Einbettungen der Aushandlungsprozesse von GRVs empirisch untersucht. In Kapitel 4 wird eine standardisierte Auswertung aller GRVs vorgenommen. Dazu wird in einem ersten Teil die Grundgesamtheit der Unternehmen mit GRV definiert und diese dann in weiteren Schritten mit Hilfe von statistischen Methoden analysiert. Damit sollen Gemeinsamkeiten und Unterschiede der GRVs in Bezug auf die Akteurskonstellationen und die Inhalte der Abkommen ermittelt werden. Zusammenhänge zwischen den Akteurskonstellationen und den strukturellen Eigenschaften der Unternehmen bzw. der Gremien der Beschäftigtenvertretung werden dabei über bivariate und multivariate Analysemethoden berechnet. Zusätzlich wird der Einfluss von Strukturvariablen und Akteurskonstellationen auf die Inhalte der GRVs gemessen, um die Abkommen in den unterschiedlichen Dimensionen der transnationalen Erwerbsregulierung zu verorten. Daran schließt in Kapitel 5 die Untersuchung der Aushandlungsdynamiken und der institutionellen Einbettung der Aushandlungsprozesse an. Diese werden über eine qualitative, theoriegeleitete Analyse der GUF-Strategien und Unternehmensfallstudien erfasst, die mittels Experteninterviews und Dokumentenrecherche erhoben wurden. Die Aushandlungsdynamiken und institutionellen Einbettungen der Unternehmensfallstudien werden abschließend in die Ergebnisse anderer Studien zu IRVs und anderen Abkommen eingebettet und mit den Ergebnissen der standardisierten Auswertung zusammengefasst.

3.3.1 Methodisches Vorgehen der standardisierten Auswertung

Bei der standardisierten Auswertung der GRVs wird zunächst in einem ersten Schritt die eigene Grundgesamtheit von Unternehmen definiert, die solche Abkommen abgeschlossen haben. Wie bereits im Teilkapitel 2.1.1 dargestellt wurde, ist die eigene Grundgesamtheit nicht deckungsgleich mit den Analysen, die in anderen IRV-Studien vorgenommen wurden. Vielmehr bezieht sich die eigene Untersuchung auf denjenigen Teil der Unternehmen, die eine IRV abgeschlossen haben, und auf einen weiteren Teil der Unternehmen, die in den genannten IRV-Studien als Unternehmen mit EFAs definiert worden sind. Damit knüpft die Gestalt des Untersuchungssamples bereits an die theoretische Überlegung an, dass IRVs nur ein Element transnationaler Erwerbsregulierung darstellen und es daneben auch zu anderen Akteurskonstellationen kommen kann. Die von den Unternehmen der eigenen Grundgesamtheit abgeschlossenen GRVs werden dann mittels einer Textanalyse ausgewertet. Auf der Grundlage der formalen Daten aus den Texten sowie der erhobenen Strukturdaten zu GUFs, EBRs und Unternehmen, die an den Grenzüberschreitenden Rahmenvereinbarungen beteiligt waren, sollen – sich anlehnend an die bereits vorgestellten theoretischen Überlegungen – sowohl die Akteurskonstellation bei den Verhandlungen selbst als auch die anderen Organisationen und kollektiven Akteure im Feld dargestellt werden. Obwohl sich die standardisierte Auswertung an den formalen Strukturdaten der kollektiven Akteure und Organisationen orientiert, werden diese strukturellen Faktoren – sich erneut anlehnend an das eigene theoretische Modell – nicht in kontingenztheoretischer Perspektive (Child 1972; Lawrence/Lorsch 1969), sondern als Ausdruck bestehender institutionalisierter Formen der Erwerbsregulierung analysiert. Unterschiede im Handeln der Organisationen werden demnach nicht ausschließlich als strukturell bedingte verstanden, sondern als Ausdruck der Orientierung an unterschiedlichen institutionellen Erwartungen (Scott 1995). Die abgeschlossenen GRVs mit ihren unterschiedlichen Akteurskonstellationen und Inhalten werden wiederum als schriftlicher Niederschlag von Akteurshandeln begriffen (Finnegan 1996). Die beteiligten Akteure haben die GRVs unter bestimmten Rahmenbedingungen und mit unterschiedlichen Intentionen verfasst. Inwieweit sich die Inhalte und Akteurskonstellationen der GRVs auf die Einbettung in institutionelle Umwelten zurückführen lassen, soll in der standardisierten Analyse der GRV-Texte überprüft werden. Organisationen, kollektive

Akteure und Institutionen des organisationalen Feldes werden dabei anhand unterschiedlicher Strukturdaten erfasst.

Zum anderen werden die IRVs und transnationalen Abkommen hinsichtlich ihrer Inhalte verglichen, die mit verschiedenen Dimensionen der Erwerbsregulierung verknüpft werden. Im Vordergrund der statistischen Analyse stehen die Dimensionen: Regelungsgegenstände, räumliche Reichweite, Konfliktregulierung und dominante Akteure (nach Pries 2010; siehe auch das Teilkapitel 2.3). In diese standardisierte Auswertung der GRVs fließen Sekundärdaten ein, die durch die Untersuchung der über die Unternehmen, die Gremien der Beschäftigtenvertretung und die GRVs selbst vorliegenden Dokumente erfasst wurden (siehe im Detail das Teilkapitel 4.1).

Die standardisierte Auswertung der formalen Daten dient der Spezifizierung von zwei theoretischen Überlegungen. Erstens sollen dadurch unterschiedliche Formen der Erwerbsregulierung systematisch analysiert werden. Es wird dabei der Hypothese nachgegangen, dass sich unterschiedliche Akteurskonstellationen über die Verankerung der Vereinbarungen in unterschiedlichen organisationalen Feldern erklären lassen und diese Arrangements Auswirkungen auf die formale Reichweite der GRVs (wie zum Beispiel inhaltliche Schwerpunkte, Überwachungsmechanismen oder räumliche Reichweite) haben. Zweitens werden die durch die Analyse der standardisierten Daten ermittelten Ergebnisse dazu genutzt, theoriegeleitet eine Fallauswahl für die Unternehmensfallstudien zu treffen. Sowohl in Bezug auf die Organisationen und kollektiven Akteure im Feld sowie den Einfluss unterschiedlicher Institutionen als auch hinsichtlich der Aushandlungsprozesse kann in der standardisierten Auswertung lediglich auf Strukturdaten und die Ergebnisse aus der Dokumentenauswertung zurückgegriffen werden. Die tatsächliche Relevanz diverser Akteure und Institutionen sowie die unterschiedlichen Aushandlungsdynamiken im Prozess sind dann in den einzelnen Fallstudien zu bestimmen.

Die Daten für die vorliegende statistische Untersuchung wurden durch Inhaltsanalysen bestehender GRVs erhoben.[24] Auf der Grundlage von anderen Studien, die sich mit internationalen und europäischen Abkommen zwischen Unternehmen und Gewerkschaften und/oder Europäischen

24 Eine Auflistung aller IRVs findet sich unter www.global-unions.org. Andere transnationale Texte über die IAO-Kernarbeitsnormen, die nicht offiziell von den GUFs unterzeichnet wurden, finden sich unter www.ewcdb.org oder http://ec.europa.eu/social/main.jsp?catId=978.

Theoretische Überlegungen	Einzelaspekte der theoretischen Ansätze	Variablen der Untersuchung
Institutionen und Akteure im organisationalen Feld (nach Di Maggio & Powell 1983; Hoffman 1999)	- Organisationen und kollektive Akteure im Feld „Aushandlungen von GRVs" - Einfluss nationaler Institutionen auf die Aushandlungsprozesse - Einfluss europäischer Institutionen auf den Aushandlungsprozess - Einfluss internationaler Institutionen auf den Aushandlungsprozess	- Gremien der Beschäftigtenvertretung (national., europäisch oder international); Rolle NGOs - Akteurskonstellationen spiegeln nationale Formen der industriellen Beziehungen wider (formale Ausgestaltung der Dimensionen transnationaler Erwerbsregulierung nach Pries 2010) - Beteiligung europäischer Gremien der Beschäftigtenvertretung; Orientierung der Unternehmen an europäischen Vorgaben (z.B. Green Paper der EU Kommission zu CSR) - Orientierung an internationalen CRS-Vorstellungen (z.B. Mitglied im UN Global Compact); Beteiligung von internationalen Gremien der Beschäftigtenvertretung
Aushandlungsprozesse (nach Walton et al. 1994)	- Akteurskonstellationen - Interaktionssystem; Verhandlungsstrukturen - Ergebnisse der Verhandlungen: soziale Verträge oder substanzielle Ergebnisse	- Beteiligung unterschiedlicher Gremien der Beschäftigtenvertretung - Ebene der Verhandlungen (Unterzeichnung durch Vorstand des MNK oder untergeordnete Ebene); Anzahl der beteiligten Akteure - Soziale Verträge: Bekenntnis zu IAO Standards, kein direkter Bezug zu Umsetzung (Festschreiben vn Umsetzungsmechanismen) und Relevanz (z.B. MNK mit Fokus auf Geschäft in Europa) der GRV; substanzielle Ziele: Umsetzungs- und Überwachungsmechanismen

Tab. 2: Operationalisierung einzelner theoretischer Aspekte für die standardisierte Auswertung

Quelle: Eigene Zusammenstellung und Überlegungen

Betriebsräten beschäftigen (u.a. Commission of the European Communities 2008; Schömann u.a. 2008a; Pries 2010), und eigenen Recherchen wurden diejenigen Unternehmen ermittelt, die (a) ein Abkommen besitzen, das sich im Inhalt auf ein oder mehrere IAO-Kernarbeitsnormen bezieht, (b) dieses Abkommen gemeinsam mit einem Gremium der Beschäftigtenvertretung unterzeichnet haben und (c) zum Zeitpunkt der Vereinbarung bereits einen Europäischen Betriebsrat installiert hatten. Diese drei Grundvoraussetzungen dienen als Analyseraster, um die Fälle miteinander vergleichen zu können. Dabei wurden jedoch keine Primärdaten über Befragungen erhoben, sondern die statistische Untersuchung bezieht sich auf bestehende GRVs, die in schriftlicher Form fixiert wurden. All jene Unternehmen, die solche Abkommen abgeschlossen haben, dienen als Basis, um eine Grundgesamtheit zu erstellen. Darüber hinaus wurden Unternehmensdaten und EBR-Daten integriert, die den Internetseiten der Unternehmen selbst sowie den EBR-Vereinbarungen und Geschäftsberichten der Unternehmen entnommen wurden. Alle Texte, die in die Analyse einbezogen wurden, liegen in schriftlicher Form vor. Die von den Internetseiten stammenden Daten wurden mit dem Datum der letzten Überprüfung versehen und sind letztmalig im November 2010 aktualisiert worden. Die Abkommen wurden einer Inhaltsanalyse unterzogen, um daraus für den Vergleich geeignete Kategorien für die Datenbank zu entwickeln (siehe auch Schömann u.a. 2008a). Durch das Zurückgreifen auf bereits von anderen Autoren durchgeführte Studien zu IRVs als auch zur Handlungsfähigkeit von Europäischen Betriebsräten konnten einige Variablen für die eigene Untersuchung übernommen werden.

Die standardisierte Auswertung der Grenzüberschreitenden Rahmenvereinbarungen hinsichtlich der Akteurskonstellationen orientiert sich an der Beteiligung von GUFs und Europäischen Betriebsräten. Der Fokus auf diese beiden Akteure ist aus mehreren Gründen gewählt worden. Erstens sind Europäische Betriebsräte im Gegensatz zu GUFs keine gewerkschaftlichen Gremien. Anknüpfend an die theoretischen Überlegungen zu den Strategien unterschiedlicher Akteure können diese beiden Akteure gemeinsam, aber auch in Konkurrenz zueinander agieren. Zweitens sind Europäische Betriebsräte im Gegensatz zu EIFs oder gewerkschaftlichen Netzwerken nicht direkt an die GUFs angebunden, was ihre Eigenständigkeit erhöht, und drittens agieren sie aufgrund ihrer europäischen Zusammensetzung und ihrer rechtlichen Verankerung in anderen räumlichen Dimensionen und Regulierungsarenen als GUFs oder auch Weltbetriebsräte. Viertens sind EBRs faktisch an vielen

Internationalen Rahmenvereinbarungen beteiligt gewesen und haben eigene transnationale Rahmenabkommen abgeschlossen, was die Hypothese untermauert, dass EBRs einen relevanten Akteur im organisationalen Feld der Aushandlung grenzüberschreitender Rahmenvereinbarungen darstellen.

Textquellen		**Inhaltliche Einordnung der Quellen**	**Kategorisierung für Textauswertung**	**Variablen für stat. Analyse**
Textbeschreibung	Textart			
Grenzüberschreitende Rahmenvereinbarung	Textdokument	Internationale Mindestarbeitsstandards; Arbeits- & Beschäftigungsbedingungen; Aufgaben einzelner Akteure; Umsetzung & Überwachung; Unterzeichner der Abkommen	Unterzeichner der Abkommen; Rolle von EBRs; Rolle von gew. Akteuren; Bezug auf IAO-Kernarbeitsnormen; Geltungsbereich & Verbreitung der Abkommen; Andere Themen	Unterzeichner der Abkommen; Beteiligungsformen des EBR; Beteiligungsformen des WBR; Beteiligungsformen gew. Gremien (nat., europ., global) Bezug auf IAO-Normen; Geltungsbereich; Jahr der Unterzeichnung; Einbindung der Zulieferer; Prozedere zur Verbreitung des Abkommens; Andere Themen
EBR-Gründungsvereinbarung	Textdokument	Funktionen, Zusammensetzung & Tätigkeitsfelder des EBR; sonstige Strukturdaten des EBR	Mitgliedsländer im EBR; Rahmenbedingungen des EBR Gründung; Zusammensetzung des EBR	Einbindung von Nicht-EU Ländern; WBR vorhanden; Gründungsjahr; Gründungsart; Gewerkschaften als eigenständiger Akteur im EBR; Form der Einbindung der Gewerkschaften
Andere Abkommen des EBR	Textdokument	Inhaltliche Schwerpunkte des Abkommens; Rolle und Funktion des EBR; Unterzeichner des Abkommens	Inhalte und Geltungsbereich des Abkommens; Andere beteiligte Akteure	Jahr der Unterzeichnung; Thematische Schwerpunkte; Beteiligung von Gewerkschaften
Geschäftsberichte & Unternehmensprofile des MNK	Textdokumente & Internetauftritt des MNK	Umsätze; Beschäftigtenzahlen; Bereich CSR; sonstige Strukturdaten	Strukturdaten des MNK; Geschäftsfelder & regionale Schwerpunkte; CSR-Aktivitäten	Stammland; Europäische Managementstruktur; Branche; Geschäftsfelder; Regionale Fokussierung des Kerngeschäfts; Standorte weltweit; CSR-Berichten; Mitglied in anderen Initiativen (z.B. UN Global Compact)

Tab. 3: Analysemodell zur Übertragung der Texte in Variablen für die statistische Auswertung

Quelle: Eigene Überlegung und Darstellung; Herleitung des Ablaufschemas nach Mayring (2007); einige Variablen für die Analyse der Abkommen über IRVs orientieren sich an Schömann u.a. (2008a), Platzer und Müller (2009); einige Variablen für die Analyse der EBR-Vereinbarungen und der Geschäftsberichte orientieren sich u.a. an Hauser-Ditz u.a. (2010), Kotthoff (2006), Rott (2008).

Tabelle 3 stellt einen Ausschnitt der entwickelten Variablen dar. Die Texte wurden unter Berücksichtigung der oben vorgestellten Theorien und theoretischen Modelle sowie im Hinblick auf den Forschungsstand ausgewertet (siehe auch Finnegan 1996).

In der eigenen Grundgesamtheit befinden sich 62 Unternehmen, deren Grenzüberschreitende Rahmenvereinbarungen, EBR-Vereinbarungen und Geschäftsberichte entsprechend des oben skizzierten Rasters ausgewertet wurden. Alle GRVs nehmen Bezug auf sämtliche oder wenigstens einen Teil der IAO-Kernarbeitsnormen. Einbezogen wurden GRVs, die europaweit gültig sind, sowie solche, die weltweit Gültigkeit besitzen. Damit ist die Grundgesamtheit bei der Auswahl der Fälle anders strukturiert, als es in anderen IRV-Studien der Fall ist. Mit Stand vom Dezember 2010 wurden 78 IRVs – definiert als Abkommen zwischen GUFs und multinationalen Konzernen – ermittelt. Im Vergleich zur Auswertung von IRVs durch andere Autorinnen und Autoren sind in der eigenen Zusammenstellung nur diejenigen Unternehmen mit IRV erfasst, die auch einen Europäischen Betriebsrat installiert haben – womit 30 IRVs nicht Bestandteil des Untersuchungssamples sind. Die eigene Grundgesamtheit umfasst demnach 48 Unternehmen, die ein IRV vereinbart haben, sowie weitere 14 Unternehmen, die ein transnationales Rahmenabkommen mit einem Europäischen Betriebsrat abgeschlossen haben (siehe Anhang).

Die Auswertung der Daten erfolgte unter drei Gesichtspunkten: Zuerst wurden die Akteurskonstellationen bei den GRVs auf formaler Ebene erfasst. Dazu wurden die GRVs entsprechend der Beteiligung unterschiedlicher Gremien der Beschäftigtenvertretung an der Unterzeichnung, Umsetzung und Überwachung der Abkommen ausgewertet. Aus den unterschiedlichen Beteiligungsformen von GUFs und EBRs wurde eine Variable gebildet, die für die weitere Analyse genutzt wurde. Anschließend wurden die Zusammenhänge zwischen unterschiedlichen Akteurskonstellationen (als abhängige Variable) und Strukturvariablen analysiert, was anhand von bedingten Häufigkeitsverteilungen, Korrelationsrechnungen sowie partiellen Korrelationen geschah. Die bivariaten Zusammenhänge wurden dann mittels einer multinominal logistischen Regressionsanalyse hinsichtlich ihres Einflusses auf die unterschiedlichen Akteurskonstellationen überprüft. Schließlich wurden die Inhalte der GRVs ebenfalls auf Zusammenhänge mit unterschiedlichen Akteurskonstellationen und Strukturvariablen der Unternehmen geprüft, wobei auch hier auf bedingte Verteilungen, statistische Zusammenhangsmaße und partielle Korrelationen zurückgegriffen wurde.

3.3.2 Methodisches Vorgehen bei der qualitativen Auswertung der Aushandlungsprozesse

Bisher sind unterschiedliche Akteurskonstellationen in Bezug auf Grenzüberschreitende Rahmenabkommen noch nicht systematisch erfasst worden. Obwohl auf die Rolle von Europäischen Betriebsräten bei IRV-Verhandlungen auch in anderen Studien hingewiesen wird, sind die unterschiedlichen Beteiligungsformen von EBRs und anderen Gremien der Beschäftigtenvertretung sowie ihre Auswirkungen auf die Ergebnisse der Aushandlungen bisher nicht analysiert worden. Die Fallstudien der eigenen Untersuchung haben daher einen explorativen Charakter, in dem sie die Aushandlungsprozesse in den Mittelpunkt rücken. Auf der Grundlage der Ergebnisse aus der standardisierten Auswertung der GRVs wurden Fälle mit unterschiedlichen formalen Beteiligungsarten von GUFs und Europäischen Betriebsräten ausgewählt. Dabei lautet das Ziel der Fallstudien, die unterschiedlichen Akteurskonstellationen und die Strategien der beteiligten Akteure zu beleuchten und damit – der theoretischen Argumentation folgend – unterschiedliche Akteursdynamiken sowie die institutionelle Einbettung der Aushandlungen offenzulegen, die sich in den verschiedenen Akteurskonstellationen und Inhalten der GRVs widerspiegeln (siehe auch Finnegan 1996). Als explorative Studie geht die Fallauswahl daher stärker kontrastierend und theoriegeleitet vor, als dass sie den Anspruch erheben würde, Rückschlüsse auf die Grundgesamtheit der Fälle zu ziehen (siehe auch Yin 2009: 130). Dennoch sind die Fälle so ausgewählt worden, dass sich einige Beispiele hinsichtlich ihrer strukturellen Eigenschaften (wie Zuständigkeit der GUF oder Stammland) gleichen, um unterschiedliche Aushandlungsverläufe innerhalb ähnlicher institutioneller Rahmenbedingungen nachzuzeichnen. Im Vordergrund steht jedoch das Abbilden der unterschiedlichen Akteursdynamiken und institutionellen Umwelten, nicht jedoch der Vergleich der Fälle (Yin 2009: 53ff.; siehe auch Preuss u.a. 2009: 958).

Sowohl bei den Fallstudien als auch bei den Strategien der GUFs wurden teilstandardisierte Fragebögen entwickelt, die als Grundlage für Experteninterviews mit den beteiligten Akteuren dienten (nach Bogner/Menz 2009; Gläser/Laudel 2009; Liebold/Trinczek 2009). Neben den Interviews hat eine umfangreiche Recherche zu den einzelnen kollektiven Akteuren und Organisationen stattgefunden.[25] Sowohl zu den Organisationsstrukturen der GUFs als auch zu einigen der ausgewählten Unternehmen existiert bereits wissenschaftliche Literatur, die in die Analyse mit eingeflossen ist. Daneben wurden Strategiepapiere der GUFs, Geschäftsberichte der Unternehmen und Protokolle der Europäischen Betriebsräte analysiert. Für die eigene Untersuchung wurde das Vorgehen von sechs unterschiedlichen GUFs analysiert. Im Einzelnen waren dies der Internationaler Metallgewerkschaftsbund (IMB), die Internationale Textil-, Bekleidungs- und Lederarbeitervereinigung (ITBLAV) und die Internationale Föderation der Chemie-, Energie-, Bergbau- und Fabrikarbeitergewerkschaft (ICEM) – die drei GUFs haben sich mittlerweile zu IndustriALL zusammengeschlossen – sowie die Internationale Dienstleistungsgewerkschaft (UNI Global Union), die Internationale Union der Lebensmittell-, Landwirtschafts-, Hotel-, Restaurant-, Café- und Genussmittelarbeiter-Gewerkschaften (IUL) und die Bau- und Holzarbeiter-Internationale (BHI).

Im Zentrum der Interviews bei den GUFs standen die Fragen nach der allgemeinen Strategie zu Internationalen Rahmenvereinbarungen und nach den Interessen der GUFs, die mit den IRV-Verhandlungen verfolgt werden, sowie die Frage nach der Beteiligung anderer Gremien der Beschäftigtenvertretung bei der Verhandlung, Unterzeichnung, Umsetzung und Kontrolle der Abkommen. Außerdem wurde nach den bei solchen Verhandlungen gemachten Erfahrungen der Personen selbst gefragt, sofern diese persönlich an Aushandlungen beteiligt waren. Daneben wurde um Einschätzungen zur Rolle von EBRs generell und zu deren Funktion als Verhandlungspartner in multinationalen Konzernen gebeten.

25 In den Fällen von IMB, UNI und IUL war es möglich, mit mehreren Vertreterinnen und Vertretern der jeweiligen GUFs zu sprechen. Dadurch wurde sichergestellt, dass auch unterschiedliche Strategien und Vorgehensweisen innerhalb der einzelnen GUFs erfasst wurden. Besonders bei UNI arbeiten die einzelnen Fachbereiche relativ autonom in Bezug auf die Internationalen Rahmenvereinbarungen.

Theoretische Überlegungen	Einzelaspekte der theoretischen Ansätze	Variablen der Untersuchung
Institutionen und Akteure im organisationalen Feld (nach Di Maggio & Powell 1983; Hoffman 1999)	- Organisationen und kollektive Akteure im Feld „Aushandlungen von GRVs" - Einfluss nationaler, europäischer oder internationaler Institutionen auf die Aushandlungsprozesse	- Gremien der Beschäftigtenvertretung (national., europäisch oder international); Rolle NGOs - Bezugspunkte der Gremien der Beschäftigtenvertretung und des Managements für den Abschluss der GRVs: Haben institutionelle Erwartungen aus dem org. Feld die Entscheidung der Akteure beeinflusst GRVs abzuschließen?
Aushandlungsprozesse (nach Walton et al. 1994)	- Attraktivität des Abschlusses; Eingangsstrategien der Gremien der Beschäftigtenvertretung für die Aushandlungen - Realisierbarkeit des Abschlusses - Interaktionssystem; Verhandlungsstrategien - Interaktionssystem; Verhandlungsprozess - Interaktionssytem; Verhandlungsstrukturen - Ergebnisse der Verhandlungen: soziale Verträge oder substanzielle Ergebnisse	- Motive der Gremien der Beschäftigtenvertretung für Verhandlungen - Machtbeziehungen zwischen den Gremien der Beschäftigtenvertretung und in Bezug auf das Management - Wahl der Verhandlungsstrategie der Gremien der Beschäftigtenvertretung (Druck oder Überzeugung); Reaktion des Managements - Akzeptanz unterschiedlicher Gremien als Verhandlungspartner; Interessenausgleich (intern und interorganisational) - Endgültige Akteurskonstellation; Einfluss von institutionellen Erwartungen aus dem Feld; formale Struktur der Verhandlungen - Soziale Verträge: Neu-Ordnung der industriellen Beziehungen, kein direkter Bezug zu Umsetzung (Festschreiben von Umsetzungsmechanismen) und Relevanz (z.B. MNK mit Fokus auf Geschäft in Europa) der GRV; substanzielle Ziele: Umsetzungs- und Überwachungsmechanismen

Tab. 4: Operationalisierung einzelner theoretischer Aspekte für die Analyse der GUF-Strategien und der Fallstudien

Quelle: Eigene Überlegungen und Darstellung

Im Zentrum der Interviews der Fallstudien standen die Aushandlungsprozesse zu den jeweiligen GRVs. Dabei wurden, sich anlehnend an den theoretischen Rahmen der Untersuchung, sowohl nach den Rahmenbedingungen und institutionellen Einflüsse als auch nach den Strategien und Verläufen der Aushandlungsprozesse selbst gefragt. In allen Fällen ist der Versuch unternommen worden, mit solchen Personen zu sprechen, die persönlich an den Aushandlungen beteiligt waren, um dadurch Einschätzungen des Managements und der beteiligten Gremien der Beschäftigtenvertretung zu erhalten. In drei Unternehmensfallstudien konnten nur Interviews mit Akteuren geführt werden, die aus Gremien der Beschäftigtenvertretung stammten. Drei Unternehmen werden vom IMB betreut, jeweils ein Unternehmen von der BHI und der ITBLAV sowie zwei Unternehmen von UNI.

Die Analyse der Interviewtexte lehnt sich an das Konzept einer thematischen Codierung von Kuckartz (2010) an, das im Gefolge der empirischen Arbeiten von Hopf und Schmidt (1993) entstanden ist, die eine theorieorientierte Analyse von qualitativen Daten entwickelt hatten. Es handelt sich um eine theorieorientierte Analyse in dem Sinne, dass theoretische Vorannahmen sowohl das Untersuchungsfeld als auch die Erstellung der teilstandardisierten Fragebögen angeleitet haben. Die Fallstudien sollen dazu dienen, theoretische Annahmen und das eigene Theoriemodell zu überprüfen, ohne jedoch den Anspruch zu erheben, allgemeingültige Aussagen über die Wirkungsmächtigkeit der Theorie zu treffen. Es geht vielmehr um die fallbezogene Überprüfung der Gültigkeit einer Theorie mittlerer Reichweite. Das Auswertungsverfahren von Hopf und Schmidt (1993) unterscheidet dabei vier einander folgende Schritte: 1. das Entwickeln der Auswertungskategorien; 2. das Codieren des Materials; 3. das Erstellen von Fallübersichten; und 4. die vertiefende Analyse von ausgewählten Fällen.

In der eigenen Forschung wurden die Auswertungskategorien und damit auch die teilstandardisierten Fragebögen bereits mit Blick auf das theoretische Modell entwickelt. Entsprechend gab es sowohl offene Fragen, die in der Inhaltsanalyse Kategorien zugeordnet wurden, als auch bereits kategorisierte Fragen, zum Beispiel nach anderen Akteuren im Feld (bezogen auf Überlegungen zum organisationalen Feld), und schließlich Fragen, die sich auf den Modus der Aushandlungen und mögliche Abhängigkeitsverhältnissen zwischen Akteuren (bezogen auf Machtbeziehungen und Verhandlungsprozess) bezogen. Auch die Fragebögen für die Vertreterinnen und Vertreter der GUFs wurden hinsichtlich der zwei-stufigen Aushandlungsprozesse entwickelt.

Alle Interviews wurden wörtlich transkribiert und für die weitere Auswertung anonymisiert. Dialekte wurden nicht übertragen, Sprache und Interpunktion wurden geglättet und damit der Schriftsprache angeglichen. Nach der Erhebung und vollständigen Transkription des Interviewmaterials wurden die theoriegeleiteten Kategorien in den einzelnen Texten überprüft, ergänzt und spezifiziert (siehe auch das Vorgehen von Kuckartz u.a. 2008: 15ff.; Mayring 2007). Die Codierung und Auswertung des Materials fand mit Hilfe des Programms MaxQDA statt (zur Anwendung, siehe Kuckartz 2010).

Anschließend wurde eine Fallübersicht erstellt, wobei die einzelnen Kategorien hinsichtlich ihrer Quantität in den Texten bewertet sowie zwischen den Fällen verglichen wurden. Dieser Schritt dient der Überprüfung, ob die Kategorien nur für einen einzelnen Fall erklärungsmächtig sind oder sie theoriegeleitet auf größere Zusammenhänge übertragbar und verallgemeinerbar sind. Darauf baute die anschließende vertiefende Analyse der Unternehmensfallstudien auf. Hier wurden die Fälle einzeln und in Bezug auf die theoretischen Annahmen untersucht. Die interviewten Personen stellen Repräsentanten verschiedener Organisationen oder kollektiver Akteure dar und sind zu ihrer Position und ihrer Einschätzung zum Themenfeld *Grenzüberschreitende Rahmenvereinbarungen* befragt worden. Somit standen die Einschätzungen der Akteure zu ihrer Organisation im Vordergrund und nicht die persönlichen, individuellen Wertvorstellungen.

4. Standardisierte Auswertung der Grenzüberschreitenden Rahmenvereinbarungen

In einem ersten Schritt werden nun die Grenzüberschreitenden Rahmenvereinbarungen anhand quantitativer Methoden analysiert und hinsichtlich unterschiedlicher Dimensionen miteinander verglichen, bevor in Kapitel 5 eine fallstudienbasierte Analyse stattfinden wird.

In Bezug auf die Dimensionen transnationaler Erwerbsregulierung (nach Pries 2010) werden IRVs und transnationale Rahmenabkommen in ihren Inhalten und Akteurskonstellationen miteinander verglichen. Neben der grundlegenden Abgrenzung von IRVs und transnationalen Rahmenabkommen aufgrund ihrer formalen Akteurskonstellationen fließen auch andere Strukturvariablen der Unternehmen als unabhängige Variablen in die Untersuchung ein. Aufgrund der quantitativen Beteiligung von Europäischen Betriebsräten bei unterschiedlichen grenzüberschreitenden Abkommen sind wie geschildert nur solche transnationalen Rahmenabkommen in die Analyse eingeflossen, an denen formal ein EBR beteiligt war. Außerdem wurden nur Unternehmen mit IRVs ausgewählt, die einen Europäischen Betriebsrat vor dem Abschluss der IRV gegründet hatten. Darüber soll eine Vergleichbarkeit der Fälle hinsichtlich der möglichen Beteiligung von EBRs, als eben *betrieblichen* Gremien der Beschäftigtenvertretung, gewährleistet werden.

4.1 Strukturelle Eigenschaften der Unternehmen und Gremien der Beschäftigtenvertretung

Insgesamt konnten 62 Unternehmen identifiziert werden, die eine Grenzüberschreitende Rahmenvereinbarung abgeschlossen und einen EBR installiert haben. Von diesen haben lediglich fünf Unternehmen ihren Stammsitz außerhalb Europas (drei Unternehmen aus den USA, eines aus Australien und eines aus Kanada).[26] Jeweils 16 Unternehmen haben ihren Stammsitz in Frankreich oder Deutschland. Ferner gehören zum Sample sieben schwedische und jeweils vier belgische und italienische Unternehmen, dazu je drei Unternehmen mit Stammsitz in Dänemark, den Niederlanden und Norwegen sowie ein Unternehmen aus Luxemburg.

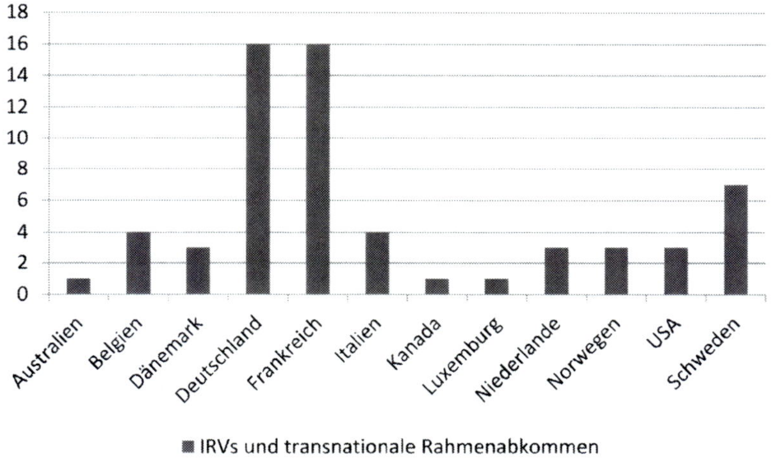

Abb. 4: Verteilung der Grundgesamtheit nach dem Stammsitz der Unternehmen
Quelle: Eigene Recherche und Zusammenstellung; N = 62

Beim Unternehmen mit Stammsitz in Luxemburg handelt es sich um ein Unternehmen, das aus der Fusion eines spanischen, eines luxemburgischen und eines französischen Unternehmens hervorgegangen ist und seit einigen Jahren mehrheitlich einem indischen Unternehmen gehört. Die Wahl des Stammsitzes Luxemburg hat daher keine traditionellen Gründe in dem Sinne, dass es sich um ein Unternehmen handelt, das sich historisch aus einem rein luxemburgischen Unternehmen entwickelt hätte. Ähnliches gilt auch für ein Unternehmen mit Stammsitz in den Niederlanden, das in seiner Zusammensetzung und Managementstruktur von deutschen und französischen Standorten dominiert wird (siehe Anhang). Der Blick auf die Bran-

26 Ein ähnliches Bild zeigt sich bei der Betrachtung aller Unternehmen, die eine IRV abgeschlossen haben. Auch hier hat die überwiegende Mehrheit der Unternehmen ihren Stammsitz in Europa (lediglich elf von 80 Unternehmen haben ihren Stammsitz außerhalb Europas).

chen zeigt, dass ein Großteil der Unternehmen aus der Metallbranche und dem Dienstleistungssektor stammt (21 bzw. 17 Fälle) und damit dem Zuständigkeitsbereich von IMB und UNI zugeordnet werden können. Jeweils neun Unternehmen werden von ICEM und BHI betreut, und vier bzw. zwei Unternehmen gehören in den Zuständigkeitsbereich der IUL bzw. der ITBLAV.[27]

Als weiterer struktureller Faktor sei benannt, dass es sich bei dem überwiegenden Teil der Unternehmen im Sample um Großunternehmen handelt. Nur sechs Unternehmen beschäftigen weniger als 10.000 Personen, während für 20 Unternehmen jeweils mehr als 100.000 Menschen weltweit arbeiten.

4.2 Hypothesen der Untersuchung

Im Vordergrund der standardisierten Auswertung der GRVs steht die Systematisierung unterschiedlicher Formen transnationaler Erwerbsregulierung. Es wird dabei der These nachgegangen, dass unterschiedliche Akteurskonstellationen von nationalen und/oder unternehmensspezifischen institutionellen Verankerungen der Erwerbsregulierung beeinflusst werden. Ein erster Strauß an Hypothesen, der im Folgenden überprüft werden soll, richtet sich demnach auf die Akteurskonstellationen bei den Verhandlungen und den Einfluss struktureller Faktoren auf diese Arrangements. Im Spannungsfeld zwischen GUFs und EBRs als Verhandlungsakteure für Grenzüberschreitende Rahmenvereinbarungen können einige Analysen aus der EBR-Forschung für die eigene Untersuchung herangezogen und mit den theoretischen Überlegungen verbunden werden (zum Beispiel Rüb u.a. 2011; Telljohann u.a. 2009a). Die erste Überlegung schließt an den Aspekt des theoretischen Modells an, dass unterschiedliche Formen von EBR-Beteiligung existieren und diese mit unterschiedlichen Reaktionen der Unternehmen auf die institutionellen Erwartungen des organisationalen Feldes oder mit unterschiedlichen Strategien von EBRs, GUFs und Unternehmen in Zusammenhang stehen.

27 Im Folgenden wird noch dargestellt, dass die Zuordnung nicht ganz trennscharf ist, da in einigen Unternehmen mehrere GUFs an der Verabschiedung und Unterzeichnung der IRVs beteiligt waren. Bei den beiden Fällen der ITBLAV handelt es sich um Unternehmen der Textil- und Bekleidungsindustrie, wobei die ITBLAV selbst nicht diese Grenzüberschreitenden Rahmenvereinbarungen unterzeichnet hat.

Da weder die Interaktionen im Feld noch die Strategien der Akteure durch die Analyse der vorliegenden Dokumente erfasst werden können, stellt diese erste Überlegung eine Vorstufe zur Strukturierung der Fallstudien dar. Es sollen dabei die formalen und strukturellen Merkmale verschiedener Beteiligungsformen unterschiedlicher Gremien der Beschäftigtenvertretung erfasst und auf ihre Erklärungsgeeignetheit geprüft werden. Dazu werden unterschiedliche statistische Methoden angewandt (siehe Teilkapitel 4.2.1). Der Grad der Beteiligung von EBRs bzw. der dafür gebildete Index stellt für diesen Teil der Untersuchung die abhängige Variable dar und beschreibt unterschiedliche formale Akteurskonstellationen (siehe Teilkapitel 4.3.1). Die Beteiligung unterschiedlicher nationaler, europäischer oder internationaler Gremien der Beschäftigtenvertretung kann darüber hinaus als Ausdruck der unterschiedlichen räumlichen Verankerung der Aushandlungen im organisationalen Feld verstanden werden.

EBRs agieren innerhalb von multinationalen Konzernen, die unternehmensspezifische Entwicklungspfade beschreiten, was Einfluss auf die Struktur der Unternehmen wie auch auf die Unternehmenspraktiken hat (siehe Freyssenet u.a. 1998; Hertwig 2009). Diese organisationsspezifischen Entwicklungspfade beeinflussen auch die Strukturen und Praktiken des sozialen Dialogs und die Art und Weise, wie die Erwerbsregulierung im Unternehmen ausgestaltet wird, wovon dann auch die Wahrnehmung und Beteiligung des Europäischen Betriebsrats an einer GRV betroffen ist. Darüber hinaus zeigen verschiedene Studien, dass die Ausgestaltung und Handlungsfähigkeit von EBRs vom Stammsitz und dem Sektor des Unternehmens abhängig ist. So finden sich Vorreiter-EBRs, die sich zu Verhandlungsgremien auch bei schwierigen Angelegenheiten (wie etwa Restrukturierungsprozessen) entwickelt haben, vor allem in der Automobilindustrie (Dehnen/Rampeltshammer 2010; Hancké 2000; Hauser-Ditz u.a. 2010; Zagelmeyer 2001). Mit dem Stammland-Effekt ist gemeint, dass Europäische Betriebsräte – obwohl es sich bei ihnen um europäische Gremien handelt – in ihrer jeweiligen Kontur stark vom vorherrschenden System der industriellen Beziehungen am Stammsitz bzw. am dominanten europäischen Sitz geprägt sind (Gilson/Weiler 2008; Hall u.a. 2003; Lecher u.a. 2001; Marginson u.a. 1998; Qvale/Serck-Hanssen 1999). Damit lässt sich die Hypothese aufstellen, dass auch die Akteurskonstellationen bezüglich der Beteiligung von Europäischen Betriebsräten bei IRVs und transnationalen Rahmenabkommen – neben oder anstelle von GUFs – als Verhandlungspartner von nationalen Spezifika des sozialen Dialogs am Stammsitz des Unternehmens abhängig sind:

Hypothese A-1a: Wenn das Unternehmen seinen Stammsitz in Deutschland hat, dann erhöht sich die Wahrscheinlichkeit, dass der EBR (Mit-)Unterzeichner des Abkommens ist.

Das deutsche System der industriellen Beziehungen ist von der gleichzeitigen Existenz von Gewerkschaften und Betriebsräten geprägt, wobei Betriebsräte nicht nur Informations- und Konsultationsrechte, sondern auch Mitbestimmungsrechte haben. In der Praxis von Europäischen Betriebsräten zeigt sich, dass in Unternehmen mit Stammsitz in Deutschland Mitglieder von Betriebsräten auch Mitglied im EBR werden (Whittall u.a. 2008; Whittall u.a. 2009). Damit kann das Gremium EBR von den nationalen Rechten profitieren. Darüber hinaus mag es für deutsche Unternehmen aufgrund der dualen Struktur eher der *Normalität* entsprechen, ein gewähltes Gremium wie den EBR in Verhandlungen einzubinden, auch wenn er nicht notwendigerweise mit Gewerkschaftsmitgliedern besetzt ist. Dieser Hypothese folgend würden sich Akteurskonstellationen mit EBRs als Unterzeichnern der Vereinbarungen eher in Unternehmen mit Stammsitz in Deutschland finden, wohingegen Unternehmen, die sich zum Beispiel am französischen oder anderen Modellen der industriellen Beziehungen orientieren (die die Gewerkschaften eben als einzige Verhandlungspartner kennen), lediglich mit GUFs als gewerkschaftlichen Organen verhandeln würden (siehe auch Köhler/Gonzales Begega 2007; Rehfeldt 1998).

Dazu gehen die eigenen theoretischen Überlegungen davon aus, dass neben institutionellen Einflüssen auch die Strategien der Akteure selbst sich auf die Akteurskonstellationen auswirken. Da die Akteursstrategien nicht anhand der Formaldaten ermittelt werden können, wird auf die Zuständigkeiten unterschiedlicher GUFs für die Unternehmen zurückgegriffen, um eine erste Systematisierung zu erreichen. GUFs sind entsprechend ihrer organisationalen Aufstellung für unterschiedliche Branchen und Sektoren zuständig. Dieser mögliche Sektor- oder auch Brancheneffekt wird nicht als struktureller Einfluss interpretiert, sondern als Ausdruck unterschiedlicher Formen der Beteiligung verschiedener GUFs, und zwar sowohl bei den Verhandlungen mit den Unternehmen als auch bezogen auf die formale Zusammenarbeit mit anderen Gremien der Beschäftigtenvertretung. Daraus ergibt sich eine zweite Hypothese:

Hypothese A-1b: Die GUF-internen Strategien zu Internationalen Rahmenvereinbarungen sind von nationalen, institutionellen Einflüssen geprägt, die die globalen Strategien der GUFs prägen. Wenn die GUF mit der Internationalen Rahmenvereinbarung die Strategie verfolgt, dieses vor allem als Organizing-Instrument zu nutzen und sich damit an einem Verständnis von Beschäftigtenvertretung allein über Gewerkschaften orientiert, dann werden nicht-gewerkschaftliche Akteure wie Europäische Betriebsräte nicht an den Verhandlungen beteiligt.

Angesichts der unterschiedlichen Ansätze der GUFs bezüglich ihrer IRV-Politik soll bei der statistischen Untersuchung überprüft werden, ob die Beteiligung einer bestimmten GUF Einfluss auf die Beteiligung von Europäischen Betriebsräten bei den Verhandlungen hat (zum Beispiel Miller 2008; Platzer/Müller 2009). Die strategische Ausrichtung der GUFs wird beeinflusst von nationalen, institutionalisierten Vorstellungen über Gewerkschaften und betriebliche Gremien der Beschäftigtenvertretung. Besonders die Ausrichtung auf eine Organizing-Strategie ist von einem US-amerikanischen Gewerkschaftsverständnis geprägt, das die alleinige Vertretungsmacht bei den Gewerkschaften sieht. Entsprechend wäre dann bei einer solchen Ausrichtung der Gewerkschaftspolitik eine Beteiligung von anderen, nicht-gewerkschaftlichen Gremien der Beschäftigtenvertretung nicht erwünscht (zum Beispiel Brinkmann u.a. 2008; Fiorito 2003). Diese Strategie wird besonders bei UNI deutlich, während etwa der IMB in seiner Ausrichtung stark von den Interessen der deutschen IG Metall geprägt ist (siehe auch Platzer/Müller 2009: 261ff.; Rüb 2009: 169ff.). Dieser Aspekt wird im Teilkapitel 5.1 wieder aufgegriffen und anhand der Strategien der GUFs näher analysiert. Auch aus der EBR-Forschung sind unterschiedliche Herangehensweisen der EIFs – als europäische Instanzen der GUFs – an Europäische Betriebsräte und die Zusammenarbeit bei Verhandlungen über transnationale Unternehmensvereinbarungen bekannt (zum Beispiel Müller u.a. 2010; Rüb u.a. 2011).

Abbildung 5 auf der Folgeseite zeigt die Indikatoren und Variablen zu den Hypothesen. In die nachfolgende Analyse werden diese Indikatoren einfließen. Sie werden überprüft werden, wobei sich eine detaillierte Darstellung der Variable *Grad der Beteiligung* im Teilkapitel 4.3.1 findet.

Argument / Einfluss	Indikatoren		Abhängige Variable
Nationale Institutionen der Erwerbsregulierung (Hyp. A-1a)	Stammland	→	Beteiligungsformen von GUFs und EBRs (Grad der Beteiligung)
Strategien der GUFs (Hyp. A-1b)	Sektoren zugeordnet nach zuständiger GUF		Beteiligungsformen von GUFs und EBRs (Grad der Beteiligung)
Beteiligungsformen / Akteurskonstellation von GUFs und EBRs (Hyp B-1a+b)	Grad der Beteiligung	→	- Regelungsgegenstände in den Vereinbarungen - Räumliche Reichweite der Vereinbarungen - Mechanismen der Konfliktregulierung

Abb. 5: Indikatoren und Variablen zu den Hypothesen
Quelle: Eigene Überlegung und Darstellung

In einem zweiten Analyseschritt soll der oben aufgeworfenen Frage nachgegangen werden, ob es Unterschiede in der formalen Reichweite der GRVs gibt, und zwar je nachdem wie die Akteurskonstellationen beschaffen sind. Dabei ist der Grad der Beteiligung nicht mehr die abhängige Variable der Untersuchung, sondern soll als unabhängige Variable dazu dienen, den Einfluss unterschiedlicher Akteurskonstellationen auf die formale Reichweite der GRVs zu überprüfen. Die formale Reichweite umfasst dabei sowohl die Dimensionen der Regelungsgegenstände und der Konfliktregulierung als auch die Dimension der räumlichen Reichweite der GRVs. Mit der Variable *Grad der Beteiligung* werden die dominanten Akteure und die Regulierungsarenen der Grenzüberschreitenden Rahmenvereinbarungen erfasst (nach Pries 2010: 52), während andere Dimensionen des Modells transnationaler Erwerbsregulierung – wie die gemeinsame Ideologie oder die dominanten Machtressourcen – durch die standardisierte Auswertung der Formaldaten nicht überprüft werden können. Diese Dimensionen werden jedoch in den Fallstudien bei der Analyse der Akteursdynamiken wieder aufgegriffen (und zwar in den Teilkapiteln 5.2 bis 5.5). Die Untersuchung der unterschiedlichen inhaltlichen Bezugspunkte soll außerdem dazu dienen, das institutionelle Setting der Aushandlungen nachzuzeichnen. In Bezug auf die theoretischen Überlegungen zum organisationalen Feld können unterschiedliche inhaltliche Schwerpunkte als Folge von unterschiedlichen Verankerungen der Aushandlungsprozesse im Feld gedeutet werden. Außerdem kann die Festschreibung von Umsetzungs- und Überwachungsmechanismen einen ersten Hinweis geben, ob es sich bei den GRVs um soziale Verträge oder um substanzielle Ergebnisse handelt.

Einige Untersuchungen über die Inhalte und damit über die formale Reichweite von Internationalen Rahmenvereinbarungen und Codes of Conduct liegen bereits vor. So weisen Schömann u.a. (2008a) darauf hin, dass im Vergleich zu freiwilligen Selbstverpflichtungen die Durchsetzung der Inhalte bei IRVs besser erfolgt (siehe auch Daugareilh 2005; Sobczak 2007). Außerdem gehen alle Internationalen Rahmenvereinbarungen, jedoch nicht alle CoCs, auf die IAO-Kernarbeitsnormen zur Vereinigungsfreiheit und zu dem Recht auf Kollektivverhandlungen ein. Auch Zimmer (2008) und Platzer und Müller (2009) erblicken ein Alleinstellungsmerkmal von Internationalen Rahmenvereinbarungen darin, dass sie sich besonders auf die IAO-Kernarbeitsnormen zu Vereinigungsfreiheit und Kollektivverhandlungen beziehen. Für die vorliegende Grundgesamtheit steht die Frage im Vordergrund, ob und wie sich die Beteiligung von anderen Gremien der Beschäftigtenvertretung – und dort besonders von EBRs – auf die Inhalte der Abkommen auswirkt. So wird von Schömann u.a. (2008b) kritisiert, dass bei Abkommen, die zwischen anderen Gremien der Beschäftigtenvertretung und Unternehmensleitungen ohne Beteiligung der GUF abgeschlossen wurden, die Inhalte schwächer ausfallen als bei Abkommen, an denen GUFs mitwirkten. Betrachtet man jedoch ausschließlich die Gruppe der IRVs, fallen auch dort bereits erhebliche inhaltliche Unterschiede. Mit der Hypothese B-1 sollen daher verschiedene Indikatoren bezüglich der formalen Reichweite der GRVs bei jeweils unterschiedlicher Beteiligung von Europäischen Betriebsräten geprüft werden:

Hypothese B-1a: Wenn Europäische Betriebsräte Grenzüberschreitende Rahmenvereinbarungen ohne die formale Beteiligung von GUFs abschließen, dann sind diese ausschließlich für den europäischen Raum gültig.

Da es sich bei GUFs um Gremien der Beschäftigtenvertretung handelt, die angesichts ihrer Ausgestaltung und ihres Handlungsrahmens Akteure der internationalen Ebene darstellen, scheint es wahrscheinlich, dass diese Akteure dann auch Grenzüberschreitende Rahmenvereinbarungen mit globaler Gültigkeit abschließen. Folgt man dieser Argumentation, würde das im Umkehrschluss bedeuten, dass Grenzüberschreitende Rahmenvereinbarungen, die ausschließlich von EBRs und/oder EIFs abgeschlossen wurden, in ihrer Gültigkeit auf die europäische Ebene beschränkt blieben.

Dazu haben Europäische Betriebsräte als Vertreter der Beschäftigten in Europa andere für ihre Arbeit relevante Themenschwerpunkte, als dies für die GUFs der Fall ist. Es kann deshalb angenommen werden, dass sich in den GRVs je nach unterschiedlichem Beteiligungsgrad von Europäischem Betriebsrat und GUF unterschiedliche thematische Schwerpunkte wiederfinden lassen. So könnten Gesundheits- und Sicherheitsstandards oder Gebote zur Nicht-Diskriminierung in den GRVs von Europäischen Betriebsräten in den Vordergrund rücken, Verweise auf das Verbot von Kinder- oder Zwangsarbeit dagegen eine nur untergeordnete Rolle spielen, da diese Aspekte innerhalb des europäischen Rahmens keine größere Rolle spielen. Auch der Verweis auf die Zulieferkette kann bei einem Abkommen, das vom EBR mit ausgehandelt wurde, in den Hintergrund treten, da der Europäische Betriebsrat als Gremium innerhalb eines Unternehmens tätig ist. Hammer (2008) hat in seiner Untersuchung zu IRVs bereits die Tendenz ermitteln können, dass sich Europäische und Weltbetriebsräte auf Verhandlungen auf Unternehmensebene konzentrieren, während GUFs ihre Netzwerke auf sektoraler Ebene stärken.

Hypothese B-1b: Je stärker der Grad der Beteiligung von EBRs ist, desto stärker beziehen sich die Abkommen auf Themen jenseits der IAO-Kernarbeitsnormen.

4.2.1 Verwendete Analyseverfahren

Zur Untersuchung der vorgestellten Hypothesen werden unterschiedliche statistische Verfahren angewendet. Für einen ersten Zugang zur empirischen Prüfung der Hypothesen sind dies verschiedene deskriptive Verfahren, wie die Häufigkeitsverteilungen einzelner Variablen, aber auch bedingte Verteilungen zwischen zwei Variablen. Um die statistische Unabhängigkeit zweier Variablen zu überprüfen, wird bei den Kreuztabellierungen auf das Zusammenhangsmaß Cramer's V zurückgegriffen und damit eine Kontingenzanalyse durchgeführt. Sie dient dazu, Zusammenhänge zwischen zwei nominal skalierten Variablen aufzudecken und durch Zusammenhangsmaße darzustellen, ob es sich um einen zufälligen oder einen systematischen Zusammenhang handelt (Backhaus u.a. 2008: 298ff.).[28] In der eigenen Untersuchung wurde dieses Verfahren genutzt, um Zusammenhänge zwischen der abhängigen Variable des Beteiligungsgrades von EBRs und Strukturvariablen zu prüfen. Darüber hinaus diente Cramer's V dazu, Zusammenhänge zwischen den Inhalten der Abkommen und den unterschiedlichen Akteurskonstellationen zu überprüfen. Außerdem wurde durch Spaltenprozentuierung in den Kreuztabellen getestet, ob die unabhängigen Variablen unterschiedlich auf die Dimensionen der abhängigen Variable verteilt sind und sie damit in einem statistischen Zusammenhang stehen (siehe auch Diaz-Bone 2006: 69ff.).

Die Zusammenhangsmaße gehen von einer Gleichverteilung der Merkmalsausprägungen der Variablen zueinander aus. Zur Prüfung der Nullhypothese und damit der statistischen Unabhängigkeit wird anhand der Zusammenhangsmaße die Differenz zwischen der erwarteten Verteilung der Merkmalsausprägungen und der beobachteten Verteilung der Merkmalsausprägungen gebildet. Das Zusammenhangsmaß Cramer's V wird deshalb genutzt, weil es sich bei einigen der nominal skalierten Variablen in der Untersuchung um Variablen mit mehr als zwei Ausprägungen handelt. Das Zusammenhangsmaß Cramer's V ist unabhängig von der Anzahl der Ausprägungen und kann Werte zwischen 0 und 1 annehmen. Der Wert 0 gibt eine statistische Unabhängigkeit zwischen zwei Variablen an, während der Wert 1 eine vollständige statistische Abhängigkeit anzeigt. Obendrein ist das Zusammenhangsmaß Cramer's V unempfindlich gegenüber unterschiedlichen Fallzahlen. Allerdings ist die Beurteilung der Zwischenwerte im Sinne der Stärke eines Zusammenhangs mit Hilfe von Cramer's V schwierig (siehe auch Backhaus u.a. 2008: 310; Rohwer/Pötter 2001: 83ff.).

Für die Überprüfung der Stärke von Zusammenhängen zwischen zwei Variablen wurde stattdessen der Korrelationskoeffizient von Bravais/Pearson genutzt. Der Stärke des Zusammenhangs zwischen zwei Variablen liegt die Überlegung zugrunde, dass eine unabhängige Variable die Streuung der Merkmalsausprägungen der abhängigen Variable erklären kann. Der Korre-

28 Die Berechnung von Zusammenhangsmaßen geschieht in solchen Datensätzen, die auf einer Zufallsstichprobe basieren. Damit kann geprüft werden, ob ein bestimmtes Merkmal in zwei oder mehreren Stichproben identisch verteilt ist (Homogenitätsprüfung) oder ob die betrachteten Variablen statistisch unabhängig oder abhängig sind (Kontingenzanalyse). Für die vorliegende Untersuchung ist dies nicht der Fall. Trotzdem eignen sich die Verfahren, um zu überprüfen, welche unabhängigen Variablen in einem statistischen Zusammenhang mit der abhängigen Variable stehen (siehe auch Backhaus u. a. 2008: 299).

lationskoeffizient von Bravais/Pearson ist für metrische Variablen entwickelt worden (Bamberg/Baur 2001: 31ff.), wobei er für nominal skalierte Variablen verwendet werden kann, wenn die Variablen dichotomisiert werden. Der Korrelationskoeffizient gibt Werte im Bereich von -1 bis 1 an und kann sowohl die Stärke eines Zusammenhangs als auch die Richtung des Zusammenhangs angeben (siehe auch Voß 2003: 86f.). Entsprechend wurden für die eigene Auswertung die abhängige Variable und die unabhängigen Variablen dichotomisiert.

Bei der Betrachtung von Zusammenhängen zwischen zwei Variablen können Probleme hinsichtlich des Einflusses von Drittvariablen auftreten. Die Zusammenhänge zwischen der unabhängigen Variable X und der abhängigen Variable Y können auf drei Arten durch eine Drittvariable Z beeinflusst werden: Sie kann eine Scheinkausalität zwischen X und Y offenlegen, den Zusammenhang zwischen X und Y in seiner Stärke beeinflussen oder einen Zusammenhang zwischen X und Y verdecken (siehe auch Diaz-Bone 2006: 109ff.). Entsprechend wird in der eigenen Untersuchung bivariater Zusammenhänge der Einfluss von Drittvariablen mittels Partialtabellen und partieller Korrelationskoeffizienten überprüft (siehe auch Voß 2003: 98–100).

Mit der Berechnung partieller Korrelationskoeffizienten soll überprüft werden, ob statistische Zusammenhänge zwischen den Beteiligungsgraden des EBR und den Stammsitzen der Unternehmen bzw. der Branchenzugehörigkeit existieren. Dies folgt der theoretischen Überlegung, ob die institutionellen Umwelten der Unternehmen oder die Strategien der GUFs und damit die Akteursdynamiken unterschiedliche Akteurskonstellationen erklären können. Bei der Analyse der Inhalte und der formalen Reichweite der GRVs wird die Drittvariablenkontrolle genutzt, um zu überprüfen, ob tatsächlich Akteurskonstellationen die Inhalte der Grenzüberschreitenden Rahmenvereinbarungen beeinflussen, oder ob nicht vielmehr Strukturvariablen in einem statistischen Zusammenhang mit den Inhalten stehen.

Dazu wird eine multinominal logistische Regressionsanalyse durchgeführt, um den Einfluss verschiedener unabhängiger Variablen auf unterschiedliche Akteurskonstellationen der GRVs abschätzen zu können. Logistische Regressionen werden genutzt, um zu überprüfen, »mit welcher Wahrscheinlichkeit bestimmte Ereignisse auftreten und welche Einflussgrößen die Wahrscheinlichkeit bestimmen« (Backhaus u.a. 2008: 244). In der eigenen Untersuchung wird die multinominal logistische Regressionsanalyse verwendet, um die Eintrittswahrscheinlichkeit der unterschiedlichen Akteurskonstellationen und den Einfluss diverser Strukturvariablen auf diese Akteurskonstellationen zu analysieren. Außerdem können mittels einer logistischen Regression die unabhängigen Variablen dahingehend bewertet werden, wie gut sie zur Unterscheidung der unterschiedlichen Ausprägungen der abhängigen Variable beitragen (siehe auch Backhaus u.a. 2008: 244ff.; Rohwer/Pötter 2001: 111ff.). Die Variable *Beteiligungsgrad des EBR* mit ihren vier Ausprägungen stellt somit die abhängige Variable der Regression dar. In der logistischen Regression werden diese Ausprägungen als Kategorien bezeichnet. Bei der abhängigen Variablen handelt es sich um eine nominal skalierte Variable, weswegen auf eine logistische Regression zurückgegriffen wird.

»Während die klassische Regressionsanalyse unmittelbar versuchen würde, den empirischen Beobachtungswert […] zu erheben, zielt die logistische Regression auf die Ableitung einer Eintrittswahrscheinlichkeit für das empirisch beobachtete Ereignis […] ab. Da dabei die Modellierung der Eintrittswahrscheinlichkeiten auf Basis der logistischen Funktion erfolgt, stellt die logistische Regression im Gegensatz zur ›klassischen‹ Regressionsanalyse einen nicht linearen Regressionsansatz dar. Die logistische Funktion wird dabei auch als Linking-Function bezeichnet, da über die die Verbindung (Link) zwischen der abhängigen und der unabhängigen Variablen im Regressionsmodell hergestellt wird.« (Backhaus u.a. 2008, S. 244f.)

Die logistische Regression kann damit, im Gegensatz zur linearen Regression, mit unterschiedlichen Skalenniveaus arbeiten, wobei die multinominal logistische Regression angelehnt an die Ergebnisse der bivariaten Analyse konstruiert wird. Für die eigene Untersuchung müssen bei der Anwendung der logistischen Regression zwei Faktoren bezüglich des Datensatzes beachtet werden. Erstens handelt es sich mit insgesamt 62 Fällen um eine relative geringe Anzahl an Fällen, so dass nur wenige unabhängige Variablen in die Regression einfließen werden, um ein »Over-Fitting« (Backhaus u.a. 2008: 84) zu vermeiden. Zum anderen handelt es sich bei dem eigenen Datensatz um eine vollständige Erhebung aller Unternehmen, die eine GRV unterzeichnet haben und einen Europäischen Betriebsrat installiert haben (siehe auch Teilkapitel 4.1). Entsprechend wird die multinominal logistische Regression nicht für die Überprüfung einer Stichprobe genutzt, um Aussagen über eine übergeordnete Gesamtheit von multinationalen Konzernen zu treffen. Vielmehr handelt es sich bei der eigenen Grundgesamtheit um eine Vollerhebung, und zwar dahingehend, dass alle multinationalen Konzerne einbezogen wurden, die eine GRV bis Ende 2010 abgeschlossen und einen EBR installiert hatten. Deshalb werden die angegebenen Signifikanz-

Niveaus in der Regression nicht dazu genutzt, weitergehende Aussagen über MNKs außerhalb der eigenen Grundgesamtheit zu treffen.

Bei der Interpretation der Ergebnisse einer logistischen Regression müssen sowohl das Gesamtmodell als auch die Merkmalsvariablen hinsichtlich ihrer Aussagekraft geprüft werden. Im Vordergrund der Untersuchung des Gesamtmodells stehen die Fragen, ob und wie gut die unabhängigen Variablen in ihrer Gesamtheit zur Trennung der Ausprägungen der abhängigen Variable beitragen. Dazu kann auf diverse Gütekriterien zurückgegriffen werden. Zum einen kann ein Likelihood-Quotienten-Test durchgeführt werden, mit dem die Differenz zwischen der Devianz (Abweichung vom Idealwert) des Null-Modells und der Devianz des vollständigen Modells errechnet wird. Die Devianz wird über den -2-LL-Wert angegeben, der »die Wahrscheinlichkeit wider[spiegelt], unter den gegebenen Parameterschätzungen die empirisch erhobenen Beobachtungswerte zu erhalten« (Backhaus u.a. 2008: 261). Das Null-Modell ergibt sich, wenn alle Regressionskoeffizienten der unabhängigen Variablen auf null gesetzt werden und lediglich der LL-Wert des konstanten Terms berechnet wird. Anhand des sich zwischen den beiden Modellen ergebenden Differenzwerts lässt sich eine Aussage über die Modellgüte treffen: Ist die absolute Differenz klein, haben die unabhängigen Variablen eine geringe Erklärungskraft für die Ausprägungen der abhängigen Variablen; ist die Differenz wiederum groß, kann von einer guten Gesamtgüte des Modells gesprochen werden. Zweitens lässt sich die Gesamtgüte des Modells über die Pearson-Chi-Quadrat-Statistik beurteilen. Diese bietet sich für das eigene logistische Regressionsmodell nicht an, da es sich um einen kleinen Datensatz handelt. Voraussetzung für das Gelingen der Tests der Pearson-Chi-Quadrat-Statistik ist jedoch, dass die Zahl der Kovariatenmuster deutlich geringer ist als die Zahl der Beobachtungen. Die Tests erfordern daher, dass viele *Befragte* das gleiche Antwortmuster aufweisen, da sie ansonsten zu falschen Aussagen führen (siehe auch Backhaus u.a. 2008: 282). Alternativ wird zur Beurteilung deshalb auf die Pseudo-R-Quadrat-Statistik zurückgegriffen, mit der sich berechnen lässt, wie hoch die Varianz der Ausprägungen der abhängigen Variable anhand der unabhängigen Variablen im Modell erklärt werden kann. In der eigenen Untersuchung wird das Gütemaß Nagelkerke-R-Quadrat verwendet: Dieses kann Werte zwischen 0 und 1 annehmen und erlaubt eine inhaltliche Interpretation, wie viel Prozent der Varianz der Kategorienzugehörigkeit (Ausprägungen) der abhängigen Variable auf die unabhängigen Variablen zurückgeführt werden kann (siehe auch Backhaus u.a. 2008: 263ff.).

Die Gütebeurteilung auf der Ebene der einzelnen unabhängigen Variablen erfolgt ebenfalls durch den Likelihood-Quotienten-Test. In diesem Fall werden jedoch nicht die -2-LL-Werte der Gesamtheit der unabhängigen Variablen eingeschätzt, sondern die -2-LL-Werte der einzelnen Variablen. Auch hier steigt die Erklärungskraft der einzelnen Variablen mit einer Zunahme des Chi-Quadrat-Wertes (als Differenz der -2-LL-Werte des reduzierten Modells zum -2-LL-Wert des vollständigen Modells) und einem hohen Signifikanzniveau.

Nach der Prüfung der Gütemaße für das Gesamtmodell sowie für die einzelnen unabhängigen Variablen können dann die Regressionskoeffizienten, die Wald-Werte und die Effektkoeffizienten der unabhängigen Variablen im Vergleich zwischen einer Ausprägung und der Referenzkategorie interpretiert werden (siehe auch Backhaus u.a. 2008: 284ff.). Dabei geben die Regressionskoeffizienten an, ob eine unabhängige Variable eher der entsprechenden Kategorie (Werte größer 0) oder der Referenzkategorie (Werte kleiner 0) angehört. Ein B-Wert nahe null signalisiert, dass diese Variable für den Vergleich der beiden Kategorien keine Trennung erlaubt. Ob von den Schätzergebnissen jedoch tatsächlich auf eine Trennkraft der Variablen geschlossen werden darf, hängt auch von der Streuung der geschätzten Parameter ab. Diese Informationen liefert der Wald-Wert, der für Stichproben wiederum in Verbindung mit dem Signifikanzniveau zu interpretieren ist: Je höher der Wald-Wert und das Signifikanzniveau liegt, desto höher ist auch die Trennkraft der unabhängigen Variablen. Anhand des Effekt-Koeffizienten (Exp(B)) kann schließlich die Wirkungsrichtung und -stärke der unabhängigen Variablen beurteilt werden. Der Wert besagt, dass sich bei der Erhöhung des Wertes der unabhängigen Variablen um eine Einheit das Chancenverhältnis zwischen der betrachteten Ausprägung der unabhängigen Variable und der Referenzkategorie um eben diesen Wert des Exp(B) verändert. Werte kleiner als eins signalisieren eine Veränderung des Chancenverhältnisses zugunsten der Referenzkategorie, während Werte größer als eins eine Veränderung des Chancenverhältnisses zugunsten der betrachteten Ausprägung der unabhängigen Variablen anzeigen. Werte nahe eins signalisieren wiederum, dass die Variable keinen Effekt hat und sich das Chancenverhältnis in Abhängigkeit von der Ausprägung der unabhängigen Variablen kaum ändert (nach Backhaus u.a. 2008: 256ff.).

Da es sich bei der abhängigen Variablen der eigenen Untersuchung um eine Variable mit vier Ausprägungen handelt, wird die logistische Regression mit unterschiedlichen Referenzkategorien durchgeführt. Damit können nicht nur drei Ausprägungen mit der vierten Ausprägung (Referenzkategorie), sondern alle Ausprägungen untereinander verglichen werden.

4.3 Statistische Analyse von Internationalen Rahmenvereinbarungen und transnationalen Rahmenabkommen

4.3.1 Akteurskonstellationen bei der Unterzeichnung, Umsetzung und Überwachung von Grenzüberschreitenden Rahmenvereinbarungen

Die Beteiligung von Europäischen Betriebsräten an IRVs und transnationalen Rahmenabkommen lässt sich anhand unterschiedlicher Dimensionen untersuchen. Eine erste grobe Unterscheidung stellt die Differenzierung zwischen einer formalen und einer informellen Beteiligung dar. Diese Unterscheidung ist insofern von Bedeutung, als dass tatsächliche Gegebenheiten sich nicht immer in formalen Strukturen widerspiegeln, was auch von den bisherigen Studien zu EBRs und dem Ausbau ihrer (Ver-)Handlungsfähigkeit herausgearbeitet worden ist (siehe zum Beispiel Dehnen/Rampeltshammer 2010; Hauser-Ditz u.a. 2010; Gilman/Marginson 2002). Da sich die statistische Analyse auf die Auswertung vorliegender Abkommen und Strukturdaten (also auf formale Daten) bezieht, wird in diesem Schritt zunächst auf die formale Beteiligung des Europäischen Betriebsrats in Abgrenzung zur Beteiligung der GUFs eingegangen. Auf die tatsächlich existierenden (informellen) Formen der Beteiligung und der Akteursdynamiken im Aushandlungsprozess wird im Zusammenhang mit den einzelnen Fallstudien eingegangen werden.

Formale Beteiligung des EBR					
Umsetzung der Vereinbarung		Überwachung der Vereinbarung		Unterzeichnung der Vereinbarung	
Gemeinsam mit Gewerkschaften	Ausschließlich durch den EBR	Gemeinsam mit Gewerkschaften	Ausschließlich durch den EBR	Gemeinsam mit Gewerkschaften	Ausschließlich durch den EBR
Informelle Beteiligung des EBR					
Umsetzung der Vereinbarung		Überwachung der Vereinbarung		Unterzeichnung der Vereinbarung	
Gemeinsam mit Gewerkschaften	Ausschließlich durch den EBR	Gemeinsam mit Gewerkschaften	Ausschließlich durch den EBR	Gemeinsam mit Gewerkschaften	Ausschließlich durch den EBR

Tab. 5: Analytische Unterscheidung der Beteiligungsformen Europäischer Betriebsräte
Quelle: Eigene Überlegung und Darstellung

Innerhalb der Bandbreite zwischen formaler und informeller Partizipation können Europäische Betriebsräte an verschiedenen Prozessen von der Verhandlung über die GRV bis hin zur (regelmäßigen) Überprüfung beteiligt werden, was ebenso für die Beteiligung anderer Gremien der Beschäftigtenvertretung gilt. Der Prozess der Aushandlung von GRVs lässt sich jedoch nicht allein durch eine Inhaltsanalyse der Abkommen erschließen. Als Indiz für eine Beteiligung am Zustandekommen der GRVs gilt an dieser Stelle deren Unterzeichnung. Mit der Abgrenzung, ob der EBR als einziger Vertreter der Beschäftigteninteressen beteiligt gewesen ist oder nicht, wird der theoretischen Überlegung Rechnung getragen, dass die Rolle des Europäischen Betriebsrats als Verhandlungspartner eine unterschiedliche ist – je nachdem, ob er allein oder in Abstimmung mit anderen Gremien der Beschäftigtenvertretung agiert. Die unterschiedlichen Beteiligungsformen geben einen ersten Hinweis auf unterschiedliche Akteursdynamiken in den inter- und intraorganisationalen Aushandlungsprozessen. Besonders interessant erscheint diese Unterscheidung dabei, wenn es um die Unterzeichnung der Abkommen geht. Wie geschildert, werden all jene Abkommen, die ohne Unterzeichnung durch eine GUF abgeschlossen wurden, nicht als Internationale Rahmenvereinbarung von den GUFs anerkannt. Trotzdem stellen sie formal eine schriftliche Vereinbarung zwischen Unternehmensleitung und einem Gremium der Beschäftigtenvertretung dar. Der EBR wäre in diesen Fällen nicht nur involviert, sondern in formaler Hinsicht der ausschließliche Verhandlungspartner der Unternehmensleitung. Damit grenzen sich diese transnationalen Rahmenabkommen auch von unilateralen CoCs ab, die von Unternehmensleitungen formuliert werden, ohne die Gremien der Beschäftigtenvertretung formal zu beteiligen.

Entsprechend der analytischen Unterscheidung der Beteiligungsformen wurden die IRVs und die transnationalen Rahmenabkommen dahingehend untersucht, welche Gremien der Beschäftigtenvertretung in jeweils unterschiedlich formalisierter Art und Weise an der Umsetzung, Überwachung und Unterzeichnung beteiligt waren. Wie bereits oben beschrieben, kann als einziger Indikator für den Verhandlungsprozess bei der Inhaltsanalyse der GRVs deren Unterzeichnung genutzt werden, während sich für die Bereiche der Umsetzung und Überwachung mehrere Indikatoren anhand der Inhaltsanalyse der Abkommen erzeugen ließen.

Art der Beteiligung (EBR und gewerkschaftliche Gremien)	Indikatoren
Verhandlung	Unterzeichner der Vereinbarung
Umsetzung	Beteiligung bei Verbreitung der Vereinbarung in die Standorte (direkte Information der Beschäftigten)
	Beteiligung bei der Information von lokalen Gremien der Beschäftigtenvertretung und Management
Überwachung	Mitglied in einer Monitoring-Gruppe
	Beteiligung an anderen Formen der internen Überwachung
	Beteiligung an der Einrichtung einer Beschwerdestelle
	Konfliktlösungsmechanismus unter Beteiligung des Gremiums

Tab. 6: Indikatoren für unterschiedliche Arten der Beteiligung

Quelle: Eigene Überlegung und Darstellung; Indikatorenauswahl sich anlehnend an Schömann u.a. 2008a.

Mit der Umsetzung sind all jene Bereiche gemeint, die dazu dienen, das Abkommen nach dessen Fixierung im Unternehmen auch bekannt zu machen und die Beschäftigten des multinationalen Konzerns über die Existenz der GRV zu unterrichten. Darunter fallen auch alle Arbeiten, die es erst ermöglichen, alle Standorte weltweit über die GRV zu informieren; so etwa die Übersetzung in die jeweiligen Landessprachen und die direkte Information der lokalen Gremien der Beschäftigtenvertretung sowie des lokalen Managements. Dementsprechend meint der Aspekt der Überwachung alle nachgelagerten Prozesse, die dafür Sorge tragen, dass die vereinbarten Regelungen auch eingehalten werden. Als ein wichtiges Element für eine erfolgreiche Überwachung der Grenzüberschreitenden Rahmenvereinbarungen gelten aus der Perspektive der GUFs neu gegründete Referenz- oder Monitoring-Gruppen. Diese werden mit Vertreterinnen und Vertretern der Beschäftigten sowie des Managements besetzt und sind gemeinsam dafür verantwortlich, die Umsetzung zu überwachen und Beschwerdefälle zu bearbeiten. In der

Praxis unterscheiden sich diese Monitoring-Gruppen in ihrer Zusammensetzung, der Zahl ihrer Treffen sowie in ihrer praktischen Arbeit.

Der Einfluss des EBR wird im Folgenden an den Indikatoren zur Umsetzung, Überwachung und Verhandlung gemessen. Dabei spielt der Indikator der Unterzeichnung eines Abkommens die größte Rolle, da in diesem Fall das entsprechende Gremium offiziell als Verhandlungspartner vom Management akzeptiert worden ist. Der Grad der Beteiligung, und damit auch der Einfluss des Europäischen Betriebsrats, steigt auf einer Skala, die von der Nicht-Beteiligung des EBR bis zur alleinigen Unterzeichnung des EBR reicht. Der Indikator wird durch die Beteiligung des EBR an den Umsetzungs- und Überwachungsprozessen ergänzt, wobei die Beteiligung an der Umsetzung als eine schwächere Form der Beteiligung gilt als die Beteiligung an der Überwachung. Erstere umfasst lediglich einen einmalig bleibenden Kommunikationsvorgang und die Weitergabe der Information, dass die GRV existiert, wohingegen die Beteiligung des EBR bei der Überwachung eine dauerhafte ist. Zudem geht es – zumindest im Fall der gemeinsamen Referenzgruppen – nicht nur um das Informiertwerden des EBR durch die Unternehmensleitung, sondern auch um die aktive Wahrnehmung von Überwachungsaufgaben. Auf der Grundlage dieser Indikatoren ist schließlich ein Index gebildet worden, der den Grad der Beteiligung eines Europäischen Betriebsrats an der IRV oder dem transnationalen Rahmenabkommen abbildet.

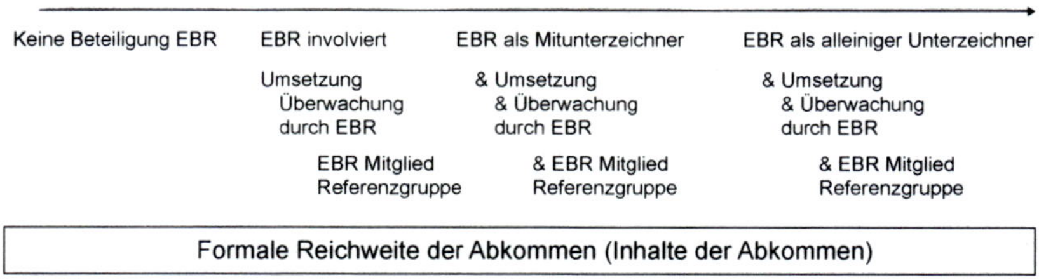

Abb. 6: Formen der Beteiligung von Europäischen Betriebsräten
Quelle: Eigene Zusammenstellung und Auswertung

Wegen der geringen Fallzahl sind die unterschiedlichen Zusammenhänge zwischen den einzelnen Indikatoren in vier Beteiligungsformen zusammengefasst worden (siehe Tabelle 7). Auf die formale Reichweite bezüglich der Gültigkeit aber auch bezüglich der unterschiedlichen Regelungsgegenstände und der Formen von Konfliktregulierung wird im Teilkapitel 4.3.3

eingegangen. Angesichts der angestellten Überlegungen zur Beteiligung des EBR wäre damit die Beteiligung – und somit auch der Einfluss des Europäischen Betriebsrats auf das Abkommen – am größten, wenn ausschließlich der EBR Unterzeichner des Abkommens ist, an der Umsetzung und Verbreitung des Abkommens beteiligt wird und Mitglied einer gemeinsamen Referenzgruppe zur Überwachung dieses transnationalen Rahmenabkommens ist. Damit wäre es dem EBR – zumindest auf der formalen Ebene – gelungen, als Verhandlungspartner für die Unternehmensleitung aufzutreten und durch die Mitarbeit in der Referenzgruppe einen dauerhaften Bezug zum transnationalen Rahmenabkommen und zur Kooperation mit der Unternehmensleitung herzustellen. Er wäre damit – in der Fligstein (2001) und Hoffman (1999) folgenden Terminologie – ein Akteur mit starken und dauerhaften Interaktionsbeziehungen im organisationalen Feld rund um das Thema der Aushandlung Grenzüberschreitender Rahmenvereinbarungen und hätte damit die Möglichkeit, die tonangebenden Institutionen im Feld mitzugestalten (Entsprechendes gilt auch für die anderen Gremien der Beschäftigtenvertretung).

Im Datensatz zeigt sich, dass der Fall des oben beschriebenen größten Einflusses des EBR nicht vorkommt (siehe vorletzte Zeile; Tabelle 7). In zwei der 62 Fälle hat der Europäische Betriebsrat zwar allein unterzeichnet, ist an der Umsetzung beteiligt und nimmt Überwachungsfunktionen wahr. Jedoch ist dort keine gemeinsame Referenzgruppe eingerichtet worden, und außerdem sind in beiden Fällen die Abkommen nur europaweit gültig. Der EBR hat sich in diesen Fällen zwar als Verhandlungsgremium für die Unternehmensleitung etabliert, seine Kompetenzen aber nicht auf die globale Ebene ausgedehnt.

Entsprechend der Definition von Internationalen Rahmenvereinbarungen als Abkommen zwischen einer GUF und einem multinationalen Konzern gibt es in der Grundgesamtheit 48 IRVs. Daneben existieren drei Fälle, bei denen eine EIF die Grenzüberschreitende Rahmenvereinbarung mit der Unternehmensleitung unterzeichnet hat, sowie ein Fall, bei dem eine nationale Gewerkschaft der Unterzeichner war. Bei den drei Fällen der EIFs handelt es sich um Grenzüberschreitende Rahmenvereinbarungen mit ausschließlich europäischer Reichweite.

Grad der Beteiligung	Beteiligungsformen EBR	Gültigkeit des Abkommens: Europa	Gültigkeit des Abkommens: Weltweit	Gesamt
Grad 0	Keine Form der Beteiligung EBR	0	17	17
Grad 1	EBR involviert in Umsetzung	1	6	7
	EBR involviert in Referenz-Gruppe	0	2	2
	EBR involviert in Umsetzung & alleinige Überwachungsfunktion	0	1	1
	EBR involviert in Umsetzung & Referenzgruppe	0	5	5
Grad 2	EBR hat mit unterzeichnet	0	1	1
	EBR hat mit unterzeichnet & involviert in Umsetzung	2	8	10
	EBR hat mit unterzeichnet & involviert in Umsetzung & Referenzgruppe	0	5	5
	EBR hat mit unterzeichnet & involviert in Umsetzung & alleinige Überwachungsfunktion	0	3	3
Grad 3	EBR hat alleine unterzeichnet	0	3	3
	EBR hat alleine unterzeichnet & involviert in Umsetzung	2	3	5
	EBR hat alleine unterzeichnet & involviert in Umsetzung & alleinige Überwachung	2	1	3
	EBR hat alleine unterzeichnet & involviert in Umsetzung & Mitglied in Referenzgruppe	0	0	0
	Gesamt	7	55	62

Tab. 7: Formen der Beteiligung von Europäischen Betriebsräten (nach Gültigkeit der Abkommen)

Quelle: Eigene Berechnung und Darstellung; N = 62

4.3.2 Einflussfaktoren für den Grad der Beteiligung von Europäischen Betriebsräten

Bivariate Zusammenhänge

Bei der Betrachtung der statistischen Zusammenhänge zwischen der Variablen zum Grad der Beteiligung des EBR und den verschiedenen Strukturvariablen lassen sich bereits in den bedingten Häufigkeitsverteilungen einige Zusammenhänge erkennen. Betrachtet man die bedingte Häufigkeitsverteilung nach Branchen (bezogen auf die unterschiedlichen GUFs), wird deutlich, dass es sich bei Unternehmen, in denen der EBR neben einer Gewerkschaft beteiligt wurde, in der Mehrzahl um Unternehmen der Metallbranche handelt und damit um Unternehmen, die vom IMB betreut werden.[29] Zur Metallbranche gehören Unternehmen der Metall- und Elektroindustrie, Schiffs- und Automobilindustrie, der Metall verarbeitenden Industrie sowie der Stahlindustrie, zur Chemiebranche alle Unternehmen aus der chemischen Industrie, des Energiesektors sowie des Bergbaus. Dem Bausektor können alle Bauunternehmen sowie die Holz verarbeitende Industrie zugeordnet werden. Der Dienstleistungsbereich ist, entsprechend der drei zuständigen GUFs, in die Gastronomie-, Hotel- und Lebensmittelbranche (IUL), in die Leder-, Textil- und Bekleidungsindustrie (ITBLAV) sowie in die Teilsektoren Handel, Druckindustrie, Telekommunikation, Post, Gesundheitsdienste, Unternehmensdienstleistungen, Finanzindustrie und Tourismus (UNI) untergliedert.

		Zuständige GUF (nach Branchen der MNKs)						Gesamt
		IMB	ICEM	BHI	UNI	IUL	ITBLAV	
Grad der Beteiligung EBR	EBR nicht beteiligt	1 4,8%	4 44,4%	2 22,2%	8 47,1%	2 50,0%	0 0%	17 27,4%
	EBR involviert	6 28,6%	2 22,2%	3 33,3%	3 17,6%	1 25,0%	0 0%	15 24,2%
	EBR Mitunterzeichner	13 61,9%	2 22,2%	3 33,3%	0 0%	1 25,0%	0 0%	19 30,6%
	ausschließlich vom EBR unterzeichnet	1 4,8%	1 11,1%	1 11,1%	6 35,3%	0 0%	2 100,0%	11 17,7%
Gesamt		21 100,0%	9 100,0%	9 100,0%	17 100,0%	4 100,0%	2 100,0%	62 100,0%

Tab. 8: Grad der Beteiligung des Europäischen Betriebsrats nach Globalem Gewerkschaftsverband.

Quelle: Eigene Berechnung und Darstellung; N = 62, absolute Häufigkeiten und Spaltenprozente; bei der Unterzeichnung der Internationalen Rahmenvereinbarungen durch mehrere GUFs wurde das Haupttätigkeitsfeld des Unternehmens als Referenz zur GUF-Zugehörigkeit gewählt, wobei nationale Gewerkschaften und EIFs als Unterzeichner ebenfalls unter den zuständigen GUFs subsumiert wurden.

29 Die Zuordnung nach Branchen erfolgt mittels der Zuordnung der Unternehmen zu den für sie zuständigen GUFs und damit – und zwar in jenen Fällen, in denen eine GUF oder eine EIF unterzeichnet hat – nach den Unterzeichnern der Vereinbarung. Die anderen Fälle wurden entsprechend ihrer Branche den jeweils für sie zuständigen GUFs zugeordnet. In drei Fällen waren je zwei GUFs beteiligt. Auf der Grundlage der durchgeführten Experten-Interviews mit Vertreterinnen und Vertretern der GUFs wurden diese Fälle jeweils derjenigen GUF zugeordnet, die federführend das Abkommen begleitet hat.

Der als »involviert« eingestufte Grad der Beteiligung des EBR besteht aus 15 Fällen, wobei sechs von ihnen der Metallbranche zugeordnet werden können. Noch deutlicher zeigt sich die Konzentration auf die Metallbranche beim Grad der Beteiligung des EBR als »Mitunterzeichner«: 13 von 19 Fälle lassen sich dort dem IMB zurechnen (siehe Tabelle 8). Außerdem können fast 62 Prozent der Unternehmen der Metallbranche im eigenen Untersuchungssample dem Beteiligungsgrad des EBR als »Mitunterzeichner« zugeschrieben werden. Das Zusammenhangsmaß Cramer's V zeigt zudem mit einem Wert von 0,486 an, dass die Variable zum Beteiligungsgrad des Europäischen Betriebsrats in einem statistischen Zusammenhang mit der Branchen-Variablen steht. Wie bei der Darstellung der Variable zum Grad der Beteiligung des EBR schon erläutert wurde, handelt es sich dabei um eine Aggregation verschiedener Formen von Beteiligung zu jeweils einer Ausprägung. Eine differenziertere Analyse der Beteiligungsformen ist aufgrund der geringen Fallzahl im Sample von 62 Fällen leider nicht möglich.

Aufgrund der bedingten Häufigkeitsverteilungen zwischen der Branchenzugehörigkeit und den unterschiedlichen Beteiligungsgraden des EBR werden im Folgenden die Kreuztabellierungen auf ihre Spaltenprozentuierung hin überprüft werden. Im Teilkapitel 4.2 ist bereits bei der Hypothesenbildung darauf verwiesen worden, dass Europäische Betriebsräte mit höherer Wahrscheinlichkeit die Grenzüberschreitenden Rahmenvereinbarungen mit unterzeichnet haben, wenn die zuständigen GUFs eine Beteiligung von EBRs wünschen oder sie zumindest dulden. Einen ersten Fingerzeig zu diesen unterschiedlichen Einstellungen der GUFs geben die Spaltenprozentuierungen, mit denen sich ermitteln lässt, ob ein statistischer Zusammenhang zwischen zwei Variablen besteht. Die abhängige Variable Y gilt dann als statistisch unabhängig von einer unabhängigen Variable X, wenn die prozentuierten bedingten Verteilungen von Y gleich sind. Wenn die Serien der Prozentwerte in den einzelnen Spalten gleich sind, spielt es keine Rolle, welche Ausprägung von X vorliegt (siehe auch Diaz-Bone 2006: 69): Entsprechend liegt dann kein statistischer Zusammenhang zwischen X und Y vor.

Wie in Tabelle 8 veranschaulicht, unterscheiden sich die sechs Spalten für die Ausprägungen der Branchenvariablen in der Abfolge ihrer Prozentwerte. Die Zugehörigkeit zu unterschiedlichen Branchen hat demnach einen Einfluss auf die Akteurskonstellationen bei der Unterzeichnung von GRVs. Es stellt sich außerdem heraus, dass sich die Abfolgen der Prozentwerte der beiden Branchenzuordnungen nach BHI und ICEM ähneln, so dass sich vermuten lässt, dass ICEM und BHI auf ähnliche Weise mit der Beteiligung von Europäischen Betriebsräten bei der Unterzeichnung von Grenzüberschreitenden Rahmenvereinbarungen umgehen. Außerdem zeigen die bedingten Häufigkeiten an, dass einige Ausprägungen zwischen der abhängigen und der unabhängigen Variablen nicht vorhanden sind. Entsprechend können diese Zellen nicht sinnvoll interpretiert werden (siehe auch Rohwer/Pötter 2001: 98ff.).

Während die Unternehmen der Metallbranche im eigenen Untersuchungssample vor allem in der Gruppe des EBR als Mitunterzeichner zu finden sind, erweist sich die Dienstleistungsbranche in Bezug auf den Grad der Beteiligung des EBR in gewisser Weise als Gegenmodell zur Metallbranche. Die Europäischen Betriebsräte in Unternehmen der Dienstleistungsbranche stellen die größten Gruppen sowohl bei der alleinigen Beteiligung und Unterzeichnung der Abkommen durch den EBR als auch bei der Nicht-Beteiligung des EBR. Auch innerhalb der Unternehmen der Dienstleistungsbranche lässt sich ein Großteil der Unternehmen diesen beiden Beteiligungsgraden zuordnen. Der Zusammenhang zwischen Nicht-Beteiligung des EBR und dem Dienstleistungssektor kann mit der Strategie von UNI erklärt werden. UNI nutzt ihre Internationalen Rahmenvereinbarungen vor allem als Organizing-Instrument für die lokale Ebene und ist gegen eine Beteiligung von Europäischen Betriebsräten, da diese keine gewerkschaftlichen Gremien darstellen. Der Zusammenhang mit dem Beteiligungsgrad »ausschließlich EBR als Unterzeichner« ist damit jedoch nicht zu erklären (siehe ausführlich das Teilkapitel 5.1). Vielmehr ist zu vermuten, dass gerade der Dienstleistungssektor von niedrigen Organisationsgraden und einer häufig skeptischen Einstellung von Unternehmensleitungen gegenüber Gewerkschaften geprägt ist. Dies kann dazu führen, dass Unternehmen mit Europäischen Betriebsräten transnationale Rahmenabkommen abschließen, um damit Verhandlungen mit UNI zu umgehen, oder dass EBRs nicht gewerkschaftlich angebunden sind und sie damit die gewerkschaftlichen Gremien nicht in ihre Aushandlungsstrategien einbeziehen. In diesem Falle würde die Strategie von UNI, die sozialen Verträge im Unternehmen neu zu verhandeln, vom Unternehmen selbst mit einer »avoidance«-Strategie (nach Walton u.a. 1994: 11ff.) unterlaufen werden. Auch die Vertreterinnen und Vertreter von UNI haben in den durchgeführten Experten-Interviews auf eine solche Vermeidungsstrategie hinsichtlich der Gewerkschaftsbeteiligung in Unternehmen des Dienstleistungssektors hingewiesen, was sich nach einer ersten Analyse der formalen Gegebenheiten jedoch weder bestätigen noch verwerfen lässt.

Darüber hinaus ist für einen Teil der Unternehmen nach wie vor zu beachten, dass es sich bei den Abkommen um solche mit europäischer Reichweite handelt, die schon deswegen nicht in den Zuständigkeitsbereich der GUFs, sondern vielmehr der EIFs fallen würden.

Neben den oben beschriebenen Branchenzusammenhängen können zwei weitere Fälle ebenfalls der Metallbranche und damit der Zuständigkeit des IMB zugeordnet werden. In einem Fall war der EBR nicht beteiligt (Unternehmen Aker), während in einem weiteren Fall ausschließlich der Europäische Betriebsrat Unterzeichner des Abkommens (Unternehmen Ford) war. Als alleiniger Unterzeichner nimmt der EBR in diesem Fall neben der Aufgabe der Unterzeichnung auch Umsetzungs- und Überwachungsfunktionen wahr. Das Abkommen stellt damit in empirischer Hinsicht – zusammen mit einem Fall aus dem Dienstleistungsbereich (Unternehmen Air France) – das am weitesten reichende Abkommen bezogen auf die formale Beteiligung des EBR dar. Beide Abkommen sind jedoch nur für Beschäftigte der Unternehmen an europäischen Standorten gültig. Neben diesem transnationalen Rahmenabkommen mit europäischer Gültigkeit gibt es noch fünf weitere Fälle von Europäischen Betriebsräten in Unternehmen der Dienstleistungsbranche, die dem Beteiligungsgrad »ausschließlich vom EBR unterzeichnet« zugeordnet werden können und weltweite Gültigkeit besitzen. In einem dieser Fälle hat der EBR jedoch keine über die Unterzeichnung hinausgehende Funktion, während er in vier Fällen zusätzlich an der Umsetzung und damit an der Verbreitung des Abkommens beteiligt wird (siehe Anhang).

Wie bei der Zuordnung nach Branchen, zeigen auch die bedingten Verteilungen zwischen den Stammsitzen der Unternehmen und dem Grad der Beteiligung von EBRs eine Schwerpunktbildung des eigenen Untersuchungssamples bei zwei Stammsitzen. Mit einer Zahl von jeweils 16 Fällen stellen die Unternehmen mit Stammsitzen in Deutschland und Frankreich einen Großteil der Grundgesamtheit. Andere Stammsitze sind demgegenüber in nur geringer Zahl in der Grundgesamtheit vertreten (siehe Tabelle 9). Mit einem Wert von 0,476 bei der Berechnung von Cramer's V zeigt sich für die Variable des Stammsitzes generell ein statistischer Zusammenhang zum Grad der Beteiligung von Europäischen Betriebsräten. Die Dominanz dieser beiden Stammsitze steht in Zusammenhang mit der allgemeinen Zahl von MNKs, die in Deutschland und Frankreich deutlich höher ist als in anderen kontinentaleuropäischen Ländern. Außerdem haben bereits andere Studien zu IRVs gezeigt, dass sich diese auf multinationale Konzerne mit Stammsitz in Kontinentaleuropa konzentrieren (z.B. Edwards u.a. 2007),

		Stammsitz der Unternehmen				
		AUS	BE	DK	DE	FR
Grad der Beteiligung EBR	EBR nicht beteiligt	1 100,0%	0 0%	2 66,7%	1 6,3%	5 32,3%
	EBR involviert	0 0%	1 25,0%	1 33,3%	2 12,5%	3 18,8%
	EBR Mitunterzeichner	0 0%	0 0%	0 0%	10 62,5%	5 31,3%
	Ausschließlich vom EBR unterzeichnet	0 0%	3 75,0%	0 0%	3 18,8%	3 18,8%
Gesamt		1 100,0%	4 100,0%	3 100,0%	16 100,0%	16 100,0%

Tab. 9: Grad der Beteiligung von Europäischen Betriebsräten nach Stammsitz

Quelle: Eigene Auswertung und Darstellung; N = 62; absolute Häufigkeiten und Spaltenprozent

was auch für das vorliegende Untersuchungssample gilt. Die Spaltenprozentuierungen veranschaulichen, dass einige, aber nicht alle Ausprägungen der Variable *Stammsitz* innerhalb der Spalten unterschiedliche Werte aufweisen und damit einen Einfluss auf die abhängige Variable ausüben.

Beim Blick auf die bedingte Verteilung der Stammsitze auf die unterschiedlichen Beteiligungsgrade zeigen sich einige Zusammenhänge zu einzelnen Stammsitzen. Ein Großteil der Unternehmen mit Stammsitz in Deutschland finden sich in der EBR-Beteiligungsgrad-Gruppe als Mitunterzeichner wieder, und auch innerhalb dieses Beteiligungsgrades dominieren MNKs mit Stammsitz in Deutschland. Dieser Stammland-Effekt des deutschen dualen Systems der Interessenvertretung durch Betriebsräte und Gewerkschaften ist auch bereits in einigen qualitativen Studien zur generellen Beteiligung und Handlungsfähigkeit von EBRs festgestellt worden (zum Beispiel Hauser-Ditz u.a. 2010; Telljohann 2009). Hier scheint es sich um einen ersten Indikator für eine Homogenisierung des organisationalen Feldes für Unternehmen mit Stammsitz in Deutschland zu handeln. Diese tendieren mindestens auf der formalen Ebene dazu, den Europäischen Betriebsrat auch als Unterzeichner einer GRV zu beteiligen.

Ein ähnlicher Effekt zeigt sich beim Stammsitz Belgien in Bezug auf jene Abkommen, die ausschließlich vom EBR unterzeichnet worden sind, hingegen nur schwache Zusammenhänge zwischen dem Stammsitz Frankreich und unterschiedlichen Graden der Beteiligung. Die Ausprägung ist auf die

Stammsitz der Unternehmen							Gesamt
IT	CAN	LUX	NL	NO	USA	SE	
1 25,0%	1 100,0%	0 0%	0 0%	2 66,7%	1 33,3%	3 42,9%	17 27,4%
1 **25,0%**	**0** **0%**	**1** **100,0%**	**2** **66,7%**	**1** **33,3%**	**0** **0%**	**3** **42,9%**	**15** **24,2%**
1 25,0%	0 0%	0 0%	1 33,3%	0 0%	1 33,3%	1 14,3%	19 30,6%
1 **25,0%**	**0** **0%**	**0** **0%**	**0** **0%**	**0** **0%**	**1** **33,3%**	**0** **0%**	**11** **17,7%**
4 100,0%	1 100,0%	1 100,0%	3 100,0%	3 100,0%	3 100,0%	7 100,0%	62 100,0%

Fortsetzung Tab. 9

vier EBR-Beteiligungsgrade relativ gleichmäßig verteilt. Noch deutlicher fällt dieser Effekt für den Stammsitz Italien aus, der offenbar keinen Einfluss auf die unterschiedlichen Beteiligungsgrade zu haben scheint. Auch bei der Zusammenfassung unterschiedlicher Stammsitze nach Regionen ist kein Einfluss der südeuropäischen Länder (Belgien, Frankreich, Italien) auf die unterschiedlichen Beteiligungsgrade (Tabelle 10) auszumachen – was insofern bemerkenswert ist, als dass andere Studien zur Handlungsfähigkeit von EBRs einen starken Stammsitz-Effekt festgestellt haben. Unterschiedliche Autorinnen und Autoren kommen vor allem in Bezug auf Unternehmen mit Stammsitz in Frankreich zu dem Ergebnis, dass sich EBR dort nicht zu Verhandlungspartnern entwickeln, da im französischen System der industriellen Beziehungen diese Rolle ausschließlich von den Gewerkschaften ausgefüllt wird (zum Beispiel Da Costa/Rehfeldt 2008; Hauser-Ditz u.a. 2010). Demnach wäre auch für IRVs und transnationale Rahmenabkommen die Vermutung naheliegend gewesen, dass in Unternehmen mit französischem Stammsitz Europäische Betriebsräte nicht als Unterzeichner der Abkommen eingebunden werden. Demgegenüber wird der Einfluss der nordeuropäischen Stammsitze, der sich bereits bei der Betrachtung einzelner Stammsitze (Tabelle 9) hinsichtlich des Beteiligungsgrads des EBR (der formal nicht beteiligt wird) zeigt, bei der regionalen Zusammenfassung nochmals verstärkt (siehe Tabelle 10 auf der nachfolgenden Seite).

		Zuordnung der Stammsitze nach Regionen				Gesamt
		Außerhalb Europas	EU-Kontinental	EU-Nordisch	EU-Mediterran	
Grad der Beteiligung EBR	EBR nicht beteiligt	3 60,0%	1 5,0%	7 53,8%	6 25,0%	17 27,4%
	EBR involviert	0 0%	5 25,0%	5 38,5%	5 20,8%	15 24,2%
	EBR Mit-Unterzeichner	1 20,0%	11 55,0%	1 7,7%	6 25,0%	19 30,6%
	ausschließlich vom EBR unterzeichnet	1 20,0%	3 15,0%	0 0%	7 29,2%	11 17,7%
Gesamt		5 100,0%	20 100,0%	13 100,0%	24 100,0%	62 100,0%

Tab. 10: Grad der Beteiligung von Europäischen Betriebsräten nach Regionen

Quelle: Eigene Auswertung und Darstellung; N = 62; absolute Häufigkeiten und Spaltenprozent; Zuordnung der Regionen: Außerhalb Europas = Australien, Kanada, USA; EU-Kontinental = Deutschland, Luxemburg, Niederlande; EU-Nordisch = Dänemark, Norwegen, Schweden; EU-Mediterran = Belgien, Frankreich, Italien

Bei der deskriptiven Betrachtung zeigt sich zudem, dass es sich bei zwei der fünf französischen Unternehmen, bei denen ein Europäischer Betriebsrat die IRV mit unterzeichnet hat, um Unternehmen der Automobilindustrie handelt, die somit der Metallbranche zugeordnet werden können. Bei multinationalen Konzernen mit deutschem Stammsitz, die den Beteiligungsgrad von EBRs als Mitunterzeichnern aufweisen, finden sich neun MNKs der Metallbranche. Wer nun den Einfluss von Drittvariablen über eine partielle Korrelation überprüft, erkennt, dass der Brancheneffekt der Metallbranche den Stammlandeffekt des Stammsitzes Deutschland überlagert. Auch der Einfluss der nordeuropäischen Stammsitze auf die Nicht-Beteiligung von Europäischen Betriebsräten wird von Brancheneffekten überlagert. Es scheint daher auf formaler Ebene die Zugehörigkeit zu einer Branche stärkeren Einfluss auf die Beteiligung des EBR zu haben als der Umstand des Stammlandsitzes. Die oben genannten Ergebnisse aus anderen Studien, nach denen die nationalen Systeme der Erwerbsregulierung am Stammsitz die Handlungsfähigkeit der EBRs stark beeinflussen, können daher in der vorliegenden Untersuchung nicht vollständig bestätigt werden. Mit Blick auf die im Teilkapitel 4.2 formulierten Hypothesen kann zwar die Hypothese bestätigt werden, dass der Stammsitz Deutschland einen Einfluss auf die Beteiligung von EBRs als Mitunterzeichner hat. Allerdings finden sich Interaktionseffekte zwischen einzelnen Stammsitzen und der Branchenzugehörigkeit der multinationalen Konzerne. Die unterschiedlichen Akteurskonstellationen bei den Verhandlungen der Grenzüberschreitenden Rahmenvereinbarungen lassen sich auf Grundlage der bivariaten Analyse stärker den Branchen und damit den Strategien der GUFs zuordnen als der Einbettung der multinationalen Konzerne in nationale institutionelle Umwelten.

Bei der Betrachtung der Stammsitze fällt nicht nur auf, dass ein Großteil der Unternehmen seinen Stammsitz innerhalb der Europäischen Union hat. Wer nun weitere Unternehmensdaten, wie Umsatz- und Beschäftigtenzahlen, einbezieht (wie hier geschehen), der wird darüber hinaus erkennen, dass 45 Unternehmen ihr Kerngeschäft auf Europa konzentrieren.[30] Hinsichtlich der unterschiedlichen Beteiligungsgrade von EBRs lassen sich jedoch keine eindeutigen Zusammenhänge ausmachen. Die Unternehmen mit als auch ohne Kerngeschäft in Europa sind relativ gleich verteilt auf die vier Beteiligungsgrade. Man kann deshalb eher davon ausgehen, dass sich Unternehmen, die stark an Europa und die damit einhergehenden europäischen institutionellen Einflüsse gebunden sind, dazu neigen, derartige GRVs abzuschließen, während Unternehmen, die stärker auf andere Weltregionen konzentriert sind, Grenzüberschreitende Rahmenvereinbarungen nicht abschließen. Einen Effekt auf die formalen Akteurskonstellationen hat dies jedoch nicht.

Die Auswertung der Abkommen nach Stammsitzen im Zeitverlauf zeigt darüber hinaus, dass innerhalb der einzelnen Stammsitze – und zwar in jenen Fällen, bei denen GRVs in mehreren Unternehmen mit dem gleichen Stammsitz unterzeichnet wurden – die Abkommen sehr dicht aufeinanderfolgten. Ein ähnliches Phänomen lässt sich auch bei den Grenzüberschreitenden Rahmenvereinbarungen im Zeitverlauf mit Bezug auf die Branchen und damit bezogen auch auf die GUF-Strategien beobachten. Auch hier folgen die Abkommen zeitlich dicht aufeinander. In Unternehmen, die vom IMB betreut werden, wurden 15 der 21 Abkommen zwischen 2002 und 2005 abgeschlossen, und auch für ICEM war dieser Zeitraum für die Verabschiedung von IRVs ein prägnanter. Bei den Unternehmen des Dienstleistungssektors haben sich Internationale Rahmenvereinbarungen erst wieder

30 13 Unternehmen betreiben ihr Kerngeschäft außerhalb Europas. Bei drei Unternehmen ist eine Zuordnung der Geschäftstätigkeiten nicht möglich, da die dafür nötigen Unterlagen (wie etwa Geschäftsberichte) nicht online verfügbar sind. Ob ein Unternehmen sein Kerngeschäft in Europa sieht, wurde am Stammsitz des Unternehmens, dem Anteil der Beschäftigten in Europa und dem Anteil des Umsatzes in Europa festgemacht.

seit 2004 stärker verbreitet, nachdem bereits 1996 und 1998 zwei IRVs abgeschlossen worden waren; dabei hält der Anstieg bei der Zahl der IRVs zwischen UNI und multinationalen Konzernen vereinbarten IRVs bis zur Gegenwart an. Für den UNI-Generalsekretär stand der Abschluss von globalen Abkommen zum Zeitpunkt der Untersuchung an erster Stelle seiner Agenda, was den starken Anstieg der Abkommen im Dienstleistungssektor erklären kann (UNI Global Union 2010b). Als Branchen-Vorreiter für Grenzüberschreitende Rahmenvereinbarungen ist das Hotel- und Gaststättengewerbe hervorzuheben: Die zwei von der IUL abgeschlossenen Internationalen Rahmenvereinbarungen stammen aus den Jahren 1994 (Unternehmen Danone) und 1995 (Unternehmen Accor).

Als ein weiterer Aspekt wird nun die formale Reichweite der Europäischen Betriebsräte anhand des Abschlusses noch weiterer Abkommen zwischen EBRs und Unternehmensleitung analysiert. Die formale Reichweite der EBRs wird als Handlungsmöglichkeit dieser Gremien verstanden, unterschiedliche Fragen mit der Unternehmensleitung zu diskutieren und die Art und Weise ihrer Behandlung schriftlich zu vereinbaren.[31] Neben GRVs haben einige Europäische Betriebsräte in der vorliegenden Grundgesamtheit noch weitere globale und/oder europäische Abkommen zu anderen Themenfeldern als den IAO-Kernarbeitsnormen abgeschlossen. Dieser Aspekt kann ein Hinweis darauf sein, dass der EBR als Gremium der Beschäftigtenvertretung von der Unternehmensleitung als Verhandlungspartner akzeptiert wird. Dies würde sich dann auch im Grad der Beteiligung des Europäischen Betriebsrats bei GRVs insofern widerspiegeln, als dass diese EBRs eher in den Beteiligungsgrad-Gruppen der Mitunterzeichner oder der alleinigen Unterzeichner zu verorten wären. In der Grundgesamtheit finden sich 15 Fälle, in denen in dem betreffenden Unternehmen neben einer GRV noch andere Abkommen existieren, die zwischen der Unternehmensleitung und dem Europäischen Betriebsrat abgeschlossen wurden. Darunter sind zwei Unternehmensfälle, bei denen der EBR an der Internationalen Rahmenvereinbarung formal nicht beteiligt wurde (Unternehmen ENI und France

31 In der hier vorgestellten Analyse der formalen Gegebenheiten wird lediglich betrachtet, ob weitere Abkommen unterzeichnet wurden. Eine weitere Differenzierung des Outputs über Dimensionen wie die Qualität der damit verbundenen Informations- und Konsultationsprozesse oder auch der tatsächliche Bedarf an Regulierung mittels eines solchen Abkommens kann an dieser Stelle nicht geleistet werden. Diese Dimensionen wurden von Hauser-Ditz u. a. (2010) in ihrer Untersuchung zu Europäischen Betriebsräten als transnationalen Organisationen mit Blick auf eine Typologisierung von EBR entwickelt.

Telecom). In der IRV-Forschung nimmt außerdem der Fall Danone eine besondere Stellung ein, wo zwischen 1989 und 2007 fünf Internationale Rahmenvereinbarungen zu unterschiedlichen Aspekten der Mindestarbeitsstandards zwischen der Unternehmensleitung und der IUL abgeschlossen wurden, was durchweg – nach einer EBR-Gründung – unter Beteiligung des Europäischen Betriebsrats geschah.

Wenn man die Aushandlung von Abkommen unter Beteiligung des Europäischen Betriebsrats als Indikator für die Handlungsfähigkeit des EBR versteht, so hat er bei Danone einen dauerhaften Sozialdialog mit der Unternehmensleitung über diese Abkommen entwickeln können. Im Fall von Danone bewerten Vertreterinnen und Vertreter der IUL die Beteiligung des EBR als Ausdruck eines funktionierenden Sozialdialoges. In anderen Unternehmensfällen deutet der Abschluss einer Reihe von Vereinbarungen eher auf einen Bedarf nach einer schriftlichen Fixierung von Vereinbarungen und damit auf eine konfliktreiche Beziehung zwischen Unternehmensleitung und EBR hin.[32]

Die Analyse der bedingten Verteilung zur Unterzeichnung weiterer Abkommen durch den Europäischen Betriebsrat zeigt eine positive Tendenz für den Beteiligungsgrad bei GRVs. Der Anteil der EBRs, die neben einer Grenzüberschreitenden Rahmenvereinbarung noch ein anderes Abkommen unterzeichnet haben, nimmt mit dem Grad der Beteiligung von EBRs zu. Es scheint sich hier also eine Entwicklung dieser Europäischen Betriebsräte abzuzeichnen, die nach der Beteiligung an der GRV entweder ihre formale Handlungsfähigkeit weiter ausgebaut oder ihre bereits bestehenden Kontakte zum Management für die Aushandlung einer GRV genutzt haben. Jedoch zeigen die absoluten Werte, dass es sich bei der Gruppe von multinationalen Konzernen, in denen EBRs weitere Abkommen unterzeichnet haben, lediglich um 15 von 62 Fällen handelt. Ein genereller, dahingehender Trend, dass die Beteiligung von EBRs zu einer Weiterentwicklung dieser Gremien führt, lässt sich daher nicht bestätigen.

32 Diese Unterschiede lassen sich an den Unternehmen der Automobilindustrie veranschaulichen, wo sich große Unterschiede bezüglich des Outputs in Form von Abkommen zwischen den Endherstellern ergeben. Wie Hauser-Ditz u. a. (2010) in ihrer Studie über Europäische Betriebsräte in der Automobilindustrie zeigen, sind dort die europäischen und internationalen Abkommen der EBR auf unterschiedliche Formen der Interessenregulierung und des Sozialdialogs zurückzuführen (siehe auch Dehnen/Rampeltshammer 2010).

Unternehmen	Jahr der Unterzeichnung	Inhalt der Abkommen	Gültgkeit	Beteiligung EBR
Air France	2007 2008	Weiterbildung für EBR Mitglieder Internationale Mindestarbeitsstandards	Europa Europa	Unterzeichner Unterzeichner
Arcelor(Mittal)	2002 2005 2008 2009	Sicherheit am Arbeitsplatz Internationale Mindestarbeitsstandards ArcelorMittal - IFA: Health and Safety Anticipation of Change	Weltweit Weltweit Weltweit Europa	Unterzeichner Unterzeichner Nicht beteiligt involviert
Club Med	2001 2004	Subcontracting Internationale Mindestarbeitsstandards	Europa weltweit	Unterzeichner Involviert
Daimler	2002 JJJJ	Internationale Mindestarbeitsstandards New Managemenet Model; Spin-Off	Weltweit Europa	Unterzeichner * Unterzeichner *
Danone	1989 1992 1994 1997 2001 2007	Internationale Mindestarbeitsstandards Internationale Mindestarbeitsstandards Internationale Mindestarbeitsstandards Internationale Mindestarbeitsstandards Internationale Mindestarbeitsstandards Internationale Mindestarbeitsstandards	Weltweit Weltweit Weltweit Weltweit Weltweit Weltweit	Unterzeichner Unterzeichner Unterzeichner Unterzeichner Unterzeichner Unterzeichner
Dexia	2002 2007	Internationale Mindestarbeitsstandards Auslagerungsprozesse	Weltweit Europa	Unterzeichner Unterzeichner
EADS	2005 2007	Internationale Mindestarbeitsstandards Gründung eines WBR	Weltweit Weltweit	Unterzeichner Unterzeichner
ENI	1996 2002	Gesundheit und Sicherheit Internationale Mindestarbeitsstandards	Europa Weltweit	Unterzeichner Nicht beteiligt
Ford	2000 2000 2003 2004	Outsourcing Joint Venture Internationale Mindestarbeitsstandards IOS Restrukturierung	Europa Europa Europa Europa	Unterzeichner Unterzeichner Unterzeichner Unterzeichner
France Telecom	2006 2010	Internationale Mindestarbeitsstandards Gründung eines WBR	Weltweit Weltweit	Nicht beteiligt Unterzeichner
General Motors	2000 2001 2001 2002 2004 2007 2009	Joint Venture Restrukturierung Restrukturierung Internationale Mindestarbeitsstandards Restrukturierung Restrukturierung Restrukturierung	Europa Europa Europa Europa Europa Europa Europa	Unterzeichner Unterzeichner Unterzeichner Unterzeichner Unterzeichner Unterzeichner Unterzeichner
Renault	JJJJ 2004	European Procedures Agreeement Internationale Mindestarbeitsstandards	Europa Weltweit	Unterzeichner Unterzeichner
Solvay	1999 JJJJ JJJJ 2008	Subcontracting Social Policy Joint Ventures Gesundheit und Sicherheit Internationale Mindestarbeitsstandards	Europa Europa Europa Weltweit	Unterzeichner Unterzeichner Unterzeichner Unterzeichner
Suez	1998 2002 2007 2008	Internationale Mindestarbeitsstandards Gesundheit und Sicherheit Chancengleichheit Social Guarantees	Weltweit Weltweit Europa Europa	Unterzeichner Unterzeichner Unterzeichner Unterzeichner
Volkswagen	2002 2009	Internationale Mindestarbeitsstandards Sozialcharta Arbeitnehmerrechte	Weltweit Weltweit	Unterzeichner * Unterzeichner *

Tab. 11: Unternehmen mit weiteren Abkommen zwischen Europäischem Betriebsrat und Unternehmensleitung

*Quelle: Eigene Recherchen, Stand: Ende 2010; fett markiert: transnationale Rahmenabkommen; * = WBR vorhanden und Mitunterzeichner*

		Andere Abkommen vom EBR unterzeichnet		Gesamt
		Nein	Ja	
Grad der Beteiligung EBR	EBR nicht beteiligt	15 31,9%	2 13,3%	17 27,4%
	EBR involviert	13 27,7%	2 13,3%	15 24,2%
	EBR Mitunterzeichner	13 27,7%	6 40,0%	19 30,6%
	Ausschließlich vom EBR unterzeichnet	6 12,8%	5 33,3%	11 17,7%
Gesamt		47 100,0%	15 100,0%	62 100,0%

Tab. 12: Grad der Beteiligung des Europäischen Betriebsrats (Unterzeichnung weiterer Abkommen durch den Europäischen Betriebsrat)

Quelle: Eigene Berechnung und Darstellung; N = 62; absolute Häufigkeiten und Spaltenprozent

Der Blick auf die strukturellen Gegebenheiten der EBRs in der Grundgesamtheit zeigt darüber hinaus, dass sieben Unternehmen neben einem EBR auch einen Weltbetriebsrat installiert haben. Wie die Auflistung in Tabelle 11 veranschaulicht, haben außerdem zwei Unternehmen Abkommen vereinbart, einen WBR einzurichten, was bislang jedoch nicht in die Tat umgesetzt worden ist (Stand: Dezember 2010). Außerdem besteht die Grundgesamtheit aus 24 Unternehmen, bei denen der Europäische Betriebsrat – laut EBR-Vereinbarung – auch für Unternehmensteile außerhalb der EU zuständig ist. Wie auch bei den Weltbetriebsräten ergibt die Betrachtung der Zusammenhänge zwischen diesen Strukturvariablen und der Variable zum Beteiligungsgrad keine eindeutige, dahingehende Tendenz, dass die Existenz eines Weltbetriebsrats oder die geografische Erweiterung des EBR einen direkten Effekt auf den Grad der Beteiligung der EBRs haben. Insgesamt finden sich im Sample sieben MNKs, die einen WBR eingerichtet haben: Daimler, Falck, PSA Peugeot, Renault, SKF, Statoil und Volkswagen. Obwohl WBRs als globale Gremien angelegt sind, sind diese nicht immer an den Abkommen beteiligt. In zwei von drei Fällen, in denen der EBR Mitunterzeichner des Abkommens gewesen ist und auch ein WBR existiert, ist auch dieser Mitunterzeichner des Abkommens. Darüber hinaus ist in einem Fall sowohl der Europäische als auch der Weltbetriebsrat involviert worden, auch wenn beide nicht Mitunterzeichner der GRV sind. In den anderen vier Unternehmen mit Weltbetriebsrat ist dieser nicht beteiligt worden.

		Einbindung europäischer Gewerkschaften in den EBR		**Gesamt**
		Nein	Ja	
Grad der Beteiligung EBR	EBR nicht beteiligt	11 37,9%	6 18,8%	17 27,9%
	EBR involviert	8 27,6%	7 21,7%	15 24,6%
	EBR Mitunterzeichner	8 27,6%	10 31,3%	18 29,5%
	Ausschließlich vom EBR unterzeichnet	2 6,9%	9 28,1%	11 18,0%
Gesamt		29 100,0%	32 100,0%	61 100,0%

Tab. 13: Grad der Beteiligung des Europäischen Betriebsrats nach Einbindung der Gewerkschaften in den Europäischen Betriebsrat

Quelle: Eigene Berechnung und Darstellung; N = 61; absolute Häufigkeiten und Spaltenprozent

Der Blick darauf, wie sich die Variablen zur Einbindung von Gewerkschaften in den EBR auf die vier Beteiligungsgrade verteilen, ergibt, dass der Anteil der Fälle mit Einbindung von Gewerkschaften mit der Beteiligung des Europäischen Betriebsrats an der GRV zunimmt (siehe auch Tabelle 13). Dieser Aspekt steht zum Teil im Widerspruch zu den theoretischen Überlegungen: Denn durch intraorganisationale Aushandlungsprozesse im Europäischen Betriebsrat hätten auch die gewerkschaftlichen Akteure über die Aushandlung eines transnationalen Rahmenabkommens informiert sein müssen und damit gegebenenfalls die Beteiligung von GUFs forcieren können. Dieses gemeinsame Vorgehen spiegelt sich dann in der bedingten Häufigkeitsverteilung im Beteiligungsgrad des EBR als Mitunterzeichner wider. Die bedingte Häufigkeitsverteilung im Beteiligungsgrad des EBR als alleiniger Unterzeichner legt demgegenüber eher die Vermutung nahe, dass entweder keine intraorganisationalen Aushandlungsprozesse zwischen den EBR-Mitgliedern und den gewerkschaftlichen Akteuren im Europäischen Betriebsrat stattgefunden haben oder diese Verhandlungen nicht in ein gemeinsames Vorgehen gemündet sind.

Die bisherige Analyse hat somit einige Zusammenhänge zwischen diversen Strukturmerkmalen der Unternehmen sowie den GUF-Strategien und einzelnen Beteiligungsgraden der Europäischen Betriebsräte erbracht. Ähnliche Effekte – bezogen auf das Stammland und die Sektoren – haben Marginson u.a. (1998) in ihrer Untersuchung zur institutionellen Kontur sowie zur Handlungsfähigkeit von EBRs nachweisen können. Quantitative Studien über den Bereich von internationalen Mindestarbeitsstandards in Form von freiwilligen CoCs und ausgehandelten Abkommen deuten ebenfalls auf einen Stammlandeffekt hin (Edwards u.a. 2007; Sotorrio/Sanchez 2008). Jedoch wird überall nicht zwischen unterschiedlichen Verhandlungsakteuren unterschieden. Die eigene Untersuchung hat dabei verdeutlicht, dass sich zwar Stammlandeffekte bei der Beteiligung des EBR nachweisen lassen, diese jedoch teilweise von Brancheneffekten überlagert werden. Den theoretischen Überlegungen folgend kann an dieser Stelle noch nicht abschließend die Frage beantwortet werden, ob institutionelle Umwelten oder die Strategien der GUFs einen stärkeren Einfluss auf die Akteurskonstellationen haben. Mit Hilfe der multinominalen logistischen Regression werden daher nun die konkreten Einflüsse einzelner unabhängiger Variablen auf die vier unterschiedlichen Akteurskonstellationen näher analysiert.

Wirkungszusammenhänge zwischen den Beteiligungsgraden der Europäischen Betriebsräte und den Strukturvariablen

Um die Fragestellung zu beantworten, welche Faktoren unterschiedliche Akteurskonstellationen bei der Verabschiedung und Umsetzung von IRVs und transnationalen Rahmenabkommen erklären können, soll nun durch eine multinominale logistische Regression die Erklärungskraft der einzelnen, oben bereits vorgestellten Strukturvariablen für die unterschiedlichen Beteiligungsgrade von Europäischen Betriebsräten geprüft werden. Indem auf die Ergebnisse der bivariaten Analyse zurückgegriffen wird, werden unterschiedliche unabhängige Variablen in das Regressionsmodell einfließen:

(Stammland): Es konnten bereits Stammlandeffekte auf den Grad der EBR-Beteiligung nachgewiesen werden. Da es sich bei einem Großteil der Fälle um Unternehmen mit Stammsitzen in Deutschland und Frankreich handelt,

werden diese beiden Stammsitze in das Modell eingehen. Die Variablen werden dazu als Dummy-Variablen mit einer 0/1-Codierung verwendet.

(Andere Abkommen vom EBR unterzeichnet): Um den Aspekt der Entwicklung von Europäischen Betriebsräten hin zu einem Verhandlungsgremium mit aufzunehmen, wird auf die Variable zur Existenz weiterer Abkommen zurückgegriffen. Wie bereits in der bivariaten Analyse dargestellt wurde, zeigt sich ein Zusammenhang zu den Beteiligungsgraden der EBRs in dem Sinne, dass die Zahl der Europäischen Betriebsräte, die weitere Abkommen unterzeichnet haben, mit der vermehrten Beteiligung der EBRs an den Grenzüberschreitenden Rahmenvereinbarungen zunimmt.

(Branche/GUF-Strategie): Angesichts der geringen Fallzahl in der Grundgesamtheit erscheint es sinnvoll, einige Branche zusammenzufassen, um interpretierbare Ergebnisse im Regressionsmodell zu erhalten. Da in der Grundgesamtheit nur vier Fälle denjenigen Branchen zugeordnet werden können, die von ITBLAV oder IUL betreut werden, werden diese Unternehmen mit den von UNI vertretenen Unternehmen unter der Branchenkategorie *Dienstleistungssektor* zusammengefasst. Somit reduziert sich die Anzahl der Branchen auf vier (Metall, Chemie, Bau, Dienstleistungen), wobei diese ebenfalls als 0/1-codierte Dummy-Variablen in das Modell eingegangen sind. Die Branchen Chemie und Bau wurden in einem zweiten Schritt wieder aus dem Modell entfernt, da diese nicht zu einer besseren Modellanpassung geführt haben. Hinter den Branchen stecken jeweils die Strategien der GUFs, die in die Interpretation der Ergebnisse mit einfließen. Auf eine eigene weitere Variable zur GUF-Strategie wurde für das Regressionsmodell verzichtet, um das Auftreten von Multikollinearität zwischen den Variablen zu verhindern. Dazu soll durch eine geringe Auswahl an unabhängigen Variablen einem Over-Fitting (siehe auch Backhaus u.a. 2008) des Regressionsmodells entgegengewirkt werden.

Da es sich bei der abhängigen Variablen des Beteiligungsgrades von EBRs um eine Variable mit vier Ausprägungen handelt, wird eine multinominale logistische Regressionsanalyse durchgeführt. Dadurch soll die Wirkungsrichtung und -stärke der unterschiedlichen Variablen auf die einzelnen Beteiligungsgrade geprüft werden. Multinominale logistische Regressionen ermöglichen es, den Einfluss der unabhängigen Variablen in einer Ausprägung (Kategorie) der abhängigen Variablen im Vergleich zu einer anderen Ausprägung der abhängigen Variablen (Referenzkategorie) zu bestimmen. Als Referenzkategorie wurde der Beteiligungsgrad »ausschließlich vom EBR unterzeichnet« gewählt. In einem weiteren Schritt ist das Regressionsmodell mit zwei weiteren Ausprägungen der Variablen als Referenzkategorien berechnet worden, um auf diese Weise den Einfluss unterschiedlicher unabhängiger Variablen zwischen allen vier Beteiligungsgraden miteinander vergleichen zu können (siehe Tabellen 15, 16 und 17).

Das berechnete Modell mit den fünf unabhängigen Variablen weist eine passable Gesamtgüte auf. Der Wert des Chi-Quadrats, als Differenz zwischen dem Nullmodell und dem vollständigen Modell, weist auf eine große Erklärungskraft der unabhängigen Variablen im Modell hin. Der Wert des Pseudo-R-Quadrats nach Nagelkerke gibt mit 0,533 an, dass 53,3 Prozent der Varianz bezüglich der Gruppenzugehörigkeit auf die fünf Variablen zurückgeführt werden können.

	Kriterien für die Modellanpassung	Likelihood-Quotienten-Tests		
Effekt	-2-LL für das reduzierte Modell	Chi-Quadrat	Freiheitsgrade	Sig.
Konstanter Term	57,593	3,831	3	0,280
Stammsitz Deutschland	65,474	11,712	3	0,008
Stammsitz Frankreich	57,509	3,747	3	0,290
Andere Abkommen vom EBR unterzeichnet	55,958	2,196	3	0,533
Metallbranche	58,456	4,694	3	0,196
Dienstleistungssektor	62,526	8,765	3	0,033

Tab. 14: Gütebeurteilung der unabhängigen Variablen im Regressionsmodell

Quelle: Eigene Berechnung und Darstellung nach Ausgabe aus SPSS 19; N = 62; alle unabhängigen Variablen wurden als Dummy-Variablen codiert.

Die Gütebeurteilung auf Variablenebene erfolgt anhand des Likelihood-Quotienten-Tests, wobei für jede unabhängige Variable im Modell der -2-LL-Wert für das reduzierte Modell sowie der zugehörige Chi-Quadrat-Wert angegeben wird. Dieser errechnet sich als Differenz zwischen dem -2-LL-Wert für das reduzierte Modell und dem -2-LL-Wert des vollständigen Modells.

Je größer der Chi-Quadrat-Wert und je besser das Signifikanzniveau ausfällt, desto höher ist die Erklärungskraft der jeweiligen unabhängigen Variablen für die Unterscheidung der vier Ausprägungen der abhängigen Variablen (nach Backhaus u.a. 2008: 272). Die unabhängigen Variablen im eigenen Modell weisen alle einen relativ hohen Chi-Quadrat-Wert auf, jedoch sind nur die beiden Variablen »Stammsitz Deutschland« und »Dienstleistungssektor« als signifikant gekennzeichnet (siehe Tabelle 14).[33]

Zur Untermauerung der im Teilkapitel 4.2 formulierten Hypothesen werden nun die Einflüsse der unabhängigen Variablen auf die Ausprägungen der abhängigen Variablen geprüft. Mit der bivariaten Analyse konnte die Hypothese, dass der Stammsitz Deutschland die Wahrscheinlichkeit erhöht, dass der Europäische Betriebsrat Mitunterzeichner einer IRV ist, nur zum Teil bestätigen. Die bivariate Analyse und die Berechnung partieller Korrelationen haben vielmehr das Ergebnis erbracht, dass die Branchenzugehörigkeit und damit auch das strategische Vorgehen der unterschiedlichen GUFs einen stärkeren Einfluss auf die Beteiligung von Europäischen Betriebsräten besitzen.

Betrachtet man die unabhängigen Variablen in der Gruppe der Europäischen Betriebsräte, die nicht an der GRV beteiligt worden sind, zeigen alle Variablen, abgesehen vom Stammsitz Frankreich, negative Zusammenhänge auf (Tabelle 15). Jedoch deuten lediglich die Variablen zum Stammsitz Deutschland und zur Unterzeichnung weiterer Abkommen über ihre B-Werte darauf hin, dass es eher diese beiden Variablen sind, die einen Einfluss auf die Referenzgruppe ausüben. Die Effektkoeffizienten der beiden Variablen weisen ebenfalls darauf hin, dass sich mit der Erhöhung des Wertes der unabhängigen Variablen um eine Einheit das Chancenverhältnis zugunsten der Referenzkategorie ändert. Es kann also davon ausgegangen werden, dass diese beiden Variablen die Wahrscheinlichkeit erhöhen, dass es sich um die Beteiligungsform von Europäischen Betriebsräten als alleinigen Unterzeichnern handelt.

33 An dieser Stelle sei nochmals darauf verwiesen, dass es sich bei dem Datensatz, auf dem die Regressionsanalyse basiert, um eine abgeschlossene Grundgesamtheit handelt und nicht um eine Stichprobe. Die vorliegenden Ergebnisse werden nur für die 62 Fälle der eigenen Untersuchung interpretiert. Da es sich nicht um eine Stichprobe handelt, bei der Rückschlüsse auf eine Grundgesamtheit gezogen werden, spielen die Signifikanzniveaus – als Hinweis auf einen statistischen Zusammenhang, der nicht nur in der eigenen Untersuchung, sondern auch in der Grundgesamtheit besteht – keine Rolle.

Grad der EBR Beteiligung		B	Wald	Exp(B)
Nicht beteiligt	Konstanter Term	1,174	1,848	
	Stammsitz Deutschland	-1,799	1,953	0,165
	Stammsitz Frankreich	0,509	0,190	1,664
	Andere Abkommen von EBR unterzeichnet	-1,815	1,287	0,163
	Metallbranche	-0,845	0,259	0,430
	Dienstleistungssektor	-0,522	0,271	0,593
Involviert	Konstanter Term	1,008	1,304	
	Stammsitz Deutschland	-0,908	0,604	0,403
	Stammsitz Frankreich	0,172	0,018	1,188
	Andere Abkommen von EBR unterzeichnet	-0,845	0,261	0,430
	Metallbranche	1,045	0,563	2,845
	Dienstleistungssektor	-1,387	1,617	0,250
Mitunterzeichner	Konstanter Term	-0,030	0,001	
	Stammsitz Deutschland	1,730	2,034	5,642
	Stammsitz Frankreich	1,923	1,998	6,838
	Andere Abkommen von EBR unterzeichnet	0,438	0,060	1,549
	Metallbranche	1,435	1,055	4,202
	Dienstleistungssektor	-3,691	5,386	0,025
Die Referenzkategorie lautet: ausschließlich vom EBR unterzeichnet				

Tab. 15: Multinominal logistische Regressionsschätzung (Referenzkategorie: »ausschließlich vom EBR unterzeichnet«)

Quelle: Eigene Berechnung und Darstellung; Regressionsrechnung über SPSS 19; N = 62

Beim Beteiligungsgrad »EBR involviert« zeigt der Exp(B)-Wert der Variablen »Stammsitz Deutschland« ebenfalls einen Einfluss in Bezug auf die Referenzkategorie an, ebenso wie der Dienstleistungssektor, durch den die beiden Beteiligungsgrade voneinander abgegrenzt werden können. Auch hier erhöht sich die Chancenwahrscheinlichkeit in Bezug auf die Referenzkategorie. Demgegenüber zeigt die Variable »Metallbranche« einen Einfluss auf die Beteiligung von Europäischen Betriebsräten im Beteiligungsgrad »EBR involviert« an. Hier sind ein positiver Zusammenhang und eine Veränderung der Eintrittswahrscheinlichkeit für den Beteiligungsgrad »EBR involviert« in Abhängigkeit von der Variablen »Metallbranche« um das 2,8-fache auszumachen.

Einen noch stärkeren Effekt hat die Metallbranche auf den Beteiligungsgrad von EBRs als Mitunterzeichner, was auch schon bei der bivariaten Be-

Grad der EBR Beteiligung		B	Wald	Exp(B)
Involviert	Konstanter Term	-0,166	0,067	
	Stammsitz Deutschland	0,891	0,413	2,437
	Stammsitz Frankreich	-0,338	0,118	0,713
	Andere Abkommen von EBR unterzeichnet	0,970	0,322	2,639
	Metallbranche	1,890	2,308	6,620
	Dienstleistungssektor	-0,864	0,940	0,421
Mitunterzeichner	Konstanter Term	-1,204	2,084	
	Stammsitz Deutschland	3,529	6,121	34,092
	Stammsitz Frankreich	1,413	1,690	4,108
	Andere Abkommen von EBR unterzeichnet	2,253	1,417	9,515
	Metallbranche	2,280	3,159	9,778
	Dienstleistungssektor	-3,169	4,425	0,042
Ausschließlich vom EBR unterzeichnet	Konstanter Term	-1,174	1,848	
	Stammsitz Deutschland	1,799	1,953	6,043
	Stammsitz Frankreich	-0,509	0,190	0,601
	Andere Abkommen von EBR unterzeichnet	1,815	1,287	6,143
	Metallbranche	0,845	0,259	2,327
	Dienstleistungssektor	0,522	0,271	1,686
Die Referenzkategorie lautet: EBR nicht beteiligt				

Tab. 16: Multinominal logistische Regressionsschätzung (Referenzkategorie: »EBR nicht beteiligt«)

Quelle: Eigene Berechnung und Darstellung; Regressionsrechnung über SPSS 19; N = 62

trachtung deutlich geworden war. Außerdem zeigen sich starke Zusammenhänge zu den beiden Stammsitz-Variablen, ebenso wie die Berechnungen mit anderen Referenzkategorien (siehe Tabelle 16 und 17) einen Zusammenhang zwischen dem Stammsitz Frankreich und dem Beteiligungsgrad des EBR als Mitunterzeichner offenlegen. An dieser Stelle sei nochmals auf die Berechnung der partiellen Korrelation zwischen Stammsitz Frankreich und der Metallbranche für diesen Beteiligungsgrad verwiesen, die das Ergebnis erbracht hat, dass der Brancheneffekt den Stammlandeffekt in diesem Beteiligungsgrad überlagert. Einen entgegengesetzten Einfluss weist der Dienstleistungssektor auf. In Bezug auf die Referenzkategorie übt der Dienstleistungssektor einen Einfluss auf die ausschließliche Beteiligung des EBR aus und steht in einem negativen Zusammenhang zur Mitunterzeichnung durch Europäische Betriebsräte. Auch dies untermauert die Interpretation der bivariaten Analyse.

Um den Einfluss der unabhängigen Variablen auf alle vier Beteiligungsgrade sowie ihre Erklärungskraft im Hinblick auf die Abgrenzung der unterschiedlichen Beteiligungsgrade analysieren zu können, ist das Modell noch mit weiteren Referenzkategorien berechnet worden (siehe auch Backhaus u.a. 2008: 285f.). Beim Beteiligungsgrad »EBR ist nicht beteiligt« als Referenzkategorie lassen sich ebenfalls einige unabhängige Variablen als erklärungswirksam für einzelne Beteiligungsgrade identifizieren (Tabelle 16).

Die Metallbranche übt demnach auch beim Beteiligungsgrad »EBR ist nicht beteiligt« einen positiven Einfluss auf die Beteiligungsgrade »EBR involviert« und »EBR als Mitunterzeichner« aus. In beiden Gruppen erhöht sich die Wahrscheinlichkeit für die jeweilige Ausprägung der abhängigen Variablen in Abhängigkeit von der Metallbranche. Außerdem grenzt sich der Stammsitz Deutschland deutlich von der Referenzkategorie ab. Einen besonders starken Einfluss hat der Stammsitz Deutschland auf die Wahrscheinlichkeit, dass der Europäische Betriebsrat Mitunterzeichner einer IRV ist. Im Vergleich des Beteiligungsgrades »EBR als Mitunterzeichner« mit dem Beteiligungsgrad »EBR involviert« als Referenzkategorie wird deutlich, dass der Stammsitz Deutschland den Beteiligungsgrad des EBR als Mitunterzeichner beeinflusst (siehe Tabelle 17). Die Zugehörigkeit zur Metallbranche beeinflusst dagegen beide Beteiligungsgrade, so dass sie sich mittels der logistischen Regression nicht eindeutig einem der beiden Beteiligungsgrade zuordnen lassen. Diese Variable trägt nicht zur Trennung der beiden Ausprägungen der abhängigen Variablen bei.

Grad der EBR Beteiligung		B	Wald	Exp(B)
Nicht beteiligt	Konstanter Term	0,166	0,067	
	Stammsitz Deutschland	-0,891	0,413	0,410
	Stammsitz Frankreich	0,338	0,118	1,402
	Andere Abkommen von EBR unterzeichnet	-0,970	0,322	0,379
	Metallbranche	-1,890	2,308	0,151
	Dienstleistungssektor	0,864	0,940	2,373
Mitunterzeichner	Konstanter Term	-1,037	1,566	
	Stammsitz Deutschland	2,638	6,461	13,988
	Stammsitz Frankreich	1,751	3,014	5,758
	Andere Abkommen von EBR unterzeichnet	1,282	0,636	3,605
	Metallbranche	0,390	0,182	1,477
	Dienstleistungssektor	-2,305	2,272	0,100
Ausschließlich vom EBR unterzeichnet	Konstanter Term	-1,008	1,304	
	Stammsitz Deutschland	0,908	0,604	2,479
	Stammsitz Frankreich	-0,172	0,018	0.842
	Andere Abkommen von EBR unterzeichnet	0,845	0,261	2,328
	Metallbranche	-1,045	0,563	0,352
	Dienstleistungssektor	1,387	1,617	4,001
Die Referenzkategorie lautet: EBR involviert				

Tab. 17: Multinominal logistische Regressionsschätzung (Referenzkategorie: »EBR involviert«)

Quelle: Eigene Berechnung und Darstellung; Regressionsrechnung über SPSS 19; N = 62

Der oben bereits angesprochene negative Einfluss des Dienstleistungssektors auf die Mitunterzeichnung durch Europäische Betriebsräte kann in Bezug auf die zwei Referenzkategorien »EBR nicht beteiligt« und »EBR involviert« nochmals untermauert werden. Der Dienstleistungssektor steht in einem negativen Zusammenhang zur Mitunterzeichnung durch Europäische Betriebsräte und erhöht sowohl die Wahrscheinlichkeit, dass EBRs nicht beteiligt werden (siehe Tabelle 16), als auch jene, dass EBRs involviert werden (siehe Tabelle 17). Auch die sich in der bivariaten Analyse bereits andeutende Tendenz, dass Europäische Betriebsräte, die an GRVs beteiligt sind, mit höherer Wahrscheinlichkeit noch weitere Abkommen abschließen, lässt sich durch die multinominale logistische Regression bestätigen. Die Variable steht in einem positiven Zusammenhang mit den Beteiligungsgraden des EBR als Mitunterzeichner und des EBR als dem ausschließlichen Unterzeichner der Grenzüberschreitenden Rahmenvereinbarungen.

Insgesamt lassen sich damit einige Zusammenhänge, die sich bereits in der bivariaten Analyse angedeutet haben, bestätigen. Während die beiden Branchenvariablen und der Stammsitz Deutschland zur Trennung der einzelnen Ausprägungen der abhängigen Variable beitragen, kann dies für den Stammsitz Frankreich nicht nachgewiesen werden. Der Effekt, der sich für den Beteiligungsgrad des EBR als Mitunterzeichner gezeigt hatte, lässt sich nach der Prüfung auf Multikollinearität auf die Branchenzugehörigkeit der Fälle zurückführen. Der Stammsitz Deutschland hingegen beeinflusst den Beteiligungsgrad des EBR als Mitunterzeichner. Die Wald-Werte der Variablen haben außerdem veranschaulicht, dass der Stammsitz Deutschland zur Trennung des Beteiligungsgrades »EBR als Mitunterzeichner« von den anderen Beteiligungsgraden beiträgt, was jedoch für die Metallbranche nicht gilt. Zusammenhänge finden sich darüber hinaus mit den Beteiligungsgraden »EBR involviert« und »EBR als Mitunterzeichner«, wobei sich die Variable »Metallbranche« allerdings nicht zur Trennung dieser beiden Beteiligungsgrade eignet. Ein ähnlicher Effekt tritt bei der Variable »Dienstleistungssektor« zutage, da sich auch diese zwei Beteiligungsgraden (nämlich »EBR nicht involviert« und »ausschließlich vom EBR unterzeichnet«) zuordnen lässt. Sie hat jedoch keinen Einfluss auf die Trennung dieser beiden Gruppen.

Mit der multinominalen logistischen Regression konnten daher die Ergebnisse der bivariaten Analyse bestätigt und Zusammenhänge zwischen verschiedenen unabhängigen Variablen und den vier Beteiligungsgraden nachgewiesen werden. Auch die aufgestellte Hypothese, dass der Stammsitz Deutschland die Wahrscheinlichkeit erhöht, dass Europäische Betriebsräte GRVs mit unterzeichnen und damit von der Unternehmensleitung als Verhandlungspartner anerkannt werden, ließ sich bestätigen. Jedoch hat sich dieser Effekt für andere Stammsitze (wie hier anhand des Stammsitzes Frankreich gezeigt) nicht bestätigt. Nationale institutionelle Umwelten scheinen demnach zwar einen Einfluss auf die Akteurskonstellationen in Bezug auf die Beteiligung von Europäischen Betriebsräten auszuüben, sie determinieren jedoch nicht die Aushandlungen von GRVs in dem Sinne, dass sich diese institutionellen Einbettungen auf die Gesamtheit der GRVs und deren formale Akteurskonstellationen niederschlägt. Auch für die Branchen waren keine eindeutigen Zusammenhänge für einzelne Beteiligungsgrade festzustellen: So hat die Metallbranche einen Einfluss auf den Beteiligungsgrad »involviert« wie auf den Beteiligungsgrad »Mitunterzeichner«. Es ist aber festzuhalten, dass die Zugehörigkeit der Unternehmen zur Metallbranche generell die Wahrscheinlichkeit erhöht, dass Europäische Betriebsräte an IRV-Verhandlungen beteiligt werden. Außerdem wurde deutlicht, dass die Zuordnung von Unternehmen zum Dienstleistungssektor die Wahrscheinlichkeit erhöht, dass Europäische Betriebsräte nicht an den IRV-Verhandlungen beteiligt werden. Die Hypothese, dass die Strategien der GUFs die Beteiligung von Europäischen Betriebsräten beeinflussen, lässt sich damit bestätigen.

Durch die Analyse der Grenzüberschreitenden Rahmenvereinbarungen mittels statistischer Methoden können, wie eingangs beschrieben, lediglich die formalen Akteurskonstellationen und der Einfluss struktureller Merkmale auf diese Akteurskonstellationen festgestellt werden. Für die weitere Untersuchung der Aushandlungsprozesse, der Strategien der Akteure und der Akteursdynamiken wurde bei der Fallauswahl auf diese formale Trennung der Akteurskonstellationen zurückgegriffen. Um an die Ergebnisse der standardisierten Auswertung anzuknüpfen, sind Unternehmen aus allen vier Beteiligungsgraden in das Untersuchungssample aufgenommen worden. Aufgrund der quantitativen Verbreitung wurden außerdem die in Deutschland und Frankreich liegenden Stammsitze der Unternehmen sowie die Branchen Dienstleistung und Metall bei der Fallauswahl berücksichtigt. Als Kontrast hierzu wurde auch noch ein Unternehmen des Bausektors in das Untersuchungssample integriert.

4.3.3 Unterschiede in den Inhalten der Grenzüberschreitenden Rahmenvereinbarungen

Wie bereits oben erwähnt lautet das gemeinsame Kriterium der Grenzüberschreitenden Rahmenvereinbarungen in der Grundgesamtheit, dass sie sich in ihren Inhalten auf einige oder sämtliche IAO-Kernarbeitsnormen beziehen. Diese Formulierung lässt schon erahnen, dass sich die Grenzüberschreitenden Rahmenvereinbarungen in ihren inhaltlichen Einzelheiten stark voneinander unterscheiden können, auch wenn sie sich alle an demselben

Bezugsrahmen orientieren (siehe auch Schömann u.a. 2008; Zimmer 2008). Sich anlehnend an die bisherigen Studien zu den Inhalten der Abkommen werden in der vorliegenden Untersuchung neben der Beteiligung des Europäischen Betriebsrats auch die unterschiedliche Beteiligung von GUFs (bei Abkommen mit weltweiter Gültigkeit) und EIFs (bei Abkommen mit europaweiter Gültigkeit) in die Auswertung einfließen. Entsprechend werden die Beteiligungsgrade der Europäischen Betriebsräte als unabhängige Variable verwendet, um ihren Einfluss auf die inhaltliche Ausgestaltung der Grenzüberschreitenden Rahmenvereinbarungen zu messen:

Abhängige Variable	Ausprägungen / Messung	Inhaltliche Bezüge
Abkommen weltweit gültig	Dichotom: 0=europaweit gültig; 1=weltweit gültig	Unterscheidung zwischen Vorgaben der GUFs und möglichen europäischen Bezügen bei transnationalen Rahmenabkommen (Hypothese B-1a)
Benennung der IAO-Kernarbeitsnormen	Dichotom: 0=nein; 1=ja	Inhaltlicher Bezug der GRVs auf die IAO-Normen und damit gemeinsame Orientierung an internationalen Institutionen im org. Feld
Alle Kernarbeitsnormen	Dichotom: 0=nein; 1=ja	Explizite Nennung aller IAO-Normen als Hinweis für unterschiedliche Strategien der GUFs mit IRV-Politik
Stärkung des Sozialen Dialogs	Dichotom: 0=nein; 1=ja	Formulierungen, dass das Abkommen den sozialen Dialog stärken soll; Abgrenzung zu freiwilligen Selbstverpflichtungen (vgl. Schömann et al. 2008)
Gültigkeit für Zulieferer	Dichotom: 0=nein; 1=ja	Einbindung der Zulieferkette in das Abkommen
Sanktionen gegen Zulieferer	Dichotom: 0=nein; 1=ja	Benennung von Sanktionsmechanismen bei Nicht-Einhaltung als Hinweis für Interesse an Umsetzung des Abkommens
Verbreitung des Abkommens	Dichotom: 0=nein; 1=ja	Beschreibung von Mechanismen, wie das Abkommen im gesamten Unternehmen publik gemacht werden soll
Revisions-Klausel	Dichotom: 0=nein; 1=ja	Möglichkeit der Neu-Verhandlung des Abkommens
Monitoring-Mechanismen	Dichotom: 0=nein; 1=ja	Beschreibung von Überwachungsmechanismen und/oder Beschwerdeverfahren
Monitoring über Joint-Group	Dichotom: 0=nein; 1=ja	Beteiligung von Gremien der Beschäftigtenvertretung an der Überwachung des Abkommens und Einsetzung einer gemeinsamen Gruppe
Monitoring über einzelne Akteure	Dichotom: 0=nein; 1=ja	Überwachung durch einzelne Akteure der Beschäftigtenvertretung; kein festgelegtes Prozedere
Monitoring durch Management	Dichotom: 0=nein; 1=ja	Überwachung obliegt dem Management allein

Tab. 18: Abhängige Variablen im Analysemodell

Quelle: Eigene Überlegung und Darstellung; einige Variablen finden sich auch bei Schömann u.a. 2008 wieder.

Auch wenn vor allem geprüft werden sollte, ob und wie sich die Inhalte der Grenzüberschreitenden Rahmenvereinbarungen mit unterschiedlichen Beteiligungsgraden von EBRs und GUFs/EIFs verändern, ist daneben auch der

Einfluss von Strukturmerkmalen der Unternehmen gemessen worden. Im Teilkapitel 4.3.2 ist bereits festgestellt worden, dass Stammländer und Branchen bzw. Strategien der GUFs einen Einfluss auf die Akteurskonstellation im Hinblick auf den Grad der Beteiligung von Europäischen Betriebsräten haben können. Über partielle Korrelationen wird daher geprüft, ob tatsächlich die Akteurskonstellationen Unterschiede in den Inhalten der Abkommen erklären können oder ob es sich nicht vielmehr um länder- oder GUF-spezifische Ausprägungen bei den Inhalten der Abkommen handelt. Die unterschiedlichen Beteiligungsgrade sowie die Strukturvariablen fließen als dichotome Variablen in die Analyse mit ein, da der Einfluss der einzelnen Beteiligungsgrade auf die Inhalte ermittelt werden soll. Entsprechend wird an dieser Stelle auf den Korrelationskoeffizienten nach Bravais/Pearson zurückgegriffen.

Die in Hypothese B1-a angestellte Vermutung, dass sich die unterschiedlichen Beteiligungsgrade von EBRs auf die räumliche Reichweite der Abkommen auswirken, kann anhand der bivariaten Zusammenhangsmaße untermauert werden. Mit einem Wert von 0,389 bei der Berechnung von Cramer's V für den Zusammenhang zwischen der räumlichen Reichweite und der Variablen zum Beteiligungsgrad des EBR (mit vier Ausprägungen) ist ein statistischer Zusammenhang zwischen den beiden Variablen festzustellen.

	Inhalte der Grenzüberschreitenden Rahmenvereinbarungen			
	Abkommen weltweit gültig	Gültigkeit für Zulieferer	Verbreitung des Abkommens	Revisions-Klausel
	Korrelationskoeffizient (Bravais/Pearson)	Korrelationskoeffizient (Bravais/Pearson)	Korrelationskoeffizient (Bravais/Pearson)	Korrelationskoeffizient (Bravais/Pearson)
EBR nicht beteiligt	0,219	-0,202	-0,133	0,064
EBR involviert	0,083	0,044	0,075	0,283*
EBR als Mitunterzeichner	0,016	0,366**	0,232	-0,069
Ausschließich vom EBR unterzeichnet	-0,368**	-0,255**	0,209	-0,309*
Anzahl der Fälle	62	62	62	62

Tab. 19: Korrelationen zwischen den Inhalten der Grenzüberschreitenden Rahmenvereinbarungen und den Beteiligungsgraden I

*Quelle: Eigene Berechnung und Darstellung; ** Signifikanz auf einem Niveau von einem Prozent / * Signifikanz auf einem Niveau von fünf Prozent; Ausprägungen der unabhängigen Variable als 0/1-Dummy-Variablen codiert.*

Auszumachen ist beim Blick auf die einzelnen Grade der Beteiligung zudem ein eindeutiger Zusammenhang zwischen den Abkommen, die sich in ihrer Reichweite auf Europa beziehen, und der ausschließlichen Beteiligung von EBRs als Unterzeichner (Tabelle 19). Die Abkommen mit europäischer Reichweite sind in der Mehrzahl allein von Europäischen Betriebsräten verhandelt worden: ein möglicher Hinweis darauf, dass der EBR – entweder wegen seines Selbstverständnisses oder aus der Perspektive der Unternehmensleitung – als europäisches Gremium seinen Geltungsrahmen auf Europa beschränkt. Zum anderen kann dies aber auch als Hinweis darauf gelten, dass der EBR allein nicht über ausreichend Macht verfügt, um von der Unternehmensleitung weltweit verbindliche Regelungen einzufordern. Diese zweite Sichtweise spiegelt sich auch in den Aussagen der Vertreterinnen und Vertretern der GUFs wider, die diese Abkommen für inhaltlich »schlechter« als ihre eigenen IRVs halten (worauf im Teilkapitel 5.1 bei der Analyse der GUF-Strategien nochmals eingegangen werden wird). Auch Zimmer (2008: 200) gelangt in ihrer Untersuchung von Abkommen über Sozialstandards, die ausschließlich von EBRs – also ohne Beteiligung von Gewerkschaften – abgeschlossen wurden, zu dem Ergebnis, dass diese inhaltlich nur schwach konturiert sind und lediglich der Stärkung der EBR-Position gegenüber der Unternehmensleitung dienen. Auch die eigene Erhebung zeigt, gestützt auf die Korrelationskoeffizienten nach Bravais/Pearson, starke negative Zusammenhänge zwischen EBRs als alleinigen Verhandlungspartnern und einigen Inhalten der Abkommen (siehe Tabellen 19 und 20). Demgegenüber ergibt sich ein positiver Zusammenhang zwischen GRVs mit weltweiter Gültigkeit und der Nicht-Beteiligung von Europäischen Betriebsräten an diesen Abkommen. Neben der Reichweite fließen jedoch auch andere Indikatoren in die Bewertung der Abkommensinhalte ein.

So ist es neben dem expliziten Verweis auf die IAO-Kernarbeitsnormen ebenso von Bedeutung, ob sich das Abkommen mit sämtlichen IAO-Kernarbeitsnormen beschäftigt oder ob lediglich auf einige der Normen eingegangen wird. Die Cramer's V-Werte zeigen für diese beiden Variablen keinen statistischen Zusammenhang zum Beteiligungsgrad auf, jedoch finden sich starke Zusammenhänge zu Strukturvariablen der Unternehmen und diesen beiden abhängigen Variablen. Ein negativer Zusammenhang mit der Variable Dienstleistungssektor bzw. ein positiver Zusammenhang mit der Variable Metallbranche ist für die Benennung aller Kernarbeitsnormen zu erkennen. Wie im nächsten Kapitel 5.1 noch erläutert wird, können diese Effekte auf die Inhalte der Abkommen mit den jeweiligen Strategien der GUFs erklärt werden. Verwendet man also die Beteiligung von EBRs nicht als alleiniges Kriterium, um die Unterschiede in den Abkommensinhalten zu erklären, ergibt sich ein differenzierteres Bild, als dies etwa bei Zimmer (2008) der Fall ist.

Alle GRVs berufen sich darauf, den sozialen Dialog im Unternehmen über diese Abkommen zu stärken. Die Korrelationen zwischen dem Festschreiben einer gemeinsamen Monitoring-Gruppe zur Überwachung der GRVs und den einzelnen Branchen zeigen jedoch, dass der Sozialdialog zumindest nicht durch die gemeinsame Überwachung der Abkommen gestärkt wird. Das Zusammenhangsmaß Cramer's V veranschaulicht, dass die Branchen einen Einfluss auf die Festschreibung einer Monitoring-Gruppe haben (Cramer's V = 0,349), und auch die Variable zum Beteiligungsgrad von Europäischen Betriebsräten zeigt einen Zusammenhang auf (Cramer's V = 0,361).

	Inhalte der Grenzüberschreitenden Rahmenvereinbarungen		
	Monitoring Mechanismen	Monitoring über Joint Group	Monitoring durch Management
	Korrelationskoeffizient (Bravais/Pearson)	Korrelationskoeffizient (Bravais/Pearson)	Korrelationskoeffizient (Bravais/Pearson)
EBR nicht beteiligt	0,094	0,018	-0,139
EBR involviert	0,231	0,312**	-0,127
EBR als Mitunterzeichner	0,049	-0,106	0,339**
Ausschließich vom EBR unterzeichnet	-0,428**	0,243	-0,105
Anzahl der Fälle	62	62	62

Tab. 20: Korrelationen zwischen den Inhalten der Grenzüberschreitenden Rahmenvereinbarungen und den Beteiligungsgraden II

*Quelle: Eigene Berechnung und Darstellung; ** Signifikanz auf einem Niveau von einem Prozent / * Signifikanz auf einem Niveau von fünf Prozent; Ausprägungen der unabhängigen Variable als 0/1-Dummy-Variablen codiert.*

Bei der Analyse der Zusammenhangsmaße zwischen den einzelnen Beteiligungsgraden und der Festschreibung unterschiedlicher Überwachungsformen sind unterschiedliche Einflüsse der Beteiligungsgrade festzustellen. In den ausschließlich vom EBR unterzeichneten transnationalen Rahmenabkommen finden sich negative statistische Zusammenhänge zur allgemeinen Festschreibung von Überwachungsmechanismen. Ein weiteres Resultat lautet, dass ein statistischer Zusammenhang zwischen der Mitunterzeichnung des EBR und denjenigen Überwachungsmechanismen besteht, die ausschließlich durch das Management durchgeführt werden. Durch partielle Korrelationen mit Branchenvariablen wird deutlich, dass sich der Einfluss des Beteiligungsgrades von EBRs verringert, wenn die Metallbranche als Drittvariable einbezogen wird. Entsprechend scheint es sich auch hier teilweise um branchenspezifische Formulierungen zu handeln. Gemeinsame Überwachungsgruppen finden sich hingegen vor allem in Internationalen Rahmenvereinbarungen, die federführend von GUFs unterzeichnet wurden, wobei insgesamt nur 21 der 62 Unternehmen in ihren GRVs eine gemeinsame Monitoring-Gruppe vorgesehen haben. Darunter sind allerdings nur zwei der 16 Unternehmen mit Stammsitz in Deutschland und nur ein Unternehmen aus den Dienstleistungssektoren, die von UNI betreut werden. Interessant ist in diesem Zusammenhang vor allem, dass alle GUFs dafür plädieren, eine solche, aus Vertreterinnen und Vertretern der Unternehmensleitung und der Beschäftigten bestehende Gruppe einzusetzen. Für keine der GUFs lässt sich jedoch zeigen, dass eine solche gemeinsame Monitoring-Gruppe auch tatsächlich festgeschrieben wurde und in sämtliche Internationale Rahmenvereinbarungen einer GUF eingegangen ist. An elf dieser Gruppen sind auch Mitglieder des EBR beteiligt. Neben der Überwachung des Abkommens durch gemeinsame Monitoring-Gruppen finden sich auch Fälle von einseitiger Überwachung entweder durch die Unternehmensleitung (drei Fälle) oder die lokalen oder internationalen Gewerkschaften, aber auch durch Europäische Betriebsräte (insgesamt 23 Fälle). In sieben Fällen obliegt diese Aufgabe allein den EBRs.

Wie auch bei der Nennung der Kernarbeitsnormen zeigen sich neben Zusammenhängen zu unterschiedlichen Beteiligungsgraden Brancheneffekte auch bei den Inhalten der Abkommen zur Einbindung der Zulieferer sowie bei der Verbreitung des vereinbarten Abkommens in den einzelnen Unternehmensteilen. In beiden Fällen hat die statistische Prüfung des Einflusses von Drittvariablen über partielle Korrelationen ergeben, dass die Beteiligungsgrade, die starke Zusammenhänge erkennen lassen, bei der Einbeziehung der Branchen als Kontrollvariablen ihren Einfluss auf die Inhalte der Abkommen verringern. Es handelt sich bei den Inhalten über die Einbeziehung von Zulieferern bzw. über die Verbreitung der Abkommen demnach um branchenspezifische Formulierungen. Während die Metallbranche einen positiven

Einfluss auf die Festschreibung zur Einbeziehung der Zulieferer ausübt, gilt dieser Trend nicht für die Festschreibung von Sanktionen. Generell ist aber schon auf dieser formalen Ebene zu kritisieren, dass Sanktionsmechanismen gegenüber Zulieferern nur in 15 von 62 Abkommen fixiert worden sind.

Wie bereits oben geschildert, unterscheiden sich die Grenzüberschreitenden Rahmenvereinbarungen nicht nur hinsichtlich ihrer Festschreibung auf sämtliche oder nur einige wenige IAO-Kernarbeitsnormen, sondern auch bezüglich der Fixierung weiterer Themen in den Abkommen. Dabei geht es in der Mehrzahl um Fragen, die auch eine Relevanz für die Beschäftigten in Europa haben. Es finden sich branchenspezifische Formulierungen und Verweise, die sich auf die jeweiligen Arbeits- und Beschäftigungsbedingungen beziehen. So verweisen die Unternehmen des Baugewerbes auf entsprechende für sie geltende IAO-Normen, wie etwa die Konvention über Sicherheit und Gesundheitsschutz im Baugewerbe (Konvention Nr. 167) oder die Konvention zur Vergabe öffentlicher Aufträge (Konvention Nr. 94) und jene gegen Korruption. Diese und andere inhaltliche Festschreibungen sind auch im europäischen Wirtschaftsraum und damit auch für die von den EBRs vertretenen Beschäftigten relevant. Daher wurden die eigenen Daten dahingehend überprüft, ob die Festschreibung solcher Inhalte mit der Beteiligung von EBRs bei der Verabschiedung und Umsetzung der Abkommen einhergeht. Neben den eben genannten sehr spezifischen Formulierungen in den GRVs der Bauunternehmen finden sich auch zahlreiche allgemeine Verweise auf andere Standards (siehe Tabelle 21).

Insgesamt 22 Unternehmen verweisen in ihren Grenzüberschreitenden Rahmenvereinbarungen neben den IAO-Kernarbeitsnormen zum Recht auf Vereinigungsfreiheit und dem Recht auf Kollektivverhandlungen auch auf das Recht der Beschäftigten, sich in gewählten betrieblichen Gremien zusammenzuschließen, sofern dies die nationale Rechtsprechung zulässt. Diese Konvention ist auch für die Beschäftigten in Europa von Interesse, da sie den Zusammenschluss in einem Gremium wie dem EBR garantiert. Daneben finden sich 29 GRVs, die auf Gesundheits- und Sicherheitsstandards verweisen, und 16 GRVs, in denen sich die Unternehmen auch dazu verpflichten, Umweltstandards einzuhalten. Diese beiden Aspekte sind auch für den europäischen Wirtschaftsraum von Bedeutung, da gerade der Arbeits- und Gesundheitsschutz in den Industriesektoren eine große Rolle spielt. Vor allem mit der Erweiterung der Europäischen Union nach Mittel- und Südosteuropa bekommen solche Standards eine neue Relevanz auch für EBRs. Dazu ist für die Festschreibung von Umweltstandards ein Zusammenhang zu den Unternehmen der Industriesektoren zu erkennen. Die GRVs der Unternehmen des Baugewerbes stehen in einem positiven Zusammenhang zur Verpflichtung, Umweltstandards einzuhalten; und auch für die Standards bei Arbeits- und Gesundheitsschutz zeigt sich ein negativer statistischer Zusammenhang zu Unternehmen des Dienstleistungssektors.[34] Allein der Themenkomplex der Aus- und Weiterbildung lässt sich damit der Gruppe der »Beteiligung von EBRs« zuordnen. Behandelt werden diese Themen in einer IRV, die ein EBR mit unterzeichnet hat, und in drei transnationalen Rahmenabkommen, die ausschließlich vom Europäischen Betriebsrat unterzeichnet wurden (wobei eines dieser drei transnationalen Rahmenabkommen nur europaweit gültig ist).

	Grad der Beteiligung EBR				Gesamt
	Nicht beteiligt	Involviert	Mitunterzeichner	ausschließlich	
Alle IAO-Kernarbeitsnormen genannt	11 64,7%	13 86,7%	17 89,5%	8 72,7%	49 79,0%
Andere Inhalte mit Relevanz für Europa (gesamt)	**15 88,2%**	**12 80,0%**	**12 63,2%**	**8 72,7%**	**47 75,8%**
Achtung von Gremien der Beschäftigtenvertretung	10 58,8%	8 53,3%	3 15,8%	1 9,1%	22 35,5%
Gesundheit und Sicherheit	**7 41,2%**	**9 60%**	**9 47,4%**	**4 36,4%**	**29 46,8%**
Aus- und Weiterbildung	0	0	1 5,3%	3 27,3%	4 6,5%
Umweltstandards	**2 11,8%**	**6 40,0%**	**5 26,3%**	**3 27,3%**	**16 25,8%**
Alle IAO-Kernarbeitsnormen &Inhalte mit Relevanz für Europa	10 58,8%	12 80,0%	11 57,9%	6 54,5%	39 62,9%
Fallzahl (gesamt)	**17**	**15**	**19**	**11**	**62**

Tab. 21: Auflistung der Themen mit Relevanz für europäische Beschäftigte (nach Beteiligungsgrad des Europäischen Betriebsrats)

Quelle: Eigene Berechnung und Darstellung; N = 62; Doppelnennungen innerhalb der Spalten möglich; Angaben in absoluten und relativen (Anteil an Gesamt-Fallzahl pro Spalte) Häufigkeiten.

34 Nennung von Gesundheits- und Sicherheitsstandards und Unternehmen des Dienstleistungssektors: Korrelationskoeffizient nach Bravais/Pearson -0,251; Nennung von Umweltstandards und Unternehmen des Baugewerbes: Korrelationskoeffizient nach Bravais/Pearson 0,385.

Im Vergleich zu den anderen Inhalten der Grenzüberschreitenden Rahmenvereinbarungen, die für Beschäftigte in Europa relevant sind, zeigt sich, dass sich diese zu einem Gutteil auch auf sämtliche IAO-Kernarbeitsnormen beziehen (siehe Tabelle 21). Wenn wir uns an die im Teilkapitel 4.2 formulierten Hypothesen zum Einfluss der EBR-Beteiligung auf die Inhalte der Grenzüberschreitenden Rahmenvereinbarungen insgesamt erinnern, ist festzuhalten, dass Brancheneffekte auch hier den Einfluss der formalen Beteiligungsgrade überlagern. Lediglich die Hypothese über die räumliche Reichweite der Grenzüberschreitenden Rahmenvereinbarungen lässt sich bestätigen. Die Analyse der allgemeinen Inhalte der Abkommen zeigt vielmehr stärkere Branchen- und Stammlandeffekte, als die Art und Weise der formalen Beteiligung die Unterschiede in den Inhalten erklären könnte. Bezüglich der Hypothese, dass die alleinige Beteiligung von EBRs sich inhaltlich darin niederschlägt, dass sich die Abkommen stärker mit auch für die europäische Ebene relevanten Themen beschäftigen, kann damit nicht bestätigt werden. Wie gezeigt wurde, verweist lediglich ein Teil sämtlicher Abkommen auf derartige Europa berührenden Themen, und dies unabhängig vom Grad der Beteiligung der EBRs.

4.4 Zusammenfassung der Ergebnisse

Trotz der geringen Fallzahl in der Grundgesamtheit konnten einige Unterschiede in den Beteiligungsformen von Europäischen Betriebsräten und GUFs/EIFs an IRVs und transnationalen Rahmenabkommen festgestellt werden. Besonders Brancheneffekte ließen sich als erklärende Variable für unterschiedliche Beteiligungsgrade analysieren. Im Teilkapitel 5.1 soll deshalb dargestellt werden, dass mit den Brancheneffekten auch unterschiedliche Strategien und Einstellungen der GUFs einhergehen, die verschiedene Formen der strategischen Einbindung von EBRs für ihr Agieren auf dem Feld der Internationalen Rahmenvereinbarungen postulieren. Die diversen Beteiligungsgrade von EBRs und die nachgewiesenen Brancheneffekte verdeutlichen, dass bei der Analyse von globalen Formen der Erwerbsregulierung das Zusammenspiel unterschiedlicher Rahmenbedingungen, Regulierungsmechanismen und Akteuren berücksichtigt werden muss (siehe auch Pries 2010). Eine Fokussierung auf GUFs als *legitimen* Akteur für das Aktionsfeld zur Aushandlung von Grenzüberschreitenden Rahmenvereinbarungen würde den Blick verengen. Es finden sich bereits auf der formalen Ebene andere Mechanismen und Akteure, die dieses organisationale Feld beschreiben können. Die Brancheneffekte, die den Umgang der Unternehmen mit unterschiedlichen Akteurskonstellationen und die Inhalte der Abkommen beeinflussen, schließen an die theoretischen, in der Tradition des soziologischen Neo-Institutionalismus stehenden Überlegungen zu organisationalen Feldern an (Hoffman 1999; Meyer/Rowan 1977). Die Unternehmen einer Branche scheinen sich auch bezüglich ihrer Grenzüberschreitenden Rahmenvereinbarungen in ihrer formalen Ausgestaltung anzugleichen. Auf formaler Ebene finden damit Isomorphieprozesse statt, die sich den Ansprüchen der unterschiedlichen GUFs bzw. den branchenspezifischen Regulierungsgegenständen anpassen. Für die weitere Analyse des Organisationsverhaltens scheint jedoch eine Erweiterung des Feldbegriffs sinnvoll zu sein. Da nicht nur Brancheneinflüsse, sondern auch gewerkschaftliche Strategien das Verhalten der Organisationen bezüglich der EBR-Beteiligung erklären können, findet offenbar nicht ausschließlich eine Anpassung an andere Unternehmen im Feld statt, sondern auch an institutionelle Erwartungen von kollektiven Akteuren im Feld bzw. in der Organisation selbst (siehe auch Rosenow-Williams 2012). Diesem Aspekt wird in den Fallstudien weiter nachgegangen, indem eben auch die Aushandlungsprozesse untersucht werden.

In der Gesamtbetrachtung des Untersuchungssamples lassen sich einige Gemeinsamkeiten der Unternehmen ausmachen, die eine gemeinsame Orientierung an institutionellen Erwartungen offenbaren. Sich anlehnend an die Studien von Sotorrio und Sanchez (2008) bzw. von Edwards u.a. (2007) zeigt auch dieses Untersuchungssample eine Europa-Zentrierung der Unternehmen, und zwar sowohl hinsichtlich ihrer Stammsitze als auch hinsichtlich ihrer Geschäftstätigkeiten. Aufgrund des für die eigene Untersuchung gewählten Auswahlkriteriums, dass diese Unternehmen einen EBR installiert haben, lässt sich die Schwerpunktbildung bei den Stammsitzen innerhalb der EU erklären. Aus der EBR-Forschung ist bekannt, dass ein Großteil der eingesetzten Europäischen Betriebsräte in Unternehmen zu finden ist, die ihren Stammsitz auf dem europäischen Kontinent haben. So existierten (nach Angaben des Europäischen Gewerkschaftsinstituts vom November 2012) 1017 EBR in 944 Unternehmen, wobei etwa 255 dieser EBRs in Unternehmen mit Stammsitz außerhalb der EU existieren.[35] Auf einen neuen Aspekt konnte die vorliegende Untersuchung jedoch hinsichtlich der

35 Siehe auch http://www.ewcdb.eu/documents/freegraphs/201211_DE.pdf (20.12.2012).

regionalen Konzentration der Unternehmen bei ihrer Geschäftstätigkeit aufmerksam machen: Zahlreiche Unternehmen in der eigenen Untersuchung haben nicht nur ihren Stammsitz in Europa, sondern konzentrieren ebenso ihr Kerngeschäft auf den europäischen Markt. Aufgrund der Verankerung der Unternehmen im europäischen Raum orientieren sich die Unternehmen an gemeinsamen Erwartungen, die im gemeinsamen Wertehaushalt der EU verankert sind (siehe auch Sotorrio/Sanchez 2008). Über die Arbeit der EU-Kommission werden politische Normen an die Unternehmen formuliert, sich nicht nur entsprechend der IAO-Kernarbeitsnormen zu verhalten, sondern auch den Sozialdialog auf Unternehmensebene – aber auch auf sektoraler Ebene – zu stärken. Entsprechend hat die Auswertung der Abkommensinhalte einen starken formalen Anspruch gezeigt, den Sozialdialog im Unternehmen zu stärken. Dieses Postulat findet sich in allen GRVs, unabhängig von den beteiligten Akteuren der Beschäftigtenvertretung, den Branchen oder den Stammländern der Unternehmen. Ob diese Formulierung als Legitimationsfassade nach außen dient, um sich gegenüber den institutionellen Erwartungen zu behaupten, und sie damit von den Aktivitäten der Unternehmen entkoppelt wird oder ob sie auch in die Praxis umgesetzt wird, muss in den Fallstudien geklärt werden (Meyer/Rowan 1977). Auf formaler Ebene bleibt es bei einigen Hinweisen, die auf unterschiedliche Formen von Anpassung oder Entkoppelung schließen lassen – so beispielsweise das Einsetzen gemeinsamer Gremien zur Überwachung der Abkommen, die unterschiedlich ausgestaltet sind, oder die unterschiedlichen Beteiligungsgrade von Europäischen Betriebsräten und GUFs/EIFs bei der Verabschiedung und Umsetzung der Abkommen.

Da die Beteiligungsgrade des Europäischen Betriebsrats auch mit den Strategien der GUFs erklärt werden können, zeigt sich in der Auswertung, dass das Themenfeld »Grenzüberschreitende Rahmenvereinbarungen«, wie in dem Modell zur Erwerbsregulierung von Pries (2010) vorgestellt, nur mit dem Zusammenspiel unterschiedlicher Akteure und damit über die Akteursdynamik erklärt werden kann – nicht jedoch mit dem klassischen Theoriemodell des soziologischen Neo-Institutionalismus, das von einer Anpassungen des Verhaltens von Organisationen an institutionelle Erwartungen der Umwelt ausgeht. Hier bietet sich gegebenenfalls eine Analyse dessen an, wie Institutionen und institutionelle Erwartungen aus der Perspektive des akteurszentrierten Institutionalismus wirken. Wie oben bereits dargestellt orientieren sich die entsprechenden Organisationen an den Erwartungen des Feldes. Die damit verbundenen institutionellen Erwartungen, den Sozialdialog zu stärken, sind jedoch nicht in gleicher Weise für die an den Verhandlungen beteiligten Akteure relevant. Europäische Betriebsräte etwa scheinen sich in ihrem Verhalten an den Erwartungen der GUFs zu orientieren, was aus Abhängigkeits- und Machtbeziehungen bzw. Aushandlungsprozessen zwischen Europäischen Betriebsräten und Gewerkschaften resultiert. Während also für Unternehmen unterschiedliche Akteurskonstellationen aus Legitimationsgründen von Bedeutung sein können, können diese für die Gremien der Beschäftigtenvertretung eine eher strategische Rolle spielen. Demnach scheint die im Theoriekapitel formulierte Annahme, dass sich die unterschiedlichen Akteure entweder aus strategischen Motiven mit dem Thema beschäftigen oder sie mit (machtpolitischen) Erwartungen anderer Gremien der Beschäftigtenvertretung oder der Unternehmen konfrontiert sind, eine stärkere Erklärungskraft zu besitzen. Entsprechend soll diese Annahme in den Fallstudien zur Erklärung unterschiedlicher Akteursdynamiken in den Aushandlungsprozessen genutzt werden.

5. Auswertung der Strategien der Globalen Gewerkschaftsverbände und der Unternehmensfallstudien

Nachdem die statistische Untersuchung erste Zusammenhänge zwischen Strukturdaten der Unternehmen, den Inhalten der Abkommen und der Beteiligung unterschiedlicher Gremien der Beschäftigtenvertretung ermitteln konnte, werden im folgenden Kapitel die IRV-Strategien der GUFs sowie die Unternehmensfallstudien dargestellt. Die unterschiedlichen Herangehensweisen der GUFs an IRV-Verhandlungen und ihre Zusammenarbeit mit anderen Gremien der Beschäftigtenvertretung ließen sich bereits anhand unterschiedlicher Brancheneffekte aufzeigen. Im Teilkapitel 5.1 werden daher zunächst die Unterschiede der einzelnen GUFs offengelegt, was durch eine detaillierte Auswertung von internen Strategiepapieren sowie von Experten-Interviews mit hauptamtlichen Vertreterinnen und Vertretern der GUFs geschieht. Diese Strategien spiegeln sich dann auch in den konkreten Aushandlungsprozessen wider, die in einigen ausgewählten Fallstudien analysiert wurden (siehe Teilkapitel 5.2 bis 5.5). Im Zentrum der Fallstudien stehen dabei die Fragen nach dem Zustandekommen unterschiedlicher Akteursdynamiken und dem Einfluss sowohl der Strategien der Akteure als auch der Wirkung von Institutionen und institutionellen Erwartungen auf die Aushandlungen. Am Ende der jeweiligen Teilkapitel werden die Ergebnisse der eigenen Fallstudienanalyse mit den Ergebnissen anderer Unternehmens-Fallstudien zu IRVs ergänzt und kontextualisiert, um anschließend Rückschlüsse auf die Grundgesamtheit der statistischen Auswertung zu ziehen.

5.1 Strategien der Globalen Gewerkschaftsverbände in Bezug auf Internationale Rahmenvereinbarungen

Bei der Analyse der unterschiedlichen GUFs liegt das Hauptaugenmerk auf zwei Bereichen. Erstens soll überprüft werden, wie sich die einzelnen GUFs generell zur Frage der Internationalen Rahmenvereinbarungen stellen und welche Interessen und strategischen Ziele mit dem Abschluss solcher Vereinbarungen verfolgt werden. Andererseits geht es um die verschiedenen Formen der Zusammenarbeit zwischen GUFs und anderen Gremien der Beschäftigtenvertretung in Bezug auf multinationale Konzerne und IRVs, was in den einzelnen Fallstudien näher beleuchtet wird. Durch die Interviews mit Vertreterinnen und Vertretern der GUFs sowie durch die Analyse von Strategiepapieren soll jedoch überprüft werden, ob es generelle Vorgaben und Einstellungen zur Zusammenarbeit gibt. Bezüglich der allgemeinen IRV-Strategie einzelner GUFs kann zusätzlich auf diverse ältere Forschungsarbeiten zurückgegriffen werden: Aus ihnen geht hervor, dass zwischen den GUFs teilweise große Unterschiede bestehen, welche Ziele mit den Vereinbarungen verfolgt werden (zum Beispiel Miller 2008; Papadakis u.a. 2008; Platzer/Müller 2009; Schömann u.a. 2008b; Stevis 2010). Im weiteren Vorgehen werden die Strategien der GUFs aus analytischen Erwägungen getrennt voneinander vorgestellt, während in der Praxis einige Internationale Rahmenvereinbarungen aus einer Kooperation von mehreren GUFs hervorgegangen sind (siehe Anhang). Außerdem haben die drei GUFs IMB, ITBLAV und ICEM zum Juni 2012 zu einer GUF IndustriALL fusioniert, was damit einhergeht, dass sich in den vergangenen Jahren die IRV-Strategien einander angeglichen haben (siehe auch Seeling 2010).[36]

Wie erwähnt verfolgen heute nicht mehr alle GUFs das Hauptziel, IRVs in multinationalen Konzernen abzuschließen. Aufgrund der externen Gegebenheiten in den Wertschöpfungsketten der Textilindustrie ist die ITBLAV von der Aushandlung von IRVs abgerückt.[37] Ein stärkerer Schwerpunkt

---

36 Neben den GUFs, deren Strategien im Folgenden vorgestellt werden, gibt es noch die Internationale der Öffentlichen Dienste (IÖD), die ebenfalls zwei Internationale Rahmenvereinbarungen abgeschlossen hat. Beide sind zusammen mit anderen GUFs unterzeichnet worden, die federführend die Internationalen Rahmenvereinbarungen ausgehandelt haben. Außerdem hat die Internationale Journalisten-Föderation (IJF) eine IRV, ebenfalls in einem Unternehmen ohne Europäischen Betriebsrat, abgeschlossen. Aufgrund dessen werden diese beiden GUFs in der vorliegenden Untersuchung nicht betrachtet.

37 Die ITBLAV hat im Jahr 2000 ein Projekt begonnen, in ausgewählten multinationalen Konzernen IRV abzuschließen. Aufgrund verschiedener Kriterien wurden die vier Un-

liegt seit 2004 auf der Einrichtung von Gewerkschaftsnetzwerken entlang der Wertschöpfungsketten, und dort vor allem in Bezug auf die Zulieferunternehmen, um die existierenden CoCs großer Bekleidungshersteller in Einklang mit den IAO-Kernarbeitsnormen zu bringen (siehe auch Miller 2008; Platzer/Müller 2009: 327ff.). Auch bei der IUL sind Internationale Rahmenvereinbarungen mittlerweile nicht mehr das Herzstück der Strategie. Die am weitesten reichende Internationale Rahmenvereinbarung bei der IUL (welche übrigens die erste IRV generell war) wurde 1988 zwischen der IUL und Danone abgeschlossen. Die anderen IRVs der IUL haben sich später an dieser IRV und den entwickelten Dialogstrukturen zwischen IUL und Danone orientiert (Gallin 2008). Nach einer im Jahr 2005 erfolgten Überprüfung aller abgeschlossenen IRVs der IUL hat sich deren Schwerpunkt hin zum Aufbau von Dialogstrukturen mit Unternehmen verlagert, wobei diese Strukturen unabhängig von Internationalen Rahmenvereinbarungen entwickelt werden. Eine konzernbezogene Koordination von Gewerkschaftsvertreterinnen und -vertretern aufzubauen, ist bereits seit den 1960er Jahren ein Hauptanliegen der IUL (siehe Platzer/Müller 2009: 366f.). Außerdem hat die IUL Mindestanforderungen an neue Internationale Rahmenvereinbarungen formuliert, die sich vor allem auf die Rechte zur Vereinigungsfreiheit bzw. zum Führen von Kollektivverhandlungen beziehen und Überwachungsmechanismen festschreiben. Ansonsten, so berichten Vertreterinnen und Vertreter der IUL, würden IRVs lediglich ein PR-Instrument für Unternehmen darstellen (Interview IUL). Die bereits abgeschlossenen Internationalen Rahmenvereinbarungen der IUL fügen sich in ein Gesamtkonzept zur Ermächtigung lokaler Gewerkschaften als Verhandlungspartner für Tarifverträge ein. IRVs stellen in diesem Konzept internationale Mindeststandards dar, die Vereinigungsfreiheit und das Recht auf Kollektivverhandlungen gewährleisten und somit den lokalen Gewerkschaften einen Rahmen schaffen

---

ternehmen Coats PLC, Daun and Cie, Pou Chen und Vanity Fair ausgewählt. Mit Ausnahme von Vanity Fair besaßen alle Unternehmen noch die direkte Kontrolle über die Produktion der Ware und entsprachen damit in ihrer Form solchen MNK aus anderen Sektoren, die traditionell in den globalen sozialen Dialog eingebunden wurden. Die ITBLAV versuchte gewerkschaftliche Netzwerke aufzubauen, die nur im Fall von Coats und Daun nicht behindert und sabotiert wurden. In beiden Fällen wurden erfolglos bleibende Versuche unternommen, eine IRV abzuschließen. Bis heute hat die ITBLAV Internationale Rahmenvereinbarungen lediglich bei Inditex und Mizuno abgeschlossen, wobei die IRV bei Inditex von der ITBLAV selbst als weitreichend und mustergültig angesehen wird (Interview mit Vertreterinnen und Vertretern der ITBLAV; ITGLWF 2002).

sollen, um über materielle und prozedurale Aushandlungsgegenstände (wie Löhne oder Arbeitszeiten) verhandeln zu können.

Im Gegensatz zur ITBLAV oder der IUL verfolgen die anderen GUFs, die in die vorliegende Analyse mit einbezogen wurden, nach wie vor das Ziel, Internationale Rahmenvereinbarungen in Unternehmen abzuschließen. Jedoch zeigt die Entwicklung der letzten fünf Jahre, dass sich die strategischen Ausrichtungen der GUFs besonders zwischen UNI und den drei Industriegewerkschaften IMB, BHI und ICEM deutlich unterscheiden. Während die Industriegewerkschaften weiterhin Unternehmen mit Stammsitzen in Europa im Blick haben, lässt sich bei UNI eine Ausweitung der Internationalen Rahmenvereinbarungen auf den nordamerikanischen und den asiatischen Raum ausmachen (siehe Anhang). Darüber hinaus, so die Ansicht von Stevis (2010), haben sich die IRV-Strategien der GUFs seit 2007 verändert. Zum einen haben viele GUFs feststellen müssen, dass sie einige Internationale Rahmenvereinbarungen nicht in die Tat umsetzen konnten, weshalb seitdem größerer Wert auf Umsetzungsmechanismen in den IRVs gelegt wird (etwa durch verstärkte Bemühungen beim Aufbau von Gewerkschaften und gewerkschaftlichen Netzwerken). Dazu verfolgt vor allem UNI mit Internationalen Rahmenvereinbarungen eine Strategie, sogenannte *target companies* gewerkschaftlich zu organisieren und die IRV-Verhandlungen mit Kampagnenarbeit zu begleiten.

Für die BHI sind Internationale Rahmenvereinbarungen Teil ihrer Strategie, Dialogstrukturen mit Unternehmen zu etablieren, die den lokalen Mitgliedsgewerkschaften die Möglichkeit bieten, die Beschäftigten zu organisieren und Tarifverträge abzuschließen. IRVs kommt damit auch die Funktion zu, den Gewerkschaftsanteil im Bau- und Holzgewerbe zu erhöhen. Jedoch machen multinationale Konzerne – im Gegensatz zu anderen Branchen – nur einen Anteil von rund fünf Prozent aller Unternehmen aus. Aus der politischen Perspektive sind multinationale Konzerne jedoch als sogenannte »Lead«-Firmen wichtig (Interview BHI; Building and Woodworkers International approved by World Council on 2007; BWI 2010a). In ähnlicher Weise begründet auch ICEM die Konzentration auf IRVs (Interview ICEM). Internationale Rahmenvereinbarungen spielen in der Arbeit der BHI seit den 1990er Jahren eine Rolle. 2010 hat die BHI einen neuen Aktionsplan für den Bereich der multinationalen Konzerne aufgestellt, der neben der Überwachung der bisher abgeschlossenen Internationalen Rahmenvereinbarungen auch Verhandlungen über IRVs in zehn Unternehmen vorsah, die eine solche bis dahin noch nicht unterzeichnet hatten (»10 for

2010«; BWI 2010). Als Instrument für die erfolgreiche Überwachung von Internationalen Rahmenvereinbarungen hält die BHI an Referenzgruppen fest, die in regelmäßigen Abständen an unterschiedlichen Standorten der Unternehmen das Einhalten der Vereinbarungen überprüfen sollen (siehe auch Davies u.a. 2011: 128–130; Platzer/Müller 2009: 227ff.). Die IRVs der BHI zeichnen sich neben den Referenzgruppen auch dadurch aus, dass sie der Einhaltung der IAO-Kernarbeitsnormen in der Zulieferkette einen zumindest auf dem Papier großen Raum einräumen (Hellmann 2007). Die Forderung nach *Compliance* durch die Zulieferer ist auch in die Muster-IRV der BHI eingegangen.

In ihrer Muster-IRV betont die BHI auch ihre Absicht, durch die IRV die Mitgliedsgewerkschaften in ihren Organisationsbemühungen unterstützen zu wollen. Außerdem schlägt die BHI ein Vorgehen vor, wie Verhandlungen zu IRVs zu initiieren seien und abgeschlossene IRVs umgesetzt und überwacht werden können. Bei der Aushandlung von IRVs wird darauf verwiesen, dass Europäische Betriebsräte informiert und konsultiert werden sollten (was auch im Interview betont wurde, versehen mit dem Hinweis, dass der Anstoß zu IRV-Verhandlungen von eben diesen Gremien komme) (Interview BHI; siehe auch Hellmann 2007). Zur Umsetzung der Internationalen Rahmenvereinbarungen soll eine Referenzgruppe installiert werden, bestehend aus Vertreterinnen und Vertretern des Unternehmens, der nationalen Gewerkschaften und einer Vertreterin oder einem Vertreter der BHI.

Auch ITBLAV und IMB verfügen über eine Muster-IRV, die als Grundlage für Verhandlungen mit dem Management dienen soll und all jene Bereiche festlegt, die eine IRV zwingend beinhalten muss. Die IUL äußert sich auf ihrer Internetseite überhaupt nicht zu den Inhalten von Internationalen Rahmenvereinbarungen, während UNI und ICEM Zielvorstellungen formuliert haben, was mit IRVs erreicht werden soll (ICEM; ICEM 2011; IUF 2007; UNI Global Union; UNI Global Union 2010a; UNI Global Union 2010b). Auch die Muster-IRV vom IMB verweist auf den Aspekt, dass Zulieferer an den festgelegten Standards gemessen werden sollen, die Unternehmen sich in ihrer IRV also verpflichten, vor der Auftragsvergabe zu überprüfen, ob die Auftragnehmer die IRV-Standards erfüllen. Wie in der Muster-IRV der BHI soll auch laut IMB eine Kontrollgruppe gegründet werden, die uneingeschränkten Zugang zu den Einrichtungen erhält. Diese Gruppe soll aus einer gleichen Anzahl an Führungskräften und Gewerkschafterinnen oder Gewerkschaftern bestehen. Auch die Muster-IRV der ITBLAV verweist auf die Einsetzung einer gemeinsamen Überwachungsgruppe. Wie bereits oben

GUF	Forderungen an Inhalte IFA	Formal umgesetzt (Jahr der Unterzeichnung)	Formal nicht umgesetzt (Jahr der Unterzeichnung)
BHI (2007)	- Einhaltung aller IAO-Kernarbeitsnormen - Faire Arbeitsbedingungen; Zahlung von „living wages" - Sichere und nicht-Gesundheitsgefährdende Arbeitsumgebung - Abkommen gültig für alle Standorte, Zulieferer und Sub-Unternehmer weltweit - Verhandlung unter Einbeziehung von EBRs, wenn vorhanden (Information und Konsultation) - Einrichtung einer Referenzgruppe zur Überwachung (Vertreter des MNK, nat. Gewerkschaft und BHI)	BallastNedam (2002); IKEA (2001); FaberCastell (2000); ItalCementi (2008); Impregilo (2004); Royal BAM (2006); Royal Volker Wessels (2007); Schwan Stabilo (2005); Staedtler (2006); Wilkhahn (2005)	Hochtief (2000) – keine Referenzgruppe; Lafarge (2005) – EBR nicht informiert und konsultiert; Skanska (2001) – keine Sanktionsmechanismen gegen Zulieferer; Veidekke (2005) – keine Sanktionsmechanismen gegen Zulieferer
ITBLAV (2002)	- Einhaltung aller IAO-Kernarbeitsnormen - Verbesserung der Arbeitsbedingungen - Gültigkeit für alle Beschäftigten weltweit, egal, ob sie direkt beim MNK angestellt sind oder nicht - Gültigkeit auch für Zulieferer - Max. Wochenarbeitszeit von 48 Std.; ein Tag pro Arbeitswoche frei - Mind. Einhaltung von nationalen oder branchenüblichen Mindestlöhnen - Einrichtung einer Referenzgruppe zur Überwachung (Vertreter des MNK, nat. Gewerkschaften und ITBLAV)	Inditex (2007)	
IMB (2005)	- Einhaltung aller IAO-Kernarbeitsnormen - Faire Arbeitsbedingungen - Sichere und nicht-Gesundheitsgefährdende Arbeitsumgebung - Abkommen gültig für alle Standorte, Zulieferer und Sub-Unternehmer weltweit - Einrichtung einer Referenzgruppe zur Überwachung (Vertreter des MNK und gleiche Anzahl an Gewerkschaftern)	Aker (2008); Arcelor (2005); Bosch (2004); EADS (2005); PSA Peugeot (2006); Renault (2004)	BMW (2005) – keine Evaluation der Zulieferer; Brunel (2007) – keine Referenzgruppe; Daimler (2002) – Überwachung nur durch Management; GEA (2003) – keine Evaluation der Zulieferer; Leoni (2003) – Überwachung nur durch Management, keine Evaluation der Zulieferer; Merloni-Indesit (2001) – keine Einbindung Zulieferer, keine Referenzgruppe; Prym (2004) – keine Evaluation der Zulieferer, keine Referenzgruppe; Rheinmetall (2003) – keine Referenzgruppe, keine Einbindung Zulieferer; SKF (2003) – keine Evaluation der Zulieferer; Vallourec (2008) – keine Referenzgruppe; Volkswagen – keine Einbindung Zulieferer

Tab. 22: Muster für Internationale Rahmenvereinbarungen der Globalen Gewerkschaftsverbände und ihre formale Umsetzung

Quelle: eigene Zusammenstellung und Auswertung; Inhalte der Muster-IRVs basierend auf Internationaler Metallgewerkschaftsbund 2005; Building and Woodworkers International approved by World Council on 2007; ITGLWF 2002

beschrieben wurde, orientieren sich die Vorgaben der ITBLAV noch stärker an den Zulieferern und Subunternehmern, als es die anderen GUFs tun. In der Muster-IRV der ITBLAV findet sich daher die Formulierung, dass die Internationale Rahmenvereinbarung für alle Beschäftigten weltweit gilt, die für das Unternehmen arbeiten, gleichgültig ob sie direkt vom Unternehmen angestellt sind oder nicht. Das Unternehmen muss sicherstellen, dass auch Zulieferunternehmen die IRV einhalten und die Standards nicht als Maximal-, sondern als Minimalstandards angesehen werden.

Beim IMB sind die Internationalen Rahmenvereinbarungen Teil einer Strategie, Arbeitnehmerrechte in der internationalisierten Ökonomie besonders durch Unternehmenspolitik zu verteidigen. Dazu versucht der IMB, Dialog- und Verhandlungsstrukturen mit multinationalen Konzernen aufzubauen (siehe auch Platzer/Müller 2009: 113ff.), während Kampagnen wegen des Fehlverhaltens einzelner Unternehmen nur eine Nebenrolle spielen. Die IRV-Strategie hat sich beim IMB aus bestehenden Kommunikations- und Dialogstrukturen innerhalb der Unternehmen selbst entwickelt, so dass die IRV-Strategie stärker unternehmensbezogen gewachsen ist, als dass sie vom IMB selbst gesteuert worden wäre (Interviews IMB). Damit unterscheidet sich die Herangehensweise deutlich von der IRV-Strategie von UNI, wo die Kampagnenarbeit (*naming and shaming*) Teil der IRV-Strategie ist und sogenannte *target companies* zentral von den Vertreterinnen und Vertretern von UNI ausgewählt werden. Bei den Inhalten der Internationalen Rahmenvereinbarung setzt der IMB auf die Nennung aller IAO-Kernarbeitsnormen – zusammen mit der Formulierung von Überwachungs- und Umsetzungsmechanismen sowie dem Verweis auf die Bekanntmachung gegenüber Zulieferern die wichtigste Voraussetzung dafür, dass der IMB eine IRV als solche anerkennt. Andere Bereiche (etwa Gesundheit, Sicherheit oder Umweltstandards) können ergänzend angeführt werden. IRVs stellen einen wichtigen Bestandteil der Arbeit des IMB dar, ohne dessen Kernanliegen zu sein: Service für die Mitgliedsorganisationen und der Bereich Industriepolitik haben einen größeren Stellenwert für den IMB (Interviews IMB). Entstanden ist die IRV-Politik sowohl beim IMB als auch bei anderen Industriegewerkschaften als Reaktion auf das Aufkommen freiwilliger, unilateraler Selbstverpflichtungen von Unternehmen sowie die stagnierenden staatlichen Bemühungen, die IAO-Kernarbeitsnormen durchzusetzen. Der IMB verfolgt mit den IRVs eine Strategie, die sich sowohl auf die Mitgliederlogik als auch auf die Einflusslogik bezieht (Schmitter/Streeck 1999): Zum einen will er als legitimer Verhandlungspartner des Managements anerkannt werden, andererseits sein internes Ansehen bei den Mitgliedsgewerkschaften und betrieblichen Gremien steigern. Eine ähnliche Strategie, die sich sowohl nach innen als auch nach außen richtet, verfolgen auch die BHI und ICEM.

Während der IMB Internationale Rahmenvereinbarungen inhaltlich so ausgestaltet, dass sie wenig Raum für Neuverhandlungen lassen, ist es der ICEM ein Anliegen, auch bestehende IRVs, wenn nötig, nachzubessern (Interview ICEM). Inhaltlich hält sie, neben den IAO-Kernarbeitsnormen, auch Gesundheit- und Sicherheitsstandards sowie Umweltstandards für integrale Bestandteile der Abkommen. In ihrer Strategie, IRVs zum Aufbau von Dialogbeziehungen mit multinationalen Konzernen zu nutzen, ähneln sich die Vorgehensweisen von ICEM, BHI und IMB. Auch ein Interviewpartner von ICEM äußerte Bedenken gegenüber dem Nutzen einer IRV-Strategie, die auf Kampagnenarbeit beruht:

»The question on that is, if you run a very aggressive campaign against the company and the company says that ›this is hurting us in the market place, this is hurting us with the shareholders, this is hurting us with the constituency‹ and then they figure out ›we can get the union of this, so we can get the global federation of this if we sign a global agreement‹ then, what do you have in the future?« (Interview ICEM).

ICEM versucht eine Sprachregelung in den IRVs zu vereinbaren, die die multinationalen Konzerne dazu verpflichtet, die IRVs an die lokale Managementebene weiterzugeben, um zu gewährleisten, dass sie auch auf lokaler Ebene respektiert wird. Eine Überwachung der IRV kann nur durch funktionierende, institutionalisierte Dialogstrukturen gewährleistet werden, in denen Gewerkschaften und Management vertrauensvoll zusammenarbeiten. Mit dieser Strategie arbeitet ICEM seit einem Kongressbeschluss aus dem Jahr 1999. Bei den Verhandlungen setzt ICEM – ähnlich wie der IMB – auf die lokalen Mitgliedsgewerkschaften am Stammsitz der jeweiligen Unternehmen, wobei der Prozess sowohl von ICEM als auch von lokalen Gewerkschaften in Gang gesetzt werden kann (Platzer/Müller 2009: 187f.). Bis heute sind Verhandlung, Umsetzung und Überwachung von IRVs eines der drei Hauptthemenfelder von ICEM (Interview ICEM) – neben u.a. der Mitgliederpolitik, bei der ICEM internationale Rahmenbedingungen herstellt, um die lokalen Mitgliedsgewerkschaften in ihren Organisationsbemühungen zu unterstützen (Platzer/Müller 2009: 180).

Bei UNI ist die Unterstützung von Organisierungskampagnen seit einigen Jahren die wichtigste Verbandsaktivität, wobei Internationale Rahmenvereinbarungen ein wichtiges Instrument sind, mit denen das Recht auf Vereinigungsfreiheit und Kollektivverhandlungen gewährleistet und ein internationaler Rahmen für das Agieren der lokalen Gewerkschaften in den

MNKs geschaffen werden soll. Die IRV-Politik ist – als Teil einer mitgliederbezogenen Politik (siehe auch Platzer/Müller 2009: 283ff.) – vor allem durch die US-amerikanischen Mitgliedsgewerkschaften in der Strategie von UNI verankert worden (siehe auch Brinkmann u.a. 2008; Fiorito 2003). Demgegenüber sind die Industriegewerkschaften BHI, ICEM und IMB institutionell stärker in einem europäischen Rahmen verortet und orientieren ihre Strategien entsprechend stärker am Aufbau von Sozialdialogstrukturen in multinationalen Konzernen. Durch die Orientierung an einem nordamerikanisch geprägten Gewerkschaftsverständnis strebt UNI den Aufbau globaler Gewerkschaftsnetzwerke und Organisierungskampagnen für die Unternehmen an, wenn dort keine Internationalen Rahmenvereinbarungen ausgehandelt werden können. Bei Verhandlungen über IRVs setzt UNI sowohl auf kooperative als auch auf konflikthafte Formen der Aushandlung. Im Gegensatz zu den anderen GUFs zeigt sich bei UNI jedoch eine größere Bandbreite an IRVs in Bezug auf ihre Inhalte, was der in UNI herrschenden Sektorenvielfalt geschuldet ist. Als gemeinsames Minimalkriterium zum Abschluss einer IRV benannten sämtliche UNI-Interviewpartner die IAO-Kernarbeitsnormen zur Vereinigungsfreiheit und das Recht auf Kollektivverhandlungen, da es die umfassende Organisierungsstrategie von UNI widerspiegelt (Interviews UNI). Abgesehen von diesem Aspekt agieren die einzelnen Sektoren innerhalb von UNI bei den Verhandlungen als auch bezüglich der Abkommensinhalte relativ autonom. UNI Finance ist zum Beispiel davon abgerückt, die IAO-Kernarbeitsnormen zum Kernstück ihrer Vereinbarungen zu machen, sondern setzt stattdessen darauf, eine transnationale Kommunikations- und Koordinierungsstruktur zwischen Gewerkschaften im Unternehmen zu etablieren (zum Beispiel Vereinbarungen bei NAG und Danske Bank). Demgegenüber setzt UNI Graphics den Kampf um das ungeschmälerte Recht auf gewerkschaftliche Organisierung und Tarifverhandlungen mittels Internationaler Rahmenvereinbarungen fort. Außerdem unterstützt UNI sogenannte Offshoring-Abkommen, die von nationalen Gewerkschaften unterzeichnet werden und das Ziel haben, Mindeststandards zu gewährleisten, wenn globale Verlagerungen stattfinden (zum Beispiel verhandelt von Amicus bei CSC) (siehe auch Platzer/Müller 2009: 283ff.). Die Umsetzung von IRVs soll bei UNI durch ein Review-Komitee erfolgen, das aus einer hauptamtlichen Vertreterin oder einem Vertreter von UNI und einer Gewerkschaft am Stammsitz des Unternehmens besteht. Dazu finden jährliche Treffen statt, um Probleme bei der Umsetzung zu diskutieren. Parallel zum Abschluss der IRV wird eine Organisierungskampagne bei den nationalen Mitgliedsgewerkschaften des entsprechenden Unternehmens gestartet, wobei die lokalen Gewerkschaften dabei Schulungsunterstützung durch UNI erhalten.

Generell lässt sich für die GUFs also festhalten, dass die IRV-Strategien zur Sicherung von internationalen Mindestarbeitsstandards, aber auch – mehr oder weniger stark – als Mittel zur Organisierung genutzt werden. Entsprechend spielen zivilgesellschaftliche Akteure wie NGOs für die IRV-Strategie nur dann eine Rolle, wenn Internationale Rahmenvereinbarungen in Verbindung mit Kampagnenarbeit abgeschlossen werden. NGOs sind damit zwar Akteure im organisationalen Feld von Corporate Social Responsibility oder internationalen Mindestarbeitsstandards, aber nicht für den spezifischen Bereich der IRV-Aushandlung. Für GUFs sind Internationale Rahmenvereinbarungen damit Ausdruck von Dialogbeziehungen mit multinationalen Konzernen und ein genuin gewerkschaftliches Instrument. Generell orientieren sie sich in ihrem Handeln an Institutionen, die auf der internationalen Ebene verankert sind, und auch in kulturell-kognitiver Hinsicht halten sich die GUFs für die legitimierten Akteure zur Aushandlung von Grenzüberschreitenden Rahmenvereinbarungen und sehen diesen Bereich als relevant und handlungsleitend an. Dabei bestehen bei einigen GUFs Anknüpfungspunkte zwischen der europäischen und internationalen Ebene (worauf noch einzugehen sein wird), die dazu genutzt werden, um den handlungsleitenden institutionellen Erwartungen auf internationaler Ebene gerecht zu werden.

Bezogen auf die interorganisationalen Aushandlungsprozesse zwischen GUFs und Management bei der Aushandlung von Internationalen Rahmenvereinbarungen verdeutlichen die erläuterten Strategien bereits, dass sich die UNI-Strategie insofern von den anderen GUF-Strategien unterscheidet, dass sie auch konflikthafte, kampagnengestützte Aushandlungsprozesse vorsieht, während die anderen Strategien eher auf sozialpartnerschaftliche Aushandlungsbeziehungen hindeuten. In Bezug auf die intraorganisationalen Aushandlungsprozesse existieren bei IRV-Verhandlungen zwei den Aushandlungsprozess strukturierende Verfahren. Generell findet ein Mandatierungsverfahren auf den jeweiligen Weltkongressen der GUFs statt, bei denen die politischen und strategischen Ziele der GUFs festgelegt und von den Vertreterinnen und Vertretern der Mitgliedsgewerkschaften legitimiert werden (siehe auch ICEM 2011; IMF 2009; IUF 2007; UNI Global Union 2010b). Zu einer direkten Abstimmung des jeweiligen Vorgehens bei konkreten IRV-Verhandlungen kommt es dann in der Regel mit den im jeweiligen Konzern vertretenen Mitgliedsgewerkschaften, ebenso wie intraorganisationale Verhandlungen zwischen GUF und den Mitgliedsgewerkschaften häufig am Stammsitz des Unternehmens geführt werden. Falls internationale Gewerkschaftsnetze innerhalb des Unternehmens bereits existieren, werden darüber die lokalen Gewerkschaften informiert und eingebunden.

Da zivilgesellschaftliche Akteure (wie NGOs) von den GUFs nicht in IRV-Verhandlungen integriert werden, finden entsprechend auch keine interorganisationalen Aushandlungen zwischen diesen Akteuren statt. Anders verhält es sich dagegen bei betrieblichen und überbetrieblichen Gremien der Beschäftigtenvertretung, die formal unabhängig von den gewerkschaftlichen Strukturen agieren, faktisch aber häufig in gewerkschaftliche Strukturen eingebunden sind. Inwieweit sich die Strategien und damit verbundenen Interessen der unterschiedlichen GUFs hinsichtlich dieser Form interorganisationaler Aushandlungsprozesse unterscheiden, wird im Folgenden dargestellt werden. Europäische oder auch Weltbetriebsräte werden dabei als ausführende Organe der GUFs bei der Aushandlung von IRVs analysiert, wobei eine Untersuchung der Beziehungen zwischen GUFs und anderen Gremien der Beschäftigtenvertretung – auch in Bezug auf IRV-Strategien – bisher noch nicht stattgefunden hat. Entsprechend stützen sich die folgenden Einordnungen und Beobachtungen auf die eigene empirische Analyse, die anhand der der Interviews mit Vertreterinnen und Vertretern der GUFs vorgenommen wurde.

Anhand der geführten Interviews lassen sich idealtypisch drei Sichtweisen der GUFs auf Europäische und auch auf Weltbetriebsräte[38] nachzeichnen. Diese spiegeln unterschiedliche Einstellungen gegenüber dem EBR als auch gegenüber anderen Formen von Kooperation wider.

UNI und IUL verstehen Europäische Betriebsräte nicht als handlungsmächtige Akteure bei der Verabschiedung und Umsetzung von IRVs, sondern betrachten es als alleinige Aufgabe der nationalen Gewerkschaften sowie der internationalen Gewerkschaftsverbände, mit Unternehmen Internationale Rahmenvereinbarungen auszuhandeln. Diesen beiden Gewerkschaftsverbänden ist eine Beteiligung der EBRs nicht erwünscht. In Bezug auf UNI spiegelt diese Einstellung gegenüber EBRs die grundlegende IRV-

38 In den Interviews mit Vertreterinnen und Vertretern der GUFs wurde vor allem nach ihrer Einschätzung von Europäischen Betriebsräten gefragt. Dies ist dem Umstand geschuldet, dass Weltbetriebsräte in der Praxis kaum vorhanden sind und diese – im Gegensatz zu EBRs – auch nicht auf einer rechtlich legitimierten Grundlage als Gremien der Beschäftigtenvertretung agieren.

Strategie wider, ebenso wie die Orientierung an einem Verständnis von Beschäftigtenvertretung, die ausschließlich von gewerkschaftlichen Gremien wahrgenommen wird. Wie oben bereits dargestellt wurde, verfolgt besonders UNI mit Internationalen Rahmenvereinbarungen eine Organisierungsstrategie, weshalb die Ermächtigung von gewerkschaftlichen Akteuren im Vordergrund steht. EBRs sind nicht grundsätzlich gewerkschaftlich angebunden, weswegen sie in den Augen von UNI auch keine legitimen Akteure für die Aushandlung von IRVs sind. Auch die IUL hält EBRs für reine, auf europäischer Ebene agierende Informations- und Konsultationsgremien. EBRs haben kein Verhandlungsmandat und werden daher nicht in die Verhandlungen mit einbezogen. Dennoch kann es bei einzelnen IRV-Verhandlungen natürlich trotzdem zur Beteiligung von Europäischen Betriebsräten kommen, etwa wenn die EBR-Mitglieder gewerkschaftlich organisiert sind, Kampagnen gegen das Unternehmen unterstützen und/oder den Kontakt zur Unternehmensleitung für die GUFs vermitteln. Dies gilt auch für die anderen GUFs, die – wenn es direkte Kontakte in das Unternehmen gibt – diese auch nutzen.

Weniger ablehnend als UNI und IUL stehen ICEM und ITBLAV der Beteiligung von Europäischen Betriebsräten gegenüber. Zwar werden EBRs nicht aktiv als Organe eines möglichen Zugangs zur Unternehmensleitung genutzt, gleichwohl findet aber Kooperation und Austausch statt. Eine Beteiligung von Europäischen Betriebsräten wird geduldet, vorausgesetzt der EBR handelt in Absprache mit den Gewerkschaftsverbänden. So wird es auch von beiden GUFs akzeptiert, wenn Europäische Betriebsräte an der Aushandlung und der Unterzeichnung der Internationalen Rahmenvereinbarungen beteiligt sind. Bei ITBLAV handelt es sich jedoch um eine rein theoretische Frage, da ITBLAV bisher nur zwei IRVs in multinationalen Konzernen abgeschlossen hat, die beide keinen Europäischen Betriebsrat installiert haben (Inditex und Mizuno). Darüber hinaus ist bereits beschrieben worden, dass sich die IRV-Strategie auf die Zulieferkette der multinationalen Konzerne richtet und damit die Standorte, deren Arbeitsbedingungen gewissen Standards Genüge tragen (zum Beispiel in Europa oder Nordamerika), nicht Gegenstand der Verhandlungen sind. Aufgrund der Branchenstruktur der Textilindustrie existieren kaum Unternehmen, die unter die EBR-Richtlinie fallen und damit einen EBR installiert haben. Im eigenen Untersuchungssample finden sich einige Unternehmen, die der Textilindustrie zugeordnet werden können und ihre Stammsitze in Europa haben; sie befinden sich jedoch nicht im Blickpunkt der ITBLAV-Strategie und wurden von anderen GUFs oder nationalen Gewerkschaften unterstützt.

Die am weitesten gehende Beteiligung von Europäischen Betriebsräten bei IRV-Verhandlungen findet sich bei IMB und BHI. Sie tolerieren nicht nur eine Beteiligung von EBRs bei der Aushandlung von Internationalen Rahmenvereinbarungen, sondern nutzen diese aktiv, um Verhandlungsprozesse mit der Unternehmensleitung zu initiieren und die Umsetzung und Überwachung der Abkommen zu gewährleisten. In der Praxis zeigt sich besonders beim IMB, dass dieser die Abkommen zwar mit unterzeichnet, ein Großteil des Aushandlungsprozesses jedoch vom EBR organisiert wird (zum Beispiel Da Costa/Rehfeldt 2008; Telljohann u.a. 2009a). Im Falle der BHI ist die Einbeziehung von Europäischen Betriebsräten bei IRVs Teil der Strategie und als solche auch in der oben vorgestellten Muster-IRV festgeschrieben. Beim IMB ist die Beteiligung von Europäischen und auch Weltbetriebsräten (wie oben beschrieben) historisch gewachsen und lässt sich auf den starken Einfluss der deutschen IG Metall im IMB zurückführen, wie auch auf die eigene IG Metall-Strategie darauf bedacht ist, den Abschluss von Internationalen Rahmenvereinbarungen in deutschen multinationalen Konzernen voranzutreiben (siehe auch Rüb 2009: 208ff.). Diese Strategie ist innerhalb des IMB umstritten, wird aber bei Unternehmen, die über starke betriebliche Gremien der Beschäftigtenvertretung verfügen, mitgetragen. So zeigten bereits andere Studien etwa zum Automobilbereich, dass die dortigen Betriebsräte, EBRs und WBRs direkten Zugang zur Unternehmensleitung haben und im Vergleich zu den Gewerkschaften mehr Einfluss und Autorität besitzen (zum Beispiel Hauser-Ditz u.a. 2010).

Angesichts der vorgestellten IRV-Strategien der GUFs und auch der Art und Weise, was sie von der Beteiligung von Europäischen Betriebsräten an den IRV-Verhandlungen halten, lassen sich unterschiedliche Herangehensweisen der GUFs bei den intra- und interorganisationalen Aushandlungen nachzeichnen (siehe Tabelle 23). Ausgangspunkt der Überlegungen ist dabei der Umstand, dass GUFs in die jeweiligen Verhandlungen ihre eigenen intraorganisationalen Vorgaben und interorganisationalen Aushandlungsstrategien einbringen und nur bis zu bestimmten Grenzen von ihren eigenen Interessen und Strategien in den Verhandlungen abrücken würden. So ist es zum Beispiel empirisch unwahrscheinlich, dass GUFs – gegen ihre eigene Strategie – Abkommen als Internationale Rahmenvereinbarungen akzeptieren, an denen sie nicht beteiligt waren und die sie nicht unterschrieben haben.

GUF	Intraorganisationale Aushandlungen	Interorganisationale Aushandlungen mit EBR/WBR	Interorganisationale Aushandlungen mit Management
UNI	Politische Ebene: Mandat durch Gewerkschaftskongress Unternehmensebene: Abstimmung mit gewerkschaftlichen Konzernbetreuern; int. Gewerkschaftsnetzwerk und Gewerkschaften am Stammsitz	Keine Beteiligung anderer Gremien der Beschäftigtenvertretung gewünscht – keine Koalitionsbildung; Aushandlungen in Form von Informationsweitergabe	Ziel: Soziale Verträge Interaktionssystem: sowohl Druckmechanismen als auch Überzeugungsstrategien; Distributives Aushandeln bei Kampagnenarbeit möglich
IUL	Politische Ebene: Mandat durch Gewerkschaftskongress Unternehmensebene: Abstimmung mit gewerkschaftlichen Konzernbetreuern; int. Gewerkschaftsnetzwerk und Gewerkschaften am Stammsitz	Keine Beteiligung anderer Gremien der Beschäftigtenvertretung gewünscht – keine Koalitionsbildung; Aushandlungen in Form von Informationsweitergabe	Ziel: Soziale Verträge Interaktionssystem: sowohl Druckmechanismen als auch Überzeugungsstrategien; Distributives Aushandeln bei Kampagnenarbeit möglich
ITBLAV	Politische Ebene: Mandat durch Gewerkschaftskongress Unternehmensebene: Abstimmung mit int. Gewerkschaftsnetzwerk	Beteiligung von EBRs/WBRs toleriert; keine Relevanz in der Praxis	Ziel: Soziale Verträge und substanzielle Ergebnisse (für Zulieferer) Interaktionssystem: Überzeugungsstrategien; integrative Aushandlungen
ICEM	Politische Ebene: Mandat durch Gewerkschaftskongress Unternehmensebene: Abstimmung mit gewerkschaftlichen Konzernbetreuern; int. Gewerkschaftsnetzwerk und Gewerkschaften am Stammsitz	Beteiligung von EBRs/WBRs toleriert; Überzeugungsstrategien hinsichtlich Unterstützung von Verhandlungen mit Management; sowohl intra- als auch inter-coalition-building möglich	Ziel: Soziale Verträge und substanzielle Ergebnisse Interaktionssystem: Überzeugungsstrategien; integrative Aushandlungen
BHI	Politische Ebene: Mandat durch Gewerkschaftskongress Unternehmensebene: Abstimmung mit Gewerkschaften am Stammsitz	Beteiligung von EBRs erwünscht; Überzeugungsstrategie hinsichtlich Unterstützung von Verhandlungen mit Management; Ausgleich von Unstimmigkeiten; Tendenz zu intra-coalition-building	Ziel: Soziale Verträge und substanzielle Ergebnisse Interaktionssystem: Überzeugungsstrategien; integrative Aushandlungen
IMB	Politische Ebene: Mandat durch Gewerkschaftskongress Unternehmensebene: Abstimmung mit gewerkschaftlichen Konzernbetreuern	Beteiligung von EBRs erwünscht; Überzeugungsstrategie hinsichtlich Unterstützung von Verhandlungen mit Management; Ausgleich von Unstimmigkeiten; Tendenz zu intra-coalition-building	Ziel: Soziale Verträge und substanzielle Ergebnisse Interaktionssystem: Überzeugungsstrategien; integrative Aushandlungen

Tab. 23: Einfluss der GUF-Strategien auf die unterschiedlichen Aushandlungsprozesse
Quelle: Eigene Überlegungen; Darstellung angelehnt an theoretische Ansätze von Walton u.a. (1994) und Bacharach und Lawler (1980); siehe auch Abschnitt 3.1.2

Bei den intraorganisationalen Aushandlungen der GUFs sind zwei Aspekte zu beachten, die sich nicht im ursprünglichen Modell von Walton u.a. (1994) wiederfinden. Erstens ist die Rolle des Verhandlungsführers bei IRV-Verhandlungen unklar, da die offiziellen Unterzeichner – meistens Generalsekretärinnen oder Generalsekretäre der GUFs – nicht immer diejenigen Personen sind, die auch die Verhandlungen persönlich führen. Doch handelt es sich um jene, die das Mandat von den Mitgliedsorganisationen erhalten haben, in ihrem Namen IRVs abzuschließen. Damit bleibt für die weitere Analyse der Aushandlungen in den konkreten Unternehmensfallstudien offen, inwieweit intraorganisationale Abstimmungsprozesse zwischen dem

Verhandlungsführer und dem jeweiligen Mandatsträger innerhalb der GUF stattgefunden haben. Zweitens sind die Mitglieder der GUFs, im Gegensatz zu nationalen Tarifverhandlungen, nicht die Beschäftigten selber, sondern die jeweiligen nationalen GUF-Mitgliedsgewerkschaften. Im Verhandlungsprozess selbst kommt es jedoch nicht zu Abstimmungsprozessen mit allen Mitgliedsgewerkschaften, sondern nur mit denjenigen Mitgliedsorganisationen, die in den Unternehmen präsent sind. Jedoch haben die Interviewpartner der GUFs darauf hingewiesen, dass Abstimmungen häufig lediglich mit den Gewerkschaften am Stammsitz stattfinden oder – wenn vorhanden – mit den Vertretern der internationalen Gewerkschaftsnetzwerke.

Auch die statistische Analyse zeigt, dass nur in wenigen Fällen überhaupt nationale Gewerkschaften als Unterzeichner auftauchen. In 28 Fällen haben nationale Gewerkschaften am Stammsitz des Unternehmens die IRV mit unterzeichnet, in drei Fällen waren auch Gewerkschaften aus anderen Standorten Unterzeichner (bezogen auf alle IRVs; Stand: Dezember 2011; siehe Anhang). In der eigenen Grundgesamtheit finden sich nur sechs dieser IRVs wieder, bei denen Gewerkschaften am Stammsitz unterzeichnet haben, sowie die drei Fälle, in denen auch Gewerkschaften aus anderen Standorten unterzeichnet haben. Bei der Zuordnung der Fälle zu den einzelnen GUFs zeigt sich, dass es weder bei UNI noch bei der IUL einen Fall gibt, bei dem ein Europäischer Betriebsrat die Internationale Rahmenvereinbarung mit unterzeichnet hat, obwohl ein solcher EBR existiert. Als anderes Extrem interpretiert der IMB den Umstand, dass dort nur in einem einzigen Fall der EBR nicht formal beteiligt wurde: In sechs Fällen war er an der Umsetzung oder Überwachung beteiligt, in elf Fällen war er neben dem IMB Mitunterzeichner. Bei den Fällen, die ICEM und BHI zugeordnet werden können, lässt sich keine durchgängige Praxis feststellen. Jene Unternehmen geben in der Beteiligungsgrad-Gruppe, bei der der EBR ausschließlich unterzeichnet hat, den Ton an, die aufgrund ihrer Branchenzugehörigkeit UNI zuzuordnen sind. Die unterschiedliche Art der Beteiligung der Europäischen Betriebsräte bei den einzelnen GUFs, die sich bereits bei der Analyse der Branchen gezeigt hat (siehe Abschnitt 4.3.2), lässt sich daher nun mit der GUF-Strategie für den Umgang mit EBRs im Feld der Grenzüberschreitenden Rahmenvereinbarungen erklären.

Bei den interorganisationalen Aushandlungen müssen zwei Aspekte in Bezug auf die Strategien der GUFs berücksichtigt werden (siehe Tabelle 23). Einerseits können interorganisationale Aushandlungsprozesse mit EBRs oder WBRs stattfinden, die von den unterschiedlichen Einstellungen und

Strategien der GUFs bezüglich IRV, aber auch zur Einbindung anderer Gremien der Beschäftigtenvertretung geprägt sind. Diese interorganisationalen Aushandlungsprozesse strukturieren maßgeblich die Akteurskonstellationen des Aushandlungsprozesses und den Verhandlungsprozess mit der Unternehmensleitung. Die unterschiedlichen Gremien der Beschäftigtenvertretung können dabei dieselben institutionellen Erwartungen und Umwelten als handlungsleitend wahrnehmen. Es kann aber auch Divergenzen sowohl aufgrund ihrer institutionellen Einbettung als auch hinsichtlich des strategischen Vorgehens geben. Inwieweit sich die Strategien und institutionelle Einbettung der Gremien der Beschäftigtenvertretung gleichen, wird in den Fallstudien geklärt werden. Generell beeinflussen die Aushandlungsprozesse zwischen den Gremien der Beschäftigtenvertretung die interorganisationalen Aushandlungsprozesse mit der Unternehmensleitung. In Bezug auf die Strategien der GUFs zeigen sich dabei unterschiedliche Herangehensweisen bei den Verhandlungsstrategien und bei den jeweiligen Ergebnissen der Aushandlungen.

In den anschließenden Fallstudien soll nun, anknüpfend an das theoretische Modell, überprüft werden, wie sich die Akteursdynamiken bei den Verhandlungen über GRVs jenseits der formalen Beteiligung unterschiedlicher Gremien der Beschäftigtenvertretung darstellen. Dabei werden die theoretischen Annahmen weiter verfolgt, dass sich unterschiedliche Strukturierungen des organisationalen Feldes und die damit einhergehenden Institutionen und institutionellen Erwartungen sowie die Strategien der Akteure und die Akteurskonstellationen auf die Aushandlungsprozesse auswirken. Die Auswertung der standardisierten Daten hat bereits einen Stammlandeffekt in Bezug auf multinationale Konzerne mit Stammsitz in Deutschland aufgezeigt, der in Zusammenhang mit der Beteiligung von EBRs als Mitunterzeichnern steht. Die Analyse der GUF-Strategien hat außerdem verdeutlichen können, dass die GUFs unterschiedliche Ziele mit den IRVs verfolgen und unterschiedliche Einstellungen zur Beteiligung von Europäischen Betriebsräten haben. Die Einstellungen gegenüber nicht-gewerkschaftlichen Gremien sind dabei nicht allein strategischen Überlegungen geschuldet, sondern spiegeln die unterschiedlichen nationalen Vorstellungen von gewerkschaftlicher Arbeit in den GUFs wider (so etwa die Orientierung von UNI an US-amerikanischen Traditionen der Beschäftigtenvertretung und der Einfluss der deutschen IG Metall auf die Politik des IMB). Mit der Betrachtung konkreter Aushandlungsprozesse in mehreren Unternehmensfallstudien sollen nun, neben den Strategien und Einstellungen der GUFs, sowohl die Strategien, Einstellungen von Management und Europäischen Betriebsräten als auch die Machtbeziehungen zwischen unterschiedlichen Gremien der Beschäftigtenvertretung erhellt werden. Außerdem soll die theoretische Annahme überprüft werden, dass institutionelle Einflüsse aus unterschiedlich strukturierten organisationalen Feldern das Handeln der Organisationen und kollektiven Akteure in den konkreten Aushandlungssituationen beeinflussen.

Es werden nun entsprechend der vier Beteiligungsgrade vier Unternehmensfallstudien im Hinblick auf das theoretische Modell detailliert analysiert. Ferner konnten im Zuge der Datenerhebung noch drei weitere ergänzende Unternehmensfallstudien (je eine Fallstudie für die Beteiligungsgrade »EBR ist involviert«, »EBR als Mitunterzeichner« und »ausschließlich EBR als Unterzeichner«) durchgeführt werden.

Wie bereits oben angemerkt, handelt es sich bei der Fallauswahl um ein exploratives Vorgehen. Die Darstellungen der Unternehmensfallstudien werden genutzt, um die Erklärungskraft des theoretischen Modells zu überprüfen; sie erheben jedoch nicht den Anspruch, allgemeingültige Aussagen für alle Unternehmen im Sample treffen zu können. Die eigene Untersuchung wird am Ende mit den Ergebnissen anderer Fallstudien zur Aushandlung von IRVs und transnationalen Rahmenabkommen ergänzt werden, sofern die dort untersuchten Unternehmensfälle sich zur Integration in das eigene Theoriemodell eignen.[39]

39 Soweit nicht anders gekennzeichnet resultieren die folgenden Aussagen aus den Interviews und eigenen Recherchen zu Unternehmen. Die Interviews wurden entsprechend der Zugehörigkeit zu bestimmten Akteursgruppen gekennzeichnet. HRM für Interviews mit dem Management; GUF oder EIF für Interviews mit Vertreterinnen und Vertretern der beteiligten gewerkschaftlichen Gremien und EBR für Mitglieder der EBRs.

5.2 Fallstudie: SERVICE

5.2.1 Die Verhandlungen einer Internationalen Rahmenvereinbarung beim Unternehmen SERVICE

Unternehmensstruktur und Internationalisierungsstrategie des Konzerns

Das Unternehmen SERVICE ist ein international aufgestelltes Unternehmen aus dem Bereich Einzelhandel und hat seinen Stammsitz in Frankreich. Das Unternehmen ist in Europa vor allem im Stammland Frankreich sowie in Belgien, Spanien und Italien präsent. Darüber hinaus finden sich Filialen in Polen, Rumänien und der Türkei sowie in einigen weiteren südeuropäischen Ländern. Außerhalb Europas ist das Unternehmen in Lateinamerika (Argentinien, Brasilien, Kolumbien) und Asien (China, Indonesien, Malaysia, Singapur, Taiwan) aktiv. Das Unternehmen ist von seiner Historie her ein französisches Familienunternehmen, das von Frankreich aus expandiert ist. Der französische Markt stellt für das Unternehmen bis heute – mit einem Nettoumsatz von 38,7 Prozent des Gesamtumsatzes im Jahr 2010 – den größten Absatzmarkt dar (Geschäftsbericht des Unternehmens 2010). Die anderen Filialen in Europa erwirtschafteten im Jahr 2010 27,3 Prozent des Nettoumsatzes. Bis 2006 war der Anteil des Umsatzes, der in Frankreich erwirtschaftet wurde, größer als der Umsatz der ausländischen Standorte zusammen. Seitdem haben sich die ausländischen Umsätze kontinuierlich gesteigert (siehe auch Durand/Wrigley 2009). Seit 1991 ist Unternehmen SERVICE stark gewachsen. Insgesamt beschäftigte der Konzern im Jahr 2010 417.755 Mitarbeiter weltweit. Die Management-Struktur ist regional aufgebaut mit einer Unternehmensleitung in Frankreich und einer kontinentalen Untergliederung der Filialen (Frankreich, Rest-Europa, Asien und Lateinamerika).

Die Internationalisierung des Unternehmens erfolgte bereits in den 1970er Jahren sowohl in Europa als auch in Lateinamerika (Brasilien und Argentinien) und Asien (Taiwan). Die Wachstumsstrategie auf neuen Märkten wurde bis zu Beginn des 21. Jahrhunderts fortgesetzt. Darauf folgten eine Phase der Konsolidierung der Geschäfte und der Rückzug aus einigen Märkten, die für das Unternehmen nicht rentabel waren. Die dahinter stehende Internationalisierungsstrategie orientiert sich seit 2000 an den Märkten, in denen das Unternehmen zu einem der drei Marktführer gehört. Alle anderen Märkte werden sukzessive verlassen. Kamath und Godin (2001: 479) argumentieren mit Blick auf die Expansion des Unternehmens in Süd-Ost-Asien, dass der internationale Erfolg von Unternehmen SERVICE mit der Management-Strategie zusammenhängt. Das Unternehmen hat eine internationale Marke entwickelt, die jedoch – was den Bereich des Verkaufes von Produkten angeht – lokal vom Management an die lokalen Märkte und Konsumenten eigenverantwortlich angepasst werden darf (siehe auch Cambra-Fierro/Ruiz-Benitez 2011; Chuang u.a. 2011). Die Unternehmensleitung gesteht dem lokalen Management in diesem Bereich große Autonomie ein. Ein ähnliches Vorgehen findet sich auch im Bereich der Erwerbsregulierung auf den im folgenden Abschnitt eingegangen wird. Generell baut die Internationalisierungsstrategie des Unternehmens auf die Eröffnung neuer *greenfield* Filialen auf; entgegen der Strategie anderer Einzelhändler, die stärker auf Joint-Ventures und Übernahmen setzen, um neue Märkte zu erschließen. Die Verkaufsstrategie an den Standorten und das operative Geschäft sind international standardisiert. Die oberste Leitungsebene auf nationalem Level wird immer von einem französischen Manager oder einer französischen Managerin besetzt. Wie auch andere global-agierende Einzelhandelsketten setzt auch das Unternehmen SERVICE auf eine Niedrigpreis-Strategie, die jedoch nicht auf allen neu erschlossenen Märkten zum Erfolg geführt hat (siehe zum Beispiel Aoyama 2007; Durand/Wrigley 2009). Obwohl das Unternehmen bereits seit den 1970er Jahren börsennotiert ist, wurde es über viele Jahrzehnte als französisches Familienunternehmen mit einem Fokus auf langfristige Investitionen und Wachstum geführt. 2006 wurden große Anteile des Unternehmens an zwei Hedgefonds verkauft. Seitdem ist das Unternehmen stärker an kurzfristigen Ergebnissen interessiert und fokussiert das Geschäft auf die finanziellen Ergebnisse. Dieser Wechsel hat auch Einfluss auf die Management-Strategien und – damit einhergehend – auf die Ausgestaltung der Erwerbsregulierung (Interview: Unternehmen SERVICE_UNI).

Erwerbsregulierung im Konzern

Da sich die weiteren Ausführungen auf die Einflüsse der Erwerbsregulierung auf die IRV-Verhandlungen fokussieren, werden im Folgenden vor allem die Dimensionen der Erwerbsregulierung auf Ebene der zentralen Leitung dargestellt. Auf Besonderheiten in den nationalen Kontexten wird nur dann eingegangen, wenn diese Ebenen Einfluss auf die IRV-Verhandlungen hatten bzw. nationale Formen der Erwerbsregulierung den Ausgestaltungen auf

Konzernebene entgegen laufen. Dieser Fall wäre ein erster Hinweis auf die Verankerung der IRV-Verhandlungen in unterschiedlichen organisationalen Feldern und damit unterschiedlicher nationaler und globaler institutioneller Einflüsse auf die Organisationen. Entsprechend der Dimensionen nach Pries (2010: 52) wird also auf die Gegenstände und Formen der Erwerbsregulierung auf supranationaler, globaler und transnationaler Ebene eingegangen, da auch die IRV-Verhandlungen bzw. die Verhandlungen transnationaler Rahmenabkommen auf diesen Ebenen verankert sind. Die Formen der Erwerbsregulierung auf der globalen Konzernebene von Unternehmen SERVICE lassen sich in zwei Strukturen unterteilen. Zum einen finden sich im Konzern eine Reihe von Managementinitiativen, die unterschiedliche Gegenstände der Erwerbsregulierung betreffen und zentral gesteuert werden. Zum anderen gibt es seit vielen Jahren sozialpartnerschaftliche Strukturen, die von der nationalen, französischen Ebene ausgegangen sind und zwischen Management und gewerkschaftlichen Gremien stattfinden.

Die Managementinitiativen von Unternehmen SERVICE im Bereich der Erwerbsregulierung sind zu Beginn des 21. Jahrhunderts im Unternehmen entwickelt worden. Im Zuge der voranschreitenden Internationalisierung des Unternehmens aber auch der zunehmenden öffentlichen Wahrnehmung von sozialem und nachhaltigem Verhalten von Unternehmen (siehe auch zum Beispiel Hiß 2006; Ungericht/Hirt 2010) ist das Unternehmen 2001 dem UN Global Compact beigetreten. Außerdem ist Unternehmen SERVICE Mitglied der Global Reporting Initiative. Seitdem liefert das Unternehmen, neben den jährlichen finanziellen Daten auch Daten aus den Bereichen Beschäftigung und Nachhaltigkeit in seinen Geschäftsberichten. Der Beitritt zum UN Global Compact erfolgte parallel zum Abschluss der IRV mit UNI. Auf Grundlage des Beitritts hat das Unternehmen in den letzten zehn Jahren eine Reihe von Instrumenten entwickelt, die Anforderungen im eigenen Unternehmen zu prüfen. Die Regelungsgegenstände in den Managementinitiativen umfassen neben den Bereichen Qualifizierung (int. Programm zur Qualifizierung der Beschäftigten), interne Mobilität und Arbeitsorganisation (Gesundheit und Sicherheit, int. HRM-Strategie) auch den Bereich Umweltschutz und Arbeitskontrolle in Bezug auf die Überwachung der Zulieferer. Beteiligung und sozialer Dialog über eine Einbindung von Gremien der Beschäftigtenvertretung finden sich in den Managementinitiativen nicht wieder. Die Initiativen des Managements zum Bereich der Erwerbsregulierung sind einseitige Dekretierungen des Managements, das andere Akteure punktuell einlädt, die Initiativen zu unterstützen. Damit sind andere dominante Akteure und Mechanismen der Konfliktregulierung Bestandteil der Managementinitiativen als dies bei der IRV der Fall ist, die in Form gemeinsamer Verhandlungen entwickelt worden ist. Entsprechend ist das Unternehmen bei den Managementinitiativen der allein dominante Akteur. Als CSR-Instrument des Unternehmens wird dieser Bereich auf diskursive Art und Weise gegenüber öffentlich-diskursiven Ansprüchen legitimiert. Damit lässt sich auch erklären, dass NGOs anstelle von bzw. neben Gremien der Beschäftigtenvertretung in diesen Bereich des Unternehmens eingebunden werden. Damit verankern sich die Managementinitiativen in einem anderen organisationalen Feld, in dem auf globaler Ebene Konsumenten, Anteilseigner und NGOs als Anspruchsgruppen mit Erwartungen an das Unternehmen herantreten. In diesem organisationalen Feld werden Internationale Rahmenvereinbarungen und GUFs nicht als Quell institutioneller Erwartungen wahrgenommen (siehe Abbildung 3).

Seit Beginn des 21. Jahrhunderts pflegt das Unternehmen Kontakte zur International Federation of Human Rights, wobei vor allem über die Arbeitsorganisation in Zulieferbetrieben gesprochen wird. Daneben ist zur Überwachung einer allgemeinen nachhaltigen Entwicklung ein *Sustainable Development Committee* etabliert worden, das aus einem Nachhaltigkeitsteam des Managements, Repräsentanten der International Federation for Human Rights und den EBR-Mitgliedern des Steuerungsausschusses besteht. Das Komitee beschäftigt sich besonders mit der Überwachung der Zulieferketten – und dort mit den Regelungsgegenständen zum nachhaltigen Wirtschaften bei der Produktion von Rohstoffen für Nahrung, Textilien usw. sowie mit der Einhaltung von Umwelt-, Gesundheits- und Sicherheitsstandards für die Beschäftigten in der Produktion. Im Interview erläutert ein UNI-Vertreter das Vorgehen in Bezug auf die Zulieferer des Unternehmens am Beispiel der Herstellung und Behandlung von Jeans-Hosen:

»It's done with sand and apparently in terms of health and safety it's a disaster for workers. So they have decided not to buy any more of those kind of blue jeans. It›s interesting. So that's another entry that well, the trade unionists are not really passionated by that, but I think still that it is interesting to have this kind of discretion because we know very well that the company is always trying to improve its image abroad. But still for example we could convince them to send a letter to all their providers in Bangladesh, asking them to respect the trade unions and to promote social dialogue at the workplace. And they have 100 providers in Bangladesh. So 100 companies that, I don't know whether they are big or not, but they are probably not too small. And so it is interesting because it is, you know these providers depend on

[...] [Unternehmen SERVICE] to survive. If [...] [Unternehmen SERVICE] leaves Bangladesh it's a disaster.« (Interview: Unternehmen SERVICE_UNI)

Es ist der einzige Bereich der Managementinitiativen, in dem Konfliktregulierung durch betriebliche Gremien erfolgt und Gremien der Beschäftigtenvertretung darin eingebunden sind. Die Entscheidungen über das Vorgehen obliegen jedoch ausschließlich dem Management. Daneben findet jährlich im eigenen Unternehmen eine Mitarbeiterbefragung zum Thema Mitarbeiterzufriedenheit an Standorten weltweit statt, die vom Konzernmanagement initiiert und durchgeführt wird. Der EBR wird bei seiner jährlichen Sitzung über die Ergebnisse informiert. Außerdem ist 2009 eine neue Abteilung auf Konzernebene für den Bereich *Risk & Compliance Management* eingerichtet worden, die sich auch um Aspekte wie Diskriminierung am Arbeitsplatz – was ja auch ein Thema der Internationalen Rahmenvereinbarungen darstellt – kümmert: auch hier ohne sich mit Gremien der Beschäftigtenvertretung darüber auszutauschen. Zur Überprüfung der Vorgaben vom UN Global Compact wie auch von anderen Multi-Stakeholder-Initiativen (u.a. die Kriterien der *OECD-Guidelines for multinational companies*) lässt das Unternehmen jährlich einen »Sustainable Development«-Report mittels eines externen Audit-Verfahrens von einer Unternehmensberatung erstellen. Darin wird auch auf die Internationale Rahmenvereinbarung mit UNI, als Ausdruck bestehender Strukturen des Sozialdialogs, verwiesen, wobei die Inhalte der IRV selbst kein Bestandteil des Audit-Verfahrens sind.

Im Jahr 2010 hat das Unternehmen SERVICE zusätzlich eine einseitige Selbstverpflichtung unter dem Titel *Code of Business Ethics* verabschiedet (siehe Folgeseite), wobei am Entstehungsprozess weder Gremien der Beschäftigtenvertretung noch andere kollektive Akteure oder Organisationen involviert waren. Der Code of Business Ethics behandelt die Erwerbsregulierung im Konzern sowie Umweltstandards und Kundenservice. Einige Aspekte dieses CoC können damit als Ausdruck der Erwerbsregulierung im Konzern gesehen werden – sowohl bezogen auf die Regelungsgegenstände als auch auf das Verfahren, wie dieser Code zustande gekommen ist.

Inhaltlich werden Aspekte von Lohn und Arbeitszeit im Code of Business Ethics angesprochen, wohingegen die für UNI strategisch wichtigen Bereiche, also Vereinigungsfreiheit und das Recht auf Kollektivverhandlungen, nicht benannt werden. Auch ist der Code of Business Ethics anders zustande gekommen und wird anders überwacht als die Internationale Rahmenvereinbarung. Als einseitiges Managementinstrument ist der Code of Business Ethics ohne Beteiligung von Gremien der Beschäftigtenvertretung verabschiedet worden, obwohl parallel von UNI gefordert wurde, anstelle einer einseitigen Selbstverpflichtung die bestehende IRV neu zu verhandeln und zu überarbeiten (was jedoch vom Management abgelehnt wurde). Der Code of Business Ethics sieht keine Form der Konfliktregulierung zusammen mit Gremien der Beschäftigtenvertretung vor. Es wurde ein Group Ethics Committee auf Konzernebene eingesetzt, das für die Überwachung des Codes zuständig ist und lediglich aus Abgesandten des Managements besteht. Dieses Gremium auf Konzernebene wird durch Überwachungskomitees auf nationaler Ebene ergänzt, die ebenfalls aus Managerinnen und Managern der Leitungsebene bestehen. Ein reines Management-Komitee wird von UNI als nicht legitimiert angesehen, da zur tatsächlichen Überwachung der angegebenen Kriterien auch Gremien der Beschäftigtenvertretung und andere Stakeholder einbeziehen seien, um sich gegenüber institutionellen Erwartungen legitimieren zu können (Interview: Unternehmen SERVICE_UNI).

"[...] [Unternehmen SERVICE] carries out its social and societal responsibilities:

- Through its assortment: offering a wide range of [...] [Unternehmen SERVICE] sustainability products that meet high quality and safety standards, sold at a reasonable price and for every budget.
- Through its relations with suppliers and farmers: by building sustainable relations with suppliers and promoting fair and socially-responsible trade.
- By making its stores accessible: to those with disabilities
- By ensuring safety in our stores
- By encouraging its employees: by the management of its employees and a fair remuneration and by a policy promoting diversity and guaranteeing safety in the workplace.
- By making customers happy: by listening and meeting customers' expectations, by guaranteeing their safety in stores, by the democratisation of consumption and promotion of a socially-responsible consumption.
- Through its integration in the local economy: by encouraging employment and local sourcing, by integrating local economy and managing solidarity and sponsorship actions.

Working with more than 410,000 employees and thousands of suppliers presents us with a special responsibility. That's why we adhere to strong values and endeavour to be committed, caring and positive each and every day.
Our goal: become the preferred retailer, everywhere we operate."

Abb. 7: Der Code of Business Ethics im Unternehmen SERVICE
Quelle: Sustainability-Report 2010 des Unternehmens SERVICE

Das Aufkommen von Managementinitiativen im Unternehmen SERVICE im Bereich der Erwerbsregulierung steht im Zusammenhang mit Veränderungen der Konzernstruktur, womit die Internationalisierung wie die Beteiligung von Hedgefonds gemeint ist, und gewandelten Akteurskonstellationen zur Ausgestaltung des Sozialdialogs. Auf Konzernebene ist der Sozialdialog geprägt von etablierten Kommunikationsstrukturen mit einer dominanten französischen Gewerkschaft am Stammsitz des Unternehmens. Seit 1996 gibt es zudem einen EBR im Unternehmen, der nach dem französischen Modell – der EBR als gemeinsames Gremium von Management und Beschäftigtenvertretung – nach einer Initiative der französischen Gewerkschaft und UNI gegründet wurde. Obwohl das französische Modell der industriellen Beziehungen vom Gewerkschaftspluralismus geprägt ist, haben sich im Unternehmen SERVICE feste Strukturen zwischen einer französischen Gewerkschaft und dem Management entwickelt, die seit Jahrzehnten die Mehrheit der Stimmen an den französischen Standorten erhält (Interview: Unternehmen SERVICE_UNI). Auch im Unternehmen SERVICE herrscht an den französischen Standorten Gewerkschaftspluralismus, jedoch berührt dieser nur am Rande die Formen der Erwerbsregulierung auf globaler Konzernebene. Der Sozialdialog mit UNI wurde im Zuge der EBR-Verhandlungen aufgenommen. Sowohl der EBR als auch die anderen Sozialdialogstrukturen auf Konzernebene orientieren sich an französischen Institutionen der Erwerbsregulierung, weshalb das Management einem Sozialdialog mit gewerkschaftlichen Gremien offen gegenübersteht und es Gewerkschaften als legitime Kommunikationspartner und – für den Fall, dass diese ein lokales, nationales oder globales Verhandlungsmandat besitzen – als Verhandlungspartner anerkennt. Als gemeinsames Ziel wird eine sozialpartnerschaftliche Kooperation angestrebt in dem Sinne, dass als gemeinsame Norm gilt, die lang- und kurzfristigen Interessen aller beteiligten Gruppen anzuerkennen und nach gemeinsamen Lösungen zu suchen (siehe auch Pries 2010: 71f.). Das Konzernmanagement verfolgt demnach keine Strategie der Gewerkschaftsschwächung oder zur Verhinderung von Gewerkschaftsgründungen. Auf der Ebene des Konzernmanagements funktioniert der Sozialdialog sowohl national (mit der dominanten französischen Gewerkschaft) als auch international (über den Konzernbetreuer von UNI). So schätzt der UNI-Koordinator die Managementstrategie bezüglich der Ausgestaltung der Erwerbsregulierung so ein, dass das Management zu einem konstruktiven Austausch mit Gewerkschaften und Sozialdialog bereit ist, jedoch gegen jede Form verbindlicher Regulierung ist, die feste Informations- und Konsultationsrechte für die Beschäftigten vorsieht. Entsprechend wehrte sich das Management auch lange dagegen, eine neue EBR-Vereinbarung auszuhandeln (Interview: Unternehmen SERVICE_UNI).

Aufgrund der dezentralen Struktur des Unternehmens mit sehr eigenständigen nationalen und lokalen Gliederungen ist diese Form des Sozialdialogs allerdings nicht auf die nationale oder lokale Ebene übertragbar. Das Konzernmanagement lässt eine autonome Führung der nationalen und lokalen Ebene zu und nimmt kaum Einfluss auf Entscheidungen, die die Ausgestaltung der Erwerbsregulierung vor Ort betreffen. Während Frankreich funktionierende Formen der Arbeitsbeziehungen vorweisen kann, herrschen zum Beispiel in Spanien große Konflikte zwischen dem lokalen Management und UNI (siehe auch Royle/Ortiz 2009). Seit mehr als 20 Jahren erhebt UNI den Vorwurf gegenüber dem Unternehmen SERVICE, besonders in Spanien sogenannte »gelbe Gewerkschaften«, die vom Management eingesetzt und unterstützt werden, in den Filialen zu unterstützen. Die freien Gewerkschaften in Spanien haben aber durch UNI die Möglichkeit erhalten, mit dem zentralen Management zu verhandeln, dass drei der sieben spanischen EBR-Sitze an die freien Gewerkschaften gehen, obwohl diese in Spanien die Minderheit darstellen. In Polen – so berichtet der UNI-Vertreter – gab es Versuche, das polnische Management davon zu überzeugen, die lokale Gewerkschaft als Dialogpartner anzuerkennen. Das polnische Management hat einen solchen Vorschlag nicht akzeptiert, und von Seiten des französischen Managements wurde diese Entscheidung nicht weiter beeinflusst. Ein anderer Konflikt konnte in der Türkei 2008 mit Hinweis auf die IRV gelöst werden, als sich das lokale Management weigerte, eine türkische Gewerkschaft anzuerkennen. Auch 2009 konnten aufgrund der Zusammenarbeit zwischen UNI und dem Konzernmanagement Standorte in Rumänien gewerkschaftlich angebunden werden, was dazu führte, dass das lokale Management Tarifverhandlungen für die Beschäftigten zugestimmt hat. Die internationale gewerkschaftliche Ebene hat demnach nur teilweise Einfluss auf die Formen der Erwerbsregulierung vor Ort, weshalb sich die IRV auch nur punktuell auf die lokale Ebene auswirkt. Das lokale und nationale Management besitzt im Bereich der Erwerbsregulierung die Autonomie, nationale institutionelle Erwartungen einzubeziehen, das internationale organisationale Feld, in dem die IRV und auch die Strategie der Konzernebene verortet sind, jedoch auszublenden (siehe auch Hessler 2012; Royle/Ortiz 2009).

Neben der institutionalisierten, jedoch nicht formalisierten Form des Sozialdialogs mit gewerkschaftlichen Gremien gibt es auf der Grundlage supranationaler Regularien seit 1996 einen EBR im Unternehmen SERVICE. Dieser ist als freiwilliger Europäischer Betriebsrat vor dem Inkrafttreten der EBR-Richtlinie eingesetzt worden. Der EBR ist auf Initiative der dominanten französischen Gewerkschaft und UNI vorgeschlagen und von diesen Akteuren mit dem Management auch ausgehandelt worden. Der EBR ist seitdem Bestandteil des konzernweiten Sozialdialogs und wird vom Management als Austausch- und Dialogforum betrachtet. Der EBR wurde in seiner Zusammensetzung so konstruiert, dass auch Vertreter aus Nicht-EU-Standorten Vollmitglieder des Gremiums sein konnten: Polen, Tschechien und Türkei sind seit 1996 mit jeweils einem Mitglied im EBR vertreten. UNI – bzw. UNI-Europa – können ebenfalls ein Mitglied in den EBR entsenden. Derzeit sind im EBR ausschließlich Gewerkschaftsmitglieder vertreten (Stand: Mitte 2011). Der Steuerungsausschuss besteht gemäß der Vereinbarung des Jahres 2000 aus vier EBR-Mitgliedern aus Frankreich, Spanien, Belgien und Italien. Aufgrund der Sitzverteilung innerhalb des EBRs und der Dominanz der französischen EBR-Mitglieder ist dieser stark von französischen Institutionen der Erwerbsregulierung geprägt. Der EBR besteht laut EBR-Vereinbarung aus 23 Mitgliedern (elf aus Frankreich, sieben aus Spanien, drei aus Italien, je eine Person aus Griechenland und Portugal). Die Mitglieder des EBR unterscheiden deutlich zwischen ihrem Mandat als EBR-Mitglieder und ihren jeweiligen Gewerkschaftsmandaten, weswegen der EBR als reines Informations- und Konsultationsgremium angesehen wird (Interview: Unternehmen SERVICE_UNI). Wie bereits geschildert (im Teilkapitel 2.2.2), werden vorherrschende nationale Modelle der industriellen Beziehungen auch von der Arbeit der EBR-Mitglieder reflektiert. Besonders die EBR-Mitglieder aus dem Stammland des Unternehmens haben die Möglichkeit, die Arbeit und das Selbstverständnis des EBR zu prägen (zum Beispiel: Hauser-Ditz u.a. 2010; Marginson u.a. 1998).

Eine solche Konstellation findet sich auch im Unternehmen SERVICE wieder. Die dominante französische Gewerkschaft am Stammsitz des Unternehmens war – zusammen mit UNI – federführend an den Verhandlungen zur EBR-Vereinbarung als auch an der Konstituierung des Gremiums beteiligt. Entsprechend haben diese Akteure auch das Selbstverständnis des EBR als reines Informations- und Konsultationsgremium geprägt. Diese Sichtweise stimmt auch mit der Sicht des Managements auf den EBR überein, das diesen vor allem als Informationsplattform im Interesse des Managements nutzt. Im Gegensatz zur gewerkschaftlichen Sichtweise hat das Management aber kein Interesse an einer weiteren Formalisierung von Informations- und

Konsultationsrechten, so dass die Zusammenarbeit innerhalb des EBR eher an der Oberfläche bleibt. Das Management informiert über Themen, soweit dieses ein Interesse an der Weitergabe von Informationen hat. In den Augen des Managements dient der EBR der Kommunikation über die wirtschaftliche, finanzielle und soziale Strategie des Unternehmens für die europäischen Standorte. Der EBR ist dabei ein eigenständiges Gremium mit eigenen Zuständigkeiten, das andere nationale oder lokale Formen des Sozialdialogs jedoch nicht ersetzen soll (siehe auch UNICE u.a. 2005: 19ff.).

Im Jahr 2002 ist die EBR-Vereinbarung aufgrund der Übernahme eines anderen Unternehmens durch das Unternehmen SERVICE geringfügig überarbeitet worden. Da das gekaufte Unternehmen ebenfalls einen Europäischen Betriebsrat besaß, war eine Neuverhandlung nötig, um die beiden EBRs miteinander zu fusionieren. Der EBR trifft sich einmal pro Jahr mit allen seinen Mitgliedern, wobei der zuständige Vorstand für Europa an der jährlichen Sitzung teilnimmt. Zusätzlich trifft sich der Steuerungsausschuss des EBR ein- bis zweimal pro Jahr, um vor allem die EBR-Sitzung vorzubereiten und die Tagesordnung festzulegen. Nach langen Verhandlungen wurde im Oktober 2011 eine neue EBR-Vereinbarung gemäß der Neufassung der EBR-Richtlinie abgeschlossen. Der EBR besteht damit aktuell aus 29 Mitgliedern aus acht Ländern: elf französischen Mitgliedern, sieben spanischen Mitgliedern, jeweils drei Mitgliedern aus Belgien, Italien und vier weiteren europäischen Ländern. Der Steuerungsausschuss besteht nun aus fünf Mitgliedern, die sich dreimal pro Jahr treffen. Wie bereits in der Vereinbarung von 1996 werden auch in der neuen Vereinbarung die Mitglieder des EBR nicht gewählt, sondern von UNI-Europa ernannt. UNI hat weiterhin einen festen Status als Mitglied des Europäischen Betriebsrats. Mit der neuen EBR-Vereinbarung sind die Informations- und Konsultationsrechte des EBR gestärkt worden, da erstmals festgelegt worden ist, zu welchen Themen das Management den EBR unterrichten und anhören muss. In der Vergangenheit war der EBR, wie auch die anderen Sozialdialogformen auf Konzernebene, als Austauschmedium genutzt worden. Eine explizite Strategie zur Beteiligung des EBRs, etwa beim Aufbau von Strukturen des Sozialdialogs in neuen europäischen Standorten, hat das Management bisher nicht verfolgt. Ähnlich argumentieren auch Contrepois und Jeffereys (2010) in ihrer Studie über ausländische multinationale Konzerne in Mittel- und Osteuropa und die Rolle von EBRs als Institutionen der industriellen Beziehungen beim Aufbau nationaler Systeme der industriellen Beziehungen in diesen Ländern. Die Autoren zeigen auf, dass das Unternehmen SERVICE, entgegen dem

Vorgehen anderer französischer Dienstleistungsunternehmen, seinen EBR nicht dazu nutzt, die neuen Standorte auch in Bezug auf die Formen von Erwerbsregulierung und Sozialdialog in den Konzern und die Konzernstrategie zu integrieren. Vielmehr orientiert sich das Management stärker an den national vorherrschenden Gegebenheiten und verfolgt nicht die Strategie, das französische Sozialdialog-Modell auf andere Standorte zu übertragen.

Neben dem Europäischen Betriebsrat als rechtlich normiertes Element der Erwerbsregulierung auf supranationaler Ebene hat sich 2009 auf Initiative von UNI ein internationales Gewerkschaftsnetzwerk für das Unternehmen SERVICE gegründet. Das Netzwerk besteht aus allen Gewerkschaften, die bei UNI assoziiert sind und auf Standortebene im Unternehmen aktiv sind. Es war geplant, dass dieses Netzwerk regionale Ausschüsse bildet und die IRV überwacht, was bis Mitte 2011 noch nicht geschehen war. Dieses Netzwerk hat auch neue Verhandlungen über die IRV gefordert.

Die dargestellten Formen der Erwerbsregulierung im Unternehmen SERVICE verdeutlichen zwei Aspekte. Zum einen ist das Unternehmen aufgrund seiner französischen Tradition offen für Formen des Austauschs und des Sozialdialogs, und zwar sowohl mit rechtlich normierten Akteuren wie den nationalen Gewerkschaften und dem EBR als auch mit normativ verankerten Gremien wie UNI oder NGOs. Dabei steht vor allem der Dialog im Vordergrund, während weiterreichende Zugeständnisse, wie zum Beispiel die Neuverhandlung der EBR-Vereinbarung, vom Unternehmen kritisch bewertet werden. Andererseits ist mit der Internationalisierung des Unternehmens und dem Aufkommen von CSR-Initiativen ein Wechsel in den Formen der Erwerbsregulierung zu beobachten – weg vom integrativen Dialog und hin zu einem einseitigen Vorgehen durch das Management. Dieser Wandel in der Managementstrategie zeigte sich sowohl in der Neuverhandlung der EBR-Vereinbarung als auch bei den Versuchen von UNI, die Internationale Rahmenvereinbarung neu zu verhandeln. Dieser Versuch ist bis heute vom Management abgelehnt worden, so dass der vormals integrative Pfad von Sozialdialog und Verhandlungen von Seiten des Managements verlassen worden ist. UNI reagiert darauf mit einer Veränderung der eigenen Vorgehensweise, was von Verhandlungen bis hin zur Kampagnenarbeit gegen das Unternehmen reicht (Interview: Unternehmen SERVICE_UNI).

Inhalte der Internationalen Rahmenvereinbarung

Obwohl die IRV mit dem Unternehmen SERVICE eine der ersten Vereinbarungen dieser Art von UNI war, spiegelt sie schon deutlich die Strategie von UNI zu Internationalen Rahmenvereinbarungen wider. Die IRV konzentriert sich auf die IAO-Kernarbeitsnormen zur Vereinigungsfreiheit (IAO-Norm 87) und zum Recht auf Kollektivverhandlungen (IAO-Norm 98) sowie auf die Konvention zum Schutz aller Beschäftigten und ihrer Vertreterinnen und Vertreter gegen jegliche Form von Diskriminierung bei der Ausübung ihrer gewerkschaftlichen Tätigkeit (IAO-Norm 135). Daneben wird darauf verwiesen, dass jegliche Form von Kinder- oder Zwangsarbeit sowohl beim Unternehmen selbst als auch bei den Zulieferern untersagt ist. Detaillierte Bestimmungen zur Umsetzung oder Überwachung finden sich dagegen nicht. Die Internationale Rahmenvereinbarung wurde bei der EBR-Sitzung im Jahr 2001 vom Vorstandsvorsitzenden des Unternehmens sowie vom Generalsekretär und dem zuständigen Konzernbetreuer von UNI unterzeichnet. Bezogen auf die heutigen Vorgaben von UNI zu den Inhalten der Internationalen Rahmenvereinbarungen bleibt die IRV beim Unternehmen SERVICE in den Fragen der Umsetzung und Überwachung hinter den Anforderungen zurück. Es finden sich keine Konfliktregulierungsmechanismen, sondern lediglich der generelle Verweis, die Aufgabe von UNI und dem Unternehmen SERVICE sei es sicherzustellen, dass die Inhalte der IRV eingehalten werden. In der Internationalen Rahmenvereinbarung wird lediglich auf einer knappen halben Seite auf die IAO-Kernarbeitsnormen zu Gewerkschaftsrechten eingegangen. Dazu bewertet UNI diese IRV als noch recht unpräzise in der Ausgestaltung, während sie den beteiligten Akteuren viel Interpretationsspielraum gebe, wenn es beispielsweise um die konkrete Ausgestaltung von Sozialdialogstrukturen geht (Interview: Unternehmen SERVICE_UNI).

Zum Einfluss von Akteursdynamiken und institutionellen Umwelten auf den Aushandlungsprozess

Obwohl die dominante französische Gewerkschaft formal nicht als Unterzeichner der IRV auftaucht, so war sie doch, zusammen mit dem Konzernbetreuer von UNI, maßgeblich am Abschluss der IRV beteiligt. Auch wenn das Abkommen im Rahmen einer EBR-Sitzung unterzeichnet wurde, spielte der Europäische Betriebsrat als eigenständiger Akteur bei der Aushandlung und Unterzeichnung der IRV keine Rolle. Sich anlehnend an das in Kapitel 3 vorgestellte theoretische Modell werden im Folgenden die unterschiedlichen Ebenen der Aushandlungsprozesse und die Einbettung der IRV-Verhandlungen in das organisationale Feld und damit die institutionellen Einflüsse auf die Verhandlungen dargestellt. Die einzelnen Prozesse laufen in der Praxis parallel zueinander ab und beeinflussen sich gegenseitig. Zur besseren Lesbarkeit werden die Prozesse – intraorganisationale Aushandlungen, interne Aushandlungen zwischen den Gremien der Beschäftigtenvertretung, interorganisationale Aushandlungen zwischen Management und Beschäftigtenvertretung sowie der Einfluss von Institutionen und institutionellen Erwartungen auf den gesamten Aushandlungsprozess – getrennt voneinander beschrieben.

Bei den IRV-Verhandlungen im Unternehmen SERVICE handelt es sich um Aushandlungsprozesse zwischen zwei Gremien der Beschäftigtenvertretung – UNI und einer französischen Gewerkschaft – und dem Konzernmanagement des Unternehmens. Andere Gremien der Beschäftigtenvertretung oder Vertreterinnen und Vertreter weiterer Anspruchsgruppen (wie NGOs) waren nicht beteiligt. Entsprechend fanden die internen Aushandlungen zwischen zwei Akteuren statt, die dann gemeinsam mit dem Management in interorganisationale Aushandlungen getreten sind. Sowohl bei der französischen Gewerkschaft als auch bei UNI handelt es sich um Mitgliederorganisationen, die ihre Strategien mit ihren Mitgliedern mittels intraorganisationaler Aushandlungen abstimmen müssen. Wie bereits dargestellt, ist das Unternehmen SERVICE auf der einen Seite von französischen industriellen Beziehungen geprägt und somit in einem nationalen organisationalen Feld verankert. Auf der anderen Seite orientiert sich das Unternehmen auf Konzernebene bei seinen Managementinitiativen stark an internationalen institutionellen Erwartungen bezüglich eines verantwortungsvollen Handelns von multinationalen Konzernen. Beide Aspekte strukturieren das organisationale Feld um die IRV-Verhandlungen, wie im Folgenden noch weiter auszuführen sein wird.

Die *intraorganisationalen Aushandlungen* innerhalb der GUFs bezogen auf IRVs wurden bereits im Teilkapitel 5.1 vorgestellt. Demnach ist die generelle Ausrichtung des Vorgehens von UNI bei IRV-Verhandlungen nicht direkt an die Verhandlungen beim Unternehmen SERVICE gekoppelt gewesen. Da es sich um eine der ersten IRV von UNI handelt, war das entsprechende Vorgehen noch nicht so fest konturiert, wie dies heute bei UNI der Fall ist. In der konkreten Aushandlungssituation hat der UNI-Koordinator sein Vorgehen beim Unternehmen SERVICE innerhalb der Organisation

UNI abgestimmt, und zur offiziellen Unterzeichnung der Internationalen Rahmenvereinbarung wurde der UNI-Generalsekretär hinzugezogen. Wie bereits erläutert, sind die einzelnen Fachbereiche jedoch relativ autonom in ihrem konkreten Vorgehen bei den IRV-Verhandlungen. Die intraorganisationalen Aushandlungsprozesse innerhalb der französischen Gewerkschaft können aufgrund fehlender Informationen nicht nachgezeichnet werden.

Mit den IRV-Verhandlungen ist auf eine Initiative von UNI und der französischen Gewerkschaft begonnen worden, weshalb der Ort, an dem die grundlegende Idee geboren und die Strategie der Verhandlungen beraten wurde, in den Gremien der Beschäftigtenvertretung zu suchen ist. Die Aushandlungen haben als interne Aushandlungen zwischen UNI und der französischen Gewerkschaft begonnen, die dann dem Management einen gemeinsamen Vorschlag unterbreitet haben.

Die *internen Aushandlungen* zwischen UNI und der französischen Gewerkschaft in Bezug auf die Internationale Rahmenvereinbarung resultieren aus der erfolgreichen Kooperation der beiden Akteure bei den EBR-Verhandlungen. Bereits 1996 konnten die beiden Akteure das Management gemeinsam davon überzeugen, einen EBR zu gründen. Die internen Aushandlungen waren somit von einem bereits bestehenden Vertrauensverhältnis geprägt. Entsprechend bezog der Abschluss einer IRV mit dem Management seine Attraktivität für beide Akteure aus der Erwartung, mit ihr die guten Kooperationsbeziehungen fortsetzen zu können. Aufgrund der bisherigen Erfahrungen konnten beide Akteure davon ausgehen, dass ein gemeinsames Vorgehen realisierbar sein würde. Die Machtbeziehungen zwischen UNI und der französischen Gewerkschaft waren bei den internen Verhandlungen dergestalt, dass die französische Gewerkschaft den nötigen Einfluss gegenüber dem Management besaß, ein solches Thema zu platzieren.

»Well the trade union [...] has a rather close relationship to the company, which is controversial sometimes. But they have this capacity to influence the company, to make the company understand that it would be good for their image, but at the same time for the trade unions to show that we have the capacity to dialogue and to agree in certain things.« (Interview: Unternehmen SERVICE_UNI)

Intern war die Machtbeziehung zwischen UNI und der französischen Gewerkschaft so beschaffen, dass es keine Konflikte zwischen den Akteuren gab, was die Legitimationsgrundlage des jeweils anderen anging, an den Verhandlungen beteiligt zu werden. Aufgrund der französischen Tradition der industriellen Beziehungen wurde von der französischen Gewerkschaft eine ausschließliche Unterzeichnung – und damit die offizielle Federführung –

durch UNI akzeptiert, da dies auf dem Selbstverständnis beruht, dass Gewerkschaften die legitimierten Akteure bei Verhandlungen über Themen der Erwerbsregulierung sind. Da es sich bei der IRV um ein globales Abkommen handelt, liegt das Verhandlungsmandat damit automatisch auf der globalen gewerkschaftlichen Ebene und damit bei UNI (Interview: Unternehmen SERVICE_UNI). In diesem Selbstverständnis, das eine Internationale Rahmenvereinbarung ein ausschließlich gewerkschaftliches Instrument darstellt, liegt auch begründet, warum der EBR als eigenständiges Gremium nicht in die Verhandlungen involviert war. Allerdings sind alle Personen im EBR Gewerkschaftsmitglieder, und einige spielen eine Rolle bei der IRV wie im EBR. Entsprechend kam es zu einer Informationsweitergabe an den EBR, ebenso wie dieser – vor der Gründung des internationalen Gewerkschaftsnetzwerkes – als Austauschplattform zwischen den Gewerkschaften im Unternehmen SERVICE genutzt wurde.

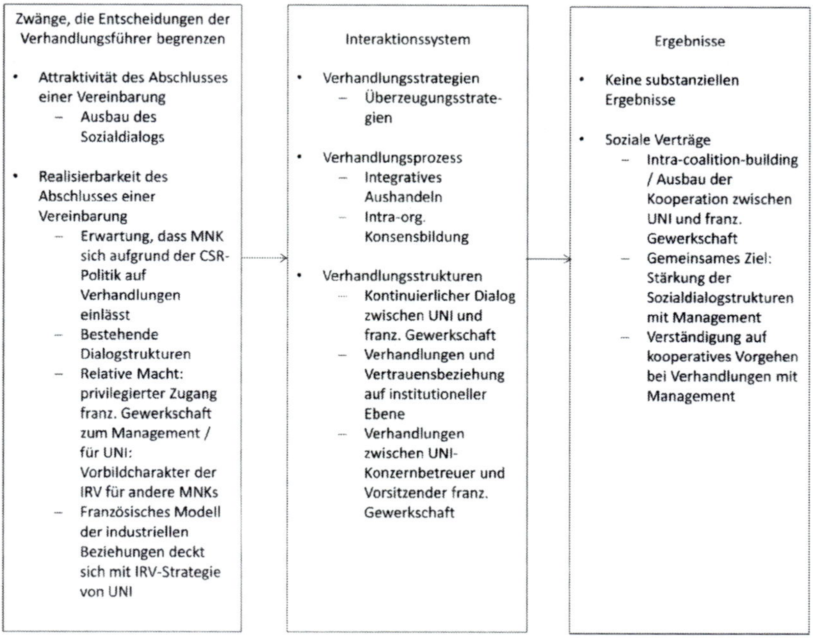

Abb. 8: Verlauf der internen Verhandlungen zwischen Union Network International und der französischen Gewerkschaft

Quelle: Eigene Zusammenstellung; Modell nach Walton u.a. (1994); angepasst an die eigenen theoretischen Überlegungen.

Neben den gemeinsamen Erfahrungen in der Zusammenarbeit spielte für die Ausgestaltung der internen Aushandlungen auch der Einfluss der französischen Gewerkschaft auf das Konzernmanagement eine Rolle. Außerdem war die IRV-Interpretation der französischen Gewerkschaft deckungsgleich mit der Strategie von UNI, Internationale Rahmenvereinbarungen als Instrument zur Gründung von gewerkschaftlichen Strukturen in multinationalen Konzernen zu nutzen. Die Verhandlungsstrukturen können nicht, wie bei Tarifverhandlungen, anhand fester Sitzungen oder Abläufe beschrieben werden. Vielmehr verlief die interne Konsensbildung und die Verständigung auf IRV-Verhandlungen mit dem Management als kontinuierlicher Kommunikationsprozess zwischen dem UNI-Koordinator und dem Vorsitzenden der französischen Gewerkschaft im Unternehmen SERVICE. Wie bereits erläutert, handelt es sich bei IRV-Verhandlungen generell um Verhandlungen auf institutioneller Ebene, bei der die individuelle Ebene der Beschäftigten und ihre Einstellungen gegenüber dem Unternehmen oder der Gewerkschaft nicht den Mittelpunkt der Verhandlungen darstellen. Entsprechend haben auch die internen Verhandlungen zwischen UNI und französischer Gewerkschaft auf institutioneller Ebene – im Sinne einer Verankerung auf der Ebene der Organisationen – stattgefunden (siehe auch Walton u.a. 1994: 6f.). Das Ergebnis der internen Verhandlungen war die Verständigung auf ein gemeinsames Vorgehen bei den Verhandlungen mit dem Management. Die französische Gewerkschaft sollte dabei die bestehenden Strukturen des Sozialdialogs mit dem Management nutzen, um diesem IRV-Verhandlungen vorzuschlagen. UNI sollte dagegen als gleichberechtigter Verhandlungspartner neben der französischen Gewerkschaft agieren und als globaler Vertreter der Beschäftigteninteressen vom Management offiziell – also durch Unterschrift – anerkannt werden. Hinsichtlich des Charakters ihres Vorgehen für die Verhandlungen mit dem Management verständigten sich UNI und die französische Gewerkschaft auf eine Überzeugungsstrategie und einen sozialpartnerschaftlichen, integrativen Aushandlungsmodus (Interview: Unternehmen SERVICE_UNI).

Die *interorganisationalen Aushandlungen* zwischen den Gremien der Beschäftigtenvertretung und dem Management sind demnach aus einer Initiative der gewerkschaftlichen Gremien begonnen worden: und zwar mit der Absicht, die Strukturen des Sozialdialogs und damit – in der Definition von Walton u.a. (1994) – die sozialen Verträge auf Konzernebene zu verändern. Der Aushandlungsprozess begann mit der Initiative der französischen Gewerkschaft, bei den bereits regelmäßig gepflegten Kontakten mit

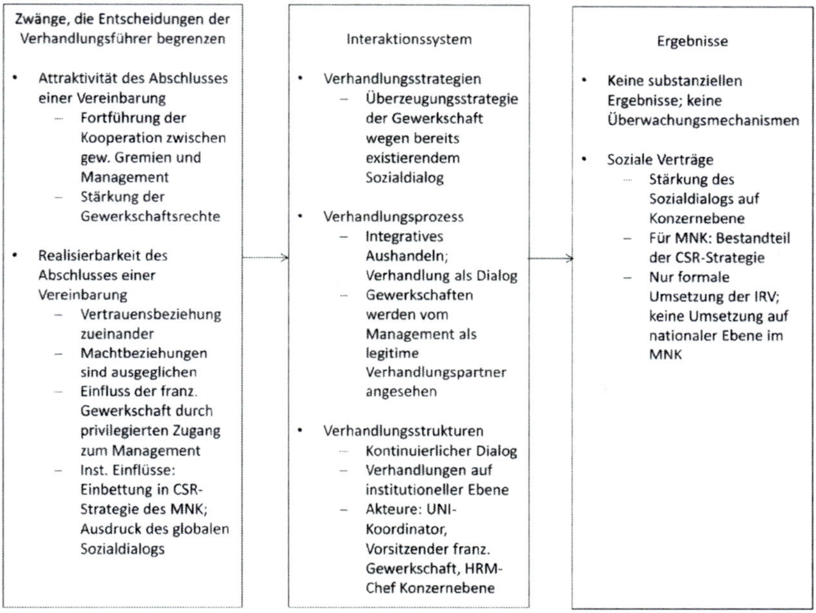

Abb. 9: Verlauf der interorganisationalen Verhandlungen zwischen den Gremien der Beschäftigtenvertretung und dem Unternehmen SERVICE

Quelle: Eigene Zusammenstellung; Modell nach Walton u.a. (1994); angepasst an die eigenen theoretischen Überlegungen.

dem Konzernmanagement das Thema IRV anzusprechen, worin nun auch UNI (in Person des Konzernbetreuers) einbezogen wurde. Eine derartige, privilegierte Stellung einer französischen Gewerkschaft ist innerhalb der französischen Gewerkschaften im Unternehmen SERVICE umstritten, da ein solches Co-Managements der Überzeugung der französischen Gewerkschaftstradition zuwiderläuft, die eher auf ein Konzept von Gegenmacht anstelle von Kooperation setzt (siehe auch Artus 2010). Durch die bestehenden Dialogstrukturen hat die französische Gewerkschaft jedoch einen Einfluss im Unternehmen erlangt, der es ihr ermöglicht hat, die Frage der IRV-Verhandlung mit dem Management zu diskutieren. Die französische Gewerkschaft konnte das Management davon überzeugen, dass eine IRV gut für die Reputation und die Außendarstellung des Unternehmens ist. Laut Einschätzung von UNI waren diese Image-Gründe handlungsleitend für das Management, ein solches Abkommen zu unterzeichnen (Interview:

Unternehmen SERVICE_UNI). Diese Einschätzung deckt sich auch mit den Managementinitiativen im Bereich CSR, die parallel dazu entwickelt wurden. Während also für das Unternehmen externe Erwartungen aus dem internationalen organisationalen Feld die IRV-Verhandlungen beeinflusst haben, waren die Verhandlungen für UNI vor allem Ausdruck von globalen Sozialdialogstrukturen und der Anerkennung von UNI als legitimierter Verhandlungspartner für das Unternehmen. Für UNI war es wichtig zu zeigen, dass man mit Unternehmen gemeinsame Regeln vereinbaren kann. Sowohl für UNI als auch das Unternehmen SERVICE hatte die IRV Vorbildcharakter für andere multinationale Konzerne der Branche.

Als Verhandlungsstrategie hatten die Gremien der Beschäftigtenvertretung jene gewählt, das Management von den Vorteilen einer IRV überzeugen zu wollen. Druckmechanismen, wie etwa Kampagnenarbeit gegen das Unternehmen, waren im Fall des Unternehmens SERVICE kein Bestandteil der Strategie. Da bereits zuvor Dialogstrukturen mit dem Unternehmen vorhanden waren, waren die Gremien der Beschäftigtenvertretung davon überzeugt, dass eine solche Strategie zum Abschluss einer IRV führen könnte. Das Management hat sich auf die Verhandlungen eingelassen, und beide Akteure haben die Verhandlungen als integrative Aushandlungsprozesse verstanden, bei denen beide Seiten von einem erfolgreichen Abschluss der Verhandlungen profitieren würden. Die Verhandlungen sind dementsprechend in dem Gewand sozialpartnerschaftlicher Beziehungen geführt worden. Aufgrund der Einbettung des Konzernmanagements in die französischen Institutionen der Erwerbsregulierung wurde das globale gewerkschaftliche Gremium UNI als Verhandlungspartner vom Management akzeptiert. Wie schon die internen Verhandlungen zwischen UNI und französischer Gewerkschaft haben auch die interorganisationalen Aushandlungen über veränderte Sozialdialogstrukturen auf institutioneller Ebene stattgefunden. Da bereits das strategische Ziel der Gremien der Beschäftigtenvertretung lautete, den Sozialdialog auf Konzernebene weiterzuentwickeln, sind auch die Ergebnisse der Verhandlungen als solche sozialen Verträge zu verstehen. Es gab keine substanziellen Ergebnisse im Sinne einer Vereinbarung, mit der bestimmte Arbeitsstandards gesichert oder Überwachungsmechanismen installiert wurden. Im Ergebnis ist die IRV jedoch – zumindest für das Konzernmanagement – auf der formalen Ebene verblieben. UNI arbeitet auf der Grundlage dieser IRV, die jedoch nicht (wie bereits beschrieben) auf den lokalen und nationalen Ebenen umgesetzt worden ist.

»But after I went to Spain two, three times, about this problem they have between unions, and I met the management, and they – well – they accepted to publish some information on the board of the HR people in the shops, saying that the company would be neutral regarding trade unions, because […] 2010, they had social elections. And in each hypermarket on board there was a paper saying that the company is neutral regarding trade unions. And that the election process will start. But this was not enough, the trade unions [name of trade union 1] and [name of trade union 2] complained that they could see a clear support to [name of trade union 3] from the management in the shops, and therefore I decided to come to Spain with a delegation of workers from other countries […]. And we came during the election process, to check and to observe the elections. And in this period we could see that obviously even if the top management, top HR management was trying to keep neutral and trying to provide, to give guidelines to local HR, it was clear that the habits of management at shop or hypermarket level are clearly to be in favour of [name of trade union 3] […]. And so and finally the [name of trade union 2] and [name of trade union 1] could find some proof, evidence, […] that there is this support to this yellow union. Of course it is always done in a very hidden manner, but this time they found an email from a manager in the shop saying to all the management you've got to come on the day of the vote, on the ballot day, and to vote for [name of trade union 3] […]. And well the top manager of this hypermarket was fired the day after, by the Madrid top leadership, but you know, this is a clear example about what are the difficulties there.« (Interview: Unternehmen SERVICE_UNI)

Obwohl das Konzernmanagement gewillt ist, aufkommende Probleme bezüglich der Vereinigungsfreiheit und dem Recht auf Kollektivverhandlungen mit UNI zu diskutieren, führt die Autonomie der nationalen und lokalen Ebene im Konzern dazu, dass die IRV als Ausdruck des Sozialdialogs auf Konzernebene verbleibt (siehe auch Royle/Ortiz 2009).

Bezogen auf die Verankerung der IRV-Verhandlungen im Unternehmen SERVICE im *organisationalen Feld,* zeigen sich daher zwei Bezugspunkte. Erstens ist die IRV für das Konzernmanagement ein Bestandteil der parallel entwickelten CSR-Strategie im Unternehmen. Das Unternehmen SERVICE hat sich demnach an institutionellen Erwartungen aus dem internationalen organisationalen Feld ausgerichtet, in dem die IAO-Kernarbeitsnormen und generell der Umgang von multinationalen Konzernen mit Sozialstandards eine Rolle spielt. Das Bekenntnis zu internationalen Mindestarbeitsstandards stellt somit eine Normalitätsannahme für die Unternehmensleitung dar: Die institutionellen Erwartungen sind demnach, im Sinne der theoretischen Annahme des soziologischen Neo-Institutionalismus, auf kulturell-kognitiver Ebene verankert. Zweitens wurde UNI als globaler Akteur in diesem Feld als legitimierter Verhandlungspartner vom Unternehmen anerkannt, um damit den bestehenden Sozialdialogstrukturen gerecht zu werden. Neben der Legitimation nach außen spielt daher auch die Legitimation gegenüber Anspruchsgruppen im Konzern eine Rolle (siehe auch Rosenow-Williams 2012). Diese Legitimation des Unternehmens richtet sich sowohl an institutionelle Erwartungen des internationalen organisationalen Feldes als auch an das nationale, organisationale Feld, in dem vor allem die nationalen französischen Gewerkschaften als Erwartungsträger gelten. Die Frage, warum das Unternehmen SERVICE eine IRV in der oben beschriebenen Akteurskonstellation ausgehandelt und nicht einen einseitigen Code of Conduct gewählt hat, kann mit der institutionellen Verankerung der Aushandlungsprozesse erklärt werden. Das Unternehmen SERVICE ist vor allem im nationalen organisationalen Feld verortet und hat mit den Verhandlungen auf die Erwartungshaltung der Gewerkschaften reagiert, als Dialogpartner in die Belange der Beschäftigten einbezogen zu werden. Mit der französischen Tradition, die eine strikte Rollenzuweisung von Gewerkschaften als Verhandlungsgremien und anderen betrieblichen Akteuren der Beschäftigtenvertretung als Dialogpartnern für das Management vorsieht, lässt sich auch erklären, warum ein Gremium wie der Europäische Betriebsrat bei den IRV-Verhandlungen keine Rolle gespielt hat.

Bei der Umsetzung der Internationalen Rahmenvereinbarung sind zwei weitere Aspekte von Interesse, die zwar nicht Hauptbestandteil der vorliegenden Untersuchung waren, jedoch hier kurz behandelt werden sollen. Zum einen bestätigt sich die Hypothese, die Hessler (2012) in ihrer Arbeit zur Umsetzung von IRVs auf nationaler Ebene formuliert. Sie konnte belegen, dass die Umsetzung an den nationalen Standorten durch die Ausrichtung der nationalen Akteure und Organisationen an nationalen institutionellen Erwartungen scheitern kann. Ein ähnliches Phänomen zeigt sich auch beim Unternehmen SERVICE, wo die Umsetzung auf nationaler Ebene daran scheitert, dass das nationale Management die IAO-Kernarbeitsnormen und die konzerneigene Sozialdialog-Politik nicht als Legitimationsrahmen für die eigene Arbeit ansieht (siehe auch dazu Royle/Ortiz 2009), sondern die Organisation an nationalen institutionellen Erwartungen ausrichtet. Ferner hat die Internationalisierung des Unternehmens SERVICE und besonders der Einstieg von zwei Hedgefonds zu einer Neuausrichtung der Unternehmensstrategie bezüglich des Sozialdialogs geführt. Während die Zusammenarbeit mit Gewerkschaften auf Konzernebene in den Zeiten der IRV-Verhandlung von sozialpartnerschaftlichem Verhalten und integrativen Aushandlungsmodi geprägt war, kann die Weigerung des Konzernmanagements im Jahr

2010, die IRV neu zu verhandeln, ein Hinweis auf eine strategische Neuausrichtung der sozialen Verträge im Konzern sein (Interview: Unternehmen SERVICE_UNI). Insgesamt kam es zu einem Kurswechsel weg von der Orientierung am französischen Modell der Akzeptanz von Gewerkschaften hin zu einer stärker angelsächsisch geprägten Orientierung an freiwilligen Initiativen der Unternehmen auf der internationalen Ebene. 2010 wurde vom Unternehmen ein CoC ohne Beteiligung von Gremien der Beschäftigtenvertretung veröffentlicht, der auch bei der Überwachung allein auf Managementstrukturen zurückgreift.

5.2.2 Einordnung der Unternehmensfallstudie in die Ergebnisse der standardisierten Auswertung

Der Fall des Unternehmens SERVICE repräsentiert die IRV-Verhandlungen zwischen UNI und Unternehmen der Dienstleistungssektoren, die in der statistischen Analyse (siehe Teilkapitel 4.3.2) Zusammenhänge mit dem Beteiligungsgrad einer Nicht-Beteiligung von EBRs offenbart haben. Dies geht (wie im Teilkapitel 5.1 beschrieben) mit der Strategie und dem Selbstverständnis von UNI einher, Internationale Rahmenvereinbarungen vor allem als gewerkschaftliches Instrument zu nutzen, um den lokalen Mitgliedsgewerkschaften in den Unternehmen einen Rahmen für Organisierungskampagnen zu eröffnen. Im Fall des Unternehmens SERVICE geht die Strategie von UNI mit der institutionellen Rahmung und dem Selbstverständnis des französischen Unternehmens SERVICE und der französischen Gewerkschaften einher, während sich in der statistischen Analyse dieser Stammland-Effekt nicht untermauern ließ. Jedoch kommen auch Telljohann u.a. (2009b) und Schömann u.a. (2008a) in ihren Fallstudien zu den Internationalen Rahmenvereinbarungen bei ENI und IKEA zu dem Ergebnis, dass das nationale Setting, in das die Unternehmen am Stammsitz eingebunden sind, Einfluss auf die Akteurskonstellationen bei den Verhandlungen der IRVs ausübte. Beide Unternehmen hatten, als die IRVs verhandelt wurden, zu jenem Zeitpunkt bereits Europäische Betriebsräte installiert, ohne dass diese in beiden Fällen beteiligt wurden. Bei ENI handelt es sich um ein Unternehmen der Chemieindustrie, das eine IRV mit ICEM und den italienischen Gewerkschaften am Stammsitz des Unternehmens abgeschlossen hat. Telljohann u.a. (2009b) gehen in ihrer Arbeit nicht im Detail auf den Prozess der IRV-Aushandlung, verweisen jedoch darauf, dass auch in diesem

Fall bestehende Sozialdialogstrukturen mit den Gewerkschaften am Stammsitz sowie die generelle Auffassung des Managements, Gewerkschaften als Verhandlungspartner zu akzeptieren, dazu geführt haben, dass über die IRV verhandelt wurde. Auch hier scheint der EBR – und damit die europäische Ebene der Erwerbsregulierung – keinen Einfluss auf die IRV-Verhandlungen gehabt zu haben. Vielmehr haben bestehende Beziehungen am Stammsitz des Unternehmens den Beginn der Verhandlungen in Gang gesetzt. Außerdem wurde auch hier die IRV vom Konzernmanagement in eine größere CSR-Strategie eingebunden, da – im Gegensatz zur IRV beim Unternehmen SERVICE – in der IRV Überwachungsmechanismen festgeschrieben und gewerkschaftliche Gremien an der Überwachung beteiligt wurden. Gleiches gilt für den von Schömann u.a. (2008a) beschriebenen Fall der IRV beim Möbelunternehmen IKEA. Auch hier gibt es ein gemeinsames Monitoring im Konzern und darüber hinaus ein externes Monitoring- und Audit-Verfahren für die Zulieferbetriebe von IKEA. Da sich die IRV und der darin verankerte Code of Conduct bei IKEA vor allem auf die Zulieferbetriebe bezieht, schlussfolgern Schömann u.a. (2008a), dass interne Akteure, wie der Europäische Betriebsrat bei IKEA, nicht in die Aushandlung und Überwachung der IRV eingebunden sind. Auch bei IKEA sind die IRV-Verhandlungen als Ausdruck bestehender Sozialdialogstrukturen mit gewerkschaftlichen Gremien zu verstehen, die aus der Verwurzelung des Unternehmens in der schwedischen Sozialpartnerschafts-Tradition resultiert. Darüber hinaus sind die Bemühungen von IKEA und das detaillierte Überwachungsverfahren Resultat eines langanhaltenden Konsumentendrucks, der IKEA dazu gedrängt hat, neue Formen der Außenlegitimation für die konzerneigene Arbeits- und Umweltpolitik zu entwickeln.

5.3 Fallstudien: STEEL und BAU

5.3.1 Die Verhandlungen einer Internationalen Rahmenvereinbarung beim Unternehmen STEEL

Unternehmensstruktur und Internationalisierungsstrategie des Konzerns

Das Unternehmen STEEL ist in der Stahlproduktion tätig und in seiner heutigen Eigentümerstruktur ein fusionierter Konzern aus einem vormals europäischen Stahlunternehmen (im Folgenden STEEL-EUROPE) und einem indischen Stahlunternehmen (im weiteren Verlauf STEEL-INDIA). Durch die Fusion ist das Unternehmen STEEL weltweit zum größten Stahlproduzenten geworden. Die Internationale Rahmenvereinbarung über die Einhaltung aller IAO-Kernarbeitsnormen wurde 2005 mit dem europäischen Teil des Konzerns, STEEL-EUROPE, noch vor der Fusion unterzeichnet. Das Unternehmen STEEL hat seinen Stammsitz in Luxemburg von der europäischen Seite übernommen. STEEL-EUROPE hatte vor der Fusion vor allem in Europa und in Brasilien Produktionsstandorte, wobei der Konzern aufgrund seiner historischen Entwicklung stark an die Standorte in Frankreich, Belgien und Spanien angebunden war. STEEL-EUROPE ist aus der Fusion von drei Stahlunternehmen (aus Frankreich, Spanien und Luxemburg) im Jahr 2002 hervorgegangen. Darüber hinaus war und ist das Unternehmen innerhalb Europas in Deutschland mit mehreren Werken präsent. STEEL-EUROPE war mit seinen Produktionsstätten und damit auch hinsichtlich seiner Beschäftigtenzahlen vor allem auf Europa konzentriert (67 Prozent der Beschäftigten in Europa im Jahr 2004), und auch nach der Fusion mit STEEL-INDIA macht Europa als Region mit 55 Prozent einen Großteil der Gesamtbeschäftigung im Konzern aus (Stand: Ende 2010). Durch die Fusion sind jedoch neue Standorte vor allem in Asien sowie in Afrika und dem Mittleren Osten hinzugekommen. Insgesamt beschäftigte das Unternehmen STEEL im Jahr 2010 273.811 Personen. Nach der Fusion der beiden Unternehmen ist die Gesamtbeschäftigtenzahl nach Restrukturierungsprozessen abgebaut worden. Das Unternehmen STEEL ist seit der Fusion ein globales in dem Sinne, dass das Unternehmen – bis auf Australien – auf allen Kontinenten mit Produktionsstandorten vertreten ist (in insgesamt 60 Ländern). Das Unternehmen STEEL ist ein integrierter Produzent von Stahl, der eigene Minen betreibt, zwei Entwicklungszentren in Frankreich und den USA besitzt und den Einkauf von Rohstoffen zentral steuert. Bei der Fusion haben sich zwei Unternehmen vereinigt, die aufgrund ihrer Marktstellung bei der Fusion gleichberechtigte Partner waren. Die Unternehmen haben sich mit ihrer Fusion ergänzt, da STEEL-EUROPE vor allem auf Europa ausgerichtet war, während STEEL-INDIA auf den anderen Kontinenten Stahl produzierte. Das Unternehmen STEEL verfolgt durch Zukäufe weiterhin eine Wachstumsstrategie auf den neuen BRICS-Märkten sowie in der Türkei, Asien und Osteuropa, während das Geschäft in Europa konsolidiert und restrukturiert wird (siehe auch Sroka 2010: 168f.). Das Unternehmen STEEL ist trotz seiner Eigenschaft als größtes globales Stahlunternehmen keineswegs Marktführer. Vielmehr ist der Stahlmarkt bis heute angesichts von vielen kleinen, national oder regional agierenden Unternehmen stark fragmentiert. Das Unternehmen weist eine zentralisierte Konzernstruktur auf, mit der die allgemeine Firmenpolitik von der Zentrale aus gesteuert wird. Auf dieser Ebene sind auch das internationale Personalmanagement und der CSR-Bereich angesiedelt. Darunter findet sich eine segmentbezogene und nationale Managementstruktur. Im ehemaligen europäischen Unternehmen war die Konzernpolitik vor allem auf Europa ausgerichtet, bevor mit der Fusion und der damit einhergehenden Internationalisierung des Unternehmens sich auch die Entscheidungsstrukturen im Konzern veränderten. Europa ist heute nur noch eine Region unter anderen, und Entscheidungen auf Konzernebene werden nicht mehr mit einem besonderen Augenmerk auf Europa getroffen. Dies hat auch Auswirkungen auf die Personalpolitik und die Formen der Erwerbsregulierung auf Konzernebene, wie im folgenden Teilkapitel noch näher erläutert wird.

Erwerbsregulierung im Konzern

Mit der Fusion zum Unternehmen STEEL und der damit einhergegangenen Internationalisierung des Konzerns wandelten sich auch die Personalpolitik und die Formen des Sozialdialogs. In dem europäischen Unternehmensteil, in dem 2005 auch die IRV abgeschlossen wurde, existierten bereits Sozialdialogstrukturen auf lokaler, nationaler und europäischer Ebene sowie Kontakte zur nationalen Ebene in den brasilianischen Standorten. Bei der Fusion war das Ziel, die Strukturen des Sozialdialogs aus STEEL-EUROPE in den neuen Konzern zu übertragen und sie auf der internationalen Ebene weiter auszubauen.

»Quand il y a eu la fusion [Unternehmen STEEL-EUROPE] et [Unternehmen STEEL-INDIA], on a dit que le choix et le mode de gouvernance serait celui de [Unternehmen STEEL-EUROPE]. Dans le groupe [Unternehmen STEEL-EUROPE] il y avait trois niveaux de dialogue social. Il y avait le European Works Council, il y avait le groupe de dialogue sociale et il y avait des administrateurs salariés au conseil d›administration. Il y avait trois représentants qui étaient les trois pays fondateurs de [Unternehmen STEEL-EUROPE], la France, l‹Espagne et le Luxembourg.« (Interview: Unternehmen STEEL_EBR1)[40]

40 Sinngemäße Übersetzung des französischen Interviewausschnittes: »Als es zur Fusion der Unternehmen STEEL-EUROPE und STEEL-INDIA kam, sagte man, dass die Wahl und die Form des Steuerungssystems jenes des Unternehmens STEEL-EUROPE sein sollte.

Die bestehenden Strukturen wurden daher beibehalten und an den neuen Konzern angepasst. Jedoch haben sich mit der Fusion Wertigkeiten und Kommunikationsstrukturen verändert.

STEEL-EUROPE besaß bereits vor der Fusion Formen der Erwerbsregulierung auf Konzernebene, die sich in einer allgemeinen Managementstrategie zum Thema Corporate Social Responsibility sowie in Dialogstrukturen widerspiegeln, in die Gremien der Beschäftigtenvertretung eingebunden sind. Das Unternehmen hat, nach dem Zusammenschluss der verschiedenen europäischen Stahlunternehmen, im Jahr 2002 einen EBR gegründet. Noch im selben Jahr hat der Vorstand des Unternehmens zusammen mit dem EBR eine gemeinsame Erklärung zur Arbeitssicherheit verabschiedet. Dies ist als Ausdruck der Zusammenarbeit zwischen den Gremien der Beschäftigtenvertretung und dem Management zu bewerten und verfolgt substanziell das gemeinsame Ziel, die Arbeitssicherheit zu verbessern.

»Es war so, dass wir, als [Unternehmen STEEL-EUROPE] damals installiert wurde, das war ja ein Zusammenschluss Spanien, Frankreich und Luxemburg, also die sind die großen Unternehmen aus diesen drei Ländern gewesen, plus dann eben diese Anhängsel in Deutschland [...] und wir haben dann auch versucht, eben zum Beispiel dieses Thema ein bisschen auszubauen, in Richtung auf ja, Beteiligungsaspekte. Das ist auch zumindest insofern gelungen, als dass es dann mal so einen Vorschuss gegeben hat von den beiden Präsidenten, also es gibt, das ist ja ein Unternehmensrat, das ist ja ein gemischter Betriebsrat, dieser Euro-Betriebsrat, also der Generaldirektor ist dann der Präsident und der Vizepräsident ist ein Arbeitnehmer [...] Und am Beginn [...] der Arbeit [...] war es so, dass ich dann mal initiiert habe, eine gemeinsame Erklärung [...] zur Sicherheit. Und daraus entstanden ist dann erstens eine Konferenz in Bilbao, wo Manager und Arbeitnehmervertreter waren, wo es auch eine sehr intensive Diskussion gegeben hat, also da war eigentlich, zum ersten Mal hat es eigentlich so ein bisschen so eine Diskussion auch auf Augenhöhe gegeben, kann man sagen. Und zweitens ist daraus entstanden diese Arbeitsgruppe, nennen sich jetzt Steering Komitee Health and Safety, die ist auch erhalten geblieben.« (Interview: Unternehmen STEEL_EBR2)

Die Zusammenarbeit in der Frage der Gesundheits- und Sicherheitsstandards hat demnach auch dazu geführt, dass Kommunikationsstrukturen zwischen Gremien der Beschäftigtenvertretung und dem Konzernmanagement aufgebaut wurden. 2003 ist STEEL-EUROPE außerdem Mitglied des

---

Beim Unternehmen STEEL-EUROPE gab es drei Ebenen des Sozialdialogs. Es gab den Europäischen Betriebsrat, es gab eine Gruppe für den Sozialdialog, und es gab Vertreter der Beschäftigten im Aufsichtsrat. Es gab dort drei Vertreter aus den drei Gründungsländern des Unternehmens: Frankeich, Spanien und Luxemburg.«

UN Global Compact geworden. Beide Initiativen, sowohl zur Arbeitssicherheit als auch die Prinzipien des UN Global Compact, wurden im fusionierten Unternehmen STEEL fortgesetzt. Wie auch im Unternehmen SERVICE war und ist die Mitgliedschaft in UN Global Compact und der daraus resultierende Code of Ethics als Managementinitiative zu verstehen.

"Compliance with laws and regulations :
We will always conduct our business in full compliance with applicable international, national and local laws and regulations.
Health and safety
We will promote a healthy, safe working environment. Safety will come first in all our business decisions and we will accept no compromise in this area.
Equal opportunities:
We are committed to equal employment opportunity and fair treatment of employees. We will not tolerate any form of discrimination or harassment.
Respect for the environment:
We will act with the upmost respect for the environment, working to keep environmental impact to a minimum wherever we operate.
Fair trading:
Relationships with our customers, suppliers and competitors will be based on the principles of fairness and honesty.
Conflicts of interest and integrity:
We will avoid any situation where personal interests might in any way conflict with the interests of the business, particularly with regard to financial interests, activities outside [...] [UNTERNEHMEN STEEL], family relationships and the receipt or offer of gifts and hospitality.
Shareholders and the stock market:
We will uphold shareholders's rights. We will not trade in the shares of any listed company within the [...] [UNTERNEHMEN STEEL], directly or indirectly, on the basis of information not publicly available.
Confidentiality and information:
We will not divulge any confidential information concerning the Group or its business. Only authorised staff are to respond to requests from the press and others. In this, they will abide by the principles of openness, honesty and responsibility. All information disclosed will be accurate and complete, and presented in accordance with generally accepted accounting principles.
Safeguarding assets:
We will use Group assets with respect, avoiding any form of waste or misuse. We will not use them for any purpose not directly related to [...] [UNTERNEHMEN STEEL's] business.
Records:
We will keep all necessary records of the business and its transactions."

Abb. 10: Der Code of Ethics des Unternehmens STEEL
Quelle: Zitiert aus (Schömann/Sobczak 2008: 7f.)

Berührt werden damit auch einige Aspekte der Erwerbsregulierung, die darüber hinaus aber auch in die Bereiche Umweltschutz und Überwachung der Zulieferer eingebunden sind. Sowohl im Unternehmen STEEL-EUROPE als auch im heutigen Unternehmen STEEL werden die Gremien der Beschäftigtenvertretung weder in Bezug auf den CoC noch an der Überwachung der Prinzipien des UN Global Compact beteiligt. Der CoC und die Mitgliedschaft im UN Global Compact sind Teil einer Managementstrategie, die Wert auf die Einhaltung von Mindeststandards und ethischen Prinzipien legt. Daneben ist der Sozialdialog mit Gremien der Beschäftigtenvertretung ebenfalls Bestandteil der Managementstrategie gewesen, was dazu geführt hat, dass parallel zur Verabschiedung der einseitigen Selbstverpflichtung auch eine IRV im Jahr 2005 zusammen mit Gremien der Beschäftigtenvertretung abgeschlossen wurde. Sowohl bei der Internationalen Rahmenvereinbarung als auch beim CoC wurden Überwachungsmechanismen fixiert. Bei der IRV findet die Überwachung gemeinsam zwischen Management und Gremien der Beschäftigtenvertretung statt, während beim CoC auf Managementebene ein *Ethics Compliance Officer* eingesetzt wurde, der direkt von den Beschäftigten angesprochen werden kann. Während sich der CoC explizit an die Beschäftigten im Unternehmen sowie an externe Anspruchsgruppen richtet, ist die Internationale Rahmenvereinbarung Ausdruck des Sozialdialogs im Unternehmen. Entsprechend ist auch hier eine Aufspaltung des Verhaltens des Unternehmens bezüglich externer Legitimation im Bereich CSR und interner Legitimation gegenüber den Gremien der Beschäftigtenvertretung zu beobachten (siehe auch Teilkapitel 3.2.2).

Neben der IRV haben sich im Unternehmen STEEL-EUROPE noch andere institutionalisierte Formen des Sozialdialogs entwickelt. Dazu zählt neben dem 2002 gegründeten EBR auch ein regelmäßiger Austausch auf europäischer Ebene zwischen dem Management und Vertreterinnen und Vertretern der im Unternehmen vorhandenen nationalen Gewerkschaften (Interviews: Unternehmen STEEL_HRM; STEEL_EBR2). Über den Europäischen Betriebsrat bestand darüber hinaus regelmäßiger Kontakt zum Europäischen Metallgewerkschaftsbund, der einen EMB-Koordinator in den EBR entsendet. Sowohl der EBR als auch das Gewerkschaftsnetzwerk wurden in das neue Unternehmen STEEL übernommen. Wegen der Europa-Konzentriertheit von STEEL-EUROPE hatte der EBR als Vertretungsorgan der europäischen Beschäftigten einen privilegierten Zugang zum Konzernmanagement. Hauser-Ditz u.a. (2010; Hertwig u.a. 2011) sprechen in diesem Zusammenhang von einem *organizational fit* zwischen der Entscheidungsebene des Konzernmanagements und dem EBR, der es diesem ermöglicht, direkt mit den Entscheidungsträgern zu kommunizieren. Innerhalb dieser

Strukturen wurde der EBR auch von nationalen Gewerkschaften genutzt, um in Dialogbeziehungen zum Management zu treten. Wie das Unternehmen SERVICE waren auch STEEL-EUROPE und damit ebenso der EBR von französischen bzw. südeuropäischen Institutionen und Traditionen der Erwerbsregulierung geprägt – was sich in zahlreichen Formen des Dialogs auf unterschiedlichen Konzernebenen widerspiegelt, die auch im Selbstverständnis des Unternehmens als legitim angesehen werden.

»Und bei den Europäern war es halt so, dass also, ich sage mal ja, es ist schon so, dass natürlich ja es auch irgendwie diese französische Tradition ist, dass die Manager ja auch irgendwie so einen sozialen Aspekt berücksichtigen wollen, sollen oder so was. Also insofern, das war ja ein sehr stark französisch geprägtes Unternehmen auch zu dem Zeitpunkt. Insofern gibt es da, steckt glaube ich da die Motivation für solches Handeln. Weniger in der wirklich erzwungenen, durch irgendein Gesetz oder so was erzwungene Maßnahme.« (Interview Unternehmen STEEL_EBR2)

Direkte Verhandlungsmandate – bei nationalen Abkommen, aber auch bei der IRV, obliegen jedoch der gewerkschaftlichen Ebene. Der EBR war und ist in seinem Selbstverständnis ein Informations- und Konsultationsgremium. Im Gegensatz zu jenem im Unternehmen SERVICE hat der EBR allerdings explizit feste Aufgaben bei der Initialisierung der IRV wie auch bei deren Umsetzung und Überwachung zugesprochen bekommen (Interview: Unternehmen STEEL_EBR1). In seiner Struktur ist der EBR an das französische Modell angelehnt. Er besteht aus sechs Vertreterinnen und Vertretern des Managements und 48 Vertreterinnen und Vertretern der Beschäftigten. Der EMB ist dauerhaftes Gastmitglied im EBR, und die EBR-Mitglieder werden über einen Steuerungsausschuss koordiniert. 2007 wurde die EBR-Vereinbarung aufgrund der Fusion erneuert und der EBR von STEEL-INDIA in den EBR des europäischen Unternehmens integriert. Der EBR ist im Unternehmen STEEL strukturell zwar immer noch beim Konzernmanagement angesiedelt, dieses hat jedoch seinen strategischen Schwerpunkt auf Europa durch eine stärker internationale Perspektive ersetzt. Entsprechend ist für das Management die vormals privilegierte Stellung des EBR entfallen, was zu einem entsprechenden Wandel auf Seiten des Konzernmanagements geführt hat, was die Einstellung gegenüber dem EBR anbelangt.

»I would say we, for one thing we have the social dialogue structures are now more international now than before, the European Works Council is one of the structures, we created many more, in addition to the European Works Council, because you know, EWC system is not a global system, it's a European system. And we made sure that we have social dialogue structures throughout the company.« (Interview: Unternehmen STEEL_HRM)

Andere Formen des Sozialdialogs mit gewerkschaftlichen Gremien haben die Position des EBR beim Management ersetzt. Da ein Gremium wie der EBR in anderen Regionen der Welt nicht existiert, hat es nach der Fusion eine stärkere Ausrichtung des Managements an Sozialdialogstrukturen mit gewerkschaftlichen Gremien – wie dem IMB, dem EMB und etwa auch die United Steelworkers (USW) – gegeben. Damit ist die Rolle des EBR geschwächt worden, so dass dieser heute vor allem als Informationsgremium für das Management genutzt wird. Konsultiert wird der Europäische Betriebsrat nach Meinung einiger EBR-Mitglieder insgesamt kaum (Interview: Unternehmen STEEL_EBR2). Das Management entscheidet autonom und sieht keinen Gewinn in einer Konsultation des EBR oder anderer Gremien der Beschäftigtenvertretung. Der EBR bekommt bereits getroffene Entscheidungen vom Management präsentiert, wird aber nicht mehr am Entscheidungsprozess beteiligt. Wie der Blick auf die IRV-Verhandlungen im Jahr 2005 mit STEEL-EUROPE noch zeigen wird, war die Beteiligung des EBR im alten Unternehmen stärker ausgebaut. Da der EBR auf bestehende Strukturen mit STEEL-EUROPE zurückgreifen kann, entwickelt er eigene zu bearbeitende Themen und stärkt dadurch seine Handlungsfähigkeit als europäisches Informations- und Konsultationsgremium.

Generell steht auch die aktuelle Konzernleitung im Unternehmen STEEL dem Dialog und Informationsaustausch mit Gewerkschaften offen gegenüber, und auch Bemühungen der nationalen Gewerkschaften, Standorte des Unternehmens gewerkschaftlich zu organisieren, werden geduldet (Interview: Unternehmen STEEL_EMB). In Bereichen, in denen das Management die Beteiligung der Gremien der Beschäftigtenvertretung als nützlich empfindet, geht die Einbindung über Information und Konsultation hinaus. Das zeigt sich vor allem im Bereich Gesundheit und Sicherheit, der für das Konzernmanagement bei der Erwerbsregulierung generell am wichtigsten ist.

In Bezug auf den sozialen Dialog und die Erwerbsregulierung verfolgt die aktuelle Konzernleitung eine stärker utilitaristische Strategie, als dies im europäischen Unternehmensteil vorher der Fall gewesen ist. Orientiert an einer angelsächsischen Tradition der Erwerbsregulierung findet Kooperation mit Gremien der Beschäftigtenvertretung immer dann statt, wenn sie der Verfolgung der eigenen Interessen dient. Das Feld der Gesundheit – und hier vor allem die Frage der Sicherheitsstandards – war bereits im europäischen

Unternehmen ein wichtiger Regulierungsgegenstand gewesen (Interview: Unternehmen STEEL_HRM; STEEL_EBR2). Durch die Internationalisierung des Unternehmens und die Integration des Bereichs Bergbau ist das Thema noch wichtiger geworden. Entsprechend hat das Konzernmanagement des Unternehmens STEEL im Jahr 2008 den Bereich Gesundheit und Sicherheit zum Bestandteil einer internationalen Vereinbarung mit IMB, EMB und USW gemacht. In der vom IMB zusammengestellten IRV-Liste wird diese Vereinbarung als IRV aufgeführt, obwohl sie sich ausschließlich auf Gesundheits- und Sicherheitsfragen bezieht, auf die IAO-Kernarbeitsnormen jedoch mit keiner Silbe eingeht. Bestandteil der Vereinbarung ist auch die Einrichtung von Komitees zur Überwachung der Arbeitssicherheit auf allen Ebenen des Konzerns. Alle Gremien sind gemeinsame Gremien von Vertreterinnen und Vertretern der Beschäftigten und des Managements. Zur Koordination der Überwachung gibt es ein globales Komitee auf Konzernebene, das auch Überprüfungen an einzelnen Standorten durchführt (Interview: Unternehmen STEEL_HRM; STEEL_EBR1). Der EBR war als eigenständiges Gremium nicht an der Aushandlung dieser Vereinbarung aus dem Jahr 2008 beteiligt und nimmt daher auch keine Umsetzungs- und Überwachungsfunktion wahr. Indirekt ist der EBR jedoch involviert, da einige EBR-Mitglieder auch Aufgaben in den Gesundheits- und Sicherheitskomitees wahrnehmen. Wie auch schon bei STEEL-EUROPE versteht der EBR seine Rolle als europäisches Informations- und Konsultationsgremium.

»Autre chose le comité d'entreprise européen n'est pas un lieu de négociation, en accord avec la Fédération Européenne des Métallurgistes, ce domaine de négociation appartient aux organisations syndicales, et non pas aux comités d'entreprises, ni au comité d'entreprise européen. C'est une culture différente en Allemagne.« (Interview: Unternehmen STEEL_EBR1)[41]

Das Verhandlungsmandat auf europäischer und internationaler Ebene liegt demnach bei den gewerkschaftlichen Gremien. Auch im Zuge der Restrukturierung der europäischen Unternehmensteile im Jahr 2009 wurde ein europäisches Rahmenabkommen über diverse Neuordnungen abgeschlossen, an dem der EBR beteiligt war, wohingegen das Verhandlungsmandat gemäß der EMB-Politik jedoch vom EMB wahrgenommen wurde (siehe auch Rüb

41 Sinngemäße Übersetzung des französischen Interviewausschnittes: »Der Europäische Betriebsrat hat kein Mandat für Verhandlungen; in Übereinstimmung mit dem Europäischen Metallarbeiterbund zählt dieser Sachbereich der Verhandlungen in die Zuständigkeit der Gewerkschaften, das heißt weder zu den Betriebsräten noch zum Europäischen Betriebsrat. In Deutschland herrscht eine andere Kultur.«

u.a. 2011: 163ff.). Wie im Fall der IRV von 2008 war die Konzernleitung an Verhandlungen interessiert, um die Restrukturierung in Europa mit Hilfe der Beschäftigten durchführen zu können.

Inhalte der Internationalen Rahmenvereinbarung

Auch die IRV von 2005 verweist auf die Einhaltung von Gesundheits- und Sicherheitsstandards im Unternehmen und dort auf den *Code of Practice on safety and health in the iron and steel industry* der IAO aus dem Jahr 2005. Außerdem wird auf Umweltstandards und die Qualifizierung der Beschäftigten eingegangen. Der inhaltliche Schwerpunkt liegt jedoch auf der Einhaltung der IAO-Kernarbeitsnormen und gibt damit auch die IRV-Strategie des Internationalen Metallgewerkschaftsbundes wieder. Es werden alle acht IAO-Kernarbeitsnormen benannt, und auch die Zulieferer werden in die Internationale Rahmenvereinbarung aufgenommen. Die allgemeine Formulierung des Textes, dass Zulieferunternehmen darauf hingewiesen werden, die vorgegebenen Standards einzuhalten, wurde von Seiten der Unternehmensleitung bereits 2004 durch ein *Sustainable Purchaising Programme* untermauert. Dieses stellt den Einkäufern im eigenen Unternehmen einen Katalog an Voraussetzungen zur Verfügung, die von den Zulieferunternehmen zu erfüllen sind. Zusätzlich werden die Internationale Rahmenvereinbarung und ihre Inhalte in die allgemeine Konzernpolitik zum Thema CSR eingegliedert. Obwohl die IRV weltweite Gültigkeit beansprucht, kann die IRV eher als Ausdruck eines europäischen Sozialdialogs verstanden werden denn als ein tatsächlich globales Abkommen (siehe auch Stevis 2010). Das liegt vor allem in der Unternehmensstruktur zum Zeitpunkt des Abschlusses begründet, da das Unternehmen damals hauptsächlich in Europa tätig gewesen ist.

Die Umsetzung der Vereinbarung soll durch die Information aller Beschäftigten des Unternehmens über die abgeschlossene IRV geschehen. Laut Abkommen sind für die Verbreitung sowohl das Management als auch die Gremien der Beschäftigtenvertretung zuständig, wobei die IRV auch in Zulieferunternehmen und Joint-Ventures bekannt gemacht werden soll. Die Kontrolle, ob die Mindestarbeitsstandards eingehalten werden, erfolgt ebenfalls unter Beteiligung der Gremien der Beschäftigtenvertretung. Auf der lokalen Ebene sind die dortigen Gremien der Beschäftigtenvertretung und das Management dafür verantwortlich, dass die Standards beachtet werden, wofür auf Konzernebene eine gemeinsame, interne Überwachungsgruppe eingesetzt worden ist. Diese besteht aus dem Personalvorstand des Unternehmens und den jeweiligen Personalchefs der Regionen und Sektoren sowie auf Seiten der Beschäftigtenvertretung aus dem zweiten Vorsitzenden des Europäischen Betriebsrats, einer Person, die gemeinsam vom EMB und IMB ernannt wird, und jeweils einer Vertreterin oder einem Vertreter aus den verschiedenen geografischen Regionen des Unternehmens.

Unterzeichnet wurde die Internationale Rahmenvereinbarung vom Vorstandsvorsitzenden, dem Vize-Präsidenten für den Bereich Personal, von einem Gewerkschaftssekretär des IMB und dem Generalsekretär des EMB.

Zum Einfluss von Akteursdynamiken und institutionellen Umwelten auf den Aushandlungsprozess

Um die IRV-Aushandlungsprozesse sowie die Einbettung der Aushandlungen in das organisationale Feld untersuchen zu können, wird nun auf die Verhandlungen zur IRV aus dem Jahr 2005 mit STEEL-EUROPE eingegangen. Es werden anschließend auch die Verhandlungen zur IRV 2008 im fusionierten Unternehmen STEEL in den Blick genommen, um die Verschiebungen bei den strategischen Entscheidungen und institutionellen Einflüssen zu verdeutlichen.

Obwohl der Europäische Betriebsrat 2005 nicht als Unterzeichner und damit in formaler Hinsicht auch nicht als Verhandlungspartner für das Management aufgetreten ist, war dieser dennoch laut Vereinbarungstext wie auch faktisch in die Verhandlungen der IRV involviert. Bei den Verhandlungen waren von Seiten der Gremien der Beschäftigtenvertretung mehrere Akteure – teilweise in Personalunion als Vertreterinnen und Vertreter von Gewerkschaften und betrieblichen Gremien – an den Verhandlungen beteiligt. Federführend waren hier der Steuerungsausschuss des EBR und der EMB-Koordinator, der auch die Vertretung für den IMB übernommen hatte. Diese Akteure haben ihr Vorgehen mit den jeweiligen Organisationen IMB und EMB abgesprochen, die dann beide die fertige Internationale Rahmenvereinbarung unterzeichnet haben. Auf Unternehmensseite nahm der Chef des Personalbereichs auf Konzernebene die Verhandlungsführung wahr.

Über die Internationale Rahmenvereinbarung ist parallel zur Verabschiedung des CoC während eines Zeitraums von sechs Monaten verhandelt worden. Obwohl es sich bei der IRV um ein internationales Abkommen handelt, wurde das EMB-Verhandlungsverfahren[42] bei den internen Aushandlungen zwischen den Gremien der Beschäftigtenvertretung und den intraorganisationalen Aushandlungsprozessen zumindest teilweise angewandt (siehe auch Schömann/Sobczak 2008). Die Initiative zum Abschluss einer IRV kam von der im Unternehmen eingerichteten *Social Dialogue Working Group*, die aus Vertreterinnen und Vertretern des Managements und der Gewerkschaften aus verschiedenen Standorten besteht. Diese existierte bereits vor dem Abschluss der Internationalen Rahmenvereinbarung und agierte neben dem EBR.

Intraorganisationale Aushandlungsprozesse haben sowohl innerhalb des Europäischen Betriebsrats als auch innerhalb von IMB/EMB in Bezug auf die nationalen Gewerkschaften im Unternehmen STEEL-EUROPE stattgefunden. Innerhalb des EBR wurden die IRV-Verhandlungen vor allem im Steuerungsausschuss diskutiert, wobei alle Mitglieder bei einer EBR-Sitzung über das Abkommen informiert wurden (Interview: Unternehmen STEEL_EBR1). Tatsächliche Aushandlungs- und Abstimmungsprozesse verliefen zwischen den nationalen Gewerkschaften im EMB. Das bereits existierende Gewerkschaftsnetzwerk im Unternehmen sorgte für eine Abstimmung zwischen den Gewerkschaften. Dieses Verfahren folgt der strategischen Vorstellung von EMB und IMB, dass die nationalen Gewerkschaften den Verhandlungen und den Inhalten der Abkommen zustimmen müssen, da sie schließlich diejenigen Akteure sind, die das Abkommen vor Ort umzusetzen haben. Als Ausdruck der Anerkennung von IMB und EMB als legitimen Verhandlungspartnern des Konzernmanagements wurden hauptamtliche Vertreterinnen und Vertreter der beiden Organisationen entsandt, um die IRV für die Organisationen zu unterzeichnen, auch wenn der Verhandlungsprozess vor allem von Vertreterinnen und Vertretern des Europäischen Betriebsrats gesteuert worden ist (Interview: Unternehmen STEEL_EBR1; STEEL_EMB).

Die *internen Aushandlungen* zwischen den Gremien der Beschäftigtenvertretung erfolgten daher bei den IRV-Verhandlungen im Jahr 2005 zwi-

42 Das EMB-Verhandlungsverfahren sieht vor, dass europäische Rahmenabkommen in Unternehmen der Metallbranche nicht durch Europäische Betriebsräte abgeschlossen werden, sondern eine Rücksprache mit dem EMB und den im EMB angeschlossenen nationalen Gewerkschaften erfolgt. Der EMB soll vom Management auch formal als Verhandlungspartner akzeptiert werden. Die interne Abstimmung mit allen im Unternehmen vertretenen Mitgliedsgewerkschaften dient dazu, dass alle Standorte und Gewerkschaften gleichermaßen den Prozess mittragen (siehe ausführlich Rüb u. a. 2011: 84ff.).

schen dem Europäischen Betriebsrat – vertreten durch die Mitglieder des Steuerungsausschusses und dort vor allem durch den EBR-Sekretär – und dem EMB (vertreten durch den EMB-Koordinator). Wie im Fall des Unternehmens SERVICE ist auch hier die IRV auf Vorschlag der Gremien der Beschäftigtenvertretung entstanden. Die internen Aushandlungen dienten somit auch dem Zweck, sich auf eine gemeinsame Verhandlungsstrategie gegenüber dem Management zu verständigen, um zu einem erfolgreichen Abschluss der IRV-Verhandlungen zu kommen. Der interorganisationale Aushandlungsprozess hat demnach als interne Aushandlung zwischen EBR und EMB begonnen, die dann einen gemeinsamen Vorschlag gegenüber der Konzernleitung präsentiert haben. Dabei gliedern sich die internen Aushandlungen in kooperative Strukturen zwischen EBR und EMB ein, die bereits vor Abschluss der Internationalen Rahmenvereinbarung bestanden haben (Interview: Unternehmen STEEL_EBR2). Bereits 2004 hatte ein an den EBR gerichteter Vorschlag des Konzernmanagements, eine europäische Vereinbarung zur finanziellen Beteiligung der Beschäftigten abzuschließen, im Raum gestanden, wurde jedoch nie in die Tat umgesetzt. Der EBR hatte den Europäischen Metallgewerkschaftsbund jedoch direkt nach dem Kontakt mit dem Management informiert und in das weitere Vorgehen einbezogen (siehe auch Rüb u.a. 2011: 89). Das Verhältnis von EBR und EMB ist von gegenseitigem Vertrauen geprägt. Während die Attraktivität des Abschlusses einer Internationalen Rahmenvereinbarung für den EBR darin lag, dass sich damit die bereits bestehenden Kooperationsbeziehungen mit dem Management ausbauen ließen, war es das Ziel von EMB und IMB, als Verhandlungspartner vom Konzern angesehen zu werden (Interview: Unternehmen STEEL_EBR1). Beide Akteure, EBR und EMB, hatten demnach ein Interesse daran, gemeinsam gegenüber dem Management aufzutreten und in Form eines *intra-coalition-building* Verhandlungen mit dem Management zu forcieren. Neben dem bestehenden Vertrauensverhältnis spielten auch die individuelle Anbindung der einzelnen EBR-Mitglieder an ihre jeweiligen nationalen Gewerkschaften sowie das Selbstverständnis der EBR-Mitglieder, in den Gewerkschaften einen legitimierten Verhandlungspartner zu erblicken, eine entscheidende Rolle.

»There is different levels, it is difficult to explain, but it is the reality, that you have an agreement, for example, the joint health and safety committee have capacity to discuss […] and to reach agreement concerning health and safety with the company. But it is not the same the works council. Because the legal is that it is only information and consultation, it is not to discuss. Because you have some discussion with the company, the union, the trade union on international level, say no, no, we are the members of the works council only represent the company. But on national level, who is representing the union is not a member of the works council.« (Interview: Unternehmen STEEL_EMB)

Darüber hinaus besaß der EBR einen privilegierten Zugang zum Konzernmanagement und zu den Sozialdialogstrukturen, die die externen Akteure EMB und IMB nutzen konnten, um das Thema beim Management zu lancieren. Der Europäische Betriebsrat hat demnach innerhalb des Beziehungsgefüges zu den gewerkschaftlichen Gremien über ausreichend Einfluss verfügt, um Verhandlungen mit dem Management zu initiieren. Auch wenn der EBR formal nicht Unterzeichner der Internationalen Rahmenvereinbarung ist, wäre sie ohne die gute Position des EBR im Unternehmen und seine Beteiligung nicht zustande gekommen. Das Ergebnis der internen Aushandlungen war das gemeinsame Vorgehen in den IRV-Verhandlungen, das sich so ausdrückte, dass der EBR am Aushandlungsprozess sowie an der Umsetzung und Überwachung beteiligt werden sollte. Das Verhandlungsmandat sollte jedoch offiziell bei den gewerkschaftlichen Gremien liegen, was auch mit der IRV-Strategie des IMB bezüglich der Beteiligung von Europäischen Betriebsräten einhergeht. Die Akteurskonstellation zwischen den Gremien der Beschäftigtenvertretung sieht demnach eine Trennung zwischen dem Gewerkschaftsmandat und der Rolle des EBR vor, die sich durch dessen institutionelle Orientierung an dem französischen Modell der industriellen Beziehungen erklären lässt. Wie die weiteren Fallstudien aus anderen nationalen institutionellen Kontexten noch zeigen werden, kann der Einfluss der EBRs von diesen auch dazu genutzt werden, um sich selbst ebenfalls als Verhandlungspartner zu etablieren (siehe auch die Teilkapitel 5.4.1 und 5.4.2). Bezüglich der Strategie gegenüber dem Management haben sich die Gremien der Beschäftigtenvertretung auf ein kooperatives, integratives Vorgehen verständigt. Mit den Verhandlungen sollte, neben dem Ausbau von Sozialdialogstrukturen auf Konzernebene, gerade auch erreicht werden, dass die Mindestarbeitsstandards vor allem in den Standorten in Brasilien auch tatsächlich beachtet würden.

»[…] il y a eu des réunions au Brésil. […] Avoir un accord, un bon accord, c'est facile. Le plus difficile c'est comment on le fait vivre, comment on le met en œuvre. Et ça tu ne peux le faire que par les liens et les réseaux syndicaux. […] Alors par exemple là on s'est servi de l'accord avec nos amis belges parce que nous savions que dans les forêts d'eucalyptus au Brésil, il n'y a pas de charbon, on fait du charbon de bois pour mettre dans les hauts fourneaux. […] Et là on savait qu'il y avait des travailleurs sans terre qui travaillaient: des enfants, des sous-traitants. Et là nous sommes intervenus avec la FGTB belge et l'aide des prêtres catholiques pour dire attention là vous faites travailler des sous-traitants, ou il y a des enfants, ou ils n'ont pas les respects. Et [Unternehmen STEEL-EUROPE] avait fait un audit pour aller voir la réalité. Et on a fait améliorer des choses.« (Interview: Unternehmen STEEL_EBR1)[43]

Substanzielle Ergebnisse sollten also auch gerade deshalb erzielt werden, nachdem Verletzungen von internationalen Mindestarbeitsstandards bekannt geworden waren.

Die *interorganisationalen Aushandlungsprozesse* zwischen den Gremien der Beschäftigtenvertretung und dem Management wurden demnach auf eine Initiative der Beschäftigtenvertretung aufgenommen. Während die Beschäftigtenvertretung u.a. auch die Arbeits- und Beschäftigungsbedingungen vor allem für den brasilianischen Standort verbessern wollte, hat das Management die Verhandlungen ausschließlich als Ausdruck des Sozialdialogs verstanden. Die Internationale Rahmenvereinbarung wurde hier als Bestandteil der allgemeinen Orientierung des Unternehmens an CSR-Kriterien sowie als Mittel zur Verfestigung von Dialogstrukturen – und damit als eines von mehreren unternehmerischen Erwerbsregulierungsinstrumenten – betrachtet. Aufgrund der bestehenden kooperativen Beziehungen zwischen EBR und Management hatte der Europäische Betriebsrat die Möglichkeit, seinen Einfluss geltend zu machen, um das Management vom Nutzen einer IRV zu überzeugen. Die Gremien der Beschäftigtenvertretung setzten auf eine Überzeugungsstrategie, die vom Management in einem integrativen Aushandlungsmodus akzeptiert wurde. Die Rolle des EBR als Bindeglied zwischen gewerkschaftlichen Gremien und dem Management sowie jene der gewerkschaftlichen Gremien als legitime Verhandlungspartner wurden vom Management akzeptiert. Wie beim Unternehmen SERVICE können auch

43 Sinngemäße Übersetzung des französischen Interviewausschnittes: »Es gab Versammlungen in Brasilien. [...] Einen Vertrag, einen guten Vertrag zu haben ist einfach. Das Schwierigste dabei ist, wie man es schafft, diesen mit Leben zu füllen. Und das kannst du nur schaffen mit Hilfe der Verbindungen und Netzwerke zu den Gewerkschaften. [...] Zum Beispiel haben wir die Verständigung mit den belgischen Kollegen gebraucht, weil wir wussten, dass es in den Eukalyptuswäldern von Brasilien keine Kohle gibt, man gewinnt Holzkohle, um die Hochöfen zu heizen. [...] Und man wusste, dass es dort Schwierigkeiten mit der Beschäftigung gab: Kinder, Sub-Unternehmen. Und wir haben zusammen mit der belgischen FGTB und den katholischen Priestern gearbeitet, um zu warnen: Ihr beschäftigt Sub-Unternehmen, oder da gibt es Kinder, die arbeiten oder die Beschäftigten werden dort nicht geschützt. Und [Unternehmen STEEL-EUROPE] hat ein Audit gemacht, um die Realität zu sehen. Und man hat dort die Umstände verbessert.«

hier die interorganisationalen Aushandlungen als kontinuierlicher Dialog zwischen den beteiligten Akteuren beschrieben werden. Die Verhandlungen fanden ihren Abschluss in einem offiziellen Treffen zwischen Vertreterinnen und Vertretern des Unternehmensvorstandes und Hauptamtlichen von EMB und IMB, die dann das vorher – von anderen individuellen Akteuren in ihrem Namen – verhandelte Abkommen unterzeichneten. Mit dem Abkommen wurden (wie bereits geschildert) konkrete Umsetzungs- und Überwachungsmechanismen und Bestimmungen zur Gesundheit und Sicherheit vereinbart, andererseits die sozialen Verträge erneuert. Im Ergebnis hat die Internationale Rahmenvereinbarung zur formalen Anerkennung der gewerkschaftlichen Gremien von EMB und IMB als Verhandlungspartner geführt. Dabei zeigt sich in der Praxis, dass die im Unternehmen STEEL-EUROPE begonnene Kooperation im Unternehmen STEEL fortgesetzt und durch den Abschluss einer weiteren IRV und eines EFA erneuert worden ist.

»I think it works very well. I think it works extremely well, you know, you can always, one can always improve, but I think that it works well and I get the same opinion, I discuss it with the EMF colleagues and the IMF colleagues on a regular basis. And they are happy with the social dialogue structures, we all work towards improving the quality of social dialogue on a continuous basis, but generally yes, I am happy with the social dialogue and I think we prove that in the crisis. We jointly worked towards to eliminate the effect of the crisis and we were very successful in doing that.« (Interview: Unternehmen STEEL_HRM)

Im Rückblick auf die IRV-Verhandlungen von 2005 sehen auch die Gremien der Beschäftigtenvertretung das Hauptergebnis der IRV nicht im Erreichen der substanziellen Ziele, sondern in dem Umstand, dass eine Form der unmittelbaren Kommunikation mit dem Konzernmanagement etabliert werden konnte. Obwohl die IRV Vorgaben zur Umsetzung und Überwachung aufweist, fällt es dennoch schwer, die Erfolge dieser Umsetzung abschließend zu bewerten. Das ist vor allem der Fusion von STEEL-EUROPE und STEEL-INDIA geschuldet, wodurch sich die Managementstruktur und die Konzernleitung veränderten. Mitglieder der Gremien der Beschäftigtenvertretung äußerten sich in den persönlichen Interviews dahingehend, dass die IRV von 2005 im Unternehmen STEEL an sich weiter bestehen müsste, der neue Vorstandsvorsitzende sich jedoch nicht auf eine Unterzeichnung oder Neu-Verhandlung eingelassen hätte (Interview: Unternehmen STEEL_EBR1). Für das Management im Unternehmen STEEL gestaltet sich die Firmenpolitik jedoch derart, dass für sie kein Anlass besteht, Mindestarbeitsstandards im Konzern mittels einer IRV zu überwachen.

»Because we will practice those things and we are quite open when it, what they do when it comes, that if we get complaints, we investigate, we eliminate, if there is any truth in the complaint we eliminate these things immediately. Our human resource- or employee relations policy is clear about the freedom of association and collective bargaining. We subscribed to all those things. So we don't see a need to enter into a specific agreement with trade unions on that. Our policies take care of that.« (Interview: Unternehmen STEEL_HRM)

Die bestehenden Sozialdialogstrukturen im Unternehmen werden auch heute noch dafür genutzt, um Probleme zu lösen. Darüber hinaus verweist das Management auf das bestehende CSR-Team im Unternehmen sowie auf die Mitgliedschaft im UN Global Compact, die eine Überprüfung auch von Arbeitsstandards voraussetzt. Für die Gremien der Beschäftigtenvertretung sind dagegen eher zahlreiche Standorte vor allem im asiatischen Raum die Problemfälle, da sie sich nicht an die Mindestarbeitsstandards halten. Entsprechend hat die Konzernleitung auch kein Interesse daran, solche Standards festzulegen, wenn diese nicht eingehalten und umgesetzt werden können. Der Abschluss einer neuen IRV in den heutigen Konzernstrukturen wäre dann stärker auf substanzielle Ergebnisse als auf soziale Verträge ausgerichtet.

In Bezug auf die *Verankerung der IRV-Verhandlungen im organisationalen Feld* lassen sich einige Unterschiede zwischen dem Unternehmen SERVICE und dem Unternehmen STEEL-EUROPE feststellen. Obwohl beide Unternehmen zum Zeitpunkt der jeweiligen IRV-Verhandlungen in einen französisch geprägten Kontext der Erwerbsregulierung eingebettet waren, zeigt sich bei Unternehmen SERVICE eine starke Verknüpfung mit diesem Kontext, während Unternehmen STEEL-EUROPE der Beteiligung auch des EBR wohlwollend gegenüberstand. Die Nicht-Beteiligung des Europäischen Betriebsrats als Unterzeichner der IRV ist dem Selbstverständnis des EBR, aber nicht der Orientierung des Unternehmens am organisationalen Feld geschuldet. Auch das Unternehmen STEEL-EUROPE orientierte sich bei den IRV-Verhandlungen vor allem an den Gremien der Beschäftigtenvertretung und nicht an anderen Anspruchsgruppen. Jedoch bestehen auch bei dem Unternehmen STEEL-EUROPE Bezugspunkte zu den Institutionen und institutionellen Erwartungen auf der europäischen Ebene, und zwar vor allem durch die Beteiligung von EMB und EBR als europäischen Gremien der Beschäftigtenvertretung. Auch beim Unternehmen STEEL-EUROPE spielte damit die nach innen gerichtete Legitimation gegenüber den Gremien der Beschäftigtenvertretung beim Abschluss der IRV eine Rolle. Da Umsetzungs- und Überwachungsmechanismen in der IRV fixiert wurden, ist davon auszugehen, dass das Unternehmen eher an der Umsetzung der institutionellen Erwartungen interessiert war, anstatt mit Entkopplung zu reagieren (Meyer/Rowan 1977). Wegen der Fusion kann an dieser Stelle jedoch nur die eigene theoretische Überlegung vorgebracht werden. Ein Fingerzeig darauf, dass das Unternehmen STEEL-EUROPE auch an der Umsetzung interessiert war, ist aber die Verabschiedung der Internationalen Rahmenvereinbarung durch das Unternehmen STEEL im Jahr 2008 bzw. eines EFA im Jahr 2009.

Obwohl sich die Akteurskonstellationen bei den Gremien der Beschäftigtenvertretung und auch die Aushandlungsstrategien der interorganisationalen Verhandlungen bei der IRV 2008 von denen der IRV aus dem Jahr 2005 unterscheiden, herrschte auch bei der Aushandlung der IRV 2008 ein spürbares Interesse des Unternehmens, sich nicht nur zu Standards zu bekennen, sondern diese auch umzusetzen. Wie bereits oben erwähnt wurde, handelt es sich bei der IRV des Jahres 2008 um eine Vereinbarung über Gesundheit- und Sicherheitsstandards im Unternehmen STEEL, wobei die Standards nicht nur schriftlich fixiert, sondern auch mit einem Umsetzungs- und Kontrollmechanismus versehen wurden. Da das Unternehmen ein strategisches und auch gesellschaftspolitisches Interesse daran hat, die Zahl der mitunter tödlichen Arbeitsunfälle zu verringern, war das Unternehmen auch deutlich um eine Kontrolle der Standards bemüht.

»And that is why we invited the trade unions to enter into an agreement with us, whereby we create, or we agree minimum standards, and that these minimum standards must be applied in all units, equally by management and trade unions, and trade union members, in all units to contribute towards a 100 percent healthy and save [Unternehmen STEEL]. So there is no negotiation forum, it's really a forum where we work together, with one common objective in mind, as to eliminate fatalities and to reduce the risk of accident and injuries to all our employees.« (Interview: Unternehmen STEEL_HRM)

Die Konzernzentrale wollte bei den Verhandlungen vor allem substanzielle Verbesserungen bei der Umsetzung von Sicherheitsstandards vereinbaren. Die an die Gremien der Beschäftigtenvertretung ausgesprochene Einladung zu Verhandlungen war weniger Ausdruck eines globalen Sozialdialogs, sondern mit dem Ziel verknüpft, auch die Gremien der Beschäftigtenvertretung auf globaler, nationaler und lokaler Ebene in die Überwachung der Standards einzubinden. Die IRV kann von Seiten des Managements auch als Strategie zur Standardisierung der Personalpolitik gewertet werden (Fichter u.a. 2011b). Die Internationale Rahmenvereinbarung wurde mit IMB, EMB und

USW ausgehandelt, und damit allein mit gewerkschaftlichen Gremien der Beschäftigtenvertretung. Der EBR als eigenständiges Gremium wurde nicht beteiligt. Dessen Rollenwandel im Zeitraum von der IRV 2005 bis zur IRV 2008 lässt sich einerseits mit der veränderten Einstellung des Managements gegenüber Gremien der Beschäftigtenvertretung und zum anderen mit der Internationalisierung des Unternehmens erklären (Interview: Unternehmen STEEL_HRM), mit der Europa als vormals dominante Entscheidungsebene an Einfluss verlor. Damit büßte der EBR auch den privilegierten Zugang zum Konzernmanagement ein. Außerdem hatte das Unternehmen bei der IRV von 2008 ein Interesse an der Umsetzung der substanziellen Ziele und wollte daher auch andere Regionen außerhalb Europas an den Verhandlungen gleichberechtigt beteiligen – entsprechend saßen die größten regionalen Gewerkschaftsverbände (USW und EMB) sowie die globale Dachorganisation IMB mit am Verhandlungstisch.

5.3.2 Die Verhandlungen einer Internationalen Rahmenvereinbarung beim Unternehmen BAU

Während das Unternehmen STEEL-EUROPE bezogen auf die Beteiligung des EBR sowohl formal als auch in der Praxis zu den Unternehmen gehört, bei denen der EBR tatsächlich informiert und konsultiert wurde, beschränkte sich die Beteiligung des Europäischen Betriebsrats im Unternehmen BAU auf die formale Informationsweitergabe. Obwohl das niederländische Bauunternehmen die Internationale Rahmenvereinbarung mit der BHI abgeschlossen hat und die BHI eigentlich vorsieht, Europäische Betriebsräte an den IRV-Verhandlungen zu beteiligen, wurde der EBR vom Unternehmen BAU erst nach Abschluss der Verhandlungen darüber informiert, dass es eine IRV gibt. Der IRV-Text zeigt keine direkten Bezüge zum Europäischen Betriebsrat. Die BHI hat zwar die Möglichkeit, einen Teil der Mitglieder in der Überwachungsgruppe zu bestimmen; der EBR hat jedoch erst nach konfliktiven Verhandlungen einen Sitz in der Überwachungsgruppe erhalten und ist seitdem an der Überwachung des Abkommens beteiligt. Die Akteursdynamiken im Unternehmen BAU spiegeln demnach andere Akteurskonstellationen und Aushandlungsprozesse wider als beim Unternehmen STEEL-EUROPE. Die standardisierte Auswertung der Akteurskonstellationen bietet daher keine ausreichenden Informationen, um die Akteursdynamiken vollständig zu erfassen.

In seiner Struktur ist das Unternehmen BAU ein weltweit tätiges Unternehmen der Baubranche, das sowohl Ingenieursleistungen zur Planung von Bauvorhaben anbietet, als auch selbst als ausführendes Unternehmen tätig ist. Das Geschäft konzentriert sich hinsichtlich von Umsatz und Beschäftigtenzahlen zu einem Großteil auf Europa, während das außereuropäische internationale Geschäft vor allem auf den Verkauf von Planungs- und Ingenieursdienstleistungen setzt. Internationale Bauprojekte werden immer in Zusammenarbeit mit lokalen Unternehmen durchgeführt. Entsprechend ist für die BHI die Überwachung dieser Kooperationsgeschäfte im außereuropäischen Raum von besonderer Bedeutung (Interview: BHI). In seiner Firmentradition versteht sich das Unternehmen BAU als niederländisches Unternehmen mit entsprechenden Formen der Sozialpartnerschaft und der Zusammenarbeit mit Gewerkschaften. Das Management betonte im Interview diese niederländische Tradition, dass Gewerkschaften als legitime Vertreter der Beschäftigten und Verhandlungspartner gelten, mit denen man kooperativ umgehe.

»For some reason our former chairman of the executive committee promised the labour unions, he was in good relationship with the labour unions in the Netherlands, and he promised them to sign an international framework agreement. At that time I guess he hadn't the slightest idea what he was talking about, what he was signing. So that was a promise made to the labour unions.« (Interview: Unternehmen BAU_HRM)

Es war deshalb für den Vorstand des Unternehmens selbstverständlich, auf das Angebot der niederländischen Gewerkschaften einzugehen, zusammen mit der BHI eine Internationale Rahmenvereinbarung abzuschließen. Alternativ hätte das Unternehmen – nach eigenen Angaben – auch dem UN Global Compact beitreten können. Aufgrund der kooperativen Dialogbeziehungen hat sich das Management jedoch auf die Verhandlungen eingelassen. Wie bei den zwei zuvor beschriebenen Fallstudien sind die IRV-Verhandlungen zwischen Management und Gremien der Beschäftigtenvertretung auch hier als Ausdruck der sozialpartnerschaftlichen Beziehungen zwischen den Gewerkschaften am Stammsitz des Unternehmens und dem Konzernmanagement zu verstehen. Dieser Teil der Aushandlungen wird daher an dieser Stelle nicht noch einmal im Detail beschrieben, da sie recht ähnlich verliefen. Im Gegensatz zu den anderen beiden Fallstudien sind im Fall des Unternehmens BAU die internen Aushandlungen zwischen BHI, niederländischen Gewerkschaften und EBR jedoch nicht ohne Konflikte abgelaufen.

Die *interorganisationalen Aushandlungen* zwischen BHI, niederländischen Gewerkschaften und dem Konzernmanagement sind auf Initiative der niederländischen Gewerkschaften aufgenommen worden. An dem Prozess der Aushandlung waren weder der EBR noch andere Gremien der Beschäftigtenvertretung beteiligt. Es hat vor dem Abschluss mit dem Konzernmanagement auch keine Information oder interne Aushandlung mit anderen Gremien der Beschäftigtenvertretung gegeben. Der EBR wurde nach erfolgreicher Unterzeichnung der Internationalen Rahmenvereinbarung von den niederländischen Gewerkschaften und der BHI über den Abschluss informiert. Mitglieder des EBR reagierten mit Unverständnis, dass sie von den Gewerkschaften nicht vorher darüber unterrichtet worden waren (Interview: Unternehmen BAU_EBR2). Die BHI begründete das Vorgehen damit, dass die Aushandlung von Internationalen Rahmenvereinbarungen ein Arbeitsbereich der Gewerkschaften sei. Dieses Vorgehen läuft jedoch auch der IRV-Politik der BHI entgegen, die darauf abzielt, EBRs an Internationalen Rahmenvereinbarungen zu beteiligen, wenn diese im Unternehmen vorhanden sind. Laut IRV-Text besitzt die BHI die Autorität (nach Bacharach/Lawler 1980), die der Beschäftigtenseite zustehenden Mitglieder der gemeinsamen Überwachungsgruppe zu ernennen. Der Europäische Betriebsrat hat in dieser Situation gefordert, als eigenständiges Gremium einen Sitz in dieser Überwachungsgruppe zu bekommen und dadurch an der Aushandlung der IRV beteiligt zu werden. Entsprechend haben also *interne Aushandlungsprozesse* über die praktische Ausgestaltung der IRV nach den eigentlichen IRV-Verhandlungen stattgefunden.

Der EBR besaß ein Interesse, durch die Mitgliedschaft in der Überwachungsgruppe an der IRV beteiligt zu werden, während die BHI wiederum an weiteren Abstimmungsprozessen nicht interessiert war, da das eigentliche Ziel – nämlich die Unterzeichnung der IRV durch das Management und die Einrichtung einer Überwachungsgruppe – bereits erreicht worden war.

»Let's say that was a little bit also not a fight, but we had really to fight a little bit, for getting a member of the European Works Council into the reference group. Because when we read the paragraph here, in order to achieve the objectives and fulfill the commitments specified, a reference group consisting of representatives of the management and the BWI shall initiate a follow-up dialogue. And then we said, there we should be also with at least one member. And at its early beginning it was, I think [Name] in this time, he was the chairman of the board, he said why? And then we said because the European Works Council should have at least one member there, to see what's going on. Because I think this is our, or we thought it's our right to have a member there.« (Interview: Unternehmen BAU_EBR1)

Die Machtbeziehungen zwischen Europäischem Betriebsrat und der BHI waren in dieser Situation dergestalt, dass der EBR entweder durch Druck oder Überzeugung die BHI dazu bewegen musste, die Rolle des EBR im Überwachungsgremium zu akzeptieren. Da eine Überzeugungsstrategie und kooperative Formen des Dialogs nicht zum Erfolg führten, wandte der EBR Druckmechanismen gegenüber der BHI an. Parallel zur Diskussion mit der BHI fragte der Europäische Betriebsrat offiziell beim Konzernmanagement nach, ob eine Beteiligung des EBR möglich wäre. Dadurch hat der EBR eine auf zwei Gleisen rangierende Verhandlungssituation geschaffen, in der beide Entscheidungsakteure um eine Entscheidung gebeten wurden. Von der BHI wurde der Vorschlag unterbreitet, dass Mitglieder des EBR über ihre jeweiligen nationalen Gewerkschaften – und damit offiziell als Gewerkschaftsmitglied – in das Überwachungsgremium entsandt werden könnten. Der Steuerungsausschuss des EBR lehnte ein solches Vorgehen ›durch die Hintertür‹ ab und bestand auf einem eigenen EBR-Mandat. Im Verlauf des Abstimmungsprozesses signalisierte das Management jedoch, dass der EBR einen Sitz erhalten könne, was zu einer Einigung auch zwischen der BHI und EBR führte. Seitdem ist ein EBR-Mitglied als Vertreter des Europäischen Betriebsrats an der Überwachungsgruppe beteiligt. Die nachgelagerten internen Aushandlungen zwischen gewerkschaftlichen Gremien und dem EBR haben also im Nachhinein zu dessen Beteiligung an der Internationalen Rahmenvereinbarung geführt. Damit stellt dieser Fall einen Kontrast zum oben beschriebenen Unternehmen STEEL dar, wo der EBR bereits während der Aushandlungsprozesse zumindest in Form der Informationsweitergabe beteiligt wurde.

Bezogen auf das *organisationale Feld*, in dem die Aushandlungen zur IRV stattgefunden haben, zeigen sich ebenfalls Abweichungen zum Unternehmen STEEL. Zwar ist auch das Management des Unternehmens BAU an der Umsetzung der IRV und der Einhaltung der Standards interessiert, doch ist die IRV hier – und im Gegensatz zu den beiden oben beschriebenen Fällen – ein stärkerer Ausdruck der Orientierung an institutionellen Erwartungen externer Anspruchsgruppen. Für das Management ist die IRV zwar keine reine Legitimationsfassade, da auch eine aktive Überwachung stattfindet; ihr kommt jedoch insgesamt vor allem die Aufgabe zu, externen Akteuren die Botschaft zu vermitteln, dass sich das Unternehmen sozial verantwortlich verhält. Entsprechend ist die IRV eine Form der CSR-Strategie, und die Verhandlungen sind lediglich der nationalen Orientierung an sozialpartnerschaftlichen Beziehungen mit den Gewerkschaften geschuldet.

»[...] we have our Code of Conduct, we have our Business Principles, if we would only sign the Global Compact, for instance, then you do exactly the same, either you do something more because you are not talking about employees› rights apart from children, but you are even broader than that. So you write a letter to Kofi Anan and say okay we only sign the UN Global Compact. And that is in the back of my thoughts, would it not be an easier solution. Because then we can say in our sustainability report we have signed the Global Compact, we have asked PWC to assure our activities on sustainability, also our Global Compact obligations, now they can check it, and they give us a signature. So we are assured. That is a much more easy way than how we have organised it now with the labour unions, and we sit together and we evaluate and then we plan the next trip to a specific country with a higher risk on child labour [...] and we have to go over there. [...] So that's less a burden in governing the principles of the United Nations, it is broader.« (Interview: Unternehmen BAU_HRM)

Für das Management ist die IRV somit nicht in erster Linie ein sozialer Vertrag, der die internen Beziehungen zu den Gewerkschaften verbessern soll, sondern vielmehr ein Bestandteil der globalen Konzernpolitik, sich durch die Einhaltung von Mindestarbeitsstandards nach außen als sozial verantwortungsvolles Unternehmen zu präsentieren. Die Inhalte der IRV betreffen neben den IAO-Kernarbeitsnormen auch die nachhaltige Entwicklung des Unternehmens sowie Umwelt- und Anti-Korruptions-Standards – und damit weniger Gegenstände der Erwerbsregulierung, sondern Elemente der CSR-Politik des Unternehmens. Verhandlungspartner waren zwar ausschließlich die Gewerkschaften, Anspruchsgruppen im organisationalen Feld stellen darüber hinaus jedoch auch NGOs, nationale Rechts- und Normenordnungen sowie andere multinationale Konzerne derselben Branche dar.

5.3.3 Einordnung der Unternehmensfallstudien in die Ergebnisse der standardisierten Auswertung

Im Vergleich zu anderen Internationalen Rahmenvereinbarungen und transnationalen Rahmenabkommen ist die IRV zu Gesundheit und Sicherheit im Unternehmen STEEL als Sonderfall anzusehen, da sich diese inhaltlich ausschließlich auf diese Themenfelder bezieht. Obwohl nicht auf die IAO-Kernarbeitsnormen verwiesen wird, wird die IRV als solche beim Internationalen Metallgewerkschaftsbund aufgelistet. Die IRV von 2005 hingegen, die noch im Unternehmen STEEL-EUROPE abgeschlossen wurde, fügt sich in ihren Inhalten und mit den Regeln zur Umsetzung und Überwachung formal in die Gruppe jener IRVs ein, die – bezogen auf den EBR-Beteiligungsgrad »EBR involviert« – formal am weitesten reichen. Wie bereits dargestellt, weist die Gruppe der Unternehmen, bei denen der Europäische Betriebsrat bei der Aushandlung der IRV involviert gewesen ist, einen Zusammenhang zur Metallbranche auf. Dieser Aspekt wurde ebenfalls anhand der IRV-Strategie des IMB verdeutlicht. Die beiden Fallstudien bei den Unternehmen STEEL – bzw. STEEL-EUROPE – und BAU haben darüber hinaus ergeben, dass auch die nationale Spielart der Erwerbsregulierung die Wahl der Aushandlungspartner der Unternehmensleitung beeinflusst. Obwohl diese nationalen Stammlandeffekte sich in der statistischen Untersuchung nicht nachweisen ließen, zeigen sich in der Sekundäranalyse von Fallstudien anderer Unternehmen aus dem Sample, dass nicht nur bei den eigenen Fallstudien die nationale Ausgestaltung der Erwerbsregulierung einen Einfluss auf die formalen Akteurskonstellationen hat.

Auch Schömann u.a. (2008a) können in ihren Fallstudien zu den IRV-Verhandlungen bei PSA Peugeot im Jahr 2006 und bei Securitas im Jahr 2006 belegen, dass dort ebenfalls trotz bestehender Dialogstrukturen mit den Europäischen Betriebsräten diese aufgrund der jeweiligen Orientierungen an nationalen Institutionen der Erwerbsregulierung nicht zu Unterzeichnern der Abkommen wurden. Trotz der Unterschiede zwischen den beiden Unternehmen hinsichtlich ihrer Branchenzugehörigkeit (der französische Automobilhersteller PSA Peugeot, das schwedische Sicherheitsdienstleistungsunternehmen Securitas) und ihrer Stammsitze sind in beiden Kontexten die nationalen Institutionen dergestalt, dass gewerkschaftliche Gremien der Beschäftigtenvertretung als legitimierte Verhandlungspartner vom Management anerkannt werden und Europäische Betriebsräte als reine Informations- und Konsultationsgremien fungieren. In beiden Fällen werden der EBR als Umsetzungsorgan und die EBR-Sitzungen als Rahmen für die jährliche Überprüfung der Umsetzung genutzt. Die Akteurskonstellation bei den Verhandlungen bezogen auf den EBR lässt sich also mit der Orientierung der Akteure an den jeweiligen nationalen Institutionen der Erwerbsregulierung am Stammsitz des Unternehmens erklären. Bezogen auf die Beteiligung anderer, gewerkschaftlicher Gremien an der Internationalen Rahmenvereinbarung ist bei PSA Peugeot, wie auch bei STEEL-EUROPE, ein Modell forciert worden, das die Beteiligung möglichst aller im Unternehmen vertretenen Gewerkschaften vorsieht. Während bei STEEL-EUROPE die europäischen Gewerkschaften durch einen intraorganisationalen Aushandlungsmodus beteiligt wurden, haben im Fall von PSA Peugeot neben

IMB und EMB auch 33 nationale Gewerkschaften die Internationale Rahmenvereinbarung unterzeichnet. Es hat also kein Mandatierungsverfahren für den EMB und den IMB stattgefunden, sondern die einzelnen Gewerkschaften haben für sich selbst entschieden, ob sie die Inhalte der Vereinbarung mittragen. Der Gewerkschaftspluralismus im Unternehmen bildet sich also nicht nur bei den IRV-Verhandlungen, sondern auch in den Gremien der Beschäftigtenvertretung im Unternehmen (wie dem EBR) ab (siehe auch Hauser-Ditz u.a. 2010: 173). Im Gegensatz zu dem Großteil aller abgeschlossenen IRVs handelt es sich bei jener von PSA Peugeot um das Ergebnis von Verhandlungen, die vom Management initiiert worden sind. Schömann u.a. (2008a) begründen das Vorgehen des Managements zum einen damit, dass der größte Konkurrent Renault bereits 2004 eine IRV abgeschlossen hatte und PSA Peugeot sich ebenfalls gegenüber der institutionellen Umwelt legitimieren wollte. Zweitens verweisen die Autorinnen und Autoren auf die Internationalisierung des Unternehmens und die Strategie des Managements, die IRV als Instrument zur Standardisierung von Managementpraktiken zu nutzen (siehe auch Fichter u.a. 2011b). Aufgrund der Orientierung des Unternehmens an französischen Institutionen der Erwerbsregulierung (Hauser-Ditz u.a. 2010: 179) gehörte es zum Selbstverständnis des Unternehmens, die gewerkschaftlichen Gremien an dem Abschluss solcher internationalen Mindeststandards zu beteiligen. Obwohl Schömann u.a. (2008a) feststellen, dass sich das Unternehmen ganz erheblich um eine Legitimation gegenüber institutionellen Erwartungen bemüht, bewerten sie die IRV nicht als reines ›Lippenbekenntnis‹ des Unternehmens, sondern interpretieren das Verhalten des Managements als Strategie zur Umsetzung der Standards.

Für die IRV bei Securitas halten Schömann u.a. (2008a) fest, dass auch dort das Unternehmen die IRV zur Legitimation nach außen nutzt. Jedoch führt die Beteiligung von gewerkschaftlichen Gremien dazu, dass das Unternehmen tatsächlich auch an der Umsetzung der IRV interessiert ist, diese – ebenso wie die Unternehmen STEEL und PSA Peugeot – aber durchaus auch als Instrument zur internationalen Standardisierung nutzen will. Ein CoC, der im Jahr 2003 vom Konzernmanagement veröffentlicht wurde, ist bereits unter Konsultation der schwedischen Gewerkschaften am Stammsitz des Unternehmens entstanden. Die 2006 geschlossene Internationale Rahmenvereinbarung stellt eine Spezifizierung des CoC dar, mit der auf eine stärkere Beachtung der Rechte zu Vereinigungsfreiheit und Kollektivverhandlungen gedrungen wird und Umsetzungs- und Überwachungsmechanismen beschrieben werden. Die Initiative zur Aushandlung der IRV ging von einer Sitzung des Europäischen Betriebsrats aus, an der auch Vertreterinnen und Vertreter von UNI und des Managements beteiligt waren.

5.4 Fallstudien: MASCH und AUTO

5.4.1 Die Verhandlungen einer Internationalen Rahmenvereinbarung beim Unternehmen MASCH

Während in den oben dargestellten Fällen die Beteiligung der Europäischen Betriebsräte bzw. deren Nicht-Beteiligung bei IRV-Verhandlungen jenseits der formalen Ebene der Unterzeichnung analysiert wurde, wird nun auf zwei Unternehmensfallstudien eingegangen, bei denen die Europäischen Betriebsräte formal Unterzeichner der Internationalen Rahmenvereinbarungen neben gewerkschaftlichen Gremien waren. Wie in den oben beschriebenen Fällen geht es auch hier darum zu zeigen, dass die formale Beteiligung des EBR von nationalen Institutionen der Erwerbsregulierung und den über den EBR kursierenden Rollenbildern geprägt ist, die tatsächlichen Aushandlungsprozesse jedoch vielmehr anhand der unterschiedlichen Akteursstrategien erklärt werden können.

Im Folgenden werden die Aushandlungsprozesse der IRV sowie ihre Einbettung in das organisationale Feld von Unternehmen MASCH dargestellt, während der zweiten Fallstudie eine ergänzende Funktion zukommt, bei der nur diejenigen Bereiche detailliert beschrieben werden, die die Unterschiede zum ersten Fall verdeutlichen.

Unternehmensstruktur und Internationalisierungsstrategie des Konzerns

Das Unternehmen MASCH ist ein Maschinenbau-Unternehmen, besitzt seinen Stammsitz in Deutschland und hat sich seit den 1990er Jahren durch Zukäufe, Fusionen und Internationalisierung zum heutigen Unternehmen MASCH entwickelt. Aufgrund der Produktpalette des Unternehmens ist es in der Öffentlichkeit nicht sonderlich bekannt, obwohl es zu einem der marktführenden Unternehmen in seinem Segment des Maschinenbaus zählt. Das Kerngeschäft ist noch auf Europa konzentriert, wobei vor allem Investitionen in Osteuropa als auch in den BRIIC-Staaten (Brasilien, Russland, Indien, Indonesien und China) zunehmen. Im Jahr 2010 beschäftigte das Unternehmen MASCH insgesamt 20.385 Mitarbeiterinnen und Mitarbeiter, davon 13.083 in Europa, und verbuchte 48 Prozent des Auftragseingangs im Jahr 2010 in Europa (2.205,4 Millionen Euro von insgesamt 4.578 Millionen Euro; Daten aus dem Geschäftsbericht 2010).

Bis 2003 verfolgte der Konzern eine starke Wachstumsstrategie, die dazu führte, dass das Unternehmen zu jenem Zeitpunkt aus circa 350 Einzelgesellschaften bestand. Darauf folgte eine Phase der Konsolidierung und Standardisierung der Prozesse im Gesamtkonzern, währenddessen auch die IRV 2003 abgeschlossen wurde. Die Phase der Neuausrichtung des Konzerns ging mit einer internen Umstellung der Produktbereiche von vormals neun Divisionen auf fünf Segmente, begleitet von Restrukturierungsmaßnahmen, einher. Letztere hatten seit Mitte des Jahres 2005 auch den Abbau von Fertigung und Personal vor allem in Westeuropa zur Folge. Das Unternehmen MASCH ist in seiner Unternehmenspolitik ein innovationsgetriebenes Unternehmen, dessen Produkte zu einem Großteil in kurzen Zeitabständen neu entwickelt werden. Die Internationalisierung des Konzerns war nicht nur von dem Abschluss der IRV, sondern auch von der Gründung des Europäischen Betriebsrats im Jahr 1998 begleitet; parallel dazu wurde eine Unternehmensstrategie sowie ein Wertegerüst für den Gesamtkonzern entwickelt. Die Unternehmensstruktur wird von einer internationalen Konzernebene und nationalen Ebenen gebildet, die sich wiederum in Produktsegmente aufteilen. Eine eigene europäische Ebene existiert im Unternehmen nicht, so dass die internationale Konzernebene auch für die Kontakte zum EBR zuständig ist. Die Personalpolitik wird von der Konzernzentrale gesteuert, wobei sich das dortige zentrale Personalmanagement regelmäßig zum Austausch mit dem Management der einzelnen Segmente und Gesellschaften trifft (Interview: Unternehmen MASCH_HRM).

Erwerbsregulierung im Konzern

Die Spielarten der Erwerbsregulierung auf Konzernebene sind geprägt von den deutschen Formen der industriellen Beziehungen. Über Jahre hat sich der Kontakt zwischen Management und deutschen Gremien der Beschäftigtenvertretung (sowohl gewerkschaftlichen als auch betrieblichen) entwickelt. Die IG Metall wird, als gewerkschaftliches Vertretungsorgan, ebenso vom Management akzeptiert wie die Betriebsräte und der Konzernbetriebsrat. Entsprechend des deutschen Mitbestimmungsgesetzes zur Mitbestimmung in Aufsichtsräten werden Hauptamtliche der IG Metall sowie Mitglieder der betrieblichen Gremien als Gewerkschaftsmitglieder in den Aufsichtsrat des Unternehmens entsandt. Während der Kontakt zwischen Management und Gewerkschaften als ein formeller gelten darf, haben sich mit den betrieblichen Gremien kontinuierliche Dialogstrukturen entwickelt.

»[…] das ist eigentlich bis heute so, also man akzeptiert hier, auch im Hause zwar die Gewerkschaften, formal, ob das immer dann darüber hinaus geht, ist was anderes und dann hat man gesagt, ja aber wir haben ja einen Europäischen Betriebsrat und wir würden schon gerne mit dieser europäischen Arbeitnehmervertretung diese Vereinbarung abschließen; die Gewerkschaften, die das eigentlich eingebracht hatten, jetzt auch hier bei [Unternehmen MASCH], die wollte man eigentlich so als direkten Vertragspartner nicht wirklich, weil man nicht genau einschätzen konnte, wahrscheinlich bis heute nicht, welche Möglichkeiten haben die denn eigentlich, uns irgendwo vielleicht wirklich in die Karten zu gucken.« (Interview: Unternehmen MASCH_IMB)

Das Management hält demnach die betrieblichen Strukturen und ebenso den EBR für den wichtigeren Dialogpartner als die gewerkschaftlichen Institutionen, die zwar akzeptiert, jedoch als externe Akteure angesehen werden. Dies hatte auch Auswirkungen auf die Verhandlungen der IRV, wie im Folgenden noch beschrieben wird.

Neben der IRV hat das Unternehmen einen Ethikkodex sowie eine Anti-Korruptions-Richtlinie für den Gesamtkonzern verfasst, die sich vor allem auf Compliance-Standards beziehen und einseitige Selbstverpflichtungen des Managements sind. Im Gegensatz zur IRV, die sich auf die institutionelle Ebene im Unternehmen bezieht, orientieren sich diese Richtlinien an der individuellen Ebene und regeln die sozialen Beziehungen zwischen dem Unternehmen und den einzelnen Beschäftigten (siehe auch Walton u.a. 1994: 6f.). Neben dieser Managementinitiative, die zum Zweck der diskursiven Legitimation veröffentlicht wurde, existieren als ausgehandelte Formen der Erwerbsregulierung auf Konzernebene die IRV und der Europäische Betriebsrat. Entgegen den anderen bereits vorgestellten Fallstudien ist das Unternehmen MASCH nicht in weitere einseitige Verhaltensstandards (wie etwa den UN Global Compact oder externe Auditverfahren) eingebunden.

Der EBR wurde im Jahr 1998 gegründet und ist das einzige supranationale Gremium der Beschäftigtenvertretung im Konzern. Seither hat sich ein kontinuierlicher Dialog zwischen dem Personalverantwortlichen auf Konzernebene und Mitgliedern des Steuerungsausschusses des EBR entwickelt. Mit der bereits oben beschriebenen Internationalisierung und Neustrukturierung des Unternehmens MASCH hat auch der EBR damit begonnen, seine Struktur und Arbeitsweise an die neuen Unternehmensstrukturen anzupassen – etwa auch durch die Erweiterung des EBR um Mitglieder aus europäischen Nicht-EU-Ländern (wie der Türkei), die nun mit einem Gaststatus an den EBR-Sitzungen teilnahmen.

»Dann gab es unseren [EBR] Antritt, parallel war der erfolgt, dass wir gesagt haben, wir möchten, um auch die türkischen Kollegen zu integrieren, gerne, dass sie in den europäischen Betriebsrat [von Unternehmen MASCH] aufgenommen werden. Damit hat sich das Management schwer getan, aber [Name] hat dann letzten Endes, um das also auch abschließend zu befrieden, denke ich mal, akzeptiert, dass ein türkischer Kollege als Gast bei den EBR-Jahrestagungen eingeladen wird [...], dabei ist und folglich im Prinzip alle Möglichkeiten, die über das Gremium vorhanden sind, auch nutzen kann.« (Interview: Unternehmen MASCH_IMB)

Bereits zum Zeitpunkt der EBR-Gründung im Jahre 1998 waren die Schweiz, Polen, Tschechien und Ungarn im EBR vertreten, der jedes Jahr eine Jahrestagung veranstaltet. Eine für den EBR abgestellte Sekretärin koordiniert von der Konzernzentrale aus die laufenden Arbeiten des Gremiums, während das dort gehegte Vorhaben, zusätzlich einen wissenschaftlichen Assistenten einzustellen, bislang Makulatur geblieben ist. Der Steuerungsausschuss des EBR ist für das laufende Geschäft und den regelmäßigen Kontakt zum Management zuständig (Interviews: Unternehmen MASCH_IMB; MASCH_EBR1). Die Anzahl der Treffen des Steuerungsausschusses pro Jahr ist nicht in der EBR-Vereinbarung von 1998 schriftlich fixiert worden; in der Praxis trifft sich der Steuerungsausschuss nach Bedarf, im Durchschnitt etwa einmal pro Monat. Der EBR besteht aus maximal 30 Mitgliedern, während sich sein Steuerungsausschuss aus dem Vorsitzenden des EBR, vier weiteren EBR-Mitgliedern, einem Schriftführer und dem gewerkschaftlichen EBR-Betreuer zusammensetzt. Der EBR ist bemüht, in seiner Struktur möglichst viele europäische Länder und möglichst verschiedene Produktsegmente abzubilden.

Parallel zur EBR-Struktur existiert eine Segmentstruktur auf europäischer Ebene, bei der sich Mitglieder der Gremien der Beschäftigtenvertretung der einzelnen Segmente miteinander austauschen. Die Mitglieder des EBR sind überwiegend Gewerkschaftsmitglieder und bringen unterschiedliche nationale Verständnisse über die Rolle des EBR in das Gremium ein. Trotz des europäischen Charakters des EBR fühlen sich dessen Mitglieder auch für die globale Ebene zuständig, da es auf dieser Ebene kein entsprechendes Gremium gibt. Bei der EBR-Vereinbarung hat das Management Zugeständnisse gemacht, die über die Vorgaben der EBR-Richtlinie hinausgehen, zum Beispiel was die Aufnahme von europäischen Nicht-EU-Ländern in das Gremium angeht. Außerdem findet eine Kooperation zwischen dem deutschen KBR und dem Europäischen Betriebsrat statt. Der EBR agiert insgesamt jenseits seiner formalen Zuständigkeiten und trifft sich wesentlich öfter, als es die EBR-Vereinbarung vorsieht. Der Vorsitzende hat im Laufe der Zeit erreicht, dass er dieselben Informationen erhält wie die gewerkschaftlichen Mitglieder des Aufsichtsrates. Er hat diese Informationen vertraulich zu behandeln, kann sich dadurch aber besser auf anstehende Veränderungen vorbereiten (Interviews: Unternehmen MASCH_EBR1).

Der EBR hat sich im Laufe der Zeit zu einem Verhandlungsgremium entwickelt, das beim Management erfolgreich Zugeständnisse fordern konnte, die über das hinausgehen, was in der EBR-Vereinbarung steht: zum Beispiel der Gaststatus der Türkei im EBR seit 2009 oder zusätzliche Treffen ganzer Divisionen bei der im Zuge der Konzernrestrukturierung erfolgenden Umwandlung der Divisionen in Segmente. Eigene Themen konnte der EBR besetzen und (in Projektgruppen) erschließen, etwa ein Projekt zur Reduzierung der Unfallhäufigkeit und des Krankenstandes. Diese Projekte wurden in Abstimmung mit dem zentralen Personalmanagement entwickelt. Der EBR verfolgt darüber hinaus die Strategie, sich von einem europäischen Gremium hin zu einem globalen Gremium (WBR) zu entwickeln, was mit der Aufnahme der Türkei in den EBR sowie im Zuge der Verhandlungen über die Internationale Rahmenvereinbarung begann. Außerdem gab es erste Gespräche mit dem Management, auch außereuropäische Vertreterinnen und Vertreter der Beschäftigten zu den EBR-Sitzungen einzuladen, wenn es über bestimmte Frage zu beraten galt.

Innerhalb des derzeitigen EBR haben die Mitglieder die Aufgabe, als Repräsentanten der Länder zu arbeiten und den Kontakt zu den anderen Standorten im jeweiligen Land zu halten. Der Europäische Betriebsrat unterhält durch den gewerkschaftlichen EBR-Koordinator einen regelmäßigen Kontakt zum EMB, jedoch kein institutionalisiertes Verbindungsorgan. Der EBR-Koordinator ist von der IG Metall entsandt und dazu auch Mitglied im Aufsichtsrat. In Abstimmung mit dem IMB und der IG Metall hat er die Internationale Rahmenvereinbarung im Europäischen Betriebsrat zur Sprache gebracht, wobei die operative Zusammenarbeit zwischen EBR und Management durch regelmäßige Treffen zwischen dem EBR-Vorsitzenden und dem Leiter des zentralen Personalmanagements bestritten wird. Sowohl das Management als auch Mitglieder des EBR können Themen für die Tagesordnung von EBR-Sitzungen vorschlagen. Die von beiden Seiten als gut eingeschätzten Sozialdialogstrukturen sind im Unternehmen MASCH somit auch auf europäischer Ebene vorhanden; allerdings wurde über »harte Themen«, wie die Restrukturierungsprozesse der letzten Jahre, weiterhin lokal und nicht europäisch koordiniert verhandelt.

»[…] also ich finde nicht, dass der EBR da [bei den Restrukturierungsprozessen] so eine Glanzrolle gespielt hat. Es ist alles gut gelaufen, mit Erstinformation, Vorentscheidung und so weiter und dann aber haben die lokalen Manager ihre Arbeitnehmervertretung inklusive der nationalen Gewerkschaftsvertreter vor Ort, die haben sie dann einfach auch stark gepresst in Verhandlungen, also was wir dann, sagen wir mal Sozialplanverhandlungen nennen würden und dann ist das lokal durchgezogen worden, in aller Regel relativ schnell, bis hin zu Fertigung wird eingestellt und der Europäische Betriebsrat hat in dem Zusammenhang dann, also der Koordinierung oder vielleicht wie bei General Motors dann, bis hin zu Vereinbarungen, was wird an welchem Standort, ja? gemacht oder nicht gemacht? Da ist dieser EBR noch nicht so weit. Und das Management hat eben gesehen, dass es auch leichter ist, das zentrale Management, dass es auch leichter ist, die Sache dann lokal durchzuziehen.« (Interview: Unternehmen MASCH_IMB)

Auch wenn es bisher keine über den EBR verlaufende Koordination zwischen den betroffenen Standorten bei Restrukturierungen gegeben hat, beurteilen auch die Mitglieder des Europäischen Betriebsrats die Zusammenarbeit mit dem Management als gut. Sie verbessere sich im Laufe der Zeit, auch was die Informationsweitergabe und die Konsultation des EBR angeht (Interviews: Unternehmen MASCH_HRM; MASCH_EBR1; MASCH_EBR2).

Die allgemeine Personalpolitik ist durch die Internationalisierung des Konzerns darauf ausgerichtet, bestimmte Mindeststandards in allen Gesellschaften umzusetzen. Dazu gehörte auch der Abschluss der Internationalen Rahmenvereinbarung, der zwar auf die Initiative von IMB und EBR an das Unternehmen herangetragen wurde, von diesem freilich auch als Koordinierungsinstrument genutzt wird.

»[…] und wenn Sie jetzt mal die Struktur sehen, die wir haben, wir haben 2003 wahrscheinlich so, das war so die Spitze im Peak, 350 Gesellschaften gehabt, einheitliche Regeln in 350 Gesellschaften zu treiben ist recht schwierig. Das kriegen Sie nur mit solchen Klammern hin wie es zum Beispiel die Codes of Conduct jetzt bedeuten. Ja und insofern haben wir gesagt, jetzt sind wir so weit gewachsen, alle Unternehmen sind unabhängig, wenn Sie in die Gesellschaft selbst fahren, haben Sie sehr wenig Gespür und Gefühl für eine Konzernzugehörigkeit. Die machen ihr Geschäft, die bewegen sich alleine am Markt, die haben einen schmalen Informations- und Zustimmungskatalog, den sie einhalten müssen, werden dann auch irgendwann noch konsolidiert, aber das operative Geschäft läuft sehr unabhängig. So und wir haben damals gesagt, das läuft uns aus dem Ruder, das kriegen wir nicht mehr gesteuert. Haben dann die Organisationsstruktur geändert, wir haben eine Divisionalisierung vorgenommen, wo bestimmte Gesellschaften nach Produkt und Ort halt zusammengefasst wurden, und haben gesagt, dann müssen wir auch im formalen Sinne Klammern schaffen. Und damit waren die Codes of Conduct ein Meilenstein.« (Interview: Unternehmen MASCH_HRM)

Inhalte der IRV

Entsprechend der Muster-IRV des IMB und seiner IRV-Strategie bezieht sich die Internationale Rahmenvereinbarung im Unternehmen MASCH auf sämtliche IAO-Kernarbeitsnormen. Daneben bekennt sich das Unternehmen zu den Normen des UN Global Compact und zu den Leitsätzen der OECD für multinationale Unternehmen, obwohl das Unternehmen MASCH selbst nicht dem UN Global Compact angehört. Neben den IAO-Kernarbeitsnormen als allgemeinem Referenzrahmen verweist die IRV noch auf andere Regulierungsgegenstände: Entlohnung und Vergütung, Arbeitszeiten, Qualifizierung, Arbeits- und Gesundheitsschutz sowie Umweltstandards. Auch wenn die Fragen von Entlohnung, Vergütung und Arbeitszeiten nur sehr allgemein und im Hinblick auf die jeweiligen nationalen Rechte und Mindeststandards angesprochen werden, stellt dies dennoch eine deutliche Erweiterung gegenüber anderen IRV-Texten dar. Es handelt sich dabei um jene ›klassischen‹ Fragen, die national, branchenbezogen oder auf Unternehmensebene mit den jeweiligen nationalen Gewerkschaftsorganen verhandelt werden, auf globaler Ebene jedoch nur selten Eingang in IRV-Texte finden. Dies spiegelt auch die zentrale Personalpolitik im Unternehmen MASCH wider, das sich zu »fairer Entlohnung« bekennt und darüber hinaus ein System zur Bewertung von Beschäftigung (aufgrund von Funktion und Position) für einzelne Länder und Ländergruppen entwickelt hat (Interview: Unternehmen MASCH_HRM). Diese Bewertung gilt für die einzelnen Gesellschaften als Mindestanforderung, wie die Beschäftigten zu entlohnen sind, womit sich die IRV auch auf die Koordinierungsbemühungen des Managements hinsichtlich der Beschäftigungsbedingungen bezieht. Daneben verfolgt das Management auch eine Strategie des kooperativen Umgangs mit Gewerkschaften und Beschäftigten und ist bemüht, größere Konflikte bei Tarifverhandlungen zu vermeiden.

Neben den inhaltlichen Fragen werden in der IRV auch Umsetzungs- und Überwachungsmechanismen fixiert, wobei für die Umsetzung die

Gremien der Beschäftigtenvertretung, die Unternehmensleitung und die lokalen Managementstrukturen zuständig sind. Das Abkommen ist für alle Beschäftigten des Unternehmens gültig, und Zulieferunternehmen und Geschäftspartner werden dazu ermutigt, sich ebenfalls zu den Grundsätzen zu bekennen. Ein detailliertes Überwachungsverfahren wird im IRV-Text nicht beschrieben. Über mögliche Verstöße gegen die Inhalte der IRV soll mindestens einmal pro Jahr im Rahmen einer EBR-Sitzung diskutiert werden. Bezogen auf die Beteiligung des EBR ist darüber hinaus vorgesehen, dass ein regelmäßiger Informationsaustausch über die IRV zwischen Management und EBR-Präsidium, also dem Steuerungsausschuss des Europäischen Betriebsrats, stattfinden soll.

Über die IRV ist 2007 dann neu verhandelt worden. Inhaltlich veränderte sie sich im Vergleich mit der Version von 2003 kaum, jedoch war nun die Riege der Vertragspartner eine neue. Während die IRV des Jahres 2003 über den IMB und den EMB den Zusatz enthielt, dass diese lediglich zur Unterzeichnung beigetreten sind, haben die Version von 2007 IMB, EMB, EBR und Vorstand als gleichberechtigte Verhandlungspartner unterzeichnet. Die Version von 2003 machte damit schon auf formaler Ebene deutlich, dass sie von der Unternehmensleitung vor allem als Ergebnis eines Sozialdialogs zwischen EBR und Unternehmensleitung bewertet wurde. Die Ursachen für diese formale Unterscheidung der einzelnen Gremien der Beschäftigtenvertretung werden im Folgenden bei der Untersuchung des Verhandlungsprozesses dargestellt.

Zum Einfluss von Akteursdynamiken und institutionellen Umwelten auf den Aushandlungsprozess

Die Verhandlungen zum Abschluss der IRV im Unternehmen MASCH sind auf die Initiative des EBR-Koordinators aufgenommen worden, der als Bindeglied zur deutschen IG Metall, zum EMB und zum IMB fungierte. Dieser war, nachdem die IG Metall eine entsprechende IRV-Strategie für die deutschen multinationalen Konzerne verabschiedet hatte (siehe auch Rüb 2009: 209ff.), auf den EBR zugegangen und hatte das Thema dem Steuerungsausschuss des EBR vorgeschlagen. Der EBR-Koordinator war auch diejenige Person, die sowohl den EBR als auch das Management mit entsprechenden Informationen über Internationale Rahmenvereinbarungen im Allgemeinen und mit einem Textvorschlag für die IRV versorgt hat. Der EBR-Koordinator ist nicht nur für die Unterstützung des EBR im Unternehmen MASCH zuständig, sondern wirkt auch als EBR-Koordinator im Unternehmen AUTO. Auch dort hat er die Verhandlungen über eine IRV, kurz vor der Verhandlung im Unternehmen MASCH, angestoßen und zum Abschluss gebracht (auf die Unterschiede zwischen den Aushandlungsprozessen der beiden Unternehmen wird im Teilkapitel 5.4 näher eingegangen). Da die Verhandlungen zu einer neuen IRV im Unternehmen MASCH im Jahr 2007 lediglich kleinere Änderungen mit sich gebracht haben, wird im Folgenden der Aushandlungsprozess des ersten IRV-Textes im Jahr 2003 beschrieben und unter Rückgriff auf das theoretische Modell analysiert.

Wie bereits erwähnt, stammte die Initiative zum Abschluss der IRV vom EBR-Koordinator, der diesen Vorschlag gestützt auf die IRV-Strategie der IG Metall gemacht hatte.

»Und es gab ja ganz, ganz wenige Vereinbarungen in der Richtung, die gab es schon, und da ist also auch der [EBR-Koordinator] derjenige gewesen, der mit, ich sage mal, den Unterlagen, die es darüber schon gab, die da zur Verfügung standen, gesagt hat, kommt Leute! Wir wollen mal versuchen, so etwas zu machen. Am Anfang war das nicht mehr wie ein Versuch. Dass dieser Versuch dann nachher dazu führte, dass das also auch von der zentralen Leitung tatsächlich durchgeführt wurde, das lag wahrscheinlich an mehreren Umständen.« (Interview: Unternehmen MASCH_EBR2)

Dieser war als Vertreter der gewerkschaftlichen Gremien (IG Metall, EMB und IMB) an den Verhandlungen beteiligt und dabei auch für die intraorganisationalen Aushandlungen mit diesen Gremien zuständig. Für den EBR wirkte dessen Steuerungsausschuss an den Verhandlungen mit und trat bei den Verhandlungen mit dem Management in Person des EBR-Vorsitzenden auf. Für das Unternehmen MASCH war der Leiter der Personalabteilung auf der Konzernebene der Verhandlungspartner, der sich wiederum mit dem Vorstand des Unternehmens abzustimmen hatte.

Intraorganisationale Aushandlungsprozesse hätten demnach sowohl innerhalb des EBR als auch innerhalb der gewerkschaftlichen Gremien stattfinden können. Wie im Fall von Unternehmen STEEL stimmten sich auch hier die Mitglieder des EBR vor allem innerhalb des Steuerungsausschusses ab. Da man sich einig war, dass dem Management IRV-Verhandlungen vorgeschlagen werden sollten, waren die Abstimmungsprozesse wenig umfangreich; die anderen Mitglieder des EBR wurden über die Initiative und den Abschluss der Internationalen Rahmenvereinbarung informiert. Generell sind die EBR-Mitglieder der Ansicht, dass der Steuerungsausschuss die Arbeit des EBR vorbereitet und steuert, es jedoch keine Abstimmungsprozesse gebe, dass alle EBR-Mitglieder den Arbeitsfeldern des Gremiums explizit zustimmen müssen. Begründet wird dies mit dem fehlenden Mandat des EBR, verbindliche Entscheidungen für die Beschäftigten treffen zu dürfen (Interview: Unternehmen MASCH_EBR3).

Innerhalb der einzelnen gewerkschaftlichen Gremien ist es nicht zu intraorganisationalen Aushandlungsprozessen bezüglich der Verhandlungen im Unternehmen MASCH gekommen. Wie bereits beschrieben verliefen die intraorganisationalen Aushandlungen im IMB über die Internationalen Rahmenvereinbarungen unabhängig von einzelnen Aushandlungssituationen.

»Das ist einfach eher so gelaufen, also Kontakt in Richtung Genf; das war in dem Falle; ein Kollege, […] ich meine, [Name] war ursprünglich ja mal bei der IG Metall in Frankfurt und von daher war es klar, dass er für mich so, weil wir uns ja auch gut kannten, aus all den Jahren, also mit dem […] hatte ich das kommuniziert, der war aber nicht im textlichen Sinne unterwegs, sondern der hat dann einfach gesagt, ja, okay, macht mal und wenn ihr soweit seid, dann schickt es mal zu, dann gucke ich auch noch mal drüber beziehungsweise lasse dann den Generalsekretär das auch unterschreiben und das ist genau so passiert.« (Interview: Unternehmen MASCH_IMB)

Auch innerhalb der IG Metall ist eine strategische Ausrichtung der IRV-Politik bereits vor dem Abschluss der Internationalen Rahmenvereinbarung im Unternehmen MASCH vorgenommen worden (siehe auch Rüb 2009: 209ff.). In seiner Funktion als Vertreter der verschiedenen gewerkschaftlichen Ebenen hat der EBR-Koordinator sowohl die IG Metall als auch den EMB und den IMB über die Aufnahme der IRV-Verhandlungen informiert. Es lag in der Eigenverantwortung des EBR-Koordinators, über die Internationale Rahmenvereinbarung im Sinne der IMB- und IG Metall-Strategie zu verhandeln.

Die *internen Aushandlungen* haben demnach zwischen den Mitgliedern des Steuerungsausschusses des EBR und dem EBR-Koordinator stattgefunden. Auch in diesem Fall hatten die internen Aushandlungen das Ziel, sich auf ein Vorgehen bezüglich der Verhandlungen mit dem Management zu verständigen.

Schon vor der Diskussion über die Internationale Rahmenvereinbarung bestanden Kooperationsstrukturen zwischen EBR und dem EBR-Koordinator, wobei dieser auch maßgeblich an der Gründung des EBR beteiligt war und die Arbeit des Gremiums seitdem unterstützt. Weder in der Vergangenheit noch bei den konkreten Abstimmungsprozessen bezüglich der IRV gab es Konflikte über die Absicht, mit einer gemeinsamen Strategie gegenüber dem Management aufzutreten. Einen neuen Aspekt offenbaren allerdings die internen Aushandlungen im Unternehmen MASCH, die sich auf die Machtbeziehungen zwischen den Gremien der Beschäftigtenvertretung beziehen:

»Und eine Vereinbarung über den Code of Conduct wäre nie zustande gekommen, wenn der EBR sich nicht zum Verhandlungspartner gemacht hätte. Es muss einer da sein, der das Unternehmen, den Konzern, anspricht. Dass der Konzern aber nicht mit einer Gewerkschaft in Frankfurt oder in Brüssel verhandelt, das liegt auf der Hand. Denn die Leute, die von dort kommen, werden gegenüber der zentralen Leitung sehr viel kritischer gesehen. Und als der Code of Conduct unterschrieben wurde, da gab es einen ziemlichen Hickhack darüber, wer als Unterschrift da draufsteht. Da drauf steht EBR. Das war nie infrage gestellt, aber seitens der Gewerkschaftsunterschriften hat man sich ganz lange geziert [...] Das war viel schwieriger. Also insofern, auch wenn Gewerkschaften das kritisch sehen, wenn keiner da ist, der sich drum kümmert und keiner da ist, der verhandelt, der auch als Verhandlungspartner auch akzeptiert wird, dann wäre es eigentlich ganz einfach. Dann käme so ein Ding nie zustande.« (Interview: Unternehmen MASCH_EBR2)

Während in den bislang untersuchten Fällen die Machtbeziehungen allein auf der Verständigung zwischen den Gremien beruhten, war es beim Unternehmen MASCH die Managementstrategie, die zum Wandel der internen Machtbeziehungen beitrug. Aufgrund seiner Position im Unternehmen – als Mitglied des Aufsichtsrates – und seinem Zugang zu verhandlungsrelevanten Informationen hat der EBR-Koordinator über die Autorität verfügt, IRV-Verhandlungen gegenüber der Unternehmensleitung vorzuschlagen (während der EBR-Vorsitzende über kein Aufsichtsratsmandat verfügt). Die Strategie, das Thema der IRVs in einer Aufsichtsratssitzung vorzustellen, war zwischen dem Europäischen Betriebsrat und dem EBR-Koordinator abgestimmt worden. Die Unternehmensleitung hat den Vorschlag gutgeheißen, dann aber darauf bestanden, diese Vereinbarung mit dem EBR anstatt mit einer externen Gewerkschaftsorganisation wie dem IMB auszuhandeln. Dadurch haben sich die Machtbeziehungen zwischen EBR und EBR-Koordinator zugunsten des EBR verschoben, der durch die Strategie des Managements an Einfluss gewann und als Verhandlungspartner akzeptiert wurde (siehe auch Bacharach/Lawler 1980: 27ff.).

»Also impulsiert wurde das Ganze von der Gewerkschaftsseite, und wir haben dann aber bewusst gesagt, dass die politische Ambition für uns nicht Grund genug ist, um *Codes of Conduct* einzuführen, sondern wenn dann möchten wir den Inhalt nicht nur leben, sondern wir möchten das ganz gerne auch als Botschaft, als Konzernbotschaft, verstanden wissen, und damit dann auch als Verhandlungserfolg des Europäischen

Betriebsrates zusammen mit der Unternehmensleitung verstanden wissen. Das war dann der Grund, warum die da drunter mit standen, wir sind dann sogar irgendwann so weit gegangen und haben gesagt, muss die Gewerkschaft eigentlich mit drunter stehen, wenn wir das als Norm für die Zusammenarbeit weltweit verstehen möchten, haben dann aber ganz klar gesagt okay, der Impuls kam von da, das politische Interesse ist dort vorhanden, das verstehen wir auch, und im Sinne auch der konstruktiven Beziehung zu den Gewerkschaften, die wir durchaus noch haben, haben wir dann gesagt, dann machen wir halt diese Triade und bilden die bei den Unterschriften ab.« (Interview: Unternehmen MASCH_HRM)

Da zwischen den Gremien der Beschäftigtenvertretung bereits ein gemeinsames Vorgehen vereinbart worden war, führte die Strategie des Managements zwar zu einer Verschiebung der Machtbeziehungen, jedoch hatte dies keine Auswirkungen auf das Ergebnis der internen Verhandlungen. EBR und EBR-Koordinator verständigten sich auf eine Zusammenarbeit wie auf Überzeugungsstrategien und integrative Aushandlungen mit dem Management. Die Gremien der Beschäftigtenvertretung einigten sich auf zwei Ziele bei den Verhandlungen mit dem Management. Zum einen wurde der Textvorschlag, der vom EBR-Koordinator entwickelt wurde, als substanzielle Grundlage für die interorganisationalen Aushandlungen aufgegriffen, andererseits der EBR von beiden Seiten als offizieller Verhandlungspartner für das Management akzeptiert. Dadurch wollte man der Forderung des Managements entgegenkommen und erhöhte damit die Wahrscheinlichkeit, dass die IRV auch tatsächlich abgeschlossen werden würde. Zwar sahen die EBR-Mitglieder das Verhandlungsmandat bei Kollektivverhandlungen eigentlich im Lager der gewerkschaftlichen Gremien. In Bezug auf die IRV galt dies jedoch als übergeordneter Rahmen, der die Funktionen der Gewerkschaften nicht ersetzt, sondern lediglich ergänzt (Interview: Unternehmen MASCH_EBR1). Außerdem verfolgte der EBR selber die Strategie, durch die IRV-Verhandlungen mit dem Management globale Strukturen der Beschäftigtenvertretung zu etablieren, die auf lange Sicht gegebenenfalls zur Gründung eines WBR führen könnten.

Demnach sind die Gremien der Beschäftigtenvertretung mit einer gemeinsamen Strategie an das Management herangetreten, um über eine IRV zu verhandeln. Die *interorganisationalen Aushandlungen* waren geprägt vom Ziel des EBR-Koordinators, das Management von seinem inhaltlichen Vorschlag zu überzeugen, ebenso wie vom Ziel des EBR, die sozialpartnerschaftlichen Strukturen auf globaler Ebene mit dem Management weiter auszubauen. Beide Gremien der Beschäftigtenvertretung sind davon ausgegangen, dass die bereits etablierten Sozialdialogstrukturen sowie die (sich auf dessen

Position im Aufsichtsrat stützende) Autorität des EBR-Koordinators dazu führen würden, dass sich das Management auf Verhandlungen einließe (Interviews: Unternehmen MASCH_IMB; MASCH_EBR3).

Das Management hat den Vorschlag der Gremien der Beschäftigtenvertretung aus zwei Gründen wohlwollend aufgenommen. Erstens hat das Management die IRV als Ausdruck der bestehenden kooperativen Beziehungen mit dem EBR und damit als interne Legitimation genutzt (worauf im Teilkapitel zum Einfluss institutioneller Umwelten auf die Aushandlungen noch näher eingegangen wird). Zweitens fiel die Anfrage zur Aufnahme von IRV-Verhandlungen in die Zeit der innerhalb des Unternehmens ablaufenden Restrukturierungsprozesse, bei denen auch die Personalabteilung an der Einführung von Instrumenten zur Standardisierung der Personalpolitik interessiert war (siehe auch Fichter u.a. 2011b). Die IRV konnte damit auch vom Personalmanagement genutzt werden, allgemeinverbindliche Mindeststandards und soziale Grundsätze im Unternehmen zu etablieren. Da das Management also daran interessiert war, die IRV als gemeinsames Projekt von Unternehmen und Europäischem Betriebsrat darzustellen, musste ein Kompromiss gefunden werden zwischen den Ansprüchen des IMB, Unterzeichner der Vereinbarung zu sein, und dem Anspruch des Unternehmens, den Europäischen Betriebsrat als Verhandlungspartner für die IRV zu etablieren (Interviews: Unternehmen MASCH_HRM; MASCH_IMB). Im Verhandlungsprozess ging es daher weniger um die substanziellen Ergebnisse der Verhandlungen und die Inhalte der IRV, sondern vielmehr um die Aushandlung der sozialen Verträge zwischen dem Unternehmen und den unterschiedlichen Gremien der Beschäftigtenvertretung.

»Ja und von den Inhalten her sind wir halt durchgegangen, das Rad haben wir mit Sicherheit nicht neu erfunden, von denen, da haben wir uns immer wieder auch von vorhandenen Werken Dinge angeschaut [...]. [...] Das war in einer der Präsidiumssitzungen, der Europäische Betriebsrat hat ein Präsidium, mit dem treffen wir uns einmal im Quartal, und da wurde dieser Vorschlag gemacht, und Projektvorschläge aus dieser Gruppe nehme ich grundsätzlich erst mal auf, wenn sie Sinn machen. Die meisten machen Sinn. Und insofern haben wir uns dann hingesetzt und haben das verhandelt. Verhandelt bedeutet bei uns, eine Seite macht einen Entwurf, die andere Seite prüft ihn, streicht die No-Goes raus, und fügt die Musts hinzu, aus seiner Brille betrachtet, und dann findet eine Annäherung statt. Aber immer im sehr sozialen Dialog, und auch immer einvernehmlich.« (Interview: Unternehmen MASCH_HRM)

Aufgrund der etablierten Beziehungen zwischen der Person des EBR-Koordinators und der Unternehmensleitung konnten sich diese abschließend darauf verständigen, dass der EBR-Koordinator stellvertretend für den EMB die Internationale Rahmenvereinbarung unterzeichnet, während für den IMB dessen Präsident die Unterschrift leistete. Beide Akteure sind – in der Version von 2003 – lediglich als Mitunterzeichner, aber nicht als Verhandlungsgremien aufgeführt gewesen. Darüber hinaus konnten sich die Gremien der Beschäftigtenvertretung und das Management auf Inhalte in der IRV einigen, die über die Nennung der IAO-Kernarbeitsnormen hinausgehen, ebenso über regelmäßige Umsetzungskontrollen. Für den Bereich der sozialen Verträge kann festgehalten werden, dass der EBR als Verhandlungspartner akzeptiert wurde, was sich in der Praxis günstig auf die Zusammenarbeit zwischen Personalleitung und dem EBR-Steuerungsausschuss auswirkte. Beide Seiten äußerten in den Interviews, dass sich der Dialog kontinuierlich verbessert habe (Interviews: Unternehmen MASCH_HRM; MASCH_EBR1).

Obwohl die IRV vor allem für die Beschäftigten in den EU-Ländern in der Praxis keinen großen Stellenwert besitzt, ist die IRV im Unternehmen im Jahr 2009 bereits wirksam geworden. Dabei ging es um einen Konflikt an einem türkischen Standort des Unternehmens und den Vorwurf der türkischen Metallgewerkschaft gegenüber dem Management, das Recht auf Vereinigungsfreiheit zu missachten. Die türkische Metallgewerkschaft hat sich in dieser Situation an die IG Metall gewandt und um Hilfe gebeten, da es sich beim Unternehmen MASCH um ein deutsches Unternehmen handelt. Über den EBR-Koordinator ist sowohl der EBR als auch die Konzernleitung von dem Vorwurf unterrichtet worden. Da das Recht auf Vereinigungsfreiheit in der IRV fixiert ist, hat die Personalleitung sich zusammen mit dem EBR-Vorsitzenden und dem EBR-Koordinator darum bemüht, den Konflikt am türkischen Standort zu lösen.

»[…], die Gesprächsführung lag bei dem Justiziar und bei mir und wir haben also die Beteiligten nicht nur an einen Tisch geholt, sondern wir haben die ihre Position vortragen lassen. Es war ein ziemlich gutes Zusammenspiel, würde ich mal sagen, auf dieser Grundlage, also das Unternehmen hatte erklärt, wir stehen zu dieser Vereinbarung, wenn die Gewerkschaft die Voraussetzung erfüllt hat, entsprechend nationaler Gesetzgebung, dann ist völlig klar, dass die im Betrieb akzeptiert werden. Was das örtliche Management eben nicht wollte. Die haben die [türkische Gewerkschaft] so gesehen, dass das eine linke, radikale, kämpferische, konfliktorientierte Truppe ist, die sie raushalten wollten. […]. Wir sind zurück gekommen, haben dem Vorstandsvorsitzenden, der auch der Arbeitsdirektor ist, berichtet und dann haben wir den Vorschlag gemacht, dass man das nach dem, was wir gesehen haben, gemeinsam gesehen haben, akzeptieren muss, dass die [türkische Gewerkschaft] die Voraussetzungen erfüllt. Daraufhin hat es hier noch mal ein bisschen Austausch gegeben mit dem Segmentboard, das da zuständig war oder weiterhin ist, und dann hat man gesagt, Entscheidung heißt, die [türkische Gewerkschaft] wird als Gesprächs- und Verhandlungspartner akzeptiert. […] Also das, das ist der große Konflikt, den wir gehabt haben, der war heftig, aber der ist, ich würde sagen, also eigentlich genau auf der Grundlage der Vereinbarung auch gelöst worden.« (Interview: Unternehmen MASCH_IMB)

Die IRV war die Grundlage, auf die sich die Gremien der Beschäftigtenvertretung bei ihren Diskussionen mit dem Management auf Konzernebene beziehen konnten. Gemeinsam wurde ein Treffen mit dem Standortmanagement und der türkischen Gewerkschaft organisiert, an dem auch Vertreter der Konzernleitung, der EBR-Vorsitzende und der EBR-Koordinator teilnahmen. Der Konflikt konnte vorläufig gelöst werden, und die türkische Metallgewerkschaft musste vom Standortmanagement als legitime Vertretung der Beschäftigten anerkannt werden. Die Konfliktlösung mit Hilfe des Konzernmanagements war jedoch nur möglich gewesen, weil ein Kontakt zwischen der türkischen Gewerkschaft und der IG Metall vorhanden war. In den Interviews äußerten die Befragten, dass in Ländern, in denen der EBR oder auch der IMB nicht über Kontakte verfügt, solche Probleme wahrscheinlich überhaupt nicht zur Sprache kommen würden (Interviews: Unternehmen MASCH_EBR2; MASCH_IMB). Im Zuge des Konfliktes akzeptierte das Management auch die Anfrage des EBR, einem türkischen Gewerkschaftsmitglied einen Gaststatus im EBR einzuräumen. Trotz der Einigung von 2009 kam es zwei Jahre später zu neuen Konflikten am türkischen Standort zwischen der Metallgewerkschaft und dem Standortmanagement.

Die Verhandlungen über die IRV waren für das Unternehmen vor allem von den Institutionen der Erwerbsregulierung im deutschen System geprägt. Eine *Verankerung im organisationalen Feld*, die dazu führt, dass das Unternehmen die Aushandlungen an externen Erwartungen ausgerichtet hat, kann für das Unternehmen MASCH nicht nachgewiesen werden. Das Unternehmen MASCH ist angesichts seiner Unternehmensstruktur kein Unternehmen, das in der Öffentlichkeit steht, da es auch keine Endkunden beliefert. Entsprechend ist das Unternehmen keinem starken öffentlichen Druck ausgesetzt, wie dies für andere Unternehmen (etwa aus der Automobilindustrie oder der Modebranche) der Fall wäre.

»[Die IRV] [i]st Bestandteil, insbesondere in den Beziehungen zu unseren […] Lieferanten, weil dadurch können Sie sehr schnell auch in die Öffentlichkeit geraten, wenn Sie irgendwelche Unternehmen zur Belieferung zulassen, die Codes of

Conduct nicht einhalten, insofern ist das schon Gesprächsthema, auch bei uns im Supply Management, […], dort sind die Codes of Conduct präsent, und werden dann auch beim Neuanbahnen von Geschäften verteilt.« (Interview: Unternehmen MASCH_HRM)

Dennoch ist das Unternehmen bezüglich des Firmenimages durchaus sensibel und erwartet daher von seinen Zulieferunternehmen, dass sich diese an Mindeststandards orientieren, damit das dortige Fehlverhalten nicht auf das Unternehmen MASCH zurückfällt. Das Unternehmen MASCH orientiert sich also weniger an externen Erwartungen, wie es für den CSR-Bereich bereits in anderen Studien nachgewiesen worden ist (siehe Teilkapitel 2.2.2), sondern richtet das eigene Verhalten an Anspruchsgruppen innerhalb des Unternehmens aus, wobei vor allem die nationale Ebene eine Rolle spielt. Der EBR wird, obwohl er eine europäische Institution ist, wie die deutschen betrieblichen Gremien der Beschäftigtenvertretung behandelt. Eine Ausrichtung des Verhaltens an internationalen Normen und Standards war nicht der Motivation für das Unternehmen, eine IRV abzuschließen. Sie ist vielmehr Ausdruck des Sozialdialogs und Konzernbotschaft gegenüber den Beschäftigten (Interview: Unternehmen MASCH_IMB). Wie im Falle des Unternehmens STEEL bildet die IRV auch hier nicht nur eine Legitimationsfassade, sondern wird im Konzern tatsächlich verwirklicht. Dabei findet die Umsetzung nicht nur bei den Gremien der Beschäftigtenvertretung statt, sondern auch das Management nutzt die IRV als Standardisierungsinstrument im Unternehmen. Obendrein ist die generelle Managementstrategie darauf ausgerichtet, Probleme gemeinsam mit den bestehenden Gremien der Beschäftigtenvertretung im Unternehmen zu lösen. Durch Verhandlungen sollen auch bei »härteren Themen« wie bei Restrukturierungsprozessen Lösungen gefunden werden, die schließlich auch von den Gremien der Beschäftigtenvertretung mitgetragen werden können.

»[…] an sich sind wir immer konstruktiv in der Zusammenarbeit, wir mögen uns sehr, haben immer einen ordentlichen Dialog, und das hat uns halt befähigt, in den letzten zwei Jahren mussten wir als Konsequenz der Finanzkrise Gesellschaften schließen, das habe ich von hier aus gesteuert, das war grundsätzlich Aufsichtsratsbeschluss, dass wir die zentrale Verhandlungsführung gewährleisten, und das haben wir ganz geräuschlos gemacht. Sie werden in der Presse nicht einmal gelesen haben, vielleicht in [Name einer Stadt] [Name Unternehmensteil], das kann noch sein, dass sie es gelesen haben, aber ansonsten haben wir es geräuschlos gemacht. Und das ist ein Verdienst der Relation von uns zu den Arbeitnehmervertretern und vice versa, weil wir es wirklich ordentlich machen. Wir verlassen die ethische Plattform bei solchen Dialogen nicht.« (Interview: Unternehmen MASCH_HRM)

Das bedeutet nicht, dass solche Verhandlungen nicht auch Konflikte mit sich bringen, doch generell ist das Management auf Konzernebene an einer konstruktiven Konfliktlösung interessiert.

5.4.2 Die Verhandlungen einer Internationalen Rahmenvereinbarung beim Unternehmen AUTO

Bei den Aushandlungen der Internationalen Rahmenvereinbarungen in den Unternehmen MASCH und AUTO zeigen sich einige Parallelen. Dies ist vor allem der Beteiligung des EBR-Koordinators geschuldet, der sowohl die IRV-Verhandlungen im Unternehmen AUTO als auch jene im Unternehmen MASCH angestoßen hat. Entsprechend war er auf Seiten der gewerkschaftlichen Gremien auch der Hauptakteur in beiden Verhandlungssituationen, so dass sich die Inhalte der Abkommen in vielen Punkten gleichen.

Das Unternehmen AUTO zeichnet sich durch eine besondere Konzernstruktur aus, die sich auch auf die Verhandlungen über die IRV ausgewirkt hat. Das Unternehmen besteht aus zwei Geschäftsbereichen, die gemeinsam unter dem Dach einer Holding geführt werden, und ist zugleich Automobilzulieferer wie Rüstungskonzern. Die IRV ist für den Gesamtkonzern und damit für beide Geschäftsteile gleichermaßen ausgehandelt worden und gültig. Während der Unternehmensbereich Automobilzulieferindustrie international operiert und sich an den Produktionsstandorten der großen Endhersteller orientiert, wird das Kerngeschäft im Bereich der Rüstungsindustrie vor allem in Deutschland betrieben. Daneben existieren einzelne Produktionsstandorte im Rüstungsbereich in einigen europäischen Ländern und seit 2006 eine Mehrheitsbeteiligung an einem südafrikanischen Rüstungsunternehmen. Die beiden Geschäftsbereiche sind demnach, angesichts der Internationalisierung des Geschäftsfeldes wie mit Blick auf die Regularien und institutionellen Erwartungen der Umwelt, höchst unterschiedlich aufgebaut.

Wie im Fall des Unternehmens MASCH kam der Anstoß zu den IRV-Verhandlungen vom EBR-Koordinator, der dem Steuerungsausschuss des Europäischen Betriebsrats vorgeschlagen hatte, eine solche IRV im Konzern auszuhandeln. Sowohl der EBR-Koordinator als auch der EBR-Vorsitzende waren zum Zeitpunkt der Verhandlungen Mitglieder des Aufsichtsrates und verfügten damit über Autorität und einen privilegierten Zugang für ihr Vorhaben. Die internen Aushandlungen zwischen EBR-Koordinator und

EBR-Vorsitzendem liefen in ähnlicher Weise wie der bereits erläuterte Aushandlungsprozess beim Unternehmen MASCH ab. Auch hier haben sich die Akteure auf ein gemeinsames Vorgehen gegenüber dem Management und eine integrative Überzeugungsstrategie verständigt. Zu einem kooperativen Vorgehen gegenüber dem Management entschloss man sich aus zwei Erwägungen. Einerseits sahen die Gremien der Beschäftigtenvertretung eine realistische Chance, ihre Autorität im Aufsichtsrat nutzen zu können, um den Vorstand vom Nutzen einer solchen Vereinbarung zu überzeugen.

»[Name EBR-Koordinator] war damals der stellvertretende Vorsitzende des Aufsichtsrates, ich war Arbeitnehmervertreter im Aufsichtsrat, insofern war natürlich die Verbindung in den Aufsichtsrat dann auch da gegeben, dass wir ein ganz anderes Verhältnis hatten. Und ich sage dir, wir hatten dann auch, als ich in den Konzernbetriebsrat kam, wir sind da nachdem wir den damaligen Vorstandsvorsitzenden, [...] den haben wir damals gemeinsam mit dem Hauptaktionär [...] ja kann man so sagen, aus seinem Amt entfernt. So und ab da war natürlich zwischen uns und [...] dem Hauptaktionär eine gewisse Harmonie gegeben. Sodass es viel leichter war, miteinander etwas zu machen, als ohne [...]. Weil einfach so die Verbindung damals entstanden ist. Wie gesagt, das war damals so ein Weg, weg vom Klassenkampf zur Harmonie nicht, aber zum Miteinander.« (Interview: Unternehmen AUTO_EBR2)

Ferner wurde bei den *intraorganisationalen Aushandlungen* im EBR-Steuerungsausschuss deutlich, dass für ein konfliktreiches Vorgehen keine ausreichenden Machtgrundlagen zur Verfügung gestanden hätten. Obwohl die Mitglieder im EBR gewerkschaftlich organisiert sind, fehlt es an der Basis am entsprechenden Organisationsgrad unter den Beschäftigten wie an der nötigen Bereitschaft, für die Einführung internationaler Mindestarbeitsstandards Streik- oder Protestaktionen durchzuführen (Interview: Unternehmen AUTO_EBR1). Der KBR-Vorsitzende des Unternehmens war als Mitglied des Steuerungsausschusses des EBR ebenfalls über das Vorgehen informiert und an der Formulierung eines Vorschlages an die Adresse des Managements beteiligt.

In seinen Formen der Erwerbsregulierung auf Konzernebene ist das Unternehmen AUTO stärker auf die regulative Ebene der Institutionen konzentriert, als dies im Unternehmen MASCH der Fall ist. Gerade angesichts seiner Zugehörigkeit zum Rüstungsbereich haben Gesetze und Normen für das Unternehmen einen größeren Stellenwert als internationale Standards.

»Die Sichtweise ist bis heute, eigentlich brauchen wir das nicht, es ist heute auch nicht mehr so ein Thema in den Märkten, [...], also bis heute ist so die Überzeugung da, wir brauchen das nicht, weil wir es nicht tun. Also wir verstoßen nicht gegen

Gesetze und Verordnungen. Es läuft dann immer so unter der Überschrift, bei uns gibt es keine Kinderarbeit. So, im Zusammenhang mit den Auftritten als Aktiengesellschaften nach außen, ist natürlich klar geworden, dass das ein Thema ist, das die Öffentlichkeit bewegt, und wo es auch sinnvoll ist, sich zu solchen Standards zu bekennen. So gesehen würde man sicher nicht sagen okay, wir halten es zwar nicht für notwendig, aber wenn die Öffentlichkeit das erwartet, es ist halt für uns eine Selbstverständlichkeit.« (Interview: Unternehmen AUTO_HRM)

Der EBR ist zwar auch im Unternehmen AUTO als Verhandlungspartner bei der IRV akzeptiert worden; gleichwohl ist dieses Vorgehen nicht als Schritt hin zu einer generellen Öffnung des Unternehmens gegenüber einer Erweiterung der EBR-Kompetenzen zu verstehen. Vielmehr begründet das Management die Akzeptanz des Europäischen Betriebsrats damit, dass er es war, der mit dem IRV-Vorschlag an das Management herangetreten ist, weshalb nun auch die Initiative des EBR zu würdigen sei.

»So und jetzt war aber auf der anderen Seite ja Arbeit des EBRs da, es war die Bitte da, es war der Anstoß da, sodass man dann gesagt hat, also es wäre eigentlich jetzt nicht wirklich korrekt, dem EBR zu sagen, wir machen das, aber wir lassen dich außen vor. Deswegen war man durchaus eben geneigt, den EBR als Verhandlungspartner zu akzeptieren und ihn auch bei diesem Thema mit in den Vordergrund zu stellen, und zu sagen jawohl, der EBR hat das Thema angestoßen, wir haben uns mit dem EBR dazu bekannt.« (Interview: Unternehmen AUTO_HRM)

Ansonsten gestaltet das Unternehmen die Formen der Erwerbsregulierung entlang der jeweiligen nationalen Rechtslage. Dem EBR werden somit nicht generell Verhandlungskompetenzen eingeräumt, was sich auch daran zeigt, dass das Management diverse EBR-Initiativen ablehnte, auch über andere Themen in Form von gemeinsamen Erklärungen zu verhandeln (Interview: Unternehmen AUTO_EBR2; AUTO_EBR3). Auch bei der Überwachung der IRV akzeptiert das Management lediglich die Kontrolle der Standards durch die EBR-Mitglieder an den europäischen Standorten. Die Umsetzung und Überwachung der IRV-Inhalte außerhalb Europas erfolgt dagegen einseitig durch das Konzernmanagement, indem die Leitung der einzelnen Standorte regelmäßig dazu befragt wird.

Bei den *interorganisationalen Aushandlungsprozessen* ist ein neuer Aspekt bei den Überzeugungsstrategien der Gremien der Beschäftigtenvertretung auszumachen, der in den anderen Fallstudien in dieser Form nicht zu entdecken war. Wie im Unternehmen MASCH haben auch hier die Machtbeziehungen und vor allem die Autorität des EBR-Vorsitzenden und des EBR-Koordinators als Mitglieder des Aufsichtsrates die Wahrscheinlichkeit erhöht, die Verhandlungen zu einem guten Ende zu bringen. Im Gegensatz zum Unternehmen MASCH verlief der Aushandlungsprozess jedoch nicht ausschließlich in integrativen, also problemlösungsorientierten Bahnen.

Die Akteure der Gremien der Beschäftigtenvertretung waren in der Lage, sowohl den Personalverantwortlichen als operativen Verhandlungspartner als auch die Hauptanteilseigner im Aufsichtsrat vom Nutzen einer IRV zu überzeugen. Der Vorstand war dagegen, als Entscheidungsträger, zu Beginn nicht der Auffassung, dass eine IRV sinnvoll und notwendig wäre. Der Vorstand war der Ansicht, dass sich das Unternehmen, vor allem aufgrund der Regularien im Rüstungsbereich, an die nationalen Gesetze halte und der Abschluss einer IRV keinen Mehrwert erzeugen würde (Interview: Unternehmen AUTO_HRM). Die von den Gremien der Beschäftigtenvertretung wie des Personalverantwortlichen ins Feld geführten Argumente bezogen sich dagegen stärker auf den Bereich der Automobilzulieferindustrie, in dem einige große Endhersteller bereits vorher eine IRV abgeschlossen hatten und von ihren Zulieferunternehmen ebenfalls ein Bekenntnis zu Mindestarbeitsstandards einforderten. Durch das gemeinsame Vorgehen von großen Teilen des Aufsichtsrates und des Personalverantwortlichen konnte der Vorstand schließlich vom Abschluss der IRV überzeugt werden. Die Konflikte in den Verhandlungen sind in diesem Fall daher nicht allein als Konflikte zwischen den beiden Verhandlungsseiten – Gremien der Beschäftigtenvertretung und Management –, sondern auch als solche innerhalb der Konzernleitung zu verstehen. Darüber hinaus existierte jedoch auch im Unternehmen AUTO eine ablehnende Haltung gegenüber den gewerkschaftlichen Gremien IMB und EMB als Unterzeichner des Abkommens. Hier wurde am Ende dennoch eine formale Beteiligung, aufgrund der Autorität des EBR-Koordinators im Aufsichtsrat, akzeptiert.

»Am Schluss, muss ich sagen, ist es eigentlich letztendlich im Vorstand nur durchgegangen, weil ich immer wieder gesagt habe, wenn wir die Einstellung haben, wir halten uns an Normen und Gesetze, dann können wir das auch sagen. Auch das ist ja kein Fehler. So, zu der Einbeziehung des Europäischen Gewerkschafts- und des Internationalen muss man auch eins sagen, das wäre nicht möglich gewesen, wenn wir es nicht so gemacht haben, wie wir es gemacht haben, indem wir nämlich gesagt haben, also [Name Vorstand Unternehmen AUTO] hat gesagt, wir verhandeln nicht mit dem Europäischen Gewerkschaftsbund, sondern die sind beigetreten. Also, wenn Sie sich das anschauen, dann ist die Vereinbarung getroffen zwischen dem EBR und dem [Unternehmen AUTO]-Vorstand, und der Europäische Internationale ist diesem Abkommen beigetreten. Das ist einfach wichtig zu wissen, weil darin sich auch bis zuletzt ein Stück Widerstand ausgedrückt hat.« (Interview: Unternehmen AUTO_HRM)

Die vormals ablehnende Haltung gegenüber der Verabschiedung einer IRV lässt sich daher teilweise mit den *institutionellen Erwartungen aus dem organisationalen Feld* des Unternehmens erklären. Im Geschäftsbereich Rüstung orientiert sich das Unternehmen AUTO vor allem an der Regelungskraft der Institutionen und bezieht seine Entscheidungen auf Regeln und politische Entscheidungen in Deutschland, während internationale Standards oder andere Normen nur eine untergeordnete Rolle spielen. Die Verhandlungen über die IRV haben dagegen in Bezug auf den Geschäftsbereich Automobilzulieferindustrie stattgefunden, wo das Unternehmen mit den Erwartungen der Endhersteller und – aufgrund der internationalen Ausrichtung des Geschäftsfeldes – mit institutionellen Erwartungen anderer Organisationen und Konsumenten konfrontiert ist (Interview: Unternehmen AUTO_HRM; AUTO_IMB). Mit Blick auf die externen Erwartungen hat die IRV einen eher deklaratorischen Charakter und dient dem Management als Legitimation gegenüber diesen Erwartungen. Damit grenzt sich die IRV-Strategie des Managements im Unternehmen AUTO von jener des Managements im Unternehmen MASCH ab. Während dort die IRV auch für Standardisierungsprozesse des internationalen Personalmanagements genutzt wird und die IRV damit als neues institutionalisiertes Element für die Organisation Bedeutung erlangt, verbleibt das Verhalten des Managements im Unternehmen AUTO auf der Ebene der Legitimation gegenüber externen Erwartungen. Bei den Gremien der Beschäftigtenvertretung, und dies besonders mit Blick auf den EBR, haben die IRV-Verhandlungen das gesteckte Ziel verfehlt, die sozialen Verträge im Unternehmen als Ausgangspunkt für ein Mehr an Kompetenzen für den EBR zu nutzen.

Die Diskrepanz im Erreichen der Ziele der einzelnen Verhandlungsakteure ist auch bei der Umsetzung der IRV im Unternehmen zu beobachten. Wie bereits angedeutet wird die Überwachung der IRV außerhalb Europas allein durch das Management geleistet, das regelmäßig eine Stellungnahme der lokalen Geschäftsführungen erwartet, ob und wie die Standards eingehalten werden. Dabei konzentriert sich das Management auf die individuelle Ebene der Ausgestaltung sozialer Verträge, indem die IRV als Teil der Compliance-Strategie des Unternehmens genutzt wird (nach Walton u.a. 1994: 6ff.). Für das Management steht nicht die Veränderung der sozialen Verträge auf institutioneller Ebene im Vordergrund – wie es im Unternehmen MASCH der Fall war –, sondern die Beibehaltung der Beziehungen zwischen der Konzernebene und der Standortebene, für die die Konzernebene erwartet, dass sich die Standorte an geltendes Recht halten. Dagegen verfolgte der Europäische Betriebsrat die Strategie, durch die IRV die sozialen Verträge auf der institutionellen Ebene zu verändern. Entsprechend wurde und wird auch bei der IRV-Überwachung der Versuch unternommen, durch Verhandlungen mit dem Management eine stärkere Beteiligung des EBR auch außerhalb Europas herauszuholen. Eine Ausdehnung der Kompetenzen, wie sie für das Unternehmen MASCH beschrieben wurde, scheiterte bisher an der Weigerung der Unternehmensleitung.

5.4.3 Einordnung der Unternehmensfallstudien in die Ergebnisse der standardisierten Auswertung

In der Grundgesamtheit finden sich 20 Fälle, in denen der EBR – neben einer GUF – in formaler Hinsicht Mitunterzeichner der Internationalen Rahmenvereinbarung gewesen ist. Die Unternehmen MASCH und AUTO können – orientiert an der bereits vorgestellten statistischen Auswertung der Strukturdaten (siehe Teilkapitel 4.3.2) – als *typische* Fälle in diesem Beteiligungsgrad gelten. 13 der 20 Fälle mit dem Beteiligungsgrad »EBR als Mitunterzeichner« sind Unternehmen der Metallbranche, und elf der 20 Unternehmen haben ihren Stammsitz in Deutschland. Die Erkenntnisse aus den Unternehmensfallstudien sowie den Studien zu den IRV-Verhandlungen anderer Unternehmen aus diesem Beteiligungsgrad bestärken die theoretische Überlegung, dass die Institutionen der Erwerbsregulierung das Verhalten der Gremien der Beschäftigtenvertretung als auch jenes der Unternehmen beeinflussen. Entsprechend kann davon ausgegangen werden, dass sich in der Beteiligung des EBR als Mitunterzeichner deutsche Institutionen der Erwerbsregulierung widerspiegeln, die von dem Modell der Mitbestimmung durch betriebliche Gremien der Beschäftigtenvertretung geprägt sind. Die Unternehmen betrachten den EBR gegebenenfalls als supranationale Verlängerung nationaler betriebsrätlicher Strukturen (Marginson u.a. 2004; Patriarka/Welz 2008). Auch hat die Analyse der unterschiedlichen GUF-Strategien verdeutlichen können, dass der IMB bei seiner IRV-Politik von der deutschen IG Metall geprägt ist, die innerhalb der multinationalen Konzerne mit Stammsitz in Deutschland bei IRV-Verhandlungen auf die betrieblichen Gremien der Beschäftigtenvertretung zugegangen ist. Ferner handelt es sich bei einigen der untersuchten Unternehmen aus der Metallbranche um solche, die in den letzten Jahren bereits von der EBR-Forschung zur Automobilindustrie in den Blick genommen worden waren – wobei deren Europäische Betriebsräte sich im Laufe der Jahre teilweise zu WBRs entwickelt haben und generell zu denjenigen EBRs gehören, die in ihrer formalen Reichweite (also beim Abschluss von Vereinbarungen) relativ weit entwickelt sind (siehe unter anderem Dehnen/Rampeltshammer 2010; Hertwig u.a. 2011; Rüb u.a. 2011). Auch hier existieren EBR- und WBR-Strukturen, die von nationalen Strukturen der Betriebsräte am Stammsitz des Unternehmens geprägt sind und die mittels Personalunionen Aushandlungskompetenzen der Betriebsräte auf die europäische und globale Ebene übertragen haben. Fallstudien über die EBR- und WBR-Strukturen bei den Automobilherstellern Volkswagen, Daimler oder General Motors, aber auch bei den Zulieferunternehmen Bosch und Leoni zeigen die auf Einfluss und Autorität fußende starke Position der betrieblichen Gremien gegenüber dem Management, was dazu führt, dass das Management diese internen Gremien der Beschäftigtenvertretung als Aushandlungspartner akzeptiert und die Gewerkschaften mittels der betrieblichen Strukturen eingebunden werden (siehe auch Hessler 2012; Rüb u.a. 2011; Schömann u.a. 2008a; Telljohann u.a. 2009b). In Bezug auf die Ausrichtung des Unternehmens an externen Erwartungen aus dem organisationalen Feld hat Hessler (2012) in ihrer Arbeit darauf hingewiesen, dass die Konzentration der IRV-Verhandlungen auf den Stammsitz des Unternehmens mitsamt der dort herrschenden institutionellen Erwartungen dazu führen kann, dass die IRV lediglich in diesem Rahmen anerkannt und umgesetzt wird, während dies an den ausländischen Standorten unterbleibt. Ähnlich denken Davies u.a. (2011) auch über die Verhandlungen der IRV beim deutschen Baukonzern Hochtief, die ebenfalls vom EBR mit bestritten wurden. Sie zeigen, dass die Standards bei den Zulieferunternehmen von Hochtief nur dann umgesetzt werden, wenn auf lokaler Ebene Institutionen geschaffen werden, die internationale Vorgaben aufnehmen und an den lokalen Rahmen anpassen können. Auch am Stammsitz des Unternehmens sind die lokalen Gegebenheiten genutzt worden, um internationale Standards auszuhandeln und umzusetzen.

Wie bereits anhand der Fälle aus dem Automobilbereich beschrieben, betonen Rüb u.a. (2011: 173ff.) auch für die Vereinbarungspolitik des Europäischen Betriebsrats bei EADS, dass dieser über ausreichend Kommunikationsstrukturen und Einfluss verfügte, mit dem Management über EFAs und auch über eine IRV zu verhandeln. Die Vereinbarungspolitik hat 2005 zum Abschluss einer Internationalen Rahmenvereinbarung im Unternehmen geführt, wobei die Verhandlungen auf Seiten der Beschäftigtenvertretung vom EBR gesteuert wurden und EMB, IG Metall sowie die französische Force Ouvrière (FO) beratend beteiligt waren (und der IMB zur Unterschrift hinzugezogen wurde). Genereller Ausgangspunkt der Vereinbarungspolitik auf europäischer Ebene waren Verhandlungen allein zwischen dem EBR und dem Management. Erst nach 2008 haben sich Europäischer Betriebsrat und EMB auf eine Stärkung der Rolle des EMB und damit der Gewerkschaften im Unternehmen verständigt – und zwar in einem formalen Abkommen zwischen EMB und EBR bei EADS über die internen Aushandlungsprozesse bei EFAs. Die Autoren konnten belegen, dass sich die Arbeit und das Selbstverständnis des EBR dabei weniger an nationalen Institutionen orientierte, sondern sich innerhalb des Gremiums Gewerkschaftsfraktionen bildeten, die sich über Ländergrenzen hinweg zusammenfanden, um gemeinsame Interessen durchzusetzen. Die Motive des Managements, mit dem EBR zu verhandeln, sind in der etablierten Kooperation sowie im strategischen Interesse des Managements zu verorten, als europäischer Konzern die Erwerbsregulierung auch auf europäischer Ebene voranzutreiben.

Entgegen der beschriebenen weitreichenden Beteiligungsrechte von EBRs in den eigenen Unternehmensfallstudien wie auch in den oben dargestellten Studien finden sich in der EBR-Beteiligungsgrad-Gruppe »EBR als Mitunterzeichner« auch Fälle, in denen dessen Beteiligung auf dieser formalen Ebene verbleibt. Schömann u.a. (2008a) beschreiben die Rolle des EBR bei der Verhandlung und Unterzeichnung der IRV beim französischen Energiekonzern EDF als irrelevant. Der EBR hat nur deshalb in Person seines Sekretärs mit unterzeichnet, da dieser auch Mitglied des neu eingerichteten CSR-Komitees im Unternehmen ist, er jedoch als französischer Gewerkschafter in diese Position gewählt wurde. Ansonsten nimmt der EBR weder formal noch in der Praxis eine Funktion bei der IRV wahr. Der EBR-Sekretär hat neben ICEM, der Internationalen des Öffentlichen Dienstes (= Public Service International, PSI), der Internationalen Föderation der Bergbau- und Energiearbeitergewerkschaft (IFME), dem Weltverband der Industriearbeiter (= World Federation of Industry Workers, WFIW), 16 nationalen Gewerkschaften aus Europa und den Gewerkschaftsmitgliedern eines bestehenden Asien-Pazifik-Komitees die IRV unterzeichnet. Die Autorinnen und Autoren bewerten die IRV als rein gewerkschaftliches Instrument, wobei als deren Besonderheit gilt, dass sie nicht nur am Stammsitz des Unternehmens verhandelt wurde, sondern auf Management- und auf Arbeitnehmerseite unterschiedliche nationale Akteure in den Prozess einbezogen wurden, um nationale Differenzen bereits im Verhandlungsprozess zu klären.

Auch der Fall Danone verweist auf eine lange Tradition des Sozialdialogs zwischen Danone und der IUL seit Mitte der 1980er Jahre (Telljohann u.a. 2009b), der auch zur Gründung des Europäischen Betriebsrats auf freiwilliger Basis im Jahr 1994 führte. Zwischen 1989 und 2007 hat Danone sechs IRVs mit der IUL unterzeichnet. Wie auch bei EDF ist die Unterzeichnung der IRV zur Ausübung von Gewerkschaftsrechten im Jahr 1994 nur deshalb auch vom EBR unterzeichnet worden, weil der Vorsitzende der IUL ebenfalls die Position des Generalsekretärs im EBR bekleidet. Entsprechend kann auch hier nicht von einer tatsächlichen Beteiligung des EBR als Verhandlungsorgan und eigenständiger Akteur gesprochen werden. Der EBR diente und dient lediglich als Plattform für den regelmäßigen Austausch zwischen nationalen Gewerkschaften und unterscheidet sich damit deutlich von der Art und Weise der EBR-Beteiligung in den hier betrachteten Unternehmen MASCH und AUTO.

5.5 Fallstudien: TEXTIL und CAR

5.5.1 Die Verhandlungen eines transnationalen Rahmenabkommens beim Unternehmen TEXTIL

Im Folgenden werden zwei Unternehmensfallstudien dargestellt, in denen ausschließlich der EBR auf formaler Ebene unterzeichnet hat. Wie schon bei den vorangegangenen Fallstudien deutlich wurde, reicht die Betrachtung der formalen Gegebenheiten jedoch nicht aus, um die tatsächlichen Akteursdynamiken bei den Verhandlungen sowie die Umsetzung des Abkommens im Konzern bewerten zu können. Im Abschnitt zu den unterschiedlichen GUF-Strategien wurde darauf verwiesen, dass besonders UNI die Entwicklung von transnationalen Rahmenabkommen zwischen multinationalen Konzernen und EBRs ohne Beteiligung von gewerkschaftlichen Gremien kritisch betrachtet. Es wurde die Vermutung geäußert, dass diese Form der GRVs von Unternehmen gewählt wird, um Gewerkschaften nicht als Verhandlungspartner anerkennen zu müssen (Interview_UNI). Wie bereits die beiden Fälle der Unternehmen MASCH und AUTO gezeigt haben, waren auch die dortigen Verhandlungen zu Beginn von einer ablehnenden Haltung der Unternehmen gegenüber der Unterzeichnung durch Gewerkschaften geprägt. Auch beim Unternehmen TEXTIL lässt sich keine gewerkschaftliche Vermeidungsstrategie des Managements feststellen. Obwohl eine GUF nicht offiziell als Unterzeichner des transnationalen Rahmenabkommens auftrat, war die ITBLAV durch den gewerkschaftlichen Konzernbetreuer nicht nur über die Verhandlungen informiert, sondern maßgeblich an Initiierung und Aushandlung der IRV beteiligt.

Unternehmensstruktur und Internationalisierungsstrategie des Konzerns

Historisch ist das Unternehmen TEXTIL in der Textilbranche angesiedelt; angesichts der heute bestehenden Produktpalette ist das Unternehmen jedoch stärker in der chemischen Industrie angesiedelt, da das Unternehmen keine klassischen Textilien, sondern Hygieneprodukte und Medizinprodukte entwickelt und herstellt. Das Unternehmen verfügt über eine sogenannte konzentrierte Unternehmensstruktur, bei der die Produktionsstandorte jeweils nur einer Unternehmenssparte zugeordnet sind. Die drei Unternehmenssparten agieren – unter dem Dach der gemeinsamen Konzernholding – relativ autonom in ihren Geschäftsfeldern. Aufgrund der historischen Entwicklung ist das Unternehmen gewerkschaftlich auch heute noch an die Textilgewerkschaften angeschlossen. Als deutsches Unternehmen ist deshalb die IG Metall und dort der Bereich Textilindustrie zuständig, während auf europäischer und globaler Ebene Kontakte zum Europäischen Gewerkschaftsverband der Textil, Leder- und Bekleidungsarbeiter (= European Trade Union Federation of Clothing and Leather, ETUF-TCL) und zur Internationalen Vereinigung der Textilgewerkschaften (ITBLAV) bestehen.

Der europäische Markt stellt, bezogen auf die Beschäftigtenzahlen und den Umsatz, den größten Markt für das Unternehmen TEXTIL dar. In den letzten Jahren hat das Unternehmen damit begonnen, auch in nicht-europäischen Ländern vermehrt zu investieren, vor allem in China und Indien. Gemessen am Gesamtumsatz im Jahr 2010 wurden 34,5 Prozent des Umsatzes in Deutschland erwirtschaftet und weitere 54,4 Prozent in anderen europäischen Ländern. Auf die Region Amerika entfiel ein Anteil von 4,2 Prozent, auf die Regionen Afrika, Asien und Ozeanien insgesamt einer von 6,9 Prozent. Von den insgesamt 9.982 Beschäftigten im Unternehmen TEXTIL waren zum Jahresende 2010 3.835 Personen in Deutschland, 3.869 Personen in anderen europäischen Ländern und 2.278 Personen in nicht-europäischen Ländern für das Unternehmen tätig (Daten aus dem Geschäftsbericht 2010 des Unternehmens TEXTIL). Das Unternehmen produziert teilweise selbst, zum Teil werden aber auch Teilstücke zugekauft. Darüber hinaus erwirbt das Unternehmen die Rohstoffe für die eigene Produktion, wobei die Zulieferunternehmen für Produkte wie etwa Baumwolle zu einem Großteil aus dem außereuropäischen Ausland stammen.

Entgegen dem Trend »klassischer« Unternehmen aus der Textil- und Bekleidungsindustrie ist im Unternehmen TEXTIL die eigene Produktion nicht in sogenannte »Billiglohnländer« im asiatischen Raum verlagert worden. Das Unternehmen, das seine Produkte zum großen Teil im Medizinsektor verkauft, weist eine relativ hohe Technisierung seiner Produktion auf, wobei die Entwicklung und Herstellung der Produkte sehr hohen Qualitäts- und Hygieneanforderungen unterliegt, was dazu führt, dass das Unternehmen weiterhin in Europa produziert. Auch die Zulieferketten sind stärker an betrieblichen Strukturen ausgerichtet, als dies in der Bekleidungsindustrie ansonsten der Fall ist – was sich, neben der Unternehmensstruktur, auf die Verhandlungen über ein transnationales Rahmenabkommen und auf die Formen der Erwerbsregulierung im Konzern auswirkte.

Erwerbsregulierung im Konzern

Aufgrund des Stammsitzes des Unternehmens in Deutschland herrschen bei den Formen der Erwerbsregulierung auf Konzernebene durchaus einige Parallelen zu den beiden bereits beschriebenen Unternehmen MASCH und AUTO. Als Aktiengesellschaft unterliegt das Unternehmen TEXTIL ebenfalls dem deutschen Mitbestimmungsgesetz und hat einen von Vertreterinnen und Vertretern des Managements und der Arbeitnehmerseite besetzten Aufsichtsrat. Für die deutschen Standorte gibt es neben den Betriebsräten auch einen Gesamtbetriebsrat (GBR), wobei dessen Vorsitzender – der auch EBR-Vorsitzender ist – wie auch der gewerkschaftliche Konzernbetreuer Mitglieder des Aufsichtsrates sind. Auch während der Verhandlungen über die EBR-Vereinbarung und das transnationale Rahmenabkommen waren Gewerkschaft (damals noch IG Textil, heute IG Metall) und GBR im Aufsichtsrat vertreten. Supra- und transnationale Formen der Erwerbsregulierung im Konzern etablierten sich mit der Gründung des EBR auf Initiative der deutschen Gewerkschaft im Jahr 1995, gefolgt vom transnationalen Rahmenabkommen im Jahr 1999.

Nach den Einschätzungen der Akteure der Beschäftigtenvertretung hat die Konzernleitung eine als »konservativ« eingestufte Grundeinstellung gegenüber den Gremien der Beschäftigtenvertretung. Das Unternehmen hält sich demnach an die geltenden Rechtsnormen, was die Beteiligung von unterschiedlichen Gremien der Beschäftigtenvertretung anlangt.

»Und man hat das dann ja auch, wo man das zum ersten Mal dann auch international so ein bisschen vorgestellt hat, bei so Kongressen, haben wir dann aber auch festgestellt, dass wir eigentlich im Prinzip nicht die sind, die ganz vorne dran sind, in dieser Vereinbarungsgeschichte, Kodizes, sondern dass andere Unternehmen mittlerweile schon viel weiter gegangen sind. [Unternehmen TEXTIL] ist diesbezüglich grundsätzlich sehr konservativ aufgestellt, und tut sich da immer schwer, sich verpflichtend zu irgendwas letztendlich hinreißen zu lassen.« (Interview: Unternehmen TEXTIL_EBR1)

Die Erweiterung von Kompetenzen oder Zuständigkeiten lehnt das Unternehmen meistens ab, wobei die mit den Gremien der Beschäftigtenvertretung unterhaltenen Dialogstrukturen – und zwar lokal, national und europäisch – von der Konzernleitung durchaus akzeptiert und auch genutzt werden. Die Unternehmensstrategie, auch im Hinblick auf die Erwerbsregulierung, ist darauf ausgerichtet, sich an die gegebenen Regelungen und Gesetze zu halten, für weitergehende Schritte aber nicht öffentlich einzutreten. Die Interviewpartner begründen das Vorgehen des Konzerns damit, dass dieser innerhalb der Branche nicht als Vorreiter fungieren und Standards setzen möchte – was sich auch bei der Rolle des Managements während der Verhandlungen über das transnationale Rahmenabkommen zeigt (Interviews: Unternehmen TEXTIL_EBR1; TEXTIL_ETUF-TCL).

Das Unternehmen TEXTIL war das erste deutsche Unternehmen der Textilbranche, das sich auf die Aushandlung einer solchen GRV eingelassen hat. Es hat auch, und zwar vor dem Inkrafttreten der EBR-Richtlinie, bereits 1995 einen Europäischen Betriebsrat gegründet. Trotz dieser faktischen Vorreiterrolle innerhalb der Branche sind diese Neuerungen nicht nach außen publik gemacht worden.

Der EBR wurde im Unternehmen TEXTIL auf der Basis einer freiwilligen Vereinbarung im Jahr 1995 gegründet. Wie bei den Verhandlungen über das transnationale Rahmenabkommen ist auch der EBR auf eine Initiative des damaligen gewerkschaftlichen Konzernbetreuers der deutschen IG Textil gegründet worden. Sowohl der damalige als auch der heutige gewerkschaftliche Konzernbetreuer sind ebenfalls von der ETUF-TCL zu EBR-Koordinatoren ernannt worden. Der EBR ist in seiner Ausrichtung wie in seiner Funktion im Unternehmen als ausschließlich europäisches Gremium zu verstehen. Das Management hat zwar bereits bei den Verhandlungen 1995 zugestimmt, dass auch die Standorte aus der Schweiz und aus Tschechien Mitglieder in den EBR entsenden dürfen. Die Zuständigkeit des EBR – auch in Bezug auf die Überwachung des transnationalen Rahmenabkommens – endet jedoch an den Grenzen Europas (siehe auch Unternehmensfallstudie AUTO). Der Europäische Betriebsrat pflegt durch den EBR-Koordinator seit seinem Bestehen gute und regelmäßige Kontakte zur deutschen Gewerkschaft, während zu den Gremien der Beschäftigtenvertretung aus den nicht-europäischen Standorten keine Verbindungen bestehen (Interview: Unternehmen TEXTIL_EBR2). Innerhalb Europas ist der EBR bestrebt, diejenigen europäischen Länder stärker in den Europäischen Betriebsrat zu integrieren, in denen keine Produktionsstätten oder Logistikzentren, sondern lediglich Vertriebsstrukturen existieren.

Der EBR besteht aus einem Präsidium mit drei Mitgliedern (zum Zeitpunkt der Erhebung aus Deutschland, Frankreich und Österreich) und einem Schriftführer, der den Präsidiumssitzungen beiwohnt. Es ist für die Vor- und Nachbereitung der jährlichen EBR-Versammlung sowie für die Kommunikationsstrukturen innerhalb des EBR zuständig und trifft sich etwa viermal im Jahr. Insgesamt hat der Europäische Betriebsrat 14 Mitglieder. Das Präsidium entscheidet nur nach Rücksprache mit den anderen Mitgliedern des EBR, wie es sich auch in den intraorganisationalen Aushandlungen zum transnationalen Rahmenabkommen gezeigt hat. Deutschland stellt vier Mitglieder im EBR und versucht dadurch auch sämtliche Unternehmenssparten abzubilden. Alle anderen Länder entsenden ein Mitglied, wobei Tschechien aufgrund der dortigen Beschäftigtenzahlen zwei Mitglieder in den EBR stellen könnte. Seit einigen Jahren werden die beiden nichtdeutschen Mitglieder des EBR-Präsidiums einmal im Jahr zum Treffen des deutschen Wirtschaftsausschusses mit dem Vorstand eingeladen und erhalten damit dieselben Informationen über die wirtschaftliche und finanzielle Lage des Konzerns (und dies im gleichen Umfang), wie sie der Gesamtbetriebsrat auf Grundlage des deutschen Betriebsverfassungsgesetzes bezieht.

Der EBR versteht sich insgesamt als Informations- und vor allem als Kommunikationsgremium zwischen den europäischen Standorten.

»Und ich habe mich jetzt die letzten Jahre sozusagen auch ein bisschen intensiver darum gekümmert, die Arbeit dort entsprechend zu koordinieren […] und wie gesagt, ich glaube, wir sind auf einem ganz guten Weg, wir haben zum Beispiel die Frage geklärt, es gibt eine sehr unterschiedliche Informationspolitik, das hängt mit den – auch mit den nationalen Geschäftsführungen zusammen, dass wir das entsprechend vereinheitlicht haben, dass dort, wo es, sage ich mal, vielleicht ein bisschen eine zurückhaltende Zusammenarbeit mit den betrieblichen Gewerkschaftsvertretungen gegeben hat, dass wir das nochmal geklärt haben, auf andere Füße gestellt haben, dass wir Konditionen, Leistungslohnsysteme miteinander vergleichen. […] und das ist, würde ich mal sagen, dann vielleicht in den Jahren, Ende 90er bis 2004, 2005, nicht so gewesen, sondern die Sitzungen sind so gewesen, es hat Länderberichte der Kolleginnen und Kollegen gegeben, dann hat die Geschäftsführung die Geschäftslage dargestellt, und das war es. […] wir machen auch jeweils zu den Sitzungen einen Qualifikationstag, den ich mit manchmal Zusammenarbeit mit Kolleginnen und Kollegen hier aus dem Haus oder extern gestalte, und versuchen sozusagen diese Arbeit zu entwickeln im Sinne – auch im Sinne eines Gremiums, was die andere Seite ernstnimmt. Wir haben auch überlegt, ob es Sinn macht, gewisse Regeln zu vereinheitlichen, früher eine sehr schwierige Diskussion, heute ein bisschen anders. Der Vorstand hat natürlich auch ein Interesse, gewisse Sachen eigentlich fürs ganze Unternehmen zu regeln. Am liebsten auch weltweit. Zumindest aber europaweit […].« (Interview: Unternehmen TEXTIL_EUTF-TCL)

Wegen der Unterzeichnung des transnationalen Rahmenabkommens sieht es der EBR auch als seine Aufgabe an, die Standards in Europa auch in Bezug auf den Einkauf von Rohstoffen zu überwachen und dabei auch die nicht-europäischen Zulieferbetriebe mit einzubeziehen (Interview: Unternehmen TEXTIL_EBR2; TEXTIL_EBR3); das Letztere hat die Konzernleitung bisher verweigert. Es bestehen generell gut funktionierende Dialogstrukturen zwischen EBR und Management, wobei er seine Rolle als Dialoginstanz auch für außereuropäische Fragen wahrnimmt, etwa wenn es um die Eröffnung neuer Produktionsstätten (in China und Russland) geht. Dabei verweist der EBR auch immer auf das Abkommen und die Reputation des Unternehmens, wenn es in Ländern mit schwierigen bis zweifelhaften politischen Verhältnissen investiert; allerdings haben diese Hinweise keine bindende Wirkung auf die Entscheidungen des Vorstands. Obwohl der EBR das transnationale Rahmenabkommen mit ausgehandelt und unterzeichnet hat, versteht er sich ansonsten als reines Informationsgremium. Allerdings hat es seit Bestehen des EBR im Unternehmen auch noch keine Konfliktfälle gegeben, bei denen der EBR seine Handlungsfähigkeit hätte unter Beweis stellen können, wie dies aus der EBR-Forschung über andere Unternehmen bekannt ist, beispielsweise im Hinblick auf Restrukturierungsprozesse in Europa (siehe auch Hauser-Ditz u.a. 2010).

Jenseits der Formen von Erwerbsregulierung, die auf einem Sozialdialog mit Gremien der Beschäftigtenvertretung beruhen, ist im Unternehmen TEXTIL auf Konzernebene eine Abteilung angesiedelt, die für den Bereich CSR und damit auch für einige Gegenstände der globalen Erwerbsregulierung zuständig ist. Die Abteilung kümmert sich sowohl um die Einhaltung der Mindestarbeitsstandards im Konzern als auch um den Bereich Compliance und übernimmt damit auch die Aufgabe, die Umsetzung des transnationalen Rahmenabkommens zu kontrollieren. Darüber hinaus nimmt der Aufsichtsrat seine Rolle als Überwachungsinstanz auch in diesem Bereich wahr und lässt sich regelmäßig berichten. Auf Konzernebene werden auch die ausländischen Töchter und Zulieferunternehmen betreut, wobei die zuständige Person direkt dem Vorstand unterstellt ist und – neben anderen – auch die Aufgabe besitzt, Umwelt-, Sicherheits- und Arbeitsstandards zu prüfen. Diese Person berichtet dann auch auf der jährlichen EBR-Versammlung, ob und wie die Standards des transnationalen Rahmenabkommens beachtet und umgesetzt worden sind. Das Unternehmen orientiert sich freiwillig am Corporate Governance-Kodex für deutsche börsennotierte Unternehmen und veröffentlicht jährlich einen Corporate Governance-Bericht, der sich jedoch nur auf die Arbeit von Aufsichtsrat und Vorstand bezieht, hingegen keine Themen der Erwerbsregulierung aufgreift.

Inhalte des transnationalen Rahmenabkommens

Das transnationale Rahmenabkommen wurde 1999 vom Vorstand des Unternehmens und dem EBR-Vorsitzenden unterzeichnet. Da eine GUF nicht als offizielle Unterzeichnerin des Abkommens auftaucht, handelt es sich laut Definition nicht um eine Internationale Rahmenvereinbarung. Dass dieser formale Aspekt nicht die tatsächlichen Akteursdynamiken bei den Verhandlungen widerspiegelt, wird im nächsten Teilkapitel verdeutlicht. Das Abkommen ist auf formaler Ebene als Charta bzw. als Verhaltenskodex zwischen dem Unternehmen TEXTIL und seinem EBR zu verstehen. Es bezieht sich auf die IAO-Kernarbeitsnormen und verweist in einem Absatz darauf, dass sich das Unternehmen bemühen wird, dass die Beschäftigten in den jeweiligen Ländern ein angemessenes Einkommen erzielen. Wie bereits beschrieben, handelt es sich um die erste GRV, die zwischen einem deutschen Unternehmen und einem Gremium der Beschäftigtenvertretung über die IAO-Kernarbeitsnormen abgeschlossen wurde. Außerdem wurden zu diesem Zeitpunkt weder von nationalen noch von internationalen Gewerkschaftsverbänden spezifische Maßgaben zum Vorgehen bei solchen Verhandlungen gemacht. Regeln zur Umsetzung und Überwachung des Abkommens sind dort nicht fixiert worden, sondern nach der Unterzeichnung zwischen EBR und Konzernleitung lediglich mündlich vereinbart.

Zum Einfluss von Akteursdynamiken und institutionellen Umwelten auf den Aushandlungsprozess

Die Verhandlungen über das transnationale Rahmenabkommen haben von den ersten Diskussionen und Abstimmungsprozessen zwischen EBR und EBR-Koordinator bis zur gemeinsam mit der Konzernleitung erfolgenden Unterzeichnung circa ein Jahr gedauert. Obwohl weder die damalige IG Textil noch der europäische oder internationale gewerkschaftliche Dachverband das Abkommen unterzeichnen sollten, ist der Anstoß zu den Verhandlungen von den gewerkschaftlichen Gremien gekommen. Auf europäischer und internationaler Ebene wurde innerhalb der Textilgewerkschaften bereits seit den 1970er Jahren über das Wie einer Regulierung der Zulieferketten in der Textil- und Bekleidungsindustrie und die Umsetzung von Mindestarbeitsstandards für die Beschäftigten diskutiert. Dabei war es von strategischem Interesse, bestehende Kontakte und etablierte Formen des Sozialdialogs in Unternehmen mit Stammsitzen in Europa zu nutzen, um über diese multinationalen Konzerne auch Standards für die Zulieferketten zu etablieren (Interview: Unternehmen TEXTIL_ETUF-TCL). Der damalige EBR-Koordinator im Unternehmen TEXTIL war in diese Diskussion stark involviert und hat, gestützt auf seine gute Position im Unternehmen, vorgeschlagen, ein transnationales Rahmenabkommen zu vereinbaren. Innerhalb der gewerkschaftlichen Gremien war der EBR-Koordinator zum Zeitpunkt der Aushandlungen Vorsitzender des europäischen Dachverbandes der Textilgewerkschaften. Im Unternehmen wurde bereits seit der Gründung des EBR sowohl zwischen den Gremien der Beschäftigtenvertretung als auch mit dem Management über Verhaltenskodizes und Ethikstandards debattiert, was dann in einen formalen Aushandlungsprozess mündete – einerseits zwischen dem EBR-Koordinator (stellvertretend für die gewerkschaftlichen Gremien), und dem EBR-Präsidium (stellvertretend für die EBR-Mitglieder) und andererseits zwischen diesen Gremien der Beschäftigtenvertretung und dem durch den Personalvorstand vertretenen Konzernmanagement.

Intraorganisationale Aushandlungen fanden sowohl innerhalb des EBR als auch zwischen den gewerkschaftlichen Gremien und dem EBR-Koordinator statt. Innerhalb des Europäischen Betriebsrats hat das Präsidium die funktionale und inhaltliche Abstimmung mit dem EBR-Koordinator übernommen. Mit Blick auf Arbeitsweise und Selbstverständnis des Gremiums ist die Entscheidung, ein solches Abkommen mit dem Management zu verhandeln, nicht allein vom Präsidium getroffen, sondern bei einer EBR-Versammlung von allen Mitgliedern unterstützt worden (Interview: Unternehmen TEXTIL_EBR2).

In den gewerkschaftlichen Gremien hat der EBR-Koordinator während des Aushandlungsprozesses kontinuierlich Rücksprache mit der nationalen (deutschen), europäischen und internationalen Ebene gehalten. Da es sich bei den Aushandlungen auch für die Gewerkschaften um ein neues Arbeitsfeld handelte, existierten innerhalb der Gewerkschaften noch keine eingeübten Verfahren.

»[…] wir haben uns auch die Frage gestellt, wissen wir überhaupt wo unsere Rohware, wo unsere Rohlieferungen, wie kommt die zu uns, weil [Unternehmen TEXTIL] selber zu kontrollieren ist ja einfach, aber die Lieferanten zu kontrollieren ist ja nochmal der schwierigere Teil. Und da haben wir uns die Frage gestellt, und daraufhin haben wir uns mit unserem Vertreter von der Gewerkschaft […] unterhalten damals, und haben gesagt wie sieht denn das jetzt aus, was entscheidet Brüssel, und das war alles ja noch in den Kinderschuhen auch zu der Zeit für uns, und so hat sich das dann entwickelt, das müsste der Europäische Betriebsrat jetzt diskutieren, und wir haben das diskutiert, über einen längeren Zeitraum, und wir sind dann zum Ergebnis gekommen, wir stehen alle als Europäischer Betriebsrat, stehen wir allen beteiligten Ländern, die dort dabei waren, im Europäischen Betriebsrat, wir stehen dahinter und wollen auch diesen Kodex haben.« (Interview: Unternehmen TEXTIL_EBR2)

Diese intraorganisationalen Aushandlungen auf gewerkschaftlicher Seite haben im Endeffekt auch dazu geführt, dass kein gewerkschaftliches Gremium das transnationale Rahmenabkommen unterzeichnet hat. Sie waren von der gemeinsamen Strategie getragen, das Abkommen dafür zu benutzen, auch die Arbeits- und Beschäftigungsbedingungen in den Zulieferunternehmen zu überwachen. Um dies zu erreichen, sollte das Management zustimmen, dass gewerkschaftliche Gremien die Überwachung der Standards übernehmen. Diese externe Überwachung stellte eine Grundvoraussetzung für die Unterzeichnung des Abkommens durch die gewerkschaftlichen Gremien dar.

»[…] aus dem Grund, weil wir nicht bereit waren, einen externen Controller zuzulassen, das war damals der Kollege […] der zuständig war für die ganze Europäische Betriebsratsarbeit, und […] der hat gesagt, wenn ihr da nicht was mitmacht, im Zuge dieser […] 1999 laufenden Verhandlungen, und wir nicht bereit sind, einen externen zu akzeptieren, dann glaubt er auch nicht an dieses Abkommen. Jetzt wir haben gesagt, aber wir machen das, wir machen das trotzdem, und haben so eine programmatische Erklärung hat sich das genannt, des Europäischen Betriebsrats von [Unternehmen TEXTIL], haben wir zwei, vier, sechs, acht Punkte aufgezeigt, dort hat er mitunterschrieben, und wir intern unterschrieben, als Europäischer Betriebsrat.« (Unternehmen TEXTIL_EBR2)

Die *internen Aushandlungen* zwischen dem EBR-Koordinator und dem EBR-Präsidium trugen den Charakter von kooperativen Beziehungen. Nachdem der EBR-Koordinator den Abschluss eines solchen Abkommens vorgeschlagen hatte, verständigten sich die Beteiligten jedoch darauf, dass der EBR als eigenständiges Gremium mit diesem Vorhaben an das Management herantreten sollte. Der EBR-Koordinator war bereits an der Gründung des EBR beteiligt, so dass beide Gremien der Beschäftigtenvertretung auf eine vertrauensvolle Zusammenarbeit zurückblicken konnten.

Die gemeinsame Strategie gegenüber dem Management lautete, eine GRV zu unterzeichnen, die auch eine, von den gewerkschaftlichen Strukturen zu leistende externe Überwachung beinhalten sollte. Mit diesem Vorschlag ist der EBR zusammen mit dem EBR-Koordinator an das Management herangetreten. Für die gewerkschaftlichen Gremien war die Beteiligung des EBR an den Verhandlungen unproblematisch. Vielmehr herrschte – wie auch in den Fällen der Unternehmen MASCH und AUTO – die Überzeugung, dass EBRs die internationale Koordination und Zusammenarbeit der Gewerkschaften unterstützen können (Interview: Unternehmen TEXTIL_ETUF-TCL). Im Fall des Unternehmens TEXTIL kommt außerdem hinzu, dass es sich zur Zeit des Abschlusses mit seinem Geschäftsfeld vor allem auf Europa konzentrierte und dort die meisten Standorte gewerkschaftlich organisiert waren. Damit hätte der EBR für einen Großteil der Beschäftigten die Überwachung der Standards innerhalb des Konzerns übernehmen können. In den Machtbeziehungen zwischen den unterschiedlichen Gremien der Beschäftigtenvertretung verfügten sowohl der EBR-Koordinator als auch der EBR-Vorsitzende durch ihre Position im Aufsichtsrat über die Autorität, mit der Konzernleitung über ein Abkommen zu diskutieren.

Die *interorganisationalen Aushandlungen* wurden gemeinsam zwischen EBR-Koordinator, EBR-Präsidium und dem Personalvorstand des Unternehmens TEXTIL geführt, wobei die Gremien der Beschäftigtenvertretung eine Überzeugungsstrategie verfolgten, die auf die Reputation und die Außendarstellung des Unternehmens abzielte.

»[…] es ist ja nicht so, dass [Unternehmen TEXTIL] jetzt von Anfang an gesagt hat, ja toll super, machen wir alles, sondern eben halt auch erst sehr verhalten an die Geschichte rangegangen ist, und nicht uns alle Türen aufgemacht hat. Es ist ja immer eine Sache, man unterschreibt das zwar [19]99, aber es ist ja da ein Stück weit vorab verhandelt worden, und [Unternehmen TEXTIL] ist eben diesbezüglich eben halt auch sehr vorsichtig, wo Namen von [Unternehmen TEXTIL] auftauchen, beziehungsweise aber das war dann auch wiederum letztendlich von uns ein Argument, zu sagen, wenn [Unternehmen TEXTIL] da irgendwo in die Schlagzeilen geraten würde, und wir eben halt im sozialen Bereich eben halt Klinikum, und Ärzte und so weiter, hier was machen würden, dass ein Produkt, Baumwolle, und und und, eben halt ist ja immer das Thema mit Zwangsarbeit und Kinderarbeit, und vor allen Dingen ja auch die Umwelt, dass man da in die Negativschlagzeilen kommen würde, das würde uns natürlich – und das hat letztendlich auch immer wieder auch den Vorstand dazu bewegt, da immer wieder einen Schritt zu tun, um auf so eine Vereinbarung zu kommen.« (Interview: Unternehmen TEXTIL_EBR1)

Man wollte den Vorstand insgesamt davon überzeugen, dass das Abkommen als Ausdruck dafür gewertet werden könnte, dass das Unternehmen sich an gewisse Standards bei der Produktion und beim Einkauf halte. Außerdem verfolgten die gewerkschaftlichen Gremien das Ziel, mit dem Unternehmen TEXTIL einen Musterfall für die Textil- und Bekleidungsindustrie zu schaffen, wozu man die etablierten Kontakte und Sozialdialogstrukturen im Unternehmen zu nutzen beabsichtigte.

Das Unternehmen TEXTIL wurde von den Gewerkschaften aus strategischen Motiven ausgewählt, da man davon ausging, den dortigen Vorstand vom Nutzen einer GRV überzeugen zu können. Somit beruhte die Wahrscheinlichkeit, mit der ein solches Abkommen geschlossen werden würde, auf den Machtbeziehungen einzelner Akteure im Unternehmen (Mitglieder des Aufsichtsrates), aber auch auf der Orientierung des Unternehmens an institutionellen Erwartungen aus dem internationalen organisationalen Feld. Sowohl die Gremien der Beschäftigtenvertretung wie auch das Management besaßen ein Interesse an substanziellen Ergebnissen des Abkommens. Entgegen des Charakters der Aushandlungen in den anderen Unternehmensfallstudien ging es hier also nicht darum, die sozialen Verträge im Unternehmen neu auszuhandeln, sondern die Mindestarbeitsstandards im Unternehmen und im Zulieferbereich in substanzieller Weise einzuhalten, bzw. dies zu überwachen. Entsprechend waren der EBR und besonders der EBR-Koordinator daran interessiert, ein externes Überwachungsverfahren im Abkommen festzuschreiben. Das Management hat diesen Vorschlag mit dem Verweis auf die dadurch entstehenden, zu hohen Kosten abgelehnt und stattdessen vorgeschlagen, interne Überwachungsmechanismen zu etablieren (Interview: Unternehmen TEXTIL_EBR1). Auch der Vorstand des Unternehmens TEXTIL war und ist (nach Einschätzung der befragten Akteure) grundsätzlich an einer tatsächlichen Umsetzung und Einhaltung der Standards interessiert. Nach der sich an der Frage der externen Überwachung festmachenden Absage teilte der EBR-Koordinator nach Rücksprache mit den gewerkschaftlichen Gremien mit, dass dann die Gewerkschaften das Abkommen nicht unterzeichnen würden. Aufgrund dessen handelt es sich in diesem Fall um ein transnationales Rahmenabkommen, das ausschließlich die Unterschriften von EBR und Vorstand trägt.[44]

Wie bereits erwähnt wurde, sind in dem transnationalen Rahmenabkommen des Unternehmens TEXTIL keine Vorgaben zur Umsetzung oder Überwachung der Inhalte formuliert worden. Dennoch haben sich im Unternehmen derartige Mechanismen etabliert, etwa dahingehend, dass das transnationale Rahmenabkommen nach Abschluss an die Managementebene aller Standorte als gemeinsame Erklärung von Vorstand und EBR verschickt worden ist, woraufhin die EBR-Mitglieder die Beschäftigten an ihren jeweiligen Standorten informierten. Der EBR fühlt sich als Unterzeichner des Abkommens auch zuständig für die Überwachung des Abkommens: So ist das Abkommen stets auf der Tagesordnung der EBR-Versammlung, ebenso wie sich das EBR-Präsidium vom Management regelmäßig über das Einhalten der Standards informieren lässt. Eine unmittelbare Überwachungsfunktion für die Standorte außerhalb Europas nimmt der EBR nicht wahr. Stattdessen ist die für die Auslandstöchter und Zulieferbetriebe zuständig Person auch damit beauftragt, die Einhaltung der Standards bei eben diesen Auslandstöchtern zu prüfen. Die Standards des transnationalen Rahmenabkommens fließen mittlerweile auch in die Vertragsbedingungen für die Zulieferbetriebe ein. Das Unternehmen versteht das transnationale Rahmenabkommen daher nicht nur als Ausdruck für das verantwortungsbewusste Verhalten des Unternehmens und damit als Legitimationselement gegenüber externen Er-

44 Generell sind die substanziellen Inhalte der Abkommen für die Gewerkschaften in der Textilindustrie relevanter als in anderen Bereichen, da gerade in der Textil- und Bekleidungsindustrie Kinder- oder Zwangsarbeit keine Fremdworte sind. Das zeigt sich auch an den Verhandlungen über das transnationale Rahmenabkommen beim Bekleidungshersteller Triumph, die aus einem Skandal wegen der Produktion von Textilien in Myanmar resultierten. Aufgrund eines Boykott-Aufrufs durch die »Clean Cloth Campaign« hat sich Triumph darauf eingelassen, ein transnationales Rahmenabkommen mit dem Europäischen Betriebsrat und der IG Metall abzuschließen und in diesem Abkommen den Gewerkschaften auch das Recht einzuräumen, als externe Kontrollinstanz zu fungieren, um weiteren wirtschaftlichen Schaden vom Unternehmen abzuwenden. Siehe: http://www.saubere-kleidung.de/2011_alte-ccc-d-website/ccc-10_eilaktionen/ccc-11–07_af_05-triumph-int_thailand_phillipinen.html (7.1.2013); http://www.inkota.de/themen-kampagnen/soziale-verpflichtung-fuer-unternehmen/eilaktionen/aktuelle-faelle/triumph-philippinen/gewerkschaftsbesuch-in-europa-mobilisierte-tausende-von-unterstuetzerinnen (7.1.2013).

wartungen, sondern hat sich mit der Kontrollstelle für die ausländischen Töchter auch die Gelegenheit geschaffen, die Umsetzung auch wirksam zu überprüfen. Die EBR-Mitglieder äußerten in den Interviews, dass sie dieser Person vertrauten und existierende Missstände auch zur Sprache kommen würden. Insgesamt existiert beim Unternehmen ein wirtschaftliches Interesse, gewisse Standards nicht nur hinsichtlich der Kernarbeitsnormen einzuhalten, sondern auch in den Bereichen Arbeitssicherheit und Umweltschutz (Interviews: Unternehmen TEXTIL_EBR1; TEXTIL_ETUF-TCL).

Die Aushandlungen des transnationalen Rahmenabkommens waren in ein *organisationales Feld* eingebettet. Die Orientierung an institutionellen Erwartungen des Feldes kann jedoch für den Fall des Unternehmens TEXTIL lediglich den Umstand erklären, warum das Unternehmen ein solches Abkommen abgeschlossen hat. Die Beteiligung des EBR als ausschließlicher Unterzeichner ist dagegen nicht institutionell bedingt, da es nicht das Unternehmen war, das sich Verhandlungen mit den Gewerkschaften verweigerte, sondern die Gewerkschaften selbst aus den Verhandlungen ausgestiegen waren, da ihre Hauptforderung nach einem externen Monitoring nicht erfüllt wurde.

Das Unternehmen hat sich mit dem transnationalen Rahmenabkommen an den externen Erwartungen von Politik und Konsumenten an Unternehmen der Textilindustrie orientiert, nach denen gewisse Mindeststandards auch in den Zulieferketten – zum Beispiel beim Einkauf von Rohstoffen – einzuhalten seien. Die institutionellen Erwartungen und öffentlicher Druck haben für die Diskussion im Unternehmen um das transnationale Rahmenabkommen eine viel größere Rolle gespielt als in Unternehmen anderer Branchen aus dem eigenen Untersuchungssample. Das organisationale Feld rund um die Aushandlungen des transnationalen Rahmenabkommens ist damit geprägt von der internationalen Ebene, was das Verhalten des Managements zu einem Gutteil erklären kann. Entgegen der Analyse, die in anderen Untersuchungen zu den Umsetzungs- und Entkopplungsmechanismen von Unternehmen und ihren Sozialstandards vorgenommen worden ist, lässt sich für das Unternehmen TEXTIL feststellen, dass die Umsetzung und Überwachung vom Unternehmen selbst angestrebt und betrieben worden ist und das Abkommen nicht nur als reines Legitimationsinstrument genutzt wird (siehe u.a. Aaronson/Reeves 2002; Bondy 2008; Daugareilh 2005).

5.5.2 Die Verhandlungen eines transnationalen Rahmenabkommens beim Unternehmen CAR

Beim Unternehmen CAR handelt es sich um ein Dienstleistungsunternehmen, das im Bereich der Autovermietung tätig ist. Im Gegensatz zum Unternehmen TEXTIL ist das transnationale Rahmenabkommen ein Abkommen jüngeren Datums, da es erst 2008 von der Geschäftsführung des Unternehmens und den Mitgliedern des EBR unterzeichnet wurde. Bis zum Jahr 2006 war das Unternehmen CAR die hundertprozentige Tochter eines deutschen Automobilherstellers, bevor es dann an einen Finanzinvestor verkauft wurde. Während der Zugehörigkeit zum Automobilhersteller hatte das Unternehmen CAR keinen eigenen Europäischen Betriebsrat, sondern war in den Dienstleistungsausschuss des Endhersteller-EBR integriert. 2007 wurde eine neue EBR-Vereinbarung für das Unternehmen CAR ausgehandelt. Das Unternehmen CAR hat seinen Stammsitz in Frankreich und einen EBR nach französischem Recht installiert, der auf Seiten der Beschäftigtenvertretung mit elf Mitgliedern aus vier Ländern (Deutschland: drei Sitze, Frankreich: fünf Sitze, Italien: ein Sitz, Spanien: zwei Sitze) bestückt ist. Da das Unternehmen insgesamt nur etwa 6.000 Beschäftigte zählt, ist auch die Zahl der EBR-Mitglieder relativ klein.

Das transnationale Rahmenabkommen gilt ausschließlich für das Unternehmen CAR und die Standorte unter dem Dach der internationalen Holding. Lediglich die Standorte in Europa und Australien gehören zur Holding, während die anderen weltweiten Märkte mittels Franchise-Unternehmen geführt würden, die eigenständig arbeiten und für die das transnationale Rahmenabkommen keine Gültigkeit besitzt. Demnach bestehen auch im Dienstleistungsbereich Schwierigkeiten bei der Umsetzung der Standards. Während es in der Textil- und Bekleidungsindustrie die Zulieferbetriebe sind, die diese Probleme verursachen, sind im Dienstleistungsbereich die Eigentümerverhältnisse bei Franchising dafür verantwortlich. Dazu wird im Abkommen zwar auf die IAO-Kernarbeitsnormen Bezug genommen, wobei das Recht auf Kollektivverhandlungen jedoch außen vor bleibt. Entsprechend zutreffend ist in diesem Fallbeispiel die von Gewerkschafterinnen und Gewerkschaftern und der Forschung geübten Kritik, dass Grenzüberschreitende Rahmenvereinbarungen jenseits der formalen Unterzeichnung durch eine GUF inhaltlich hinter den IRVs zurückbleiben (siehe auch Schömann u.a. 2008b; Telljohann u.a. 2009a). Das Unternehmen TEXTIL, aber auch die standardisierte Auswertung haben freilich gezeigt, dass dies nicht für die

Gesamtheit der transnationalen Rahmenabkommen zwischen Unternehmen und EBRs gilt. Neben dem Verweis auf die IAO-Kernarbeitsnormen bezieht sich das transnationale Rahmenabkommen im Unternehmen CAR auch auf angrenzende Gegenstände der Erwerbsregulierung (wie Gesundheit und Sicherheit, Arbeitszeit und Lohn) wobei sich das Unternehmen dazu verpflichtet, die national geltenden Standards einzuhalten. Damit benennt das transnationale Rahmenabkommen Bereiche, die auch für die Beschäftigten in Europa relevant sind.

Bemerkenswert ist an den Verhandlungen des transnationalen Rahmenabkommens der Aspekt, dass der EBR durch mehrere EBR-Mitglieder das transnationale Rahmenabkommen zwar formal unterzeichnet hat, eine tatsächliche Beteiligung des EBR als Institution jedoch nicht stattgefunden hat. Während die anderen Fälle gezeigt haben, dass intraorganisationale Aushandlungsprozesse wenigstens im Steuerungsausschuss stattfanden, ist das Abkommen in diesem Falle allein durch die EBR-Sekretärin in Abstimmung mit dem Konzernmanagement ausgehandelt worden. Das fertige Abkommen wurde den EBR-Mitgliedern lediglich zur Kenntnisnahme zugeschickt und dann offiziell während einer EBR-Versammlung unterzeichnet.

»Also die Initialzündung ging sicherlich von den französischen Kollegen aus. Wir in Deutschland haben das auch mehr oder weniger als Beschlussvorlage bekommen, also unsere Sekretärin im Europäischen Betriebsrat ist aus Frankreich, dort aus der Konzernzentrale. Und so haben wir das vorgelegt bekommen auch und praktisch in der Vorlage war das soweit rund auch für uns« (Interview: Unternehmen CAR_EBR).

Auch in anderen Bereichen wird die Zusammenarbeit im EBR für nicht ausreichend gehalten (Interview: Unternehmen CAR_EBR). Außer der jährlichen EBR-Versammlung finden keine Treffen statt, ebenso wie nur unregelmäßig untereinander kommuniziert wird. Auch im Dialog mit dem Management ist der EBR eher passiver Empfänger von Informationen als aktives Gremium mit eigener Agenda.

»[…] wir hatten jetzt zum Beispiel von der Konzernzentrale ein Zielvereinbarungsmodell, was in allen Ländern umgesetzt werden soll. Und auf unserer internen Besprechung haben wir da sehr intensiv drüber diskutiert, das wird von Frankreich vorgegeben, die Länder müssen das umsetzen, das berührt aber teilweise in den einzelnen Ländern existierende Zielvereinbarungsmodelle. […] Und da waren wir über die Ländergrenzen hinweg entsprechend sauer, weil dazu gibt es einen Europäischen Betriebsrat, wo so was uns hätte vorgestellt werden können vorher. Dementsprechend haben wir dann auch unseren Anspruch kundgetan, und eben in der Sitzung mit dem Management das bei solchen Sachen also entweder häufiger Sitzungen, zweimal im Jahr, oder dass, wenn solche Sachen anstehen, [...] dass dann eine außerordentliche Sitzung veranstaltet wird, wo darüber informiert wird. Das wurde abgelehnt, es wurde aber gesagt okay, wenn ihr zu konkreten Themen Informationen wollt, dann sprecht da an, und dann können wir eine außerordentliche Sitzung machen. Das ist natürlich Blödsinn, weil dazu müssen wir erst mal wissen, wonach wir fragen müssen. Ja, also ich sage mal, das ist momentan eher so nur was irgendwo geregelt ist, aber auch nicht mehr, was die Informationen angeht« (Interview: Unternehmen CAR_EBR).

Lediglich die EBR-Sekretärin und der Personalverantwortliche des Unternehmens in der Konzernholding in Frankreich tauschen sich regelmäßig untereinander aus, und es waren auch diese beiden Akteure, die das transnationale Rahmenabkommen in interorganisationalen Aushandlungen abgestimmt und vereinbart haben. Eine Beteiligung von UNI oder UNI-Europa hat dagegen nicht stattgefunden. Das Unternehmen nutzt das transnationale Rahmenabkommen (laut der Einschätzung eines EBR-Mitgliedes) als Legitimation nach außen gegenüber Kunden (Interview: Unternehmen CAR_EBR). Das Unternehmen orientiert sich damit an externen Erwartungen eines internationalen organisationalen Feldes, in dem ein bestimmtes soziales Verhalten von Unternehmen erwartet wird. Da der EBR weder an der Aushandlung beteiligt wurde, noch dieses Abkommen als Instrument für die eigene Arbeit nutzt, hat er trotz Unterzeichnung seine Handlungsfähigkeit nicht erweitern können.

5.5.3 Einordnung der Unternehmensfallstudien in die Ergebnisse der standardisierten Auswertung

Im Hinblick auf die Rolle des EBR bei der Aushandlung und Umsetzung der transnationalen Rahmenabkommen lassen sich in den beiden präsentierten Fallstudien Unterschiede bei den Funktionen und Entwicklungstendenzen aufzeigen. Beide Unternehmen gehören aufgrund der formalen Strukturierung der Aushandlungsprozesse jener EBR-Beteiligungsgradgruppe an, bei denen die Gremien der Beschäftigtenvertretung die alleinigen Unterzeichner der GRV sind. Während beim Unternehmen TEXTIL der EBR als Gremium durchaus in den Gesamtprozess einbezogen wurde und auf allen Ebenen der Verhandlungen beteiligt war, wurde der EBR im Unternehmen CAR nur in Person der EBR-Sekretärin involviert. Weder kam es im EBR zu intraorganisationalen Aushandlungen noch zu internen Verhandlungen mit gewerkschaftlichen Gremien. Die Aushandlungsprozesse spiegeln auch unterschiedliche Arten wider, wie Unternehmen in organisationale Felder eingebettet sind. Bei beiden Unternehmen spielt die Außenwahrnehmung im internationalen organisationalen Feld eine Rolle, beim Unternehmen TEXTIL obendrein, dass es sich bei dem transnationalen Rahmenabkommen nicht um eine reine Legitimationsfassade gegenüber internen oder externen Erwartungen handelt, sondern das Unternehmen auch an den substanziellen Regelungen des Abkommens und deren Umsetzung interessiert ist. Im Fall des Unternehmens CAR verbleibt das Abkommen dagegen auf der legitimatorischen Ebene.

Im Unternehmen TEXTIL ist die Nicht-Beteiligung der gewerkschaftlichen Gremien mit ungelöst gebliebenen Konflikten im Aushandlungsprozess zu erklären, während im Unternehmen CAR der Ausschluss der gewerkschaftlichen Ebene der fehlenden Einbindung des EBR in europäische gewerkschaftliche Strukturen geschuldet ist. Der EBR hat keinen EBR-Koordinator und unterhält als Gremium auch keine Kontakte zu UNI oder UNI-Europa. Die EBR-Vereinbarung wie auch das transnationale Rahmenabkommen wurden demnach ohne jede Rückkopplung an die gewerkschaftlichen Strukturen abgeschlossen.

Sechs der zehn transnationalen Rahmenabkommen aus dem Beteiligungsgrad »ausschließlich EBR als Unterzeichner« können UNI zugeordnet werden. In den Interviews mit Vertreterinnen und Vertretern von UNI hieß es, dass es sich dabei um eine Vermeidungsstrategie der Unternehmen gegenüber gewerkschaftlicher Interessenvertretung handeln könnte – was sich für das Unternehmen CAR jedoch nicht nachweisen lässt. Allerdings zeigt sich bei den formalen Inhalten und auch bei der praktischen Anwendung des transnationalen Rahmenabkommens, dass dieses deutlich »schwächer« ausgestaltet ist, als dies (wie geschildert) bei einem Großteil der IRVs der Fall ist. Auf formaler Ebene trifft diese Kritik auch auf das transnationale Rahmenabkommen im Unternehmen TEXTIL zu, wohingegen sich in der Fallstudie für die praktische Ebene zeigte, dass Umsetzung und Überwachung – wenn auch nicht in der geforderten Form der Beteiligung von Gewerkschaften – im Unternehmen durchaus stattfinden.

Neben den sechs Unternehmen aus dem Dienstleistungsbereich und dem oben vorgestellten Unternehmen TEXTIL, das der ITBLAV zuzuordnen ist, lässt sich noch ein weiteres (von der älteren Forschung untersuchtes) Unternehmen in die Analyse mit einbeziehen: Das Unternehmen Ford Europe hat ebenfalls ein transnationales Rahmenabkommen mit dem EBR unterzeichnet. Auch hier war auf formaler Ebene weder der EMB noch der IMB beteiligt. Das transnationale Rahmenabkommen reiht sich in eine Vereinbarungspolitik zwischen EBR und europäischem Management ein, die sich ohne Rückkopplung mit der bereits beschriebenen Vereinbarungspolitik des EMB entwickelt hat (Hauser-Ditz u.a. 2010: 301ff.; Rüb u.a. 2011: 100ff.). Federführend war hier der deutsche EBR-Vorsitzende in Absprache mit der IG Metall an den Verhandlungen beteiligt gewesen. Da das transnationale Rahmenabkommen jedoch den Standards von EMB und IMB nicht genügte, wurde es von den gewerkschaftlichen Gremien auch nicht unterzeichnet (Rüb 2009). Für die Entwicklung und Ausgestaltung des EBR bei Ford weisen Hauser-Ditz u.a. (2010: 321f.) darauf hin, dass dieser über ausgeprägte Koordinierungsmechanismen und intraorganisationale Aushandlungsprozesse verfügt und Entscheidungen des Gremiums allein mit der Zustimmung aller Mitglieder gefällt werden.

Im Fall des Unternehmens Suez (heute GdF Suez), das ebenfalls ein transnationales Rahmenabkommen allein mit dem EBR im Jahr 1998 vereinbart hatte, besteht seit Ende 2010 eine IRV. Sie wurde zwischen dem Unternehmen und den drei GUFs PSI, ICEM und BHI ohne formale Beteiligung des EBR abgeschlossen und ersetzte das transnationale Rahmenabkommen aus dem Jahr 1998. Nach dem gegenwärtigen Stand wäre das Unternehmen damit nicht mehr dem Beteiligungsgrad »ausschließlich EBR als Unterzeichner« zuzuordnen, sondern dem EBR-Beteiligungsgrad »EBR nicht beteiligt«.

5.6 Zusammenfassung der Fallstudienanalyse

Die Untersuchung der Aushandlungen hat einige in der statistischen Auswertung ermittelte Erkenntnisse ergänzen können. So konnten die Brancheneffekte durch die Anlyse der unterschiedlichen GUF-Strategien näher beleuchtet werden und damit einige in den unterschiedlichen EBR-Beteiligungsgradgruppen auftauchenden Fälle erklärt werden. Die GUF-Strategien haben die internen Aushandlungsprozesse bei den IRV-Verhandlungen dadurch beeinflusst, dass die GUFs – vertreten durch gewerkschaftliche Akteure in den Unternehmen – für die inhaltliche Ausgestaltung der Texte sorgten. Auch beim Unternehmen TEXTIL sind die meisten Inhalte von der ITBLAV und der ETUF-TCL formuliert worden. Außerdem haben die GUFs versucht, ihre vorher festgelegten Strategien in den internen Aushandlungen, aber auch in den interorganisationalen Aushandlungen durchzusetzen. Während die internen Aushandlungen häufig in Form von *intra-coalition-building* abliefen und damit von Kooperation geprägt waren, traten bei den Aushandlungen mit den Unternehmen Konflikte auf. In Bezug auf die GUFs haben die Fallstudien deutlich gemacht, dass Gewerkschaften und vor allem ihre europäischen und internationalen Dachorganisationen von den Unternehmensleitungen als externe Akteure wahrgenommen und Verhandlungen mit bekannten, internen Akteuren bevorzugt werden. Im Falle des Unternehmens SERVICE erklärt sich damit der Einfluss der französischen Gewerkschaft bei den Verhandlungen, während sich dies in den anderen Fällen am Umgang mit dem EBR zeigte.

Darüber hinaus haben die Fallstudien offenbart, dass auch innerhalb der formalen Kategorisierung nach EBR-Beteiligungsgraden unterschiedliche Spielarten der tatsächlichen Beteiligung vorkommen, die sich auch über die einzelnen Kategorien hinaus ähneln können. Damit rücken die Akteursdynamiken als Erklärungsmoment für die Aushandlung von GRVs in den Blick, mit denen sich die unterschiedliche Akteurskonstellationen, Strategien und Aushandlungsprozesse nachzeichnen lassen.

So können die GRVs der Unternehmen MASCH, AUTO und TEXTIL faktisch als von Europäischen Betriebsräten und gewerkschaftlichen Gremien gemeinsam verfolgte interne Strategien gelten, auch wenn dann formal unterschiedliche Akteure die jeweiligen Abkommen unterzeichnet haben. In diesen Fällen sind die internen Aushandlungsprozesse zwischen gewerkschaftlichen Gremien und EBRs durch ein *intra-coalition-building* geprägt gewesen, wobei die kollektiven Akteure auf gemeinsame Strukturen und Erfahrungen in der Zusammenarbeit zurückgreifen konnten. Aufgrund der Machtbeziehungen zueinander sowie der Positionen der kollektiven Akteure innerhalb des Unternehmens haben diese durch ein gemeinsames Vorgehen die Wahrscheinlichkeit erhöht, dass sie ihre Ziele auch erreichen würden. Diese Machtbeziehungen resultieren jedoch nicht ausschließlich aus dem Einfluss der Gremien der Beschäftigtenvertretung auf die Unternehmensleitung, sondern beruhen auf der Autorität, die aus festgeschriebenen Positionen im Unternehmen entspringt. In diesen Fällen haben der Stammsitz Deutschland und damit die national verankerten Rechte, Normen und Institutionen der industriellen Beziehungen die Machtbeziehungen konturiert und erst Handlungsspielräume für die Gremien der Beschäftigtenvertretung geschaffen. Auch die Fallstudie zum Unternehmen SERVICE offenbart den Einfluss von Machtbeziehungen zwischen den Gremien der Beschäftigtenvertretung auf die Unternehmensleitung. Hier hat jedoch nicht die Autorität einzelner Gremien aufgrund ihrer Position im Unternehmen die Aushandlungsprozesse beeinflusst, sondern einzelne Akteure aufgrund von gewachsenen Kooperationsbeziehungen. Die internen Aushandlungsprozesse sind jedoch ohne Beteiligung des EBR abgelaufen, dafür aber zwischen UNI und einer französischen Gewerkschaft.

Auf der anderen Seite haben die Fallstudien von Unternehmen STEEL und BAU gezeigt, dass der Begriff der formalen Beteiligung nicht in der Lage ist, Aussagen über die Stärke der Beteiligung und die Machtbeziehungen zwischen den Gremien der Beschäftigtenvertretung zu treffen. Während die internen Aushandlungen zwischen den gewerkschaftlichen Gremien und dem EBR beim Unternehmen STEEL-EUROPE als *intra-coalition building* und daher in kooperativer Art und Weise verlaufen sind, haben beim Unternehmen BAU interne Aushandlungen vor Abschluss der IRV überhaupt nicht stattgefunden. Hier hat der EBR eine eigene Strategie ohne Zusammenarbeit mit der GUF entwickeln müssen, um gegenüber dem Management eine Beteiligung an der Überwachung der IRV erreichen zu können. Damit veranschaulicht besonders dieser Fall, dass keineswegs Interessenhomogenität zwischen den diversen Gremien der Beschäftigtenvertretung bestehen muss. Aber auch die anderen Unternehmensfallstudien haben den Aspekt der Akteursdynamiken veranschaulichen können, die besonders durch die Analyse der internen Aushandlungsprozesse deutlich wurden (siehe auch Dehnen 2013).

So zeigen die Aushandlungen im Unternehmen CAR, dass ein Fehlen der gewerkschaftlichen Anbindung des EBR dazu führen kann, dass dieser eigenmächtig und ohne Rücksprache mit gewerkschaftlichen Gremien agiert. Studien anderer Autorinnen und Autoren belegen etwa für den EBR bei Ford Europe, dass er sich von gewerkschaftlichen Vorgaben oder Strategien emanzipieren kann, wenn Einfluss und Autorität auf Seiten der betrieblichen Gremien vorhanden sind (Hauser-Ditz u.a. 2010: 316ff.; Rüb u.a. 2011: 100ff.). Die Fallstudien konnten daher in Bezug auf das theoretische Modell und den Aushandlungsansatz von Walton u.a. (1994) belegen, dass Aushandlungen, an denen mehr als ein Gremium der Beschäftigtenvertretung beteiligt ist, nur durch die Erweiterung des Aushandlungsprozesses um den Schritt der internen Aushandlungen vollständig erklärt werden können. Damit muss auch der Aspekt der Machtbeziehungen (nach Bacharach und Lawler 1980) zwischen den Gremien der Beschäftigtenvertretung stärker in die Analyse einbezogen werden, da unterschiedliche Gremien der Beschäftigtenvertretung gegebenenfalls auch unterschiedliche Interessen und Ziele für die interorganisationalen Verhandlungen mit dem Management verfolgen können.

Für die intraorganisationalen Aushandlungen haben die Fallstudien verdeutlicht, dass innerhalb der Europäischen Betriebsräte Abstimmungsprozesse nicht immer als Prozess ablaufen, in den sämtliche EBR-Mitglieder involviert sind. Vielmehr konnte gezeigt werden, dass eine Machtbasis im Steuerungsausschuss oder bei den Vorsitzenden vorhanden ist, die von diesen dafür genutzt werden kann, um Themen zu platzieren und interne und interorganisationale Aushandlungen zu initiieren (siehe auch Dehnen/Rampeltshammer 2010; Hauser-Ditz u.a. 2010). Entgegen den klassischen intraorganisationalen Aushandlungsprozessen, wie sie von Walton und McKersie (1991: 281–309) definiert wurden, sind die intraorganisationalen Aushandlungsprozesse eher als vom EBR-Steuerungsausschuss gegenüber den anderen EBR-Mitgliedern gesteuerte Informations- und Konsultationsprozesse zu verstehen denn als tatsächliche Abstimmungsprozesse, bei denen der Vorsitzende oder der Steuerungsausschuss ein Verhandlungsmandat von den EBR-Mitgliedern übertragen bekommen hat. Im Falle der Unternehmen BAU und CAR haben diese Informationsprozesse sogar nachgelagert oder erst mit der Unterschrift der GRV stattgefunden. Damit unterscheidet sich das Vorgehen der Europäischen Betriebsräte in den eigenen Fallstudien von den aus älteren EBR-Untersuchungen bekannten Abstimmungsprozessen. Bei bevorstehenden Restrukturierungsprozessen ist es etwa beim EBR von General Motors im Jahr 2004 zu intraorganisationalen Aushandlungen zwischen den EBR-Mitgliedern der betroffenen Standorte und zu internen Aushandlungen mit der IG Metall und dem EMB gekommen, die tatsächlich als Aushandlungsprozesse über Vorgehen, Strategien und anzustrebende Ziele der Verhandlungen gelten können (siehe auch Bartmann/Dehnen 2009; Rott 2008). Die Restrukturierungsprozesse drehten sich um Themen wie Produktionsverlagerungen und geplante Standortschließungen und damit um substanzielle Ergebnisse mit distributivem Charakter, die die Angelegenheit für die einzelnen EBR-Mitglieder deutlich wichtiger haben werden lassen.

Demgegenüber haben die hier vorgestellten Fallstudien gezeigt, dass es bei den IRV-Verhandlungen und den Verhandlungen über transnationale Rahmenabkommen vor allem um soziale Verträge und das Einrichten dauerhafter Dialogstrukturen mit dem Management ging. Das bedeutet nicht, dass die Inhalte der Grenzüberschreitenden Rahmenvereinbarungen unbedeutend sind oder lediglich als Reputation für das Unternehmen dienen. Jedoch erbrachten die Fallstudien die Erkenntnis, dass den Gremien der Beschäftigtenvertretung als auch der Unternehmensleitung vor allem daran gelegen war, die sozialen Verträge zwischen den beteiligten Akteuren fortzuführen und zu vertiefen – Strategien zum Aufbau von Dialogstrukturen auf unterschiedlichen räumlichen Ebenen sowie zur Stärkung bereits existierender Kooperationsformen standen daher im Vordergrund (nach Walton u.a. 1994). Ein Sonderfall ist dabei allerdings das Unternehmen TEXTIL, wo die gewerkschaftlichen Gremien besonders auf eine Umsetzung der Mindestarbeitsstandards im Unternehmen und in der Zulieferkette drängten. Da die GUF und die Unternehmensleitung sich jedoch nicht über die Form der Überwachung einigen konnten, ist das transnationale Rahmenabkommen letztendlich ohne GUF-Beteiligung abgeschlossen worden. Die Konzentration der anderen Aushandlungsprozesse auf die Aushandlung von sozialen Verträgen ist auch der Ausrichtung der jeweiligen Unternehmen und der hier getroffenen Fallauswahl geschuldet. Da die Unternehmen ihre Geschäfte vor allem in Europa machen und ihre Geschäftsfelder – mit Ausnahme des Unternehmens SERVICE und des Unternehmens TEXTIL beim Einkauf – innerhalb regulierter, formaler Beschäftigungsverhältnisse aufgebaut sind, spielt die Frage grundlegender Mindestarbeitsstandards keine größere Rolle. Als Ausnahme sind hier die Normen zur Vereinigungsfreiheit und zu dem Recht auf Kollektivverhandlungen zu nennen, die (wie in den Fallstudien beschrieben wurden) auch in Europa Bestandteile von Auseinandersetzungen sind. Diese Abkommen sind eher der Ausdruck institutionalisierter Erwartungen der Gremien der Beschäftigtenvertretung, als dass sie von den Unternehmen als Legitimation gegenüber externen Anspruchsgruppen angesehen werden. Sie werden von den GUFs als wichtige Instrumente verstanden, Formen des Sozialdialogs in den Unternehmen zu etablieren, um dadurch soziale Verträge auch auf der lokalen Ebene der Unternehmen abschließen zu können. Die Grenzüberschreitenden Rahmenvereinbarungen reflektieren in ihren Akteurskonstellationen dominante institutionelle Arrangements der Erwerbsregulierung, die – in den Fallstudien – die Formen der Erwerbsregulierung am Stammsitz des Unternehmens widerspiegeln – wodurch sich auch der Blick auf die Umsetzung der Grenzüberschreitenden Rahmenvereinbarungen verändert. Wie in den Unternehmensfallstudien gezeigt, verkörpern die GRVs für die Unternehmensleitung den Sozialdialog am Stammsitz des Unternehmens. Entsprechend stehen nicht die zu verwirklichenden IAO-Kernarbeitsnormen im Mittelpunkt, sondern (wie etwa beim Unternehmen MASCH) die Übertragung der Sozialdialogstrukturen auf sämtliche Unternehmensebenen.

GRVs werden von Unternehmen zwar auch als Legitimation nach außen genutzt, die externen Erwartungen erklären aber nicht das Verhalten der Unternehmen, Grenzüberschreitende Rahmenvereinbarungen auszuhandeln, statt einseitige Selbstverpflichtungen abzuschließen. Dabei ist zu beachten, dass diese Abkommen in den meisten Fällen jener Logik folgen, dass Gremien der Beschäftigtenvertretung das Thema lancieren und die Aushandlungen demnach nicht das Resultat von Entscheidungen des Unternehmens sind. Die Fallstudien haben die Erkenntnis erbracht, dass sich die Ausgestaltung der Akteurskonstellationen an den nationalen organisationalen Feldern der Unternehmensstammsitze orientiert. Die Verhandlungen sind damit in andere organisationale Feldern eingebettet als einseitige Selbstverpflichtungen und CSR-Initiativen von Unternehmen. Damit ließ sich in den Fallstudien der Einfluss nationaler institutioneller Umwelten nachzeichnen, der in dieser Form in der standardisierten Auswertung lediglich für den Stammsitz Deutschland nachgewiesen werden konnte. Die formale Ausgestaltung der Akteurskonstellationen orientierte sich in den Unternehmensfallstudien an nationalen Vorstellungen über den Charakter industrieller Beziehungen. Dabei waren jedoch Einfluss und Autorität der unterschiedlichen Gremien der Beschäftigtenvertretung handlungsleitend und weniger die Orientierung an institutionellen Erwartungen aus der Umwelt. Außerdem konnten die Fallstudien aufzeigen, dass die verhandelten IRVs, aufgrund der institutionellen Verankerung der multinationalen Konzerne und der Gremien der Beschäftigtenvertretung sowie der Europazentriertheit der MNKs, eher als EFAs mit Bezug auf einen internationalen Regulierungsgegenstand verstanden werden können denn als tatsächlich globale Abkommen.

Auch die Entscheidungen der Gremien der Beschäftigtenvertretung über die formale Akteurskonstellation orientieren sich an kulturell verwurzelten nationalen Institutionen der Erwerbsarbeit, die auch für den Aushandlungsprozess – obwohl dieser auf globaler Ebene stattgefunden hat – adaptiert wurden. Diese institutionellen Arrangements haben sich jedoch vor allem auf die formale Ausgestaltung ausgewirkt und damit den strategiegeleiteten Aushandlungsprozess an einigen Punkten der Entscheidungsfindung eingerahmt. Wie bereits oben beschrieben, sind die tatsächlichen Akteursdynamiken in den Unternehmensfallstudien nicht deckungsgleich mit den formalen Beteiligungsgraden. Beim Unternehmen STEEL-EUROPE etwa wäre die IRV von 2005 ohne den Anstoß des EBR-Vorsitzenden mitsamt der von ihm übernommenen Verhandlungsführung nicht zustande gekommen. Dass dieser schließlich nicht unterzeichnete, ist der Orientierung an dem französischen Modell der Beschäftigtenvertretung geschuldet; trotzdem kann der Europäische Betriebsrat faktisch als Verhandlungspartner für die IRV angesehen werden.

Auch wenn in der eigenen Untersuchung der Schwerpunkt auf die Beteiligung von Europäischen Betriebsräten an GRVs gelegt worden ist, zeigen sich in der Praxis der IRV-Verhandlungen in anderen Unternehmen neben diesen vor allem europäischen Fällen auch solche, die einen stärker distributiven Charakter besitzen. Die Aushandlungsergebnisse betreffen in diesen Fällen entweder stärker substanzielle Ziele (Umsetzung und Überwachung von IAO-Kernarbeitsnormen) oder für die sozialen Verträge den erstmaligen Aufbau von Dialogbeziehungen zwischen gewerkschaftlichen Gremien und Unternehmensleitung (siehe zum Beispiel Fichter/Helfen 2011; Hoffman 2011).

6. Zusammenfassung und Ausblick

In der vorliegenden Untersuchung sollten die zum Abschluss von Internationalen Rahmenvereinbarungen und transnationalen Rahmenabkommen führenden Aushandlungsprozesse analysiert werden. Im Vordergrund stand dabei die Frage, welchen Einfluss Akteurskonstellationen, Strategien und institutionelle Umwelten auf die Aushandlungsprozesse haben. Im Laufe der Arbeit wurde daher mit Hilfe unterschiedlicher Daten und Methoden untersucht, welche Akteure formal und tatsächlich an den Aushandlungsprozessen beteiligt waren und auf welche Weise die Aushandlungen von institutionellen Erwartungen auf unterschiedlichen Ebenen beeinflusst wurden. Ein besonderer Schwerpunkt wurde dabei auf die Beteiligung von EBRs als europäische, betriebliche Gremien, in Abgrenzung zu gewerkschaftlichen Gremien, gelegt. Anknüpfend an die sozialwissenschaftlichen Debatten über die Wirkung und Umsetzung von IRVs sollten bei der Untersuchung der Aushandlungsprozesse auch die Strategien und Zielsetzungen der unterschiedlichen Akteure erfasst werden. Damit sollte auch überprüft werden, ob es sich bei den Abkommen um Legitimationsprozesse gegenüber externen Erwartungen handelt oder ob nicht eher strategische Entscheidungen und Interessenlagen der Akteure das Zustandekommen der Aushandlungen beeinflussen.

Zur Beantwortung der Forschungsfrage wurden verschiedene Theoriestränge miteinander verknüpft. Um die Ursachen für die Aufnahme der Verhandlungen sowie des Aushandlungsprozesses erfassen zu können, wurde auf das Aushandlungsmodell von Walton u.a. (1994) zurückgegriffen, das in zwei Dimensionen durch andere theoretische Ansätze ergänzt wurde. Da der Fokus der Untersuchung sich auf die unterschiedlichen Akteursdynamiken in den Gremien der Beschäftigtenvertretung gerichtet war, ist der Aspekt der zwischen den Akteuren bestehenden Machtbeziehungen (nach Bacharach/Lawler 1980) in das Aushandlungsmodell von Walton u.a. (1994) integriert worden – welches damit um den Aushandlungsprozess der internen Aushandlungen zwischen den Gremien der Beschäftigtenvertretung erweitert wurde. Ferner wurde der Aspekt der institutionellen Einflüsse und damit der Strukturierung des organisationalen Feldes (nach Di Maggio/Powell 1983; Hoffman 1999), in dem die Verhandlungen stattfinden, in das Modell integriert. Die institutionellen Umwelten wirken dabei einerseits als Zwänge, die die Entscheidungen der Verhandlungsführer begrenzen, und andererseits als Teil der Verhandlungsstrukturen, die die Akteurskonstellationen beeinflussen. Mit der Verbindung von Aushandlungsansätzen mit organisationstheoretischen Überlegungen zum Einfluss von institutionellen Umwelten auf das Organisationsverhalten wurde der Überlegung Rechnung getragen, dass Entscheidungen der Akteure, Aushandlungen aufzunehmen, nicht allein strategischen Überlegungen folgen, sondern dass nationale Arrangements der Erwerbsregulierung, aber auch externe Erwartungen aus der Organisationsumwelt die Aushandlungsprozesse und die Ergebnisse der Verhandlungen beeinflussen und begrenzen.

6.1 Zentrale Ergebnisse der Analyse

Bei der Skizzierung des Forschungsstandes zu GRVs und anderen Bereichen der grenzüberschreitenden Erwerbsregulierung ist deutlich geworden, dass die unterschiedlichen Gremien der Beschäftigtenvertretung in der Forschung bisher als ein monolithischer Arbeitnehmer-Block verstanden worden sind. Die Beteiligung von Europäischen Betriebsräten wurde dabei lediglich als ein die GUFs unterstützendes Organ beim Führen von IRV-Verhandlungen analysiert und interpretiert. Durch die hier vorgenommene empirische Analyse konnte diese Forschungslücke nun zum Teil geschlossen werden. Vor allem die Unternehmensfallstudien konnten erhellen, dass Europäische Betriebsräte teilweise eigene Interessen und Ziele mit der Aushandlung von IRVs – aber auch bei eigenen transnationalen Rahmenabkommen – verfolgen. Außerdem offenbarte sich durch die Analyse der GRV-Inhalte (in Kombination mit den Strukturmerkmalen von Grenzüberschreitenden Rahmenvereinbarungen), dass IRVs und auch transnationale Rahmenabkommen als gemeinsame Elemente einer transnationalen Erwerbsregulierung verstanden werden müssen. Sie sind die Ergebnisse unterschiedlicher nationaler und branchenspezifischer Einflüsse, die die Aushandlungsprozesse einrahmen. Dabei hat sich auch gezeigt, dass das organisationale Feld, in dem die Aushandlungen verortet sind, die Aushandlungsprozesse und vor allem die formale Ausgestaltung der Akteurskonstellation einrahmt, die Strategien der Akteure jedoch keinesfalls vollständig bestimmt.

In der eigenen empirischen Untersuchung stand die Auswertung einer eigenen Datenbank von Unternehmen mit GRVs mit Hilfe von statistischen Methoden im Mittelpunkt, ebenso wie mehrere Unternehmensfallstudien, in denen die internen Aushandlungsprozesse und die tatsächlichen Akteurskonstellationen zwischen Europäischen Betriebsräten und GUFs betrachtet wurden. Für eine weitergehende Analyse der Aushandlung, aber auch der Umsetzung von Internationalen Rahmenvereinbarungen könnte es sich als fruchtbar erweisen, den Untersuchungsrahmen zu erweitern und Unternehmen mit anderen Akteurskonstellationen – in denen etwa gewerkschaftliche Netzwerke, jedoch kein EBR oder WBR tätig sind – mit einzubeziehen.

6.1.1 Europäische Betriebsräte im Spannungsfeld transnationaler Erwerbsregulierung

Europäische Betriebsräte können angesichts ihrer rechtlichen Fundierung als europäische Gremien der Beschäftigtenvertretung mit festgeschriebenen Informations- und Konsultationsrechten gelten. Faktisch gehen einige EBRs über diesen Rahmen hinaus und haben sich formal – durch Unterschrift – zu Verhandlungsgremien entwickelt. Darüber hinaus ist auf Seiten der Gewerkschaften in den letzten 15 Jahren ein Prozess in Gang gekommen, bei dem – neben den Regulierungsbemühungen auf europäischer Ebene – auch eine globale Regulierung von multinationalen Konzernen angestrebt wird. Diese Entwicklung spiegelt sich im Abschluss von IRVs wider. Beide Prozesse, die Entwicklung von Europäischen Betriebsräten zu Verhandlungsgremien und die Aushandlung von Internationalen Rahmenvereinbarungen durch GUFs, verliefen zum Teil parallel und betreffen unterschiedliche Ebenen der Erwerbsregulierung. In dieser Untersuchung wurden diese beiden Entwicklungen im Sinne einer transnationalen Erwerbsregulierung (nach Pries 2010) gemeinsam betrachtet, wodurch sich zeigen ließ, dass beide Prozesse nicht nur miteinander verknüpft sind, sondern unterschiedliche Entwicklungsverläufe eines Elements der Erwerbsregulierung die Entwicklung des anderen Elements beeinflussen können. Exemplarisch sei dazu noch einmal auf den Fall des Unternehmens MASCH verwiesen, wo der Abschluss der Internationalen Rahmenvereinbarung mit der Entwicklung und Positionierung des EBR im Unternehmen zusammenhing. Der Europäische Betriebsrat hat die IRV nicht nur dafür genutzt, seine eigene Position im Unternehmen zu verfestigen, sondern sie kam eigentlich nur aufgrund der Beteiligung des EBR zustande. Diese unterschiedlichen Bezugspunkte und Verknüpfungen von Regulierungsgegenständen, Akteuren und räumlichen Ebenen führen auch zu der Erkenntnis, dass die diversen Akteure der Beschäftigtenvertretung im Unternehmen sowohl als jeweils eigenständige Akteure mit eigenen Interessen und Strategien als auch in ihrer auf den jeweiligen Regelungsgegenstand bezogenen Zusammenarbeit analysiert werden sollten. In dem vorliegenden Buch standen die Verhandlungen über Grenzüberschreitende Rahmenvereinbarungen und so die internen Aushandlungen zwischen Europäischen Betriebsräten und GUFs im Mittelpunkt. Doch auch andere Gremien der Beschäftigtenvertretung wurden, wie im Falle des Unternehmens SERVICE, in die Analyse einbezogen, wenn sie an den Aushandlungen beteiligt waren.

Die Rolle der EBRs konnte, durch den Rückgriff auf unterschiedliche Erhebungsmethoden, in zwei Dimensionen analysiert werden. Europäische Betriebsräte waren erstens formal an der Unterzeichnung, Umsetzung und Überwachung der jeweiligen GRVs beteiligt. Zweitens ließen sich unterschiedliche Formen von Aushandlungsprozessen unter Beteiligung von EBRs ausmachen, die nicht zwingend die Akteurskonstellationen vollständig abbilden mussten.

Durch die Untersuchung der vier Grade, mit denen Europäische Betriebsräte an den GRV-Verhandlungen beteiligt waren, wurde in der statistischen Auswertung ermittelt, dass es branchen- und länderspezifische Muster der Erwerbsregulierung gibt, die die Beteiligung von EBRs beeinflussen. Die länderspezifischen Muster beziehen sich dabei vor allem auf den Stammsitz der multinationalen Konzerne in Deutschland und die formale Mitunterzeichung durch den EBR. Dieser Zusammenhang spiegelt nationale Formen der industriellen Beziehungen wider, die in Deutschland darauf fußen, dass auch betriebliche Gremien der Beschäftigtenvertretung mitbestimmen und verhandeln können. Die standardisierte Auswertung hat jedoch keine Belege für den entgegengesetzten Zusammenhang zwischen der Nicht-Beteiligung von EBRs und anderen nationalstaatlichen Traditionen der industriellen Beziehungen erbracht. Deshalb kann nicht davon ausgegangen werden, dass nationale Institutionen der industriellen Beziehungen die Aushandlungsprozesse und die Ergebnisse der Aushandlungen von GRVs determinieren. Durch die Kontextualisierung mit den Ergebnissen der Fallstudienanalyse hat sich der Bezug auf die im Stammland herrschenden industriellen Beziehungen eher als Einstellung der jeweiligen Gremien der Beschäftigtenvertretung, denn als institutioneller Anknüpfungspunkt der Unternehmensleitung herausgestellt. Die in den Fallstudien betrachten EBR haben ihre Rolle und ihre *formale* Handlungsfähigkeit als Ausgangspunkt für die Akteurskonstellation genommen. Daher war es für den EBR im Unternehmen SERVICE, aufgrund seiner Orientierung an französischen Formen der industriellen Beziehungen, selbstverständlich, dass gewerkschaftliche Gremien und nicht der EBR die Verhandlungen bestreiten. Ähnliches gilt auch für den EBR beim Unternehmen STEEL, der in faktischer Hinsicht zwar federführend an der Initiierung und Durchführung der IRV-Verhandlungen im Jahr 2005 beteiligt war, formal die Unterzeichnung der IRV ausschließlich den gewerkschaftlichen Dachverbänden zugestanden hat. Demgegenüber war es sowohl für die beteiligten gewerkschaftlichen Vertretungsorgane als auch für die EBR-Mitglieder in den Unternehmen MASCH, AUTO und TEXTIL unproblematisch, dass Europäische Betriebsräte (mit)verhandeln und Internationale Rahmenvereinbarungen auch mit unterzeichnen. Die Institutionen und Vorstellungen zu den industriellen Beziehungen am Stammsitz der Unternehmen haben demnach die formale Akteurskonstellation beim Leisten der Unterschrift beeinflusst. Sie haben jedoch nicht die tatsächlichen Akteurskonstellationen im Aushandlungsprozess vollständig begrenzt. Für den von Institutionen aus dem organisationalen Feld auf die Aushandlungen ausgehenden Einfluss hat sich demnach gezeigt, dass nationale Formen der industriellen Beziehungen formal den Aushandlungsprozess einrahmen, die Aushandlungsprozesse jedoch tatsächlich davon entkoppelt ablaufen können.

Vielmehr hat sich in der Strukturanalyse ein Einfluss der Branchenzugehörigkeit auf die Beteiligungsformen gezeigt. Dieser Brancheneffekt ließ sich dann mit Hilfe der Analyse unterschiedlicher GUF-Strategien auf eben diese Strategien zurückführen, die sich ebenfalls an unterschiedlichen institutionellen Vorstellungen über die Rolle von Gewerkschaften und anderen Gremien der Beschäftigtenvertretung orientierten. In der formalen Akteurskonstellation hat sich ein Zusammenhang zwischen den Unternehmen des Dienstleistungssektors und zwei Formen der Beteiligung gezeigt – nämlich einen Zusammenhang zur Nicht-Beteiligung von EBRs sowie einen solchen zur alleinigen Unterzeichnung von transnationalen Rahmenabkommen durch Europäische Betriebsräte. Während die Nicht-Beteiligung (mit Blick auf die Interviews mit Vertreterinnen und Vertretern von UNI) auf die Strategie der GUFs zurückgeführt werden kann, bleibt der Zusammenhang zu den transnationalen Rahmenabkommen empirisch offen. Die Fallstudie beim Unternehmen CAR hat verdeutlicht, dass dort eine fehlende Anbindung der Gremien der Beschäftigtenvertretung an die GUFs dazu geführt hat, dass in diesem Fall allein der EBR das transnationale Rahmenabkommen unterzeichnet hat. Ein genereller Zusammenhang zu allen anderen Fällen in der Kategorie »EBRs als alleinige Unterzeichner« kann daran jedoch nicht behauptet werden. Zur UNI-Strategie zu IRVs und der Nicht-Beteiligung von Europäischen Betriebsräten kann angesichts der Experten-Interviews festgehalten werden, dass Internationale Rahmenvereinbarungen dort als Kooperationsstrategie (nach Walton u.a. 1994: 10ff.) gegenüber der Unternehmensleitung genutzt werden. Das strategische Ziel von UNI lautet, Internationale Rahmenvereinbarungen abzuschließen, um damit die lokale Ebene zu ermächtigen, die gewerkschaftliche Organisierung voranzutreiben. Als Organizing-Instrument legt die Strategie von UNI nahe, ausschließlich gewerkschaftliche Gremien in die Aushandlungen der IRVs und deren Umsetzung einzubinden. Entsprechend werden dann bestehende Europäische Betriebsräte gegebenenfalls genutzt, um einen ersten Kontakt zur Unternehmensleitung herzustellen, während sie jedoch nicht als eigenständige Akteure in die weiteren Aushandlungsprozesse integriert sind. Beispielhaft konnte diese Strategie von UNI auch für das Unternehmen SERVICE aufgezeigt werden. Auch wenn dort bereits Strukturen des Sozialdialogs vor dem Abschluss der IRV bestanden hatten, wurde und wird die IRV von den Gewerkschaften genutzt, um auf der lokalen Ebene Formen des Sozialdialogs zu etablieren oder bestehende Strukturen im Sinne von UNI zu verbessern. In diesen Fällen führt die IRV-Strategie von UNI dazu, dass Europäische Betriebsräte zwar ein Element der Erwerbsregulierung in den multinationalen Konzernen darstellen, hier aber keine Verbindung zum globalen Regulierungsgegenstand IRV aufgebaut wird. Entsprechend kann der EBR in solchen Fällen den Aushandlungsprozess auch nicht dazu nutzen, um seine eigenen Strategien zu verfolgen und diese mit UNI oder auch der Unternehmensleitung auszuhandeln. Ein anderes Bild zeigt sich dagegen bei den IRV-Strategien anderer GUFs, die sich stärker auf den Ausbau von mit der Unternehmensleitung gleichberechtigten Sozialdialogsbeziehungen konzentriert sind (nach Walton u.a. 1994: 10ff.). Bei der Auswertung der standardisierten Daten wurde ein Zusammenhang zwischen der Metallbranche und den Formen der Einbindung von EBRs – als beteiligten Akteuren bei der Umsetzung und Überwachung von IRV, aber auch als Mitunterzeichner –

deutlich. Hier zielt die IRV-Strategie des IMB darauf ab, bestehende Formen des Sozialdialogs auf der Unternehmensebene zu nutzen, um diese auf die globale Ebene zu übertragen. Die Beteiligung von Europäischen Betriebsräten ist in diesen Fällen auf Seiten des IMB Bestandteil dieser Strategie. Zum einen sind auch dort EBRs als »Türöffner« für die Kommunikation mit der Unternehmensleitung genutzt worden, wobei sich die Rolle der Europäischen Betriebsräte keineswegs darauf beschränkt. Ferner haben die EBRs selbst den weiteren Aushandlungsprozess mit beeinflusst und sind in interne Aushandlungen mit den Vertreterinnen und Vertretern der GUF sowie in interorganisationale Aushandlungen mit der Unternehmensleitung getreten. In diesen Fällen, so offenbaren die Unternehmensfallstudien, hat jeweils ein Interessenausgleich zwischen GUF und EBR stattgefunden, der entweder in einer gemeinsamen Verhandlungsstrategie gegenüber der Unternehmensleitung oder in die Aufnahme eigener Verhandlungen mit der Unternehmensleitung gemündet ist – was sich in den Fällen der Unternehmen STEEL, MASCH und AUTO zeigte. Beim Unternehmen TEXTIL war der EBR in der Lage, sich auch von den Vorgaben der zuständigen Gewerkschaft zu emanzipieren und allein ein transnationales Rahmenabkommen abzuschließen. Deutlich wurde an den internen Aushandlungen zwischen den Gremien der Beschäftigtenvertretung, dass neben der Kooperation zwischen den Gremien auch die Machtbeziehungen der einzelnen Gremien gegenüber der Unternehmensleitung die Aushandlungen beeinflussen. Dabei kann es sich um ganz unterschiedlich geartete Machtbeziehungen handeln, die auf dem Einfluss oder der Autorität der Gremien der Beschäftigtenvertreung beruhen. Aufgrund der institutionellen Verankerung unterschiedlicher Gremien der Beschäftigtenvertretung in deutschen Unternehmen haben Machtbeziehungen dort, wo sie auf der Autorität der Gremien der Beschäftigtenvertretung fußen, die Wahrscheinlichkeit erhöht, dass Verhandlungen mit der Unternehmensleitung aufgenommen werden würden. Dies galt in den Unternehmensfallstudien sowohl für gewerkschaftliche Akteure als auch für einige EBR-Mitglieder, die auch Positionen im Aufsichtsrat der Unternehmen bekleidet haben. Aber auch in den Fällen, in denen eine solche Machtposition nicht gegeben war, konnte (wie im Fall des Unternehmens STEEL) der Europäische Betriebsrat auf gewachsene Dialogstrukturen mit der Unternehmensleitung bei der IRV-Verhandlung zurückgreifen. Somit haben die Fallstudien belegen können, dass bestehende Machtbeziehungen zwischen Gremien der Beschäftigtenvertretung und der Unternehmensleitung dazu genutzt werden können, die sozialen Verträge im Unternehmen zu verändern. Aufgrund unterschiedlicher nationaler Gegebenheiten mussten die Gremien der Beschäftigtenvertretung dabei auf unterschiedliche Formen von Autorität oder Einfluss zurückgreifen. Die Aushandlungen beim Unternehmen MASCH – und noch prägnanter beim Unternehmen AUTO – haben vor Augen geführt, dass die Autorität einzelner Akteure, fußend auf ihrer Position im Aufsichtsrat und damit auf direkten Kommunikationsstrukturen mit der Entscheidungsebene des Unternehmens, dazu geführt hat, dass Verhandlungen von Seiten der Unternehmensleitung akzeptiert wurden. Daraufhin konnten integrative Aushandlungen im sozialpartnerschaftlichen Sinne stattfinden. Fehlt diese Art von Machtbeziehung, ist es für die Gremien der Beschäftigtenvertretung ungleich schwieriger, Verhandlungen mit einem Unternehmen aufzunehmen. In solchen Fällen kann dies zu einem Strategiewechsel führen, bei dem an die Stelle von Überzeugungsstrategien nun Druckmechanismen treten, etwa durch Kampagnenarbeit (siehe auch Fichter u.a. 2011b; Hoffman 2011).

Die Fallstudien haben gezeigt, dass die Entwicklung von EBRs zu Verhandlungspartnern nicht am formalen Beteiligungsgrad gemessen werden konnte, sondern die Akteursdynamiken mit Blick auf die Machtbeziehungen zwischen den Gremien der Beschäftigtenvertretung und die Strategien des Managements erweitert werden müssen. Ob sich Europäische Betriebsräte aufgrund ihrer Beteiligung an IRVs oder transnationalen Rahmenabkommen zu globalen Gremien weiterentwickeln werden, bleibt für die eigene empirische Untersuchung offen. Im Fall des Unternehmens MASCH hat die EBR-Strategie, einen Weltbetriebsrat zu gründen, bis heute nicht zu endgültigen Ergebnissen geführt. Dazu hat die Analyse der Aushandlungsprozesse verdeutlicht, dass die sozialen Verträge und damit die Ausgestaltung des Sozialdialogs auf europäischer und globaler Ebene ein Hauptziel von IRV-Verhandlungen darstellen (ebenso wie solchen über transnationale Rahmenabkommen). Dass substanziellen Fragen dem nur ergänzend an die Seite traten, kann auch darauf zurückgeführt werden, dass die IAO-Kernarbeitsnormen in den besonders auf Europa ausgerichteten Unternehmen nicht von sonderlich großer Bedeutung sind. Die Europazentrierung der Unternehmen zeigt, dass sich IRVs stärker als soziale Verträge entwickeln, als dass die Inhalte – also die IAO-Kernarbeitsnormen – handlungsleitend wären. Auch wenn die Umsetzung der substanziellen Inhalte teilweise erfolgt und auch überwacht wird, können die GRVs lediglich einen globalen Rahmen bieten, der im Konfliktfall von lokalen Akteuren genutzt werden kann.

Ein weiterer Aspekt aus der EBR-Forschung, und zwar die Entwicklung von Europäischen Betriebsräten von Informationsgremien zu handlungsfähigen europäischen Gremien (etwa Kotthoff 2006; Lecher u.a. 1998), wurde ebenfalls in der vorliegenden Untersuchung beleuchtet – mit dem Ergebnis, dass sich die Wahrscheinlichkeit zur Beteiligung von EBRs auch bei globalen Abkommen erhöht, wenn diese daneben auch andere Abkommen mit den Unternehmen vereinbart haben. Damit zeigt sich auf formaler Ebene eine Entwicklung dieser Europäischen Betriebsräte hin zu Verhandlungspartnern für das Unternehmen. In den Fallstudien konnte diese formale Entwicklung in der praktischen Arbeit der EBRs jedoch nicht in allen Fällen nachgewiesen werden. Die Fallstudien haben zwei unterschiedliche Entwicklungspfade der Europäischen Betriebsräte in Bezug auf die IRV-Verhandlungen offenbart: Entweder waren die Internationalen Rahmenvereinbarungen und die Beteiligung der EBRs das Ergebnis bereits vorher existierender Dialogbeziehungen im Unternehmen, oder die EBRs haben die Internationalen Rahmenvereinbarungen genutzt, um eine Dialogstruktur mit der Unternehmensleitung aufzubauen. In den Unternehmensfallstudien SERVICE, STEEL und TEXTIL wurden die bestehenden Sozialbeziehungen – im Fall des Unternehmens SERVICE mit der Gewerkschaft und nicht mit dem EBR – durch die Grenzüberschreitende Rahmenvereinbarung weiter ausgebaut. Bei den Unternehmen MASCH und AUTO hingegen konnte der EBR erstmals als eigenständiges Gremium gegenüber der Unternehmensleitung agieren. Beide Entwicklungspfade schließen an die Ergebnisse der jüngeren EBR-Forschung an, verweisen jedoch auf den bisher unbeachtet gebliebenen Aspekt, dass EBRs jenseits der europäischen Ebene agieren und – aufgrund fehlender globaler Strukturen der Beschäftigtenvertretung in den Unternehmen – die Rolle eines globalen Gremiums annehmen können. Diese Entwicklung ist aus gewerkschaftspolitischer Perspektive nicht unumstritten, da dem EBR nicht nur das Verhandlungsmandat fehlt, sondern dieses europäische Gremium nicht alle Standorte eines Unternehmens *legitim* vertreten kann (siehe auch Jagodzinski 2012; Schömann 2012).

6.1.2 Inhaltliche Schwerpunkte der Grenzüberschreitenden Rahmenvereinbarungen

Neben der Frage nach den Akteurskonstellationen, die Aufschluss über die Dimensionen der transnationalen Erwerbsregulierung geben konnten, wurden auch die Inhalte der Grenzüberschreitenden Rahmenvereinbarungen und ihre räumliche Verortung analysiert – und zwar mit Hilfe der Hypothese, dass diese bestimmte Akteurskonstellationen bedingen. Für die Rolle von Europäischen Betriebsräten war dabei von Bedeutung, ob es sich bei den GRVs um Vereinbarungen handelt, die lediglich an den europäischen Standorten der multinationalen Konzerne Gültigkeit besitzen, und ob darin inhaltliche Schwerpunkte mit Relevanz für die Beschäftigten in Europa gesetzt wurden. Unter Berücksichtigung der Diskussionen um ein Verhandlungsmandat von EBRs bzw. über die Frage, warum sich EBRs mit internationalen Mindestarbeitsstandards beschäftigen, wurden die GRV-Inhalte in der standardisierten Auswertung analysiert und in den Fallstudien im Hinblick auf die Strategien von GUFs und Europäischen Betriebsräten beleuchtet.

In der statistischen Analyse derjenigen Unternehmen, die eine IRV oder ein transnationales Rahmenabkommen abgeschlossen haben, konnten Zusammenhänge zwischen den unterschiedlichen Akteurskonstellationen und den inhaltlichen Schwerpunkten der Vereinbarungen nachgewiesen werden. So ließ sich die Kritik von Schömann u.a. (2008b) und Zimmer (2008) bestätigt werden, dass die alleinige Beteiligung des EBR an den Verhandlungen in Zusammenhang mit dem Umstand steht, dass diese Abkommen lediglich für Europa gültig sind und sie damit dem an Internationale Rahmenvereinbarungen gestellten Anspruch, ein globales Element der Erwerbsregulierung zu sein, nicht genügen. Mit Blick auf andere Unternehmensmerkmale in der Analyse hat sich jedoch für einen Großteil der weltweit gültigen GRVs gezeigt, dass die Unternehmen vor allem in Europa aktiv sind, so dass auch die Abkommen dieser Unternehmen nur begrenzt über den europäischen Rahmen hinausreichen (siehe auch Stevis 2010). Auch hier sind demnach unterschiedliche Dimensionen der Erwerbsregulierung miteinander verbunden, was dazu führen kann, dass weltweit gültige IRVs tatsächlich europäische Elemente der Erwerbsregulierung stärker zum Ausdruck bringen. Aufgrund der unternehmerischen Europazentrierung wird dann auch dem EBR wieder eine stärkere Rolle als Vertretungsorgan der europäischen Beschäftigten zugeschrieben. Eine neue Entwicklung hin zu stärker globalen Unternehmen und damit auch globalen IRVs zeigt sich in der Strategie von UNI, die seit 2010 verstärkt auch IRVs in solchen Unternehmen abschließt, die ihren Stammsitz im amerikanischen und asiatischen Raum haben. Entsprechend kann auch hier ein Wandel sowohl bei den Ergebnissen der Verhandlungen als auch in den Aushandlungsstrategien bei integrativen Verhandlungen sozialer Verträge hin zu stärker distributiven Verhandlungen vermutet werden, mit dem Ziel substanzielle Ergebnisse zu erreichen oder erstmals Sozialdialogstrukturen zu etablieren. Diesen hier nicht weiter vertieften Aspekt einzubeziehen, würde künftig eine empirisch durchaus vielversprechende Erweiterung des theoretischen Forschungsrahmens darstellen.

Andere Unterschiede in den Inhalten der Abkommen sind auf die von GUF zu GUF unterschiedlichen Definitionsmerkmale der Abkommen zurückzuführen, so dass sie, wie auch die Formen der Beteiligung von Europäischen Betriebsräten, von GUF-Strategien mit beeinflusst werden. Bei den Regelungsgegenständen ließ sich kein Zusammenhang zwischen unterschiedlichen Formen der Beteiligung von EBRs und inhaltlichen Schwerpunkten der Vereinbarungen feststellen. Vielmehr konnte die statistische Analyse der Grenzüberschreitenden Rahmenvereinbarungen einen Zusammenhang zu den Branchen und damit auch zu den diversen Strategien der GUFs offenlegen. Die GUFs verfolgen unterschiedliche Strategien mit ihren GRVs, was sich in den Inhalten der Vereinbarungen widerspiegelt und dazu auch Auswirkungen auf die Beteiligung von Europäischen Betriebsräten hat. Durch die Analyse stellte sich heraus, dass besonders UNI und IUL eine Strategie verfolgen, die darauf abzielt, erstmals soziale Verträge mit multinationalen Konzernen abzuschließen. Damit knüpft die IRV-Strategie an die Organizing-Strategie von UNI an, und entsprechend zielen die IRVs inhaltlich vor allem auf die Einhaltung der IAO-Kernarbeitsnormen zur Vereinigungsfreiheit und zum Recht auf Kollektivverhandlungen ab. Dieser Zusammenhang konnte auch in der standardisierten Auswertung nachgewiesen werden, wobei die beiden fraglichen IAO-Normen oft die einzigen Inhalte der Vereinbarungen sind, während andere Fragen nicht oder nur am Rande behandelt werden. Dieser starke Bezug auf die gewerkschaftliche Organisierung der Betriebe führt auch dazu, dass UNI und IUL der Beteiligung von Europäischen Betriebsräten kritisch gegenüber stehen – und zwar deshalb, weil es sich bei EBRs nicht um gewerkschaftliche Gremien handelt und besonders der Dienstleistungssektor sich dadurch auszeichnet, dass existierende Gremien der Beschäftigtenvertretung häufig an sogenannte »gelbe Gewerkschaften« oder gar überhaupt nicht gewerkschaftlich angebunden sind (was auch die Fallstudien zu den Unternehmen SERVICE und CAR verdeutlichten). Dagegen haben andere gewerkschaftliche Rahmenbedingungen in den Branchen der Industriegewerkschaften dazu geführt, dass dort andere strategische Ziele mit dem Abschluss von IRVs verknüpft werden. Bei den Industriegewerkschaften ist das Themenspektrum der Internationalen Rahmenvereinbarungen breiter, und EBRs werden in stärkerem Maße an den Prozessen beteiligt – was auf drei Faktoren zurückzuführen ist: Erstens werden die IRVs als soziale Verträge genutzt, die auf bestehenden Strukturen des Sozialdialogs aufbauen, da die einzelnen GUFs auf gewerkschaftliche Strukturen in den multinationalen Konzernen der jeweiligen Branchen zurückgreifen können. Es steht daher nicht so sehr das Organizing-Konzept, sondern vielmehr der Ausbau und die globale Erweiterung bestehender Strukturen im Vordergrund. Damit geraten, zweitens, im Bereich der Industriegewerkschaften noch andere Regelungsgegenstände in den Blick, die in den MNKs global umgesetzt werden sollen – was sich etwa bei der BHI in Bezug auf Anti-Korruptionsrichtlinien oder bei ICEM und IMB in der Frage der Gesundheits- und Sicherheitsstandards zeigt. Die Struktur der Branchen bedingt damit den Regelungsbedarf der GUFs. Drittens ist die Beteiligung von EBRs an den Internationalen Rahmenvereinbarungen mit der Bindung dieser Gremien an gewerkschaftliche Strukturen zu erklären. EBR-Mitglieder sind zu einem Großteil gewerkschaftlich organisiert und verfügen über Kontakte zu den nationalen, europäischen oder globalen gewerkschaftlichen Strukturen und obendrein nicht selten auch über den Einfluss, Verhandlungen mit der Unternehmensleitung anzustoßen (was auch die Fallstudien in den Unternehmen STEEL, BAU, AUTO und MASCH belegen konnten). Entsprechend findet dann eher eine Kooperation zwischen GUF und EBR statt, als dies bei der IRV-Strategie in Bezug auf das Organizing-Konzept der Fall wäre.

Die standardisierte Auswertung und deren Verbindung mit der Analyse der GUF-Strategien hat verdeutlicht, dass es inhaltlich zu Angleichungen zwischen den IRV kommt. Aufgrund ihrer inhaltlichen Konstruktion beziehen sich alle Internationalen Rahmenvereinbarungen auf die IAO-Kernarbeitsnormen. Die Angleichungsprozesse sind jedoch nicht ausschließlich auf Isomorphie-Prozesse der MNKs im organisationalen Feld (nach Meyer/Rowan 1977) zurückzuführen, sondern auch auf die Strategien der GUFs. Diese haben nicht auf externe institutionelle Erwartungen reagiert, sondern IRVs als strategisches Element zur Erwerbsregulierung entwickelt. Durch die Analyse der Fallstudien erwies sich, dass Unternehmensleitungen die Internationalen Rahmenvereinbarungen auch im Hinblick auf externe Erwartungen nutzen und diese als Bestandteil der konzernweiten CSR-Strategie verstehen. Diese Überlegungen waren jedoch nicht der Ausgangspunkt für die Verhandlungen der GRVs.

Dagegen hat sich bezüglich der formalen Akteurskonstellation sowohl in der standardisierten Auswertung als auch bei den Fallstudien gezeigt, dass hier die nationale Verankerung der industriellen Beziehungen eine entscheidende Rolle gespielt hat. Die nationalen Formen der industriellen Beziehungen haben an dieser Stelle die formale Ausgestaltung der Aushandlungsergebnisse beeinflusst, auch wenn diese nicht die tatsächliche Akteurskonstellation widerspiegelt. Die nationalen Formen der industriellen Beziehungen haben hier als unhinterfragte Normalitätsannahme fungiert, die dann auf die globale Ebene der Aushandlungssituation übertragen worden ist, was dazu führte, dass in Unternehmen mit Stammsitz in Deutschland EBRs – als verlängerte Arme der nationalen Betriebsräte – die Internationalen Rahmenvereinbarungen mit unterzeichnet haben. Die Fallstudien zu den Unternehmen MASCH und AUTO haben diese Erkenntnis in Bezug auf die unternehmerische Entscheidung über die offiziellen Verhandlungspartner nochmals untermauert. Im organisationalen Feld rund um den Aushandlungsgegenstand der GRVs beeinflusst demnach die nationale Ebene der industriellen Beziehungen am Stammsitz der multinationalen Konzerne die formale Akteurskonstellation. Nach Abschluss der Grenzüberschreitenden Rahmenvereinbarungen werden sie darüber hinaus von den Unternehmen als CSR-Element genutzt, um den Erwartungen von unterschiedlichen Organisationen auf der nationalen und internationalen Ebene gerecht zu werden. Die Institutionen im Feld wirken sich jedoch nicht in deterministischer Weise (nach Hoffman 1999) auf die tatsächlichen Aushandlungsprozesse aus.

6.2 Theoretische Implikationen

In der vorliegenden Untersuchung wurde ein theoretisches Modell entwickelt, das sich sowohl an Interaktions- und Aushandlungsprozessen zwischen unterschiedlichen Organisationen und kollektiven Akteuren als auch an der institutionellen Einbettung dieser Aushandlungen orientiert. Neben der empirischen Beantwortung der Frage nach den Ursachen von unterschiedlichen Akteursdynamiken und institutionellen Umwelten bei den Verhandlungen war es ein weiteres Ziel der Arbeit, den entwickelten theoretischen Rahmen auf seine Erklärungswirksamkeit hin zu überprüfen. Die theoretische Annahme für die Untersuchung lautete, dass Unterschiede in den Aushandlungsprozessen auf ein Zusammenspiel von institutionellen Umwelten und Akteursdynamiken zurückgeführt werden können. Indem die empirischen

Ergebnisse auf das theoretische Modell zurückbezogen werden, lassen sich einige theoretische Aspekte herausarbeiten.

(1) In den Fallstudien konnten nicht nur die intra- und interorganisationalen Aushandlungsprozesse nachgezeichnet und sich anlehnend an das Modell der *strategic negotiations* von Walton u.a. (1994) erklärt werden. Vielmehr hat sich auch die eigene Erweiterung um die internen Aushandlungen zwischen den unterschiedlichen Gremien der Beschäftigtenvertretung als fruchtbar erwiesen. Es wurde aufgezeigt, dass die Strukturierung der Akteurskonstellationen bereits in den internen Aushandlungen erfolgt und diese in allen Unternehmensfallstudien darin resultierten, dass sich die Beteiligten über Rollendefinition und das strategische Vorgehen bei den Verhandlungen mit der Unternehmensleitung verständigten. Dabei konnte durch den Vergleich der deutschen Unternehmensfallstudien mit den Fallstudien zu Unternehmen aus anderen Ländern der Unterschied von Macht durch Autorität und Macht durch Einfluss nachgezeichnet werden (nach Bacharach/Lawler 1980). Die rechtliche Verankerung des deutschen Mitbestimmungsgesetzes, das Gewerkschaften das Recht einräumt, Mitglieder des Aufsichtsrates zu stellen, spielte für die Verhandlungen im deutschen Kontext eine entscheidende Rolle, um das Management von Verhandlungen zu überzeugen. Diese Machtbeziehungen, die auf Autorität beruhen, fehlten in den Kontexten der anderen Fallstudien. Dort wurde auf den Einfluss einzelner Akteure auf das Management durch bereits etablierte Formen des Sozialdialogs rekurriert. Ferner erwies sich das Modell von Walton u.a. (1994) als geeignet, um nicht nur unterschiedliche strategische Vorgehensweisen der kollektiven Akteure einordnen zu können, sondern auch Unterschiede hinsichtlich der Ergebnisse der Verhandlungen zu skizzieren. Besonders der Aspekt der Aushandlung der sozialen Verträge erwies sich als geeignet, das Zustandekommen und die Ergebnisse der Verhandlungen zu erklären. In diesem Aushandlungskontext waren die Verhandlungen auf der individuellen Ebene der sozialen Verträge, die im Modell nach Walton u.a. (1994) neben den Verhandlungen auf institutioneller Ebene für die Aushandlungen leitend sind, für die Aushandlungsprozesse nicht prägend. Bei der Aushandlung von IRVs und transnationalen Rahmenabkommen handelt es sich um Elemente von sozialen Verträgen, die hauptsächlich auf der institutionellen Ebene wirken und keinen direkten Bezug zu den zwischen Unternehmensleitung und einzelnen Beschäftigten bestehenden Kooperationsformen haben. Die Fallstudien haben offenbart, dass der Wandel der Beziehungen auf individueller Ebene weder von den

Gremien der Beschäftigtenvertretung noch vom Management beabsichtigt gewesen war.

(2) Sowohl auf der Grundlage der standardisierten Daten als auch der Unternehmensfallstudien konnten die Aushandlungsprozesse und Akteurskonstellationen institutionell eingebettet werden. Anhand des Begriffs des organisationalen Feldes nach Hoffman (1999) zeigte die vorliegende Untersuchung, dass sich Unternehmen als Organisationen in ihrem Verhalten bei der Aushandlung von IRVs und transnationalen Rahmenabkommen an unterschiedlichen institutionellen Erwartungen orientieren, welche sich aber lediglich auf der formalen Ebene in Bezug auf die Akteurskonstellationen niedergeschlagen haben. Während die legitimatorischen Bezugspunkte für die Unternehmen, wie auch aus der CSR-Forschung bekannt, auf die institutionellen Erwartungen im internationalen organisationalen Feld abzielen, werden die konkreten Aushandlungsprozesse stärker von nationalen institutionellen Einflüssen strukturiert. Die organisationalen Felder sind damit anders konturiert, als sich dies bei der Untersuchung der CSR-Initiativen von Unternehmen herausgestellt hatte. Als Verkörperung sozialer Verträge tauchen Organisationen und kollektive Akteure (wie NGOs oder Regierungsorganisationen) nicht als Bezugspunkte im organisationalen Feld zu den Aushandlungen auf, so dass Unterschiede in den Akteurskonstellationen von unterschiedlichen Orientierungen an nationalen organisationalen Feldern geprägt sind. Die europäische Dimension, die im eigenen Theoriemodell vorgeschlagen worden ist, bezieht sich zwar auf die Beteiligung des EBR, eine Orientierung der Unternehmen an europäischen Normen oder Institutionen konnte jedoch in der Empirie nicht nachgewiesen werden. Auch wenn andere Autorinnen und Autoren davon ausgehen, dass europäische institutionelle Einflüsse die Unternehmen dazu anleiten, über IRVs überhaupt zu verhandeln, anstatt einseitige Selbstverpflichtungen abzugeben, ist diese Orientierung nicht in der Lage, Unterschiede in den Akteurskonstellationen zu erklären (zum Beispiel Edwards u.a. 2007; Kluge/Schömann 2008). Das Verhalten der Organisationen kann angesichts der eigenen Untersuchung als Orientierung an institutionalisierten Elementen der Erwerbsregulierung und des sozialen Dialogs beschrieben werden. Inwieweit diese institutionalisierten Elemente tatsächlich zu Institutionen in dem Sinne werden, dass diese gleichermaßen für alle Unternehmen im organisationalen Feld gelten, bleibt empirisch offen. Gegen eine Homogenisierung des Verhaltens der Akteure im Feld – im Sinne von Isomorphie-Prozessen (nach Di Maggio/Powell

1983) – spricht auch die Orientierung an jeweils nationalen Institutionen der Erwerbsregulierung, wenn es um die Ausgestaltung der Aushandlungsprozesse geht. Diese können sich jedoch über die Aushandlung von GRVs neu definieren und umgestalten (siehe auch Helfen u.a. 2011).

(3) Bei der Entscheidung über die Akteurskonstellationen in den Aushandlungsprozessen beziehen sich sowohl die Gremien der Beschäftigtenvertretung als auch die Unternehmen auf bestehende Arrangements der nationalen oder auch konzernspezifischen industriellen Beziehungen. Nationale Normen und Institutionen der Erwerbsregulierung strukturieren daher auch die Aushandlungen der Grenzüberschreitenden Rahmenvereinbarungen. Als Ausdruck von bestehenden Strukturen des sozialen Dialogs sind die Aushandlungen weniger als Orientierung der Unternehmen an internationalen Standards, denn als Neuformulierung oder Erweiterung nationaler institutioneller Erwartungen zu verstehen. Die vorherrschenden Formen der Erwerbsregulierung sind kulturell-kognitiv verankert und beeinflussen den Aushandlungsprozess zwischen den Gremien der Beschäftigtenvertretung sowie zwischen diesen Gremien und dem Unternehmen. Die Akzeptanz des Managements, sich überhaupt auf Aushandlungen einzulassen, resultiert aus der Orientierung des Managements an der internationalen Ebene des organisationalen Feldes, sich gesellschaftlich verantwortungsvoll zu verhalten. Die Akteurkonstellationen auf Seiten der Gremien der Beschäftigtenvertretung wiederum orientieren sich in ihrer formalen Ausgestaltung an der nationalen Ebene des organisationalen Feldes und dort an den vorherrschenden Modellen der Erwerbsregulierung. Das Modell zur Transnationalisierung der Erwerbsregulierung (Pries 2010) konnte demnach sinnvoll mit (aus dem soziologischen Neo-Institutionalismus stammenden) Annahmen zum organisationalen Feld und, in der Spezifizierung einiger Dimensionen, mit dem Aushandlungsmodell von Walton u.a. (1994) verbunden werden. In diesem Zusammenhang bleibt die theoretische Überlegung offen, in welchem Spannungsverhältnis interne Erwartungen im Sinne von gelebten Arrangements der Erwerbsregulierung und externe Erwartungen aus der Organisationsumwelt stehen.

6.3 Schlussbemerkungen

In Zeiten einer zunehmenden Internationalisierung von multinationalen Konzernen können IRVs und transnationale Rahmenabkommen demnach ein Element darstellen, Arbeits-, Beschäftigungs- und Partizipationsbedingungen innerhalb der Unternehmen zu regulieren. Die eigene empirische Untersuchung hat jedoch gezeigt, dass es sich bei einem Großteil der abgeschlossenen IRVs und transnationalen Rahmenabkommen um die Regulierung der Partizipationsbedingungen auf globaler Ebene handelt. Nur in einzelnen Fällen lag der Schwerpunkt von Aushandlung und auch Umsetzung bei der Regulierung der Arbeits- und Beschäftigungsbedingungen. Es wäre also angesichts der vorliegenden Daten zu weit gedacht, nun anzunehmen, solche Abkommen könnten Unternehmen und ihre Wertschöpfungsketten tatsächlich direkt verändern. Jedoch sollten die Bemühungen um funktionierende, sozialpartnerschaftliche Dialogstrukturen zwischen Gremien der Beschäftigtenvertretung und Unternehmen nicht unterschätzt werden. Sie bieten Möglichkeiten der Einflussnahme sowohl für die Gremien der Beschäftigtenvertretung als auch für das Management, und beide Seiten können von diesen Abkommen durchaus profitieren. Die Gremien der Beschäftigtenvertretung verschaffen sich durch die Aushandlung solcher Abkommen Zugang zu den Entscheidungsträgern in den Unternehmen und können perspektivisch diese Dialogstrukturen verwenden, um auch Arbeits- und Beschäftigungsbedingungen zu regulieren. Das Management wiederum kann die Abkommen nicht nur als Ausdruck von Sozialdialogstrukturen propagieren, sondern die festgeschriebenen Inhalte der Abkommen zur Standardisierung von Managementpraktiken im Unternehmen nutzen. Dazu müsste aber eine tatsächliche Umsetzung der Abkommen gelingen und ebenfalls ein kontinuierlicher Dialog zwischen den Gremien der Beschäftigtenvertretung und dem Management vereinbart werden. Wenn IRVs und transnationale Rahmenabkommen lediglich als einmaliges Ereignis angesehen werden, dann bleiben diese Abkommen, wie auch viele CSR-Initiativen, pure Willenserklärungen und haben keinen Einfluss auf die Formen der Erwerbsregulierung im Unternehmen.

Der Prozess der Aushandlung von Grenzüberschreitenden Rahmenvereinbarungen hat gezeigt, dass diese lediglich ein Element der transnationalen Erwerbsregulierung darstellen. Die Absichten und die Wirkung der Grenzüberschreitenden Rahmenvereinbarungen lassen sich deshalb nur erfassen, wenn andere Elemente und Strukturen mit einbezogen werden. Mit

Blick auf die Erkenntnisse der empirischen Analysen ergeben sich diverse Akteurskonstellationen und Aushandlungsergebnissen, je nach dem, welche Gremien der Beschäftigtenvertretung beteiligt waren und in welcher Weise diese Gremien sowie die Unternehmen in andere Strukturen der Erwerbsregulierung sowie in institutionelle Umwelten eingebunden sind. In der Einführung zu dieser Untersuchung ist die Frage aufgeworfen worden, ob diese heterogenen Formen der Erwerbsregulierung in der Lage sind, die Arbeits-, Beschäftigungs- und Partizipationsbedingungen von Beschäftigten in multinationalen Konzernen zu regulieren. Führen diese unterschiedlichen Handlungsfelder zu einer Fragmentierung der Erwerbsregulierung? Oder ermöglicht gerade das Zusammenspiel der unterschiedlichen Akteure, räumlichen Bezüge und rechtlich oder normativ verankerten Initiativen eine wirksame Gestaltung und Verbesserung von grundlegenden Arbeits-, Beschäftigungs- und Partizipationsbedingungen? Diese Fragen konnte das vorliegende Buch dahingehend beantworten, dass es diverse Formen der Aushandlungen in Bezug auf GRVs gibt, diese aber alle dazu geführt haben, die Partizipationsbedingungen in den multinationalen Konzernen weiter auszubauen. Für die Arbeits- und Beschäftigungsbedingungen konnten einige Fallstudien zeigen, dass auch über diese substanziellen Ergebnisse verhandelt worden ist. Obwohl globale Aushandlungen zwischen EBRs, GUFs, nationalen Gewerkschaften und multinationalen Konzernen höchst komplexe und vielschichtige Aushandlungssituationen darstellen, führen diese Prozesse keineswegs zu einer Zerfaserung der Strukturen der Erwerbsregulierung. Vielmehr nutzen die Akteure vorhandene nationale oder europäische Strukturen der industriellen Beziehungen für ihre Aushandlungsstrategien auf globaler Ebene. Einschränkend bleibt jedoch anzumerken, dass mit dem Untersuchungsfeld des vorliegenden Buches Aushandlungssituationen analysiert worden sind, in denen die Akteure auf existierende Strukturen der industriellen Beziehungen zurückgreifen konnten. Ob es ebenfalls zu einer Erweiterung der Sozialdialogstrukturen auf globaler Ebene durch GRVs gekommen wäre, wenn Strukturen der industriellen Beziehungen in den multinationalen Konzernen nicht in dieser Weise vorhanden gewesen wären, bleibt fraglich.

Abkürzungsverzeichnis

BHI	Bau- und Holzarbeiter Internationale
CoC	Code of Conduct (freiwillige Selbstverpflichtung)
CSR	Corporate Social Responsibility
EBR	Europäischer Betriebsrat
EFA	European Framework Agreement (Europäisches Rahmenabkommen)
EIF	European Industry Federation (Europäischer Gewerkschaftsbund)
EMB	Europäischer Metallgewerkschaftsbund
ETUF-TCL	European Trade Union Federation of Textiles, Clothing and Leather (Europäischer Gewerkschaftsverband der Textil-, Leder- und Bekleidungsarbeiter)
GRV	Grenzüberschreitende Rahmenvereinbarung
GUF	Global Union Federation (Globaler Gewerkschaftsverband)
IAO	Internationale Arbeitsorganisation
ICEM	Internationale Föderation der Chemie-, Energie-, Bergbau- und Fabrikarbeitergewerkschaft
IFME	Internationale Föderation der Bergbau- und Energiearbeitergewerkschaft
IJF	Internationale Journalisten-Föderation
IMB	Internationaler Metallgewerkschaftsbund
IÖD	Internationale der Öffentlichen Dienste
IRV	Internationale Rahmenvereinbarung (= International Framework Agreement, IFA)
ITBLAV	Internationale Textil-, Bekleidungs- und Lederarbeitervereinigung
IUL	Internationale Union der Lebensmittel-, Landwirtschafts-, Hotel-, Restaurant-, Café- und Genussmittelarbeiter-Gewerkschaften
MNK	Multinationaler Konzern
NGO	Non-Governmental-Organisation (Nicht-Regierungsorganisation)
PSI	Public Service International (Internationale des Öffentlichen Dienstes)
UNI	Union Network International (Internationaler Zusammenschluss der Dienstleistungsgewerkschaften)
USW	United Steelworkers

WFIW	World Federation of Industry Workers (Weltverband der Industriearbeiter)
WBR	Weltbetriebsrat

Literatur

Aaronson, S. A./Reeves, J. (2002), *The European response to public demands for global corporate responsibility*, Washington: National Policy Association.

Aguilera, R. V./Rupp, D. E./Williams, C. A./Ganapathi, J. (2007) »Putting the s back in corporate social responsibility: a multilevel theory of social change in organizations«, in: *Academy of Management Review* 32 (3), S. 836–863.

Altvater, E./Mahnkopf, B. (1996), *Grenzen der Globalisierung*, Münster: Westfälisches Dampfboot.

Andersen, M./Skjoett-Larsen, T. (2009), »Corporate social responsibility in global supply chains«, in: *Supply Chain Management – an International Journal* 14 (2), S. 75–86.

Anner, M./Greer, I./Hauptmeier, M./Lillie, N./Winchester, N. (2006), »The industrial determinants of transnational solidarity: Global interunion politics in three sectors«, in: *European Journal of Industrial Relations* 12 (1), S. 7–27.

Aoyama, Y. (2007), »Oligopoly and the structural paradox of retail TNCs: an assessment of Carrefour and Wal-Mart in Japan«, in: *Journal of Economic Geography* 7 (4), S. 471–490.

Artus, I. (2010), »Interessenhandeln jenseits der Norm: Ein deutsch-französischer Vergleich betrieblicher Interessenvertretung in peripheren und prekären Wirtschaftssegmenten«, in: *Industrielle Beziehungen* 17 (4), S. 314–344.

Bacharach, S. B./Lawler, E. J. (1980), *Power and Politics in Organizations*, San Francisco: Jossey-Bass.

Bacharach, S. B./Lawler, E. J. (1981), *Bargaining. Power, tactics and outcomes*, San Francisco: Jossey-Bass.

Backhaus, K./Erichson, B./Plinke, W./Weiber, R. (2008), *Multivariate Analysemethoden.* Eine anwendungsorientierte Einführung. 12., vollst. überarb. Aufl., Berlin: Springer.

Bair, J./Gereffi, G. (2000), »Industrielle Entwicklung, Netzwerke und Beschäftigung in der Warenkette der Bekleidungsindustrie«, in: C. Dörrenbacher/D. Plehwe (Hg.), *Grenzenlose Kontrolle? Organisatorischer Wandel und politische Macht multinationaler Unternehmen*, Berlin: Edition Sigma, S. 195–242.

Bamberg, G./Baur, F. (2001), *Statistik*, München: Oldenbourg.

Bartley, T. (2005), »Corporate Accountability and the privatization of labor standards: Struggles over Codes of Conduct in the Apparel industry«, in: *Research in Political Sociology* 14, S. 211–244.

Bartmann, M./Dehnen, V. (2009), »Cooperation versus competition. Union and works council strategies in the Delta site-selection process at General Motors Europe«, in: M. Hertwig/L. Pries/L. Rampeltshammer (Hg.), *European Works Councils in complementing perspectives*, Brüssel: ETUI, S. 301–330.

Becker-Ritterspach, J. C. E./Becker-Ritterspach, F. A. A. (2006), »Organisationales Feld und gesellschaftlicher Sektor im Neo-Institutionalismus«, in: K. Senge/K.-U. Hellmann (Hg.), *Einführung in den Neo-Institutionalismus*, Wiesbaden: VS Verlag für Sozialwissenschaften, S. 118–136.

Beckert, J. (1999), »Agency, entrepreneurs, and institutional change: The role of strategic choice and institutionalized practices in organizations«, in: *Organization Studies* 20 (5), S. 777–799.

Berger, P. L./Luckmann, T. (1969), *Die gesellschaftliche Konstruktion der Wirklichkeit*, Frankfurt am Main: S. Fischer.

Beyer, J. (2005), »Pfadabhängigkeit ist nicht gleich Pfadabhängigkeit«, in: *Zeitschrift für Soziologie* 34 (1), S. 5–21.

Blau, P. M. (1964), *Exchange and power in social life*, New York: Wiley.

Bogner, A./Menz, W. (2009), »Experteninterviews in der qualitativen Sozialforschung. Zur Einführung in eine sich intensivierende Methodendebatte«, in: A. Bogner/B. Littig/W. Menz (Hg.), *Experteninterviews. Theorie, Methoden, Anwendung*, Wiesbaden: VS Verlag für Sozialwissenschaften, S. 7–34.

Bondy, K. (2008), »The Paradox of Power in CSR: A Case Study on Implementation«, in: *Journal of Business Ethics* 82 (2), S. 307–323.

Boni, G. (2012), »Introduction«, in: I. Schömann/R. Jagodzinski/G. Boni/S. Clauwaert/V. Glassner/T. Jaspers (Hg.), *Transnational collective bargaining at company level. A new component of European industrial relations?*, Brüssel: ETUI, S. 7–18.

Bourque, R. (2008), »International Framework Agreements and the future of collective bargaining in multinational companies«, in: *Just Labour: A Canadian Journal of Work and Society* 12 (1), S. 30–47.

Brandl, S. (2006), *»Deutsches Modell« oder globalisiertes Arrangement? Transformation industrieller Beziehungen und soziale Nachhaltigkeit*, Berlin: Edition Sigma.

Brinkmann, U./Choi, H. L./Detje, R./Dörre, K./Holst, H./Karakayali, S./Schmalstieg, C. (2008), *Strategic Unionism: Aus der Krise zur Erneuerung? Umrisse eines Forschungsprogramms*, Wiesbaden: VS Verlag für Sozialwissenschaften.

Building and Woodworkers International (2007), *BWI Guidance on International Framework Agreements (IFAs)*, hg. von Building and Woodworkers International, Genf.

Building and Woodworkers International (2010): *Action Plan Multinational Companies*, hg. von Building and Woodworkers International, Genf.

Cambra-Fierro, J./Ruiz-Benitez, R. (2011), »Notions for the successful management of the supply chain: learning with Carrefour in Spain and Carrefour in China«, in: *Supply Chain Management – an International Journal* 16 (2), S. 148–154.

Carley, M. (2002), »European-level bargaining in action? Joint texts negotiated by European Works Councils«, in: *Transfer* 8 (4), S. 646–653.

Child, J. (1972), »Organizational structure, environment and performance: The role of strategic choice«, in: *Sociology* 6 (1), S. 1–22.

Chuang, M.-L./Donegan, J. J./Ganon, M. W./Wei, K. (2011), »Walmart and Carrefour experiences in China: resolving the structural paradox«, in: *Cross Cultural Management* 18 (4), S. 443–463.

Coleman, S. (2010), »Enforcing International Framework Agreements in U.S. courts: A contract analysis«, in: *Columbia Human Rights Law Review* 41, S. 601–634.

Commission of the European Communities (2008), *Commission staff working document. The role of transnational company agreements in the context of increasing international integration*, Brüssel: Europäische Kommission.

Contrepois, S./Jefferys, S. (2010), »European Works Councils in Central and Eastern Europe: Varieties of institution building among French service sector multinationals«, in: *Industrial Relations Journal* 41 (6), S. 584–602.

Croucher, R./Cotton, E. (2009), *Global unions, global business. Global Union Federations and international business*, London: Middlesex University Press.

Cumbers, A./Nativel, C./Routledge, P. (2008), »Labour agency and union positionalities in global production networks«, in: *Journal of Economic Geography* 8 (3), S. 369–387.

Da Costa, I./Rehfeldt, U. (2008), »Transnational Collective Bargaining at Company Level: Historical developments«, in: K. Papadakis (Hg.), *Cross-border social dialogue and agreements. An emerging global industrial relations framework?*, Genf: International Labour Office, S. 43–64.

Dacin, M. T./Goodstein, J./Scott, W. R. (2002), »Institutional Theory and Institutional Change: Introduction to the special research forum«, in: *Academy of Management Journal* 45 (1), S. 45–57.

Daugareilh, I. (2005), »La responsabilité sociale des entreprises transnationales et les droits fondamenteaux de l'homme au travail: Le contr-exemple des accords internationaux«, in: I. Daugareilh (Hg.): *Mondialisation, travail et droits fondamenteaux*, Brüssel: LGDJ, S. 349–384.

Daugareilh, I. (2008), »Employee participation, ethics and corporate social responsibility«, in: *Transfer* 14 (1), S. 93–110.

Davies, S./Hammer, N./Williams, G./Raman, R./Ruppert, C. S./Volynets, L. (2011), »Labour standards and capacity in global subcontracting chains: Evidence from a construction MNC«, in: *Industrial Relations Journal* 42 (2), S. 124–138.

Dehnen, V. (2013), »Transnational alliances for negotiating International Framework Agreements: Power relations and bargaining processes between Global Union Federations and European Works Councils«, in: *British Journal of Industrial Relations* 51 (3), S. 577–600.

Dehnen, V./Rampeltshammer, L. (2010), »Europäische Betriebsräte: Bedingungen für ihre Handlungsfähigkeit und ihre Rolle bei europäischen Streik- und Protestaktionen«, in: G. Schweiger/B. Brandl (Hg.), *Der Kampf um Arbeit. Dimensionen und Perspektiven*, Wiesbaden: VS Verlag für Sozialwissenschaften, S. 223–248.

Di Maggio, P. J. (1988), »Interest and agency in institutional theory«, in: L. G. Zucker (Hg.), *Institutional patterns and organizations*, Cambridge: Cambridge University Press, S. 3–32.

Di Maggio, P. J./Powell, W. W. (1983), »The iron cage revisited: Institutional isomorphism and collective rationality in organizational fields«, in: *American Sociological Review* 48, S. 147–160.

Diaz-Bone, R. (2006), *Statistik für Soziologen*, Konstanz: UVK-Verlags-Gesellschaft.

Doh, J. P./Guay, T. R. (2006), »Corporate Social Responsibility, Public Policy, and NGO Activism in Europe and the United States: An Institutional Stakeholder Perspective«, in: *Journal of Management Studies* 43 (1), S. 47–73.

Dörre, K. (2010), »Überbetriebliche Regulierung von Arbeitsbeziehungen«, in: F. Böhle/G. G. Voß/G. Wachtler (Hg.), *Handbuch Arbeitssoziologie*, Wiesbaden: VS Verlag für Sozialwissenschaften, S. 873–912.

Dunlop, J. T. (1958), *Industrial relations systems*, New York: Holt, Rinehart and Winston.

Dunlop, J. T. (1993), *Industrial relations systems*, Boston: Harvard Business School.

Durand, C./Wrigley, N. (2009), »Institutional and economic determinants of transnational retailer expansion and performance: a comparative analysis of Wal-Mart and Carrefour«, in: *Environment and Planning* 41 (7), S. 1534–1555.

Edwards, T. P./Marginson, P./Edwards, A./Ferner, O. T. (2007), *Corporate social responsibility in multinational companies: Management initiatives or negotiated agreements?*, hg. vom International Institute for Labour Studies, Genf.

Egels-Zanden, N. (2009a), »TNC Motives for Signing International Framework Agreements: A Continuous Bargaining Model of Stakeholder Pressure«, in: *Journal of Business Ethics* 84 (4), S. 529–547.

Egels-Zanden, N. (2009b), »Transnational governance of workers' rights: Outlining a research agenda«, in: *Journal of Business Ethics* 87 (2), S. 169–188.

Egels-Zanden, N./Hyllman, P. (2007), »Evaluating strategies for negotiating workers' rights in transnational corporations: The effects of codes of conduct and global agreements on workplace democracy«, in: *Journal of Business Ethics* 76 (2), S. 207–223.

Emerson, R. M. (1962), »Power-Dependence relations«, in: *American Sociological Review* 27 (1), S. 31–41.

Esping-Andersen, G. (1985), *Politics against markets*. The social democratic road to power, Princeton: Princeton University Press.

Esping-Andersen, G. (1996), *Three worlds of welfare capitalism*, Cambridge: Polity Press.

Fetzer, T. (2008), »European Works Councils as Risk Communities: The case of General Motors«, in: *European Journal of Industrial Relations* 14 (3), S. 289–308.

Fichter, M./Helfen, M. (2011), »Going local with global policies: Implementing International Framework Agreements in Brazil and the United States«, in: K. Papadakis (Hg.), *Shaping Global Industrial Relations*. The impact of International Framework Agreements, Houndmills: Palgrave Macmillan, S. 73–97.

Fichter, M./Helfen, M./Schiederig, K. (2011a), »Kann transnationale Solidarität auf Konzernebene organisiert werden? Der Ansatz der internationalen Rahmenabkommen«, in: F. Gerlach/T. Greven/U. Mückenberger/E. Schmidt (Hg.), *Solidarität über Grenzen. Gewerkschaften vor neuer Standortkonkurrenz*, Berlin: Edition Sigma, S. 75–94.

Fichter, M./Helfen, M./Sydow, J. (2011b), »Employment relations in global production networks – initiating transfer of practices via union involvement«, in: *Human Relations* 64 (4), S. 599–622.

Finnegan, R. (1996), »Using documents«, in: R. Sapsford/V. Jupp (Hg.), *Data collection and analysis*, London: Sage Publications, S. 138–151.

Fiorito, J. (2003), »Union organizing in the United States«, in: G. Gall (Hg.): *Union Organizing. Campaigning for trade union recognition*, New York: Routledge, S. 191–210.

Fligstein, N. (2001), »Social skill and the theory of fields«, in: *Sociological Theory* 19 (2), S. 105–125.

Freyssenet, M./Mair, A./Shimizu, K./Volpato, G. (Hg.) (1998), *One Best Way? Trajectories and Industrial Models of the World's Automobile Producers*, New York: Oxford University Press.

Galaskiewicz, J. (1985), »Interorganizational relations«, in: *Annual Review Sociology* (11), S. 281–304.

Gallin, D. (2008), »International Framework Agreements: A reassessment«, in: K. Papadakis (Hg.), *Cross-border social dialogue and agreements. An emerging global industrial relations framework?*, Genf: International Labour Office, S. 15–40.

Gilman, M./Marginson, P. (2002), »Negotiating European Works Councils: contours of constrained choice«, in: *Industrial Relations Journal* 33 (1), S. 36–51.

Gilson, C./Weiler, A. (2008), »Transnational company industrial relations: The role of European Works Councils and the implications for international human resource management«, in: *Journal of Industrial Relations* 50 (5), S. 697–717.

Gjolberg, M. (2009), »The origin of corporate social responsibility: global forces or national legacies?«, in: *Socio-Economic Review* 7 (4), S. 605–637.

Gläser, J./Laudel, G. (2009), *Experteninterviews und qualitative Inhaltsanalyse als Instrumente rekonstruierender Untersuchungen*. 3., überarb. Auflage, Wiesbaden: VS Verlag für Sozialwissenschaften.

Greenhalgh, L./Lewicki, R. J. (2003), »New directions in teaching negotiations. From Walton and McKersie to a new millenium«, in: T. A. Kochan/D. B. Lipsky (Hg.), *Negotiations and change. From the workplace to society*, Ithaca/London: ILR Press, S. 20–34.

Hall, M./Hoffmann, A./Marginson, P./Müller, T. (2003), »National Influences on European Works Councils in UK- and US-based Companies«, in: *Human Resource Management Journal* 13 (4), S. 75–92.

Hall, P./Soskice, D. (2001a), »An Introduction to varieties of capitalism«, in: P. Hall/D. Soskice (Hg.), *Varieties of capitalism: The institutional foundations of comparative advantage*, Oxford: Oxford University Press, S. 1–68.

Hall, P./Soskice, D. (2001b), *Varieties of capitalism: The institutional foundations of comparative advantage*, Oxford: Oxford University Press.

Hall, P. A./Taylor, R. C. R. (1996), *Political Science and the Three New Institutionalisms*, Köln: Max-Planck-Institut für Gesellschaftsforschung.

Hammer, N. (2005), »International framework agreements: global industrial relations between rights and bargaining«, in: *Transfer* 11 (1), S. 511–530.

Hammer, N. (2008), »International framework agreements in the context of global production«, in: K. Papadakis (Hg.), *Cross-border social dialogue and agreements. An emerging global industrial relations framework?*, Genf: International Labour Office, S. 89–113.

Hancké, B. (2000), »European Works Councils and industrial restructuring in the European Motor Industry«, in: *European Journal of Industrial Relations* 2 (1), S. 35–59.

Hauser-Ditz, A./Hertwig, M./Pries, L./Rampeltshammer, L. (2010), *Transnationale Mitbestimmung? Zur Praxis Europäischer Betriebsräte in der Automobilindustrie*, Frankfurt am Main/New York: Campus-Verlag.

Helfen, M./Sydow, J. (2011), *Negotiating global standards as institutional work: The case of International Framework Agreements*. Berlin: Internes Arbeitspapier.

Helfen, M./Sydow, J./Fichter, M. (2011), *Anfänge einer Institutionalisierung grenzüberschreitender Arbeitsbeziehungen? Zur Paradoxie der Internationalen Rahmenabkommen im globalen Dienstleistungssektor*. GIRA-Jahrestagung. Düsseldorf, 14.10.2011 (unveröffentlichtes Vortragsmauskript).

Hellmann, M. F. (2007), »Social partnership at the global level: Building and Woodworkers' International experiences with International Framework Agreements«, in: V. Schmidt (Hg.), *Trade union responses to globalization. A review by the Global Union Research Network*, Genf: International Labour Organization, S. 23–34.

Hertwig, M. (2008), *Wege der Technikdiffusion. Effizienz und Legitimität bei der Einführung von E-Business in der Automobilzuliefererindustrie*, Berlin: Edition Sigma.

Hertwig, M. (2009), »Kollegiale Arbeitnehmerüberlassung – Chancen und Probleme des zwischenbetrieblichen Personaltransfers auf Basis von Tarifverträgen«, in: *Industrielle Beziehungen* 16 (3), S. 254–272.

Hertwig, M./Pries, L./Rampeltshammer, L. (2009), »European Works Councils as International Non-Profit-Organisations: An Organisational Research Approach to a Crucial Element of Europeanisation«, in: M. Hertwig/L. Pries/L. Rampeltshammer (Hg.), *European Works Councils in complementing perspectives*, Brüssel: ETUI, S. 13–46.

Hertwig, M./Pries, L./Rampeltshammer, L. (2011), »Stabilizing effects of European Works Councils: Examples from the automotive industry«, in: *European Journal of Industrial Relations* 17 (3), S. 209–226.

Hessler, S. (2012), *Arbeitnehmerrechte weltweit stärken? Die Umsetzung der Internationalen Rahmenvereinbarungen in Mexiko*, Frankfurt am Main/New York: Campus-Verlag.

Hiß, S. (2006), *Warum übernehmen Unternehmen gesellschaftliche Verantwortung? Ein soziologischer Erklärungsversuch*, Frankfurt am Main/New York: Campus-Verlag.

Hiß, S. (2009), »From implicit to explicit Corporate Social Responsibility: Institutional change as a fight for myths«, in: *Business Ethics Quarterly* 19 (3), S. 433–451.

Hoffman, A. J. (1999), »Institutional evolution and change: Environmentalism and the US chemical industry«, in: *Academy of Management Journal* 42 (4), S. 351–371.

Hoffman, C. (2011), G4S Global Framework Agreement and the OECD process«, in: *International Union Rights* 18 (2), S. 5f.

Höllerer, M. A./Jancsary, D./Meyer, R. E. (2009), *The visual (re-)construction of meaning of a management concept: Corporate social responsibility in annual reporting.* Working Paper für den Workshop »New Institutionalism in Organization Theory«, Wien: Naples.

Hopf, C./Schmidt, C. (1993), *Zum Verhältnis von innerfamilialen sozialen Erfahrungen, Persönlichkeitsentwicklung und politischen Orientierungen.* Dokumentation und Erörterung des methodischen Vorgehens in einer Studie zu diesem Thema, hg. vom Institut für Sozialwissenschaften der Universität Hildesheim, Internetdokumentation: http://w2.wa.uni-hannover.de/mes/berichte/rex93.htm (06.03.2012).

Hyman, R. (1975), *Industrial Relations.* A Marxist introduction, London: Macmillan.

Hyman, R. (1994), *The political economy of industrial relations*, London: Macmillan.

ICEM (o.J.), *Global Agreements*, hg. von ICEM. URL: http://www.icem.org/en/69-Global-Framework-Agreements (7.3.2012).

ICEM (2011), *Action Plan*, presented to ICEM 5th statutory congress in Buenos Aires und hg. von ICEM. URL: http://www.icem.org/files/File/congress5th/EN_Action_Plan_FINAL.pdf (7.3.2012).

IMF (2005), *Internationale Rahmenvereinbarung.* IMB-Modellurkunde, hg. vom Internationalen Metallgewerkschaftsbund, Genf.

IMF (2009), *IMF Action Programme 2009–2013.* Adopted at the 32nd IMF World Congress in Göteborg, hg. vom IMF. URL: http://www.imfmetal.org/files/09060811555979/AP2009–2013Final-English.pdf (7.3.2012).

ITGLWF (2002), *IFA Draft*, hg. von der ITGLWF, unveröffentlichter Bericht.

IUF (2007), *IUF-Satzung*, hg. von IUF, Petit-Lancy, internes Dokument.

Jagodzinski, R. (2011), »EWCs after 15 years – success or failure?«, in: *Transfer* 17 (2), S. 203–216.

Jagodzinski, R. (2012), »European Works Councils and transnational company agreements – balancing on the thin line between effective consultation and overstepping competencies«, in: I. Schömann/R. Jagodzinski/G. Boni/S. Clauwaert/V. Glassner/T. Jaspers (Hg.), *Transnational collective bargaining at company level. A new component of European industrial relations?*, Brüssel: ETUI, S. 157–196.

Kamath, P./Godin, C. (2001), »French Carrefour in South-East Asia«, in: *British Food Journal* 103 (7), S. 479–494.

Kieser, A. (Hg.) (2002), *Organisationstheorien*, Stuttgart: Verlag W. Kohlhammer.

Kluge, N./Schömann, I. (2008), »Corporate governance, workers' participation and CSR: the way to a good company«, in: *Transfer* 14 (1), S. 13–26.

Köhler, H. D./Gonzales Begega, S. (2007), »Still learning from Europe: Spanish participation in European works councils«, in: M. Whittall/H. Knudsen/F. Huijgen (Hg.), *Towards a European Labour Identity*, Oxford/New York: Routledge, S. 132–150.

Köhler, H. D./Gonzales Begega, S. (2010), »The European works council as a multidimensional contested terrain«, in: *Employee Relations* 32 (6), S. 590–605.

Kostova, T./Zaheer, S. (1999), »Organizational legitimacy under conditions of complexity: The case of the Multinational Enterprise«, in: *Academy of Management Review* 24 (1), S. 64–81.

Kotthoff, H. (2006), *Lehrjahre des Europäischen Betriebsrates. Zehn Jahre transnationale Arbeitnehmervertretung*, Berlin: edition sigma/Hans-Böckler-Stiftung.

Krücken, G. (2006), »World Polity-Forschung«, in: K. Senge/K.-U. Hellmann (Hg.), *Einführung in den Neo-Institutionalismus*, Wiesbaden: VS Verlag für Sozialwissenschaften, S. 139–149.

Kuckartz, U. (2010), *Einführung in die computergestützte Analyse qualitativer Daten.* 3., aktualisierte Auflage, Wiesbaden: VS Verlag für Sozialwissenschaften.

Kuckartz, U./Dresing, T./Rädiker, S./Stefer, C. (2008), *Qualitative Evaluation. Der Einstieg in die Praxis.* 2., aktualisierte Auflage, Wiesbaden: VS Verlag für Sozialwissenschaften.

Lawrence, P. R./Lorsch, J. W. (1969), *Organization and environment*, Homewood (Illinois): Harvard Business School.

Lawrence, T. B./Suddaby, R./Leca, B. (2011), »Institutional work: Refocusing institutional studies of organization«, in: *Journal of Management Inquiry* 20 (1), S. 52–58.

Lecher, W./Nagel, B./Platzer, H. W. (1998), *Die Konstituierung Europäischer Betriebsräte. Vom Informationsforum zum Akteur?*, Baden-Baden: Nomos.

Lecher, W./Platzer, H. W./Rüb, S./Weiner, K. P. (2001), *Verhandelte Europäisierung: Die Einrichtung Europäischer Betriebsräte – zwischen gesetzlichem Rahmen und sozialer Dynamik*, Baden-Baden: Nomos.

Lecher, W./Platzer, H. W./Rüb, S./Weiner, K. P. (1999), *Europäische Betriebsräte – Perspektiven ihrer Entwicklung und Vernetzung*, Baden-Baden: Nomos.

Levinson, C. (1972), *International Trade Unionism*, London: Allan and Unwin.

Liebold, R./Trinczek, R. (2009), »Experteninterview«, in: S. Kühl/P. Strodtholz/A. Taffertshofer (Hg.), *Handbuch Methoden der Organisationsforschung. Quantitative und qualitative Methoden*, Wiesbaden: VS Verlag für Sozialwissenschaften, S. 32–56.

Lounsbury, M. (2002), »Institutional transformation and status mobility: the professionalization of the field of finance«, in: *Academy of Management Journal* 45 (1), S. 255–266.

Mählmeyer, V. (2010), *Vom Informations- und Konsultationsgremium zum Verhandlungspartner? Der europäische Ford-Betriebsrat im Verselbstständigungsprozess der Visteon-Komponentensparte bei Ford of Europe*, Saarbrücken: Universaar.

March, J. G./Olsen, J. P. (1989), *Rediscovering Institutions: The organizational basis of politics*, New York: Free Press.

Marginson, P./Gilman, M./Jacobi, O./Krieger, H. (1998): *Negotiating European Works Councils: An Analysis of agreements under Article 13*, hg. vom Office of official publications of the European Communities. Luxemburg: Eurofound.

Marginson, P./Hall, M./Hoffmann, A./Müller, T. (2004), »The impact of European Works Councils on management decision making in UK- and US-based multinationals. A case study comparison«, in: *British Journal of Industrial Relations* 42 (2), S. 209–233.

Margolis, J. D./Walsh, J. P. (2003), »Misery loves companies: Rethinking social initiatives by business«, in: *Administrative Science Quarterly* 48 (2), S. 268–305.

Mayntz, R./Scharpf, F. W. (1995), »Der Ansatz des akteurszentrierten Institutionalismus«, in: R. Mayntz/F. W. Scharpf (Hg.), *Gesellschaftliche Selbstregelung und politische Steuerung*, Frankfurt am Main/New York: Campus-Verlag, S. 39–72.

Mayring, P. (2007), *Qualitative Inhaltsanalyse. Grundlagen und Techniken*, Weinheim: Beltz-Verlag.

Meyer, J. W./Jepperson, R. L. (2000), »The actors of modern society. The cultural construction of social agency«, in: *Sociological Theory* 18 (1), S. 100–120.

Meyer, J. W./Rowan, B. (1977), »Institutionalized Organizations: Formal structures as myth and ceremony«, in: *American Journal of Sociology* 83 (2), S. 340–363.

Miller, D. (2004), »Preparing for the long haul. Negotiating International Framework Agreements in the global textile, garment and footwear sector«, in: *Global Social Policy* 4 (2), S. 215–239.

Miller, D. (2008), »The ITGLWF's policy on cross-border dialogue in the textiles, clothing and footwear sector: Emerging strategies in a sector ruled by codes of conduct and resistant companies«, in: K. Papadakis (Hg.), *Cross-border social dialogue and agreements. An emerging global industrial relations framework?*, Genf: International Labour Office, S. 161–190.

Müller-Jentsch, W. (Hg.) (1993), *Akteure und Institutionen der industriellen Beziehungen*. 3., erw. und verb. Auflage, München/Mering: Rainer Hampp Verlag.

Müller-Jentsch, W. (1997), *Soziologie der industriellen Beziehungen*. Eine Einführung. 2., überarb. und erw. Auflage, Frankfurt am Main/New York: Campus-Verlag.

Müller-Jentsch, W. (2007): *Strukturwandel der industriellen Beziehungen. »Industrial Citizenship« zwischen Markt und Regulierung*, Wiesbaden: VS Verlag für Sozialwissenschaften.

Müller, T./Platzer, H. W./Rüb, S. (2004), *Grenzübergreifende Arbeitsbeziehungen in globalen Konzernen. Wege und Instrumente transnationaler Interessenvertretung*. Arbeitspapier 98, Düsseldorf: Hans-Böckler-Stiftung.

Müller, T./Platzer, H. W./Rüb, S. (2010), »Transnational company policy and coordination of collective bargaining – new challenges and roles for European industry federations«, in: *Transfer* 16 (4), S. 509–524.

Müller, T./Platzer, H. W./Rüb, S. (2011), »European collective agreements at company level and the relationship between EWCs and trade unions. Lessons from the metal sector«, in: *Transfer* 17 (2), S. 217–228.

Münch, R. (2004), *Soziologische Theorie*, Bd. 3: *Gesellschaftstheorie*, Frankfurt am Main/New York: Campus Verlag.

Nagel, B. (1999), »Euro-Betriebsräte: Struktur und Entwicklungspotenziale«, in: H. G. Nutzinger (Hg.), *Perspektiven der Mitbestimmung. Historische Erfahrungen und moderne Entwicklungen vor europäischem und globalem Hintergrund*, Marburg: Metropolis-Verlag, S. 347–360.

Niforou, C. (2012), »International Framework Agreements and industrial relations governance: Global rhetoric versus local reality«, in: *British Journal of Industrial Relations* 50 (2), S. 352–373.

North, D. C. (1990), *Institutions, institutional change, and economic performance*, Cambridge: Cambridge University Press.

Oliver, C. (1991), »Strategic responses to institutional processes«, in: *Academy of Management Review* 16 (1), S. 145–179.

Oliver, C. (1992), »The antecedents of deinstitutionalization«, in: *Organization Studies* 13, S. 563–588.

Papadakis, K./Casale, G./Tsotroudi, K. (2008), »International framework agreements as elements of cross-border industrial relations framework«, in: K. Papadakis (Hg.), *Cross-border social dialogue and agreements. An emerging global industrial relations framework?*, Genf: International Labour Office, S. 67–88.

Parsons, T. (1951), *The social system*, Glencoe: Free Press.

Patriarka, M./Welz, C. (2008), *European Works Councils in practice: Key research findings*. Background paper, hg. von der European Foundation for the improvement of working and living conditions, Brüssel: Eurofound.

Platzer, H.-W./Müller, T. (2009), *Die globalen und europäischen Gewerkschaftsverbände. Handbuch und Analysen zur transnationalen Gewerkschaftspolitik*, Berlin: Edition Sigma.

Polanyi, K. (1977): *The great transformation. Politische und ökonomische Ursprünge von Gesellschaften und Wirtschaftssystemen*, Frankfurt am Main: Suhrkamp.

Preuss, L./Haunschild, A./Matten, D. (2006), »Trade unions and CSR : a European research agenda«, in: *Journal of Public Affairs* 6 (3–4), S. 256–268.

Preuss, L./Haunschild, A./Matten, D. (2009), »The rise of CSR: implications for HRM and employee representation«, in: *International Journal of Human Resource Management* 20 (4), S. 953–973.

Pries, L. (2008), *Die Transnationalisierung der sozialen Welt. Sozialräume jenseits von Nationalgesellschaften*, Frankfurt am Main: Suhrkamp.

Pries, L. (2010): *Erwerbsregulierung in einer globalisierten Welt*, Wiesbaden: VS Verlag für Sozialwissenschaften.

Qvale, T. U./Serck-Hanssen, C. (1999), *Forms of transnational labour-management dialogue within multinational companies: The European Works Council and World Collective Agreements. Two cases from Scandinavia.* A Report to ILO (Genf), Oslo: Work Research Institute.

Rampeltshammer, L. (2008), *Globalization and industrial relations. The Pharmaceutical Industry in Germany and the United Kingdom*, Frankfurt am Main/New York: Campus-Verlag.

Rehder, B. (2011), *Rechtssprechung als Politik. Der Beitrag des Bundesarbeitsgerichts zur Entwicklung der Arbeitsbeziehungen in Deutschland*, Frankfurt am Main/New York: Campus-Verlag.

Rehfeldt, U. (1998), »Der Renault-Vilvoorde-Konflikt und seine Bedeutung für die europäische Gewerkschaftspolitik«, in: *WSI Mitteilungen* 51 (7), S. 450–459.

Riisgaard, L. (2005), »International Framework Agreements: A new model for securing workers rights?«, in: *Industrial Relations* 44 (4), S. 707–737.

Riisgaard, L./Hammer, N. (2011), »Prospects for Labour in Global Value Chains: Labour Standards in the Cut Flower and Banana Industries«, in: *British Journal of Industrial Relations* 49 (1), S. 168–190.

Rimac, T./Mair, J. (2009), *Achieving organizational legitimacy in the context of multiple and contradictory institutional logics.* Working Paper für den Workshop »New Institutionalism in Organization Theory«, Wien: Naples.

Rohwer, G./Pötter, U. (2001), *Grundzüge der sozialwissenschaftlichen Statistik*, Weinheim: Juventa-Verlag.

Rosenow-Williams, K. (2012), *Organizing Muslims and integrating Islam in Germany. New developments in the 21st century*, Leiden: Brill.

Rott, V. (2008), *Europäische Kooperation und Solidarität. Eine Analyse der Bedingungen für Kooperation von Arbeitnehmervertretern am Beispiel der Delta Gruppe bei General Motors Europe*, Münster: LIT-Verlag.

Royle, T./Ortiz, L. (2009), »Dominance Effects from Local Competitors: Setting Institutional Parameters for Employment Relations in Multinational Subsidiaries; a Case from the Spanish Supermarket Sector«, in: *British Journal of Industrial Relations* 47 (4), S. 653–675.

Rüb, S. (2009), *Die Transnationalisierung der Gewerkschaften. Eine empirische Untersuchung am Beispiel der IG Metall*, Berlin: Edition Sigma.

Rüb, S./Platzer, H. W./Müller, T. (2011), *Transnationale Unternehmensvereinbarungen: Zur Neuordnung der Arbeitsbeziehungen in Europa*, Berlin: Edition Sigma.

Ruigrok, W./Tulder, R. van (1995), *The logic of international restructuring*, London: Routledge.

Runhaar, H./Lafferty, H. (2009), »Governing Corporate Social Responsibility: An Assessment of the Contribution of the UN Global Compact to CSR Strategies in the Telecommunications Industry«, in: *Journal of Business Ethics* 84 (4), S. 479–495.

Scharpf, F. W. (2000), *Interaktionsformen*. Akteurszentrierter Institutionalismus in der Politikforschung, Opladen: Leske und Budrich.

Scheiber, F. (2009), *Changes in discursive legitimation of Codes of Conduct within the German textile and apparel industry from 1997 to 2007*. Working Paper für den Workshop »New Institutionalism in Organization Theory«, Wien: Naples.

Scherer, A. G./Palazzo, G. (2007), »Toward a political conception of corporate responsibility: Business and society seen from a Habermasian perspective«, in: *Academy of Management Review* 32 (4), S. 1096–1120.

Schmitter, P. C./Streeck, W. (1999), *The organization of business interests*. Studying the associative action of business in advanced industrial societies, hg. vom Max-Planck-Institut für Gesellschaftsforschung Köln, Köln: Max-Planck-Institut für Gesellschaftsforschung.

Schömann, I. (2012), »Transnational company agreements: towards an internationalisation of industrial relations«, in: I. Schömann/R. Jagodzinski/G. Boni/S. Clauwaert/V. Glassner/T. Jaspers (Hg.), *Transnational collective bargaining at company level. A new component of European industrial relations?*, Brüssel: ETUI, S. 197–217.

Schömann, I./Sobczak, A. (2008), *Codes of conduct and international framework agreements: New forms of governance at company level*, hg. von der European Foundation for the improvement of working and living conditions, Luxemburg: Eurofound.

Schömann, I./Sobczak, A./Voss, E./Wilke, P. (2008a), *Codes of conduct and international framework agreements: new forms of governance at company level*, hg. von der European Foundation for the improvement of working and living conditions. Luxemburg: Eurofound.

Schömann, I./Sobczak, A./Voss, E./Wilke, P. (2008b), »International framework agreements: new paths to workers' participation in multinational governance?«, in: *Transfer* 14 (1), S. 111–126.

Scott, W. R. (1994), »Conceptualizing organizational fields: Linking organizations and societal systems«, in: H. U. Derlien/U. Gerhardt/F. W. Scharpf (Hg.), *Systemrationalität und Partialinteressen*, Baden-Baden: Nomos, S. 203–221.

Scott, W. R. (1995), *Institutions and organizations*, Thousand Oaks: Sage Publications.

Scott, W. R. (2003), *Organizations: rational, natural and open systems*, Upper Saddle River: Pearson Education International.

Seeling, A. (2010), *The ICEM, IMF and ITGLWF, and International/Global Framework Agreements*, unveröffentlichter Bericht.

Sobczak, A. (2007), »Legal dimensions of international framework agreements in the field of corporate social responsibility«, in: *Relations Industrielles – Industrial Relations* 62 (3), S. 466–491.

Sotorrio, L. L./Sanchez, J. L. F. (2008), »Corporate Social Responsibility of the Most Highly Reputed European and North American Firms«, in: *Journal of Business Ethics* 82 (2), S. 379–390.

Sroka, W. (2010), »Alliance Networks: the Case of Multinational Corporations«, in: *Organizacija* 43 (4), S. 165–172.

Stevis, D. (2010), *International framework agreements and global social dialogue. Parameters and prospects*, Genf: International Labour Organization.

Stinchcombe, A. L. (1997), »On the virtues of the Old Institutionalism«, in: *Annual Review of Sociology* 23 (1), S. 1–18.

Suchman, M. C. (1995), »Managing legitimacy: strategic and institutional approaches«, in: *Academy of Management Review* 20 (3), S. 571–610.

Telljohann, V. (2009), »European Works Councils: emergence of a European collective identity or still national bound actors?«, in: M. Hertwig/L. Pries/L. Rampeltshammer (Hg.), *European Works Councils in complementing perspectives*, Brüssel: ETUI, S. 71–97.

Telljohann, V./Da Costa, I./Müller, T./Rehfeldt, U./Zimmer, R. (2009a), »European and international framework agreements: new tools of transnational industrial relations«, in: *Transfer* 15 (3–4), S. 505–525.

Telljohann, V./Da Costa, I./Müller, T./Rehfeldt, U./Zimmer, R. (2009b), *European and international framework agreements: Practical experiences and strategic approaches*, hg. von der European Foundation for the improvement of working and living conditions, Dublin: Eurofound.

Thornton, P. H. (2002), »The rise of the corporation in a craft industry: Conflict and conformity in institutional logics«, in: *Academy of Management Journal* 45 (1), S. 81–101.

Ungericht, B./Hirt, C. (2010), »Politik-sensible CSR-Forschung am Beispiel der Auseinandersetzung um ein europäisches Rahmenwerk«, in: *Zeitschrift für Wirtschafts- und Unternehmensethik* 11 (2), S. 174–192.

UNI Global Union (o.J.), *Global Agreements*, hg. von UNI Global Union, Nyon. URL: http://www.uniglobalunion.org/Apps/uni.nsf/pages/gfaEn (7.3.2012).

UNI Global Union (2010a), *Was ist ein globales Abkommen? Ein Handbuch für DP-DHL-Arbeitnehmer/innen*, hg. von UNI Global Union, Nyon. URL: http://www.uniglobalunion.org/Apps/UNIPub.nsf/vwLkpById/8F437D73EF80E13AC12579A000365D43/$FILE/DE_DP_DHL_GLOBAL%20AGREEMENT%20A5.PDF (7.3.2012).

UNI Global Union (2010b), *Durchbruch – Entschließungen*. Verabschiedet vom 3. UNI-Global Union-Weltkongress, hg. von UNI Global Union, Nagasaki. URL: http://www.uniglobalunion.org/Apps/UNIPub.nsf/vwLkpById/5F48D75CF368F587C12577EE00558DE4/$FILE/RESOLUTIONS-DE.PDF (7.3.2012).

UNICE/ETUC/UEAPME/ceep (2005), *Joint seminars on European works councils*. URL: http://www.euro-betriebsrat.de/pdf/casestudies.pdf (16.3.2012).

Voß, W. (2003), *Einführung in die Datenanalyse mit SPSS*, Bochum: Fakultät für Sozialwissenschaft Ruhr-Universität Bochum.

Waddington, J. (2006), »Was leisten Europäische Betriebsräte? Die Perspektive der Arbeitnehmervertreter«, in: *WSI Mitteilungen* 59 (10), S. 560–567.

Waddington, J. (2011), *European Works Councils. A transnational industrial relation institution in the making*, New York: Routledge.

Walgenbach, P./Meyer, R. (2008), *Neoinstitutionalistische Organisationstheorie*, Stuttgart: Kohlhammer GmbH.

Walton, R. E./Cutcher-Gershenfeld, J. E./McKersie, R. B. (1994), *Strategic negotiations. A theory of change in labor-management relations*, Boston: Harvard Business School.

Walton, R. E./McKersie, R. B. (1965), *A behavioral theory of labor negotiations: an analysis of a social interaction system*, New York: McGraw-Hill.

Walton, R. E./McKersie, R. B. (1991), *A behavioral theory of labor negotiations. An analysis of a social interaction system*, Ithaca: ILR Press.

Weber, M. (1968), *Economy and society. An interpretive Sociology*, herausgegeben von Guenther Roth und Claus Wittich, New York: Bedminister Press.

Whittall, M./Lücking, S./Trinczek. R. (2009), »The frontiers within: why employee representatives fail to set up European Works Councils«, in: *Industrial Relations Journal* 40 (6), S. 546–562.

Whittall, M./Lücking, S./Trinczek. R. (2008), »Understanding the European Works Council deficit in German multinationals«, in: *Transfer* 14 (3), S. 453–468.

Yin, R. K. (2009): *Case study research. Design and methods*, Los Angeles: Sage Publications.

Zagelmeyer, S. (2001), »Brothers in Arms in the European Car Wars: Employment Pacts in the EU Automobile Industry«, in: *Industrielle Beziehungen* 8 (2), S. 149–179.

Zimmer, R. (2008), *Soziale Mindeststandards und ihre Durchsetzungsmechanismen. Sicherung internationaler Mindeststandards durch Verhaltenskodizes?*, Baden-Baden: Nomos.

Zucker, L. G. (Hg.) (1988), *Institutional patterns and organizations*, Cambridge: Cambridge University Press.

Dank

Bei dieser Untersuchung handelt es sich um eine leicht veränderte Fassung meiner Dissertationsschrift, die ich im Juni 2013 an der Fakultät für Sozialwissenschaft der Ruhr-Universität Bochum verteidigt habe. Die Dissertation ist – wie es wohl bei den meisten Doktorandinnnen und Doktoranden der Fall ist – in mehrjähriger Arbeit entstanden. Damit werden Dissertationen auch immer zu »Lebensabschnittsarbeiten«, die mit anderen Lebensbereichen koordiniert werden müssen. In meiner mehrjährigen Beschäftigung mit der Dissertation haben mich viele Menschen auf fachlicher und privater Ebene begleitet und unterstützt, ohne sie meine Arbeit wohl nicht zu einem Abschluss gekommen wäre. Gedankt sei hier deshalb all denjenigen, die Höhen und Tiefen meiner Arbeit begleitet haben und sich immer Zeit für Aufmunterungen und Kommentare genommen haben.

In fachlicher Hinsicht gilt mein Dank besonders meinem Doktorvater, Professor Ludger Pries, der mich nicht nur ermutigt hat, diese Arbeit auf mich zu nehmen, sondern mir immer mit Ratschlägen zu Seite stand, mir Türen geöffnet, Kontakte vermittelt und unermüdlich (auch zunächst misslungene) Abschnitte meiner Arbeit gelesen und kommentiert hat. Für abschließende Kommentare und Anmerkungen zu meiner Arbeit danke ich außerdem meiner Zweitbetreuerin, Professorin Britta Rehder. Darüber hinaus gab es viele andere Personen, die ihre eigene Arbeits-, Dissertations- und Freizeit geopfert haben, um mich in meiner Arbeit zu unterstützen. Besonders Jasmin Gerau und Sophie Rosenbohm haben mich aus meinen Statistik-Krisen befreit. Mein Dank gilt auch den Mitarbeiterinnen und Mitarbeitern des Lehrstuhls von Professor Pries und einigen seiner Bochumer Doktorandinnen und Doktoranden, die immer das Prinzip der offenen Tür pflegten und ein offenes Ohr für meine Fragen hatten – hier vor allem Axel-Hauser-Ditz, Markus Hertwig, Luitpold Rampeltshammer und Daniela Tieves-Sander.

Da ich meine Doktorarbeit mit meiner Erwerbstätigkeit und meinem Privatleben koordinieren musste, möchte ich mich auch bei meinem Arbeitgeber, der Hans-Böckler-Stiftung, bedanken. Diese hat mir nicht nur eine finanzielle Absicherung meiner Promotion ermöglicht, sondern hat sich, in Person meines Vorgesetzten Uwe-Dieter Steppuhn, immer flexibel und unterstützend gezeigt, wenn es galt, Berufstätigkeit und Promotion miteinander zu vereinbaren. Außerdem möchte ich mich bei Renate Petersen vom Doktorandinnen-Programm Mentoring-Hoch-Drei sowie meinem Mentor Professor Werner Nienhüser für ihre Unterstützung bei fachlichen Fragen bedanken, auf die ich aber auch dann zählen konnte, wenn es darum ging, den Spagat zwischen Familie und Promotion zu bewältigen.

Diese Arbeit wäre nicht möglich gewesen, wenn sich meine Interview-Partnerinnen und -Partner aus den Gewerkschaften, den Europäischen Betriebsräten und den Unternehmen nicht die Zeit genommen hätten, meine Fragen zu beantworten und mir Einblick in ihre Arbeit zu gewähren.

Den Herausgebern Professor Ludger Pries und Professor Rainer Trinczek gilt mein Dank für die Aufnahme in die Reihe »Arbeit – Interessen – Partizipation«. Bei der Veröffentlichung im Campus Verlag hat mich besonders Eva Janetzko unterstützt. Für das umfangreiche Korrektorat meiner Arbeit danke ich Christoph Roolf.

Zu guter Letzt gilt der größte Dank meiner Familie: meinem Mann und meinen beiden Söhnen, die alle Stresssituationen, die eine solche Arbeit mit sich bringen, ertragen und unterstützt haben. Außerdem danke ich besonders meinen Schwiegereltern und meinen Eltern für ihre außerordentliche Hilfe.

Köln, im Februar 2014

Veronika Dehnen

Anhang

Auflistung aller Internationalen Rahmenvereinbarungen und transnationalen Rahmenabkommen

Unternehmen	Stammsitz	Branche	Jahr der Unterzeichnung	GUF als Unterzeichner	EBR vorhanden	EBR als Unter-zeichner	Andere Unterzeichner
Internationale Rahmenvereinbarungen (Bestandteil der Datenbankanalyse):							
Accor	Frankreich	Hotelgewerbe	1995	Ja (IUL)	Ja	Nein	-
Aker	Norwegen	Metallindustrie	2008	Ja (IMB)	Ja	Nein	Norwegische Metallgew.
Arcelor(Mittal)	Luxemburg	Metallindustrie	2005 2008	Ja (IMB) Ja (IMB)	Ja Ja	Nein* Nein	EMB EMB; USW
BMW	Deutschland	Automobilindustrie	2005	Ja (IMB)	Ja	Ja	-
Bosch	Deutschland	Automobilindustrie	2004	Ja (IMB)	Ja	Ja	-
Carrefour	Frankreich	Einzelhandel	2001	Ja (UNI)	Ja	Nein	-
Club Mediterrannee	Frankreich	Hotelgewerbe	2004	Ja (IUL)	Ja	Nein*	-
Coca Cola	USA	Ernährung	2005	Ja (IUL)	Ja	Nein	-
Daimler	Deutschland	Automobilindustrie	2002	Ja (IMB)	Ja	Ja**	-
Danone	Frankreich	Ernährung	1994	Ja (IUL)	Ja	Ja	-
Danske Bank	Dänemark	Versicherung / Finanzen	2008	Ja (UNI)	Ja	Nein	-
EADS	Niederlande	Luftfahrt	2005	Ja (IMB)	Ja	Ja	EMB
EdF	Frankreich	Energie	2005	Ja (ICEM, IÖD, IFME, WFIW)	Ja	Ja	Nat. Gew. der Standorte
Elanders	Schweden	Druckindustrie	2009	Ja (UNI)	Ja	Nein	-
ENI	Italien	Energie	2002	Ja (ICEM)	Ja	Nein	-
Evonik	Deutschland	Energie	2003	Ja (ICEM)	Ja	Nein	Dt. Chemiegew.
Falck	Dänemark	Pers. Bezogene DL	2005	Ja (UNI)	Ja	Nein	-
France Telecom	Frankreich	Telekommunikation	2006	Ja (UNI)	Ja	Nein	-
Freudenberg	Deutschland	Chemie	2002	Ja (ICEM)	Ja	Nein*	Deutsche Chemiegew.
GEA	Deutschland	Maschinenbau	2003	Ja (IMB)	Ja	Ja	EMB
H & M	Schweden	Textilindustrie	2004	Ja (UNI)	Ja	Nein	-
Hochtief	Deutschland	Baugewerbe	2000	Ja (BHI)	Ja	Ja	Dt. Baugwerkschaft
IKEA	Schweden	Holz und Papier	1998	Ja (BHI)	Ja	Nein	-
ISS	Dänemark	Pers. Bezogene DL	2008	Ja (UNI)	Ja	Nein	-
ItalCementi Group	Italien	Baugewerbe	2008	Ja (BHI)	Ja	Ja	-
Royal BAM	Niederlande	Baugewerbe	2006	Ja (BHI)	Ja	Nein*	-
Royal Volker Wessels	Niederlande	Baugewerbe	2007	Ja (BHI)	Ja	Nein*	-
Lafarge	Frankreich	Baugewerbe	2005	Ja (BHI, ICEM)	Ja	Nein	-
Leoni	Deutschland	Automobilindustrie	2003	Ja (IMB)	Ja	Ja	-
Merloni-Indesit	Italien	Metallindustrie	2001	Ja (IMB)	Ja	Nein*	Italienische Gewerkschaften
Metro	Deutschland	Einzelhandel	2004	Ja (UNI)	Ja	Nein*	-

Unternehmen	Stammsitz	Branche	Jahr der Unterzeichnung	GUF als Unterzeichner	EBR vorhanden	EBR als Unter-zeichner	Andere Unterzeichner
Internationale Rahmenvereinbarungen (Bestandteil der Datenbankanalyse):							
NAG	Australien	Versicherungen & Finanzen	2006	Ja (UNI)	Ja	Nein	-
Norske Skog	Norwegen	Chemie	2002	Ja (ICEM)	Ja	Nein*	Norwegische Gewerkschaften
Prym	Deutschland	Textilindustrie	2004	Ja (IMB)	Ja	Ja	-
PSA Peugeot	Frankreich	Automobilindustrie	2006	Ja (IMB)	Ja	Nein*	EMB
Quebecor World	Kanada	Druckindustrie	2007	Ja (UNI)	Ja	Nein	-
Renault	Frankreich	Automobilindustrie	2004	Ja (IMB)	Ja	Ja	-
Rheinmetall	Deutschland	Metallindustrie	2003	Ja (IMB)	Ja	Ja	EMB
Rhodia	Frankreich	Chemie	2005	Ja (ICEM)	Ja	Nein	-
Röchling	Deutschland	Automobilindustrie	2004	Ja (IMB)	Ja	Ja	EMB
SCA	Schweden	Papierindustrie	2004	Ja (ICEM)	Ja	Ja	Schwed. Papier-gewerkschaft
Securitas	Schweden	Pers. Bezogene DL	2003	Ja (UNI)	Ja	Nein*	-
Skanska	Schweden	Baugewerbe	2001	Ja (BHI)	Ja	Nein*	-
SKF	Schweden	Maschinenbau	2003	Ja (IMB)	Ja	Nein*	-
Statoil	Norwegen	Energie	1998	Ja (ICEM)	Ja	Nein	-
Umicore	Belgien	Metallindustrie	2007	Ja (IMB, ICEM)	Ja	Nein*	-
Vallourec	Frankreich	Metallindustrie	2008	Ja (IMB)	Ja	Ja	-
Volkswagen	Deutschland	Automobilindustrie	2002 2009	Ja (IMB) Ja (IMB)	Ja Ja	Nein* Ja**	- -

Unternehmen	Stammsitz	Branche	Jahr der Unterzeichnung	GUF als Unterzeichner	EBR vorhanden	EBR als Unter-zeichner	Andere Unterzeichner
Transnationale Rahmenabkommen (Bestandteil der Datenbankanalyse):							
Air France	Frankreich	Luftfahrt	2008 #	Nein	Ja	Ja	-
Bouygues	Frankreich	Baugewerbe	2001 #	Nein	Ja	Ja	European Conf. of Trade Unions
Dexia	Belgien	Banken & Versicherung	2002	Nein	Ja	Ja	-
Etex	Belgien	Baugewerbe	2002 #	Nein	Ja	Ja	-
Europcar	Frankreich	Dienstleistung	2008	Nein	Ja	Ja	-
Ford	USA	Automobilindustrie	2003 #	Nein	Ja	Ja	-
General Motors	USA	Automobilindustrie	2002 #	Nein	Ja	Ja	EMB
Generali	Italien	Banken & Versicherung	2006 #	Nein	Ja	Ja	-
Hartmann	Deutschland	Textilindustrie	1999	Nein	Ja	Ja	-
Schneider Electric	Frankreich	Metallindustrie	2007 #	Nein	Ja	Ja	EMB
Solvay	Frankreich	Chemie	2008	Nein	Ja	Ja	-
Suez	Frankreich	Energie	1998	Nein	Ja	Ja	-
Triumph	Deutschland	Textilindustrie	2001	Nein	Ja	Ja	Dt. Gew.
Vivendi	Frankreich	Telekommunikation	1996	Nein	Ja	Ja	-

Unternehmen	Stammsitz	Branche	Jahr der Unter-zeichnung	GUF als Unterzeichner	EBR vorhanden	EBR als Unter-zeichner	Andere Unterzeichner
Internationale Rahmenvereinbarungen in Unternehmen ohne EBR (nicht Bestandteil der Analyse):							
Ability	Brasilien	Telekommunikation	2008	Ja (UNI)	Nein	-	Brasil. Gew.
AngloGold	Südafrika	Bergbau	2002	Ja (ICEM)	Nein	-	-
Antara	Indonesien	Zeitung / Verlag	2010	Ja (UNI)	Nein	-	Antara Employees Union
BallastNedam	Niederlande	Baugewerbe	2002	Ja (BHI)	Nein	-	Niederl. Baugew.
Brunel	Niederlande	Metallsektor	2007	Ja (IMB)	Nein	-	Niederl. Gew.
Chiquita	USA	Ernährung	2001	Ja (IUL)	Nein	-	Brasil. Gew.
CIETT	Unterschiedlich	Personal-vermittlung	2008	Ja (UNI)	Nein	-	-
Endesa	Spanien	Energie	2002	Ja (ICEM)	Nein	-	Span. Gew.
Euradius	Niederlande	Grafikindustrie	2006	Ja (UNI)	Nein	-	Niederl. Gew.
Faber Castell	Deutschland	Holzgewerbe	2000	Ja (BHI)	Nein	-	Dt. Metallgew.
Fonterra	Australien	Ernährung	2002	Ja (IUL)	Nein	-	austr.al. Gew.
G4S	Großbritannien	Pers. Bezogene DL	2008	Ja (UNI)	Nein	-	Brit. Gew.
ICOMON	Brasilien	Telekommunikation	2008	Ja (UNI)	Nein	-	-
Impregilo	Italien	Baugewerbe	2004	Ja (BHI)	Nein	-	Ital. Baugew.
Inditex	Spanien	Textilindustrie	2007	Ja (ITBLAV)	Nein	-	-
Lukoil	Russland	Energie	2004	Ja (ICEM)	Nein	-	Russ. Gew.
Nampak	Südafrika	Grafikindustrie	2006	Ja (UNI)	Nein	-	-
OTE	Griechenland	Telekommunikation	2001	Ja (UNI)	Nein	-	Griechische Gew.
Portugal Telecom	Protugal	Telekommunikation	2006	Ja (UNI)	Nein	-	Port. Gew.
Shoprite Checkers	Südafrika	Handel	2010	Ja (UNI)	Nein	-	-
Skandia	Schweden	Banken & Versicherung	2008	Ja (UNI)	Nein	-	-
Staedtler	Deutschland	Holzgewerbe	2006	Ja (BHI)	Nein	-	Dt. Metallgew.
Stabilo	Deutschland	Holzgewerbe	2005	Ja (BHI)	Nein	-	Dt. Metallgew.
Systema Televisyen Malaysia	Malaysia	Medien	2010	Ja (UNI)	Nein	-	-
Takashimaya	Japan	Handel	2008	Ja (UNI)	Nein	-	Takashimaya Labor Union
Telecom Indonesia	Indonesien	Telekommunikation	2010	Ja (UNI)	Nein	-	-
UPU	Schweiz	Post	2005	Ja (UNI)	Nein	-	-
Veidekke	Norwegen	Beugewerbe	2005	Ja (BHI)	Nein	-	Zwei norw. Gew.
Wilkhahn	Deutschland	Holzgewerbe	2009	Ja (BHI)	Nein	-	Dt. Metallgew.
WAZ Mediengruppe	Deutschland	Zeitung / Verlag	2007	Ja (IJF)			

Unternehmen	Stammsitz	Branche	Jahr der Unterzeichnung	GUF als Unterzeichner	EBR vorhanden	EBR als Unter-zeichner	Andere Unterzeichner
Internationale Rahmenvereinbarungen Dezember 2010 oder später abgeschlossen (nicht mehr Bestandteil der Untersuchung):							
Banco do Brasil	Brasilien	Banken & Versicherung	2011	Ja (UNI)	Nein	-	-
Electrolux	Schweden	Maschinenbau	2010	Ja (IMB)	Ja	Nein	Schwed. Metallgew.
FCC	Spanien	Baugewerbe	2012	Ja (BHI)	Nein	-	-
GDF Suez	Frankreich	Energie	2010	Ja (IÖD, BHI, ICEM)	Ja	Nein	-
MAN SE	Deutschland	Metallbranche	2012	Ja (IMB)	Ja	Ja	-
Mizuno	Japan	Textilbranche	2011	Ja (ITBLAV)	Nein	-	Japan. Gew.
Norske Hydro	Norwegen	Chemie	2011	Ja (IMB, ICEM)	Ja	Nein	Norw. Gew.
Petrobas	Brasilien	Energie	2011	Ja (ICEM)	Nein	-	Bras. Gew.
Sodexo	Frankreich	Pers. Bezogene DL	2011	Ja (IUL)	Ja	Nein	-

*Quelle: Eigene Recherchen und Darstellung; Internetquellen: www.global-unions.org und die Internetseiten der einzelnen GUFs; * = EBR war involviert; ** = WBR hat auch unterzeichnet; # = Abkommen ist nur europaweit gültig. In den IRV-Auflistungen anderer Autoren finden sich zudem die IRVs in den Unternehmen Barcleys Africa, Allianz, Nordea, Olympia Flexgroup und USG People, die von UNI unterzeichnet wurden (siehe auch Pries 2010: 209–211). Da diese nicht mehr bei UNI als IRVs gelistet werden, sind die Unternehmen aus der Analyse ausgeschlossen worden (siehe: http://place.uniglobalunion.org/LotusQuickr/pub/PageLibraryC1257824003A7C09.nsf/h_E4587CB0130692ADC1257824003A9320/85984D3609359DD2C12578AA004FBFFE/?OpenDocument (23.4.2012).*